U0923389

高等院校信息管理与信息系统专业系列教材

管理信息系统教程

（第二版）

闪四清　编著

清华大学出版社
北京

内容简介

本教程全面讲述了管理信息系统的基本理论和方法。全书从管理和技术相结合的角度对管理信息系统的概念、运行架构、信息管理活动、业务领域应用、战略和规划等内容进行了全面的分析和探讨，全书共分15章，并穿插了大量的管理信息系统案例。

本书布局合理、结构清晰、形式多样、语言流畅、案例丰富、图文并茂，适合作为高等院校本科生管理信息系统课程的教材，也可以作为研究生、MBA、工程硕士相关课程的教材或参考书。

本书封面贴有清华大学出版社防伪标签，无标签者不得销售。
版权所有，侵权必究。侵权举报电话：010-62782989　13701121933

图书在版编目（CIP）数据

管理信息系统教程/闪四清编著.—2版.—北京：清华大学出版社，2007.4(2019.8重印)
(高等院校信息管理与信息系统专业系列教材)
ISBN 978-7-302-14830-2

Ⅰ.管…　Ⅱ.闪…　Ⅲ.管理信息系统－高等学校－教材　Ⅳ.C931.6

中国版本图书馆CIP数据核字(2007)第034212号

责任编辑：范素珍　白立军
责任校对：白　蕾
责任印制：李红英

出版发行：清华大学出版社
　　网　　址：http://www.tup.com.cn，http://www.wqbook.com
　　地　　址：北京清华大学学研大厦A座　　**邮　　编**：100084
　　社 总 机：010-62770175　　**邮　　购**：010-62786544
　　投稿与读者服务：010-62776969，c-service@tup.tsinghua.edu.cn
　　质 量 反 馈：010-62772015，zhiliang@tup.tsinghua.edu.cn
印 装 者：三河市君旺印务有限公司
经　　销：全国新华书店
开　　本：185mm×260mm　　**印　　张**：23.5　　**字　　数**：552千字
版　　次：2007年4月第2版　　**印　　次**：2019年8月第12次印刷
定　　价：35.00元

产品编号：021944-02

出版说明

20 世纪三四十年代，一直摸索着前进的计算技术与刚走向成熟的电子技术结缘。这一结合，不仅孕育了新一代计算工具——电子计算机，还产生了当时谁也没有料到的巨大效应：电子计算机——这种当初为计算而开发出来的工具，很快就超出计算的范畴，成为“信息处理机”的代名词。

信息能促成管理系统的优化，促进组织创新，绩效不断上升；信息能提高计划与决策的科学性和及时性，是信息时代组织生存、发展、竞争制胜的有力武器；信息能革新企业内部的生产力要素结构，使资源转换系统的生产率大幅度提高，并同时以不断增加的柔性适应市场需求结构和消费结构的快速变化。

随着信息技术的发展与广泛应用，人类开始能够高效率地开发并利用信息，信息资源对人类社会的作用得以有效地发挥，并逐步超过材料和能源成为人类社会的重要支柱，信息化成为一个时代的口号。与此同时，信息资源开发与管理人才越来越广受社会青睐。

信息管理与信息系统专业是一个培养信息化人才的专业，是一个培养信息资源开发与管理方面的专门人才的专业。从知识结构上看，它处在管理学、信息科学与技术和有关专业领域的交叉点上。它对技术有极高的要求，又要求对组织有深刻的理解，对行为有合理的组织，反映了科学与人本融合的特点。这种交叉与融合正是信息管理与信息系统专业最重要的特征，是别的学科或专业难以取代和涵盖的。但是，它从 20 世纪 70 年代末开始创办到 90 年代初，尽管国内设有该专业的院校已经上升到一百五十多所，但还没有形成很好反映自己特色的一个教材体系。1991 年全国 10 所院校的信息管理专业的负责人在太原召开第一次研讨会，异口同声地谈起创建一套符合专业需要的教材体系话题。以后，又经过 1993 年在大连、1995 年在武汉，又有更多的院校参加了这一研讨之中。这些研讨活动得到了国家教委有关部门的赞许和支持。通过研讨，大家在建设具有专业特点的教材体系、改变简单照搬其他专业教材上取得了共识。1996 年正式启动这个项目，经协商由张基温教授担任主编，由魏晴宇教授、陈禹教授担任顾问。在清华大学出版社的大力支持下，从 1997 年起这套我国信息管理与信息系统专业的第一套系列教材陆续问世。迄今已经十年多，当初规划的七八本教材已经扩展到 30 多本，形成了一套品种多样、影响面广的系列教材，不仅为信息管理和信息系统专业建设作出了贡献，而且也被许多计算机专业所选用。这些都是编委会全体同仁和作者、广大使用本系列教材的师生以及出版社的编辑们辛勤劳动的结果。

同时，我们也欣喜地看到，10 年来，信息管理与信息系统专业也有了较大的发展，不仅其规模已经发展到 500 多个点，而且随着信息化的纵深推进，随着电子商务、电子政务和企业信息化的发展，专业的教学内容也与时俱进地深化和更新，从过去的围绕信息系统分析与设计，已经延伸到信息资源的开发与管理；专业的定位也逐步明晰，即为信息化建设与管理培养人才。同时，近年来围绕提高教学质量，许多学校开展了精品课程建设和教材建设。这些都标志这个专业正在走向成熟。

成熟的专业，需要优秀教材的支持。我们重新审视并修订这套教材。在这套教材问世10周年之际，我们再一次表示一个心愿：希望与全国的同行共勉，在教材和专业建设上齐心协力，作出更大贡献。我们将在原来的基础上，重新审视，不断补充，不断修改，不断完善。对于它的任何建设性意见，都是我们非常期盼的。为此，这一套教材将具有充分的开放性：每一本教材都是一个原型，每一位有志者对它的建设性意见都将会被采纳，并享有自己的知识产权，以使它们逐步成为精品。

《高等院校信息管理与信息系统专业系列教材》编委会

前　言

本书第一版出版之后，因其结构合理、内容丰富受到了全国广大管理信息系统领域师生的欢迎，并多次重印。在清华大学出版社和同行的大力支持和鼓励下，本书第二版以全新的面貌展示在读者面前，希望能继续得到大家的厚爱。

本教程坚持以管理思想为主线介绍、分析和研究管理信息系统领域的基础理论和最新成果。在当前管理信息系统领域中，在管理信息系统课程和教材研究方面有两种不同的观点。有些专家和学者认为，管理信息系统课程应该从技术实现的角度讲述管理信息系统的理论和方法，相应的教材应该体现出这些技术内容，例如信息系统分析、设计、实现等。这种观点强调计算机技术在管理领域中的应用过程和研究过程中采用的方法和技术，这是一种典型的技术观点，是管理信息系统领域中的传统观点。但是，这种观点无法根本解决管理信息系统课程与信息系统分析和设计课程之间的内容冲突，也无法有效地解决信息管理与信息系统专业和非信息管理专业学习管理信息系统课程时遇到的种种难题。现在，有些专家和学者在长期的管理信息系统教学和科研实践中，逐渐认识到管理信息系统课程应该以管理思想为主线，全面研究计算机技术在管理领域中的广泛应用和深入影响，重点关注管理信息系统的管理实践，而实现管理信息系统的技术路径和实践应该是信息系统分析和设计课程的内容。与技术观点相比，这是一种典型的管理观点。

多年来，本套丛书的主编张基温教授大力倡导和支持在管理信息系统课程上进行创新，多次提出该课程应该以管理思想为主线、以管理实践为对象，全面研究计算机技术在管理领域的应用和实践的主张。张基温教授认为，管理信息系统教材应该重点介绍计算机技术是如何在管理领域中应用的、如何解决应用实践中产生的一系列问题等内容，管理信息系统课程应该是一门导论性质的课程，对于信息管理与信息系统专业来说，这门课程是学生学习其他课程的基础和最终的专业目标，对于非信息管理专业来说，这门课程是学生理解计算机技术在管理领域应用和实践的基础。对于说如何实现管理信息系统，那是其他课程要解决的技术问题。在本教程的写作过程中，张基温教授多次与作者直接交流在管理信息系统课程的思想和认识，许多同行也向作者提出了大量有价值的观点和想法，作者也参阅了大量国内外的相关资料和研究成果。本书是一本以管理思想为主线研究和介绍管理信息系统基本理论和方法的教材，在内容取舍、结构安排等方面都做了大量的尝试，希望这本教材能满足管理信息系统课程的教学需要，也希望今后会出现更多类似的教材。

从教程内容来看，本教程共有 15 章，这些内容大致可以分为 5 个部分。第一部分，主要介绍管理信息系统的基本概念、作用、体系架构和对社会、道德、隐私、法律的影响。第二部分，从微观视角关注管理信息系统的管理实践，这些内容包括信息采集、信息编码、信息处理等微观管理活动。第三部分，则从领域视角关注管理信息系统的管理实践，这些内容包括企业资源计划系统、客户关系管理系统、供应链管理系统、全球信息系统等。第四部分，从项目管理视角研究管理信息系统的实践特点。第五部分，从组织战略高度出发，研究管理信息系统的信息系统规划以及带来的组织变革、流程再造等内容。这些内容从点到面、从微观到宏观、从局部活动到整体系统，对管理信息系统的管理实践进行了全方位的剖析。

本书结构新颖、生动活泼。在每一章的开始都有一个本章场景。该场景模拟管理信息系统的实践，通过人物对话的形式向读者提出一个需要进一步思考的管理信息系统领域问题，然后从解决这种问题入手，引出本章将要讲述的思想和方法。在每一章的正文中穿插了大量的背景知识、各种观点的争鸣、案例讨论等附加内容，这些附加内容有助于读者理解正文讲述的内容。在每一章的末尾，除了思考和练习题之外，都有一个本章案例。读者可以借助本章学到的思想和方法对案例进行分析，以便提高读者运用理论知识解决实际问题的能力。

本教程适合作为高等院校本科生管理信息系统课程教材，也适合作为研究生、MBA、工程硕士等相关课程的参考书。对于那些从事信息化建设、信息系统开发以及包括 CIO 在内的各级管理人员来说，本书也是一本有益的参考资料。

由于作者水平有限，书中难免存在错误和疏漏之处，欢迎广大读者批评指正。

作　者

目　录

第1章　管理信息系统世界

【场景】　天知、地知、你知、我知！

张总坐在办公桌前，盯着眼前这个30岁左右的应聘者。应聘者的眼光与张总的眼光轻轻地交织在一起，没有丝毫的慌乱，显得很沉稳。房间里很安静。这种场景持续了3分钟。

"你叫什么名字?"张总问道。实际上，他早就知道应聘者的名字了，但是他还是想亲耳从应聘者口中听到这个名字。

"李国，木子李，国家的国。"应聘者熟练地回答。这句话，李国确实太熟练了，他心里统计了一下，这应该是他来该公司应聘之后第16次回答这个问题。

"你应聘我们公司哪一个职位?"又是明知故问。

"信息中心主任。"李国坚定地回答。

张总看着眼前这个年轻人，就好像从镜子中看自己一样。"你是我面试的第9个人。"他看了一下李国的表情，对方的表情很自然。"人力资源部告诉我，有20多个应聘这个职务的人通过了他们的面试。"张总似乎在自言自语。

"23个。第10个人已经没有机会到您办公室了!"李国自信地回答。

张总不由自主地震动了一下，但是没有露出任何声色。"我只有一个问题，并且每一个人的问题都不一样。"他停了停，似乎在考虑问什么问题。"对于我们这个公司来说，管理信息系统的作用是什么?"

李国思考了一分钟，回答说："天知、地知、你知、我知!"说了这8个字，略停顿了一下。他看到张总没有反应，继续说。"从卡尔巴氏公司外部环境看，组建伙伴联盟、管理客户关系、打入国际市场、树立品牌形象，都离不开管理信息系统的支持，此谓天知。从卡尔巴氏公司内部运作看，建立管理平台、规范业务行为、加快信息传输、降低经营成本、提高管理效率，都需要借助管理信息系统这种基础手段才能实现，卡尔巴氏公司内部各个部门、各地分支公司才能共享信息资源、开展经营活动，此谓地知。从管理和决策需要来说，监视企业经营状况、及时了解企业财务信息、尽早发现经营过程中的缺陷和风险，并且向您和其他高层管理人员提供管理和辅助决策的工具，此谓你知。"说到这里，李国不说了。

"说下去。"张总非常感兴趣地说。

"应聘这个职务，我有3个优势。第一，我有计算机专业和管理专业的知识背景。第二，我有在计算机和咨询公司工作的业务背景。第三，我有在卡尔巴氏公司所在行业领域的工作背景。因此，我拥有建设和发展卡尔巴氏公司信息系统的愿望和能力，此谓我知。"

张总从座位上站起来，快步走到李国面前，伸出右手，热情而礼貌地说："祝贺你，你通过了面试，明天到信息中心上班!"

这里是管理信息系统的世界。从本章开始，读者进入了由信息技术和管理技术共同支撑的千变万化的、丰富多彩的、妙趣横生的管理信息系统世界。本书的目的就是让读者了解信息技术在管理领域中的应用方式和程度、理解管理信息系统的基本概念和思想、把握管理信息系统的应用现状、探索管理信息系统的发展趋势,深刻理解管理信息系统对经典管理思想和理论的冲击和影响,充分认识在组织中建设管理信息系统的必要性、复杂性和艰巨性,从而使读者在自己涉及的各个应用领域中更好地理解、把握和应用管理信息系统。

信息技术一日千里的迅猛发展和在组织中的广泛、深入的应用,客观上要求产生与此相适应的管理思想、理论、方法、技术和工具。管理信息系统作为一套基于信息技术的管理思想、理论、方法、技术和工具,体现了信息技术在管理领域中不断实践和创新的发展轨迹,把组织中的经典管理思想和理论推到了一个新的高度。

按照历史的发展轨迹和演变逻辑,本书将循序渐进地详细研究和讲述管理信息系统的基本概念、体系架构、典型应用等内容。

作为开场白,本章将讲述管理信息系统的基本概念和作用。首先,通过若干个典型管理信息系统案例,研究管理信息系统的功能、作用和影响。接下来,分析管理信息系统产生和发展的历史背景及社会需求,试图探究管理信息系统产生和发展的原动力。第三,对管理、信息、系统等基本术语的内容和特点进行详细研究,目的是为了更好地理解管理信息系统的概念和特点。第四,通过探讨信息系统与管理信息系统之间的关系,给出管理信息系统的基本概念和特点,为进一步深入学习和理解管理信息系统体系架构和应用领域奠定基础。

本章目标:

- 了解管理信息系统的典型应用领域;
- 理解管理信息系统产生的历史背景和客观需求;
- 了解知识经济的主要特征;
- 理解和掌握管理、信息、系统基本概念的特点;
- 理解和掌握信息系统和管理信息系统的概念和特点;
- 理解信息系统和管理信息系统之间的关系;
- 理解管理信息系统的战略作用。

1.1 典型案例研究

在深入学习管理信息系统之前,先介绍几个典型的管理信息系统应用。通过了解这些管理信息系统的作用和特点,读者对管理信息系统会有一个初步的感性认识。

1. 进销存管理信息系统

制造企业是最早应用管理信息系统的领域之一。通过使用管理信息系统可以有效地管理企业的物流、资金流和信息流,敏捷地反映客户需求、缩短生产周期、降低作业成本、提高产品或服务质量,从而提高企业的经营管理水平,增强企业的竞争能力。图 1-1 是某工厂使用的进销存管理信息系统的一个窗口。

如图 1-1 所示的进销存管理信息系统是基于客户机/服务器体系架构的管理信息系统,包括了 8 个典型的子系统。使用这些子系统,管理人员可以完成企业的进货、销售、库存、现

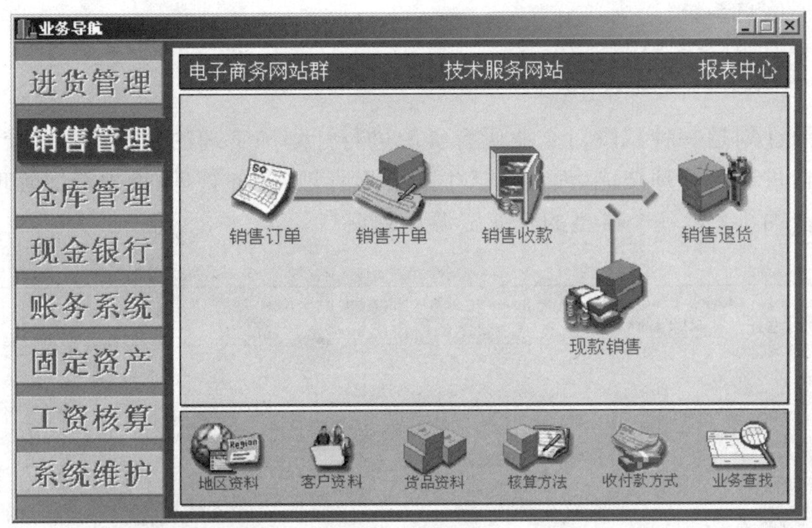

图 1-1　某工厂使用的进销存管理信息系统的窗口

金、工资、固定资产等各种业务信息的采集、加工、统计等管理工作。这些子系统的具体功能描述如下：

- 进货管理子系统：管理采购订单、收货、付款、退货等业务，以及管理供应商等基本资料。
- 销售管理子系统：管理销售订单、销售开单、收款、退货等业务，还包括客户资料、收付款方式等基本资料的管理。
- 仓库管理子系统：管理领料、退料、产品进库、库存盘点、仓库调拨、存货调价、组装与拆卸、库存变动等业务，还包括仓库基本资料等信息的管理。
- 现金银行子系统：管理银行存款、取款、费用开支、其他收入等业务，还包括收支类别基本信息、开户银行等信息的维护。
- 账务管理子系统：主要管理凭证录入、审核、登账、结账、结转损益、凭证查找等业务，还包括会计科目的资产类、负债类、所有者权益类、成本类、损益类等基本信息的维护。
- 固定资产子系统：主要是管理固定资产的增加、减少、固定资产工作量的录入、计提折旧等业务。除此之外，还包括企业的部门资料、资产类别、增减方式、资产使用状况等基本信息的维护。
- 工资核算子系统：主要是管理工资数据的录入、计件工资的录入、支付工资等业务，还包括对工资项目、计件工种、员工类别等基本信息的维护。
- 系统维护子系统：主要是管理系统的权限管理、修改口令、数据备份、数据恢复、校验数据等业务。

但是，从企业管理的整体角度出发来看，该进销存管理信息系统的功能是不完整的，例如缺乏对生产计划的编制、审核、下达、监控、管理等功能，缺乏对人员招聘、人员培训、人员考核等人力资源管理功能等。因此，可以说该进销存管理信息系统只适用于企业进销存管理领域的管理信息系统。

2. 企业资源计划

企业资源计划是一种试图对企业所有资源进行计划和管理的管理信息系统。企业资源计划不仅包括进销存管理功能，而且包括生产计划管理、财务管理、人力资源管理、工作流程管理等功能。图 1-2 是一个典型的企业资源计划窗口。

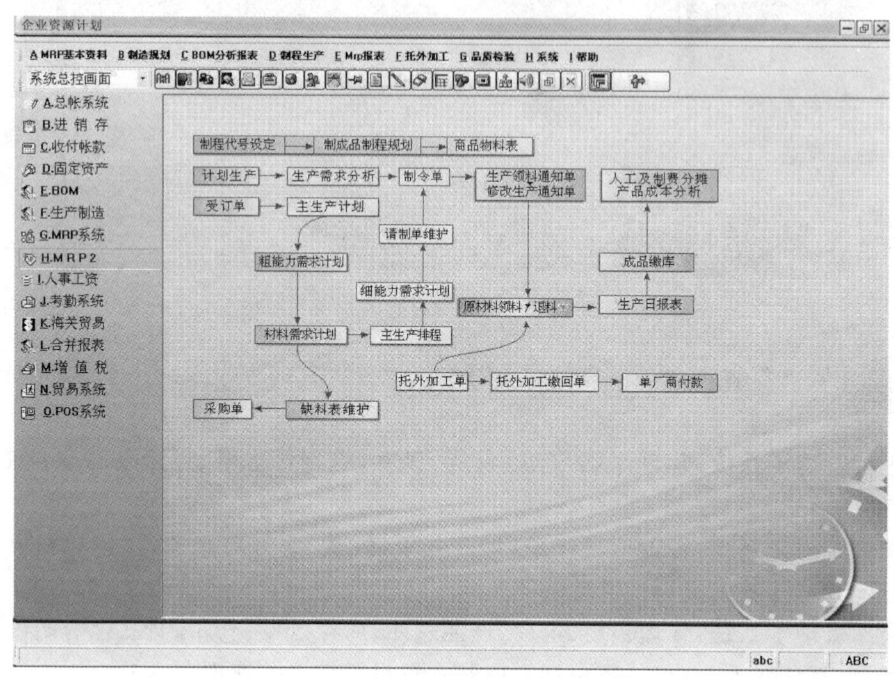

图 1-2　典型的企业资源计划窗口

在如图 1-2 所示的企业资源计划窗口中，功能模块以 3 种方式显示：窗口顶端的菜单栏方式、窗口左端的树状结构，以及窗口正面的图形方式。不论通过哪一种方式进行操作，都可以完成相应的操作功能。

从窗口左端的树状结构中可以看到，该企业资源计划主要的功能模块是：总账系统、进销存管理、应收应付账款管理、固定资产管理、BOM 管理、生产制造管理、MRP 系统管理、MRPⅡ管理、人事工资管理、考勤管理、海关贸易管理、报表管理、增值税管理、POS 系统管理等。

对于 MRPⅡ管理模块，又可以进一步细分为：制程代号设定、制成品制程规划、商品物料表、计划生产、生产需求分析、制令单、生产领料通知单、修改生产通知单、人工及制费分摊、产品成本分析、受订单、主生产计划、粗能力需求计划、细能力需求计划、材料需求计划、主生产排程、成品缴库、生产日报表、原材料领料/退料、托外加工单等功能。

3. 酒店管理信息系统

酒店管理信息系统是集客房、餐饮、桑拿、休闲、商务中心等服务项目为一体的综合性管理信息系统。该系统的来宾接待管理对话框如图 1-3 所示。该酒店管理信息系统的主要功能包括：宾客接待、消费点单、收银结账、查询统计、财务报表、辅助管理、系统维护、系统帮助等。

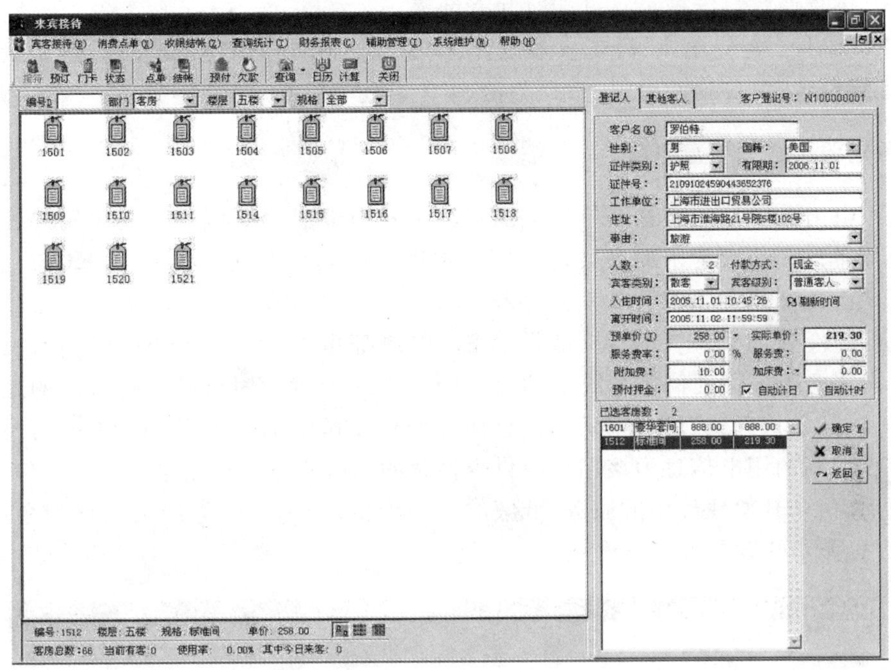

图 1-3　酒店管理信息系统的来宾接待管理对话框

对于酒店、宾馆来说，使用酒店管理信息系统可以及时共享各种管理信息、提高管理信息的处理效率和效果、有效地预防酒店管理中的各种问题，从而大大提高酒店管理水平、降低管理成本。具体地说，该酒店管理信息系统的主要功能如下：

- 宾客接待：来宾接待、门卡制作、登记调整、追加登记、登记资料修改、预订中心等功能，以及夜审时在店客人情况表、日状态统计表、月状态统计表、来宾查询、接待状态表、营业额统计和查询等。
- 消费点单：点单、零单消费、自动计量项目单价修改等功能，以及未结账消费查询、已结账消费查询、电话费明细查询等。
- 收银结账：结账、合并账单、分拆账单、挂账单结账、预付款收银等功能，以及预付款情况表、欠款一览表、挂账单查询、收银明细表、付款方式汇总表、签单客户账户查询等。
- 查询统计：接待状态表、来宾信息查询、日项目状态表、月项目状态统计表、营业额查询、消费明细查询、消费品汇总表、零单消费查询、收银统计表、预订查询、项目设施利用率报表、客史资料查询等。
- 财务报表：营业分析（日营业统计报表、月营业统计报表、按登记人列表汇总、按经营部门列表汇总、按项目规格统计报表、代收电话费明细等）、结账分析（结账方式分析表、结账分析表等）、收银情况（收银种类分析表、收银明细表、预付款明细表、签单收银明细表等），以及签单客户资料维护、签单客户存款、签单客户查询、日营业额同期对比、月营业额同期对比等。

- 辅助管理：重新登录、商品进销存（商品入库、库存查询、商品货款支付、商品货款查询、供货商资料维护等）、日期时间查询等。
- 系统维护：密码更改、员工权限设置、基础数据设置、运行规则设置、网络设置、本机配置设置、窗口画面设置、数据备份、恢复备份、数据初始化等。

4. 用电服务管理信息系统

KCPL 电力公司是一家总部位于美国密苏里州西部堪萨斯城的为居民用户、企业用户提供用电服务的公司。为了提高公司的服务水平和最大程度地方便用户，KCPL 公司开发和使用了网上用户用电服务管理信息系统（www.kcpl.com）。从用电申请到故障报修、状态查看，从电价查询到账单支付、账单查询，用户都可以随时通过网上进行。图 1-4 是 KCPL 公司用电服务管理信息系统中的电子版申请用电表。用户可以将自己的地址信息、联系信息、申请确认方式、用电方式等信息通过网络发送给 KCPL 公司，KCPL 公司可以按照用户自己填写的用电信息为该用户提供个性化的用电服务。该用电服务管理信息系统推出运行以后，由于其便捷优质的服务、低廉的服务价格，受到了广大居民用户和企业用户的好评，KCPL 公司的客户数量直线上升。

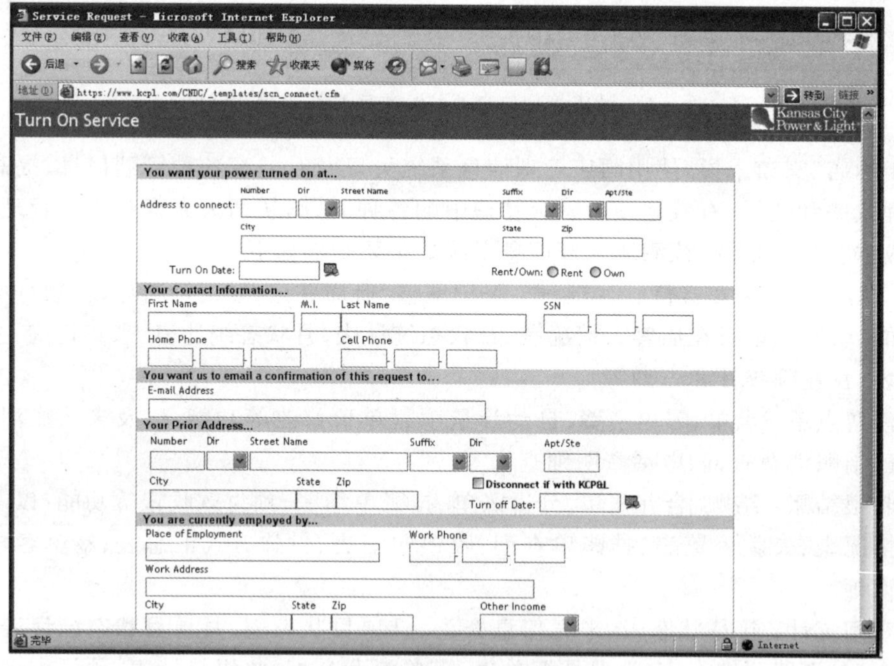

Service Request - Microsoft Internet Explorer

文件(F) 编辑(E) 查看(V) 收藏(A) 工具(T) 帮助(H)

后退 搜索 收藏夹 媒体

地址(D) https://www.kcpl.com/CNDC/_templates/scn_connect.cfm 转到 链接

Turn On Service

Kansas City Power & Light

You want your power turned on at...

Address to connect: Number Dir Street Name Suffix Dir Apt/Ste

City State Zip

Turn On Date: Rent/Own: Rent Own

Your Contact Information...

First Name M.I. Last Name SSN

Home Phone Cell Phone

You want us to email a confirmation of this request to...

E-mail Address

Your Prior Address...

Number Dir Street Name Suffix Dir Apt/Ste

City State Zip Disconnect if with KCP&L

Turn off Date:

You are currently employed by...

Place of Employment Work Phone

Work Address

City State Zip Other Income

完毕 Internet

图 1-4　KCPL 公司的电子版申请用电表

除了提供上述电子版申请用电表之外，KCPL 用电服务管理信息系统的主要功能包括三大类，即基本信息、向居民用户提供服务和向企业用户提供服务。服务内容如下：

- 基本信息包括 KCPL 公司的服务项目、电价当前信息和电价历史信息、电力状态查看等。

- 向居民用户提供的服务包括：报告电力设施故障、申请用电服务、申请取消用电服务、申请转移用电服务、支付方式和支付过程、账单查询等。
- 向企业用户提供的服务包括：支付方式和支付过程、账户查询、用电服务标准、提供用电增值服务等。

5. 电子商务系统

在 Internet 上购买商品时，用户购买的商品或服务信息、支付信息可以通过互联网传输到电子商家，商家根据收到的这些信息组织商品的运输和货款结算。卓越网（www.joyo.com）是一个典型的从事网上销售的电子商务网站，其首页如图 1-5 所示。

图 1-5　卓越网首页

通过卓越网，用户可以购买到图书、影视、音乐、玩具、日用品、数码产品、软件游戏等商品或服务。在购买过程中，用户可以利用网络提供的商品搜索功能搜索自己需要的各类商品或服务，可以按照网络提供的支付方式选择自己认为合适的支付方式。对于卓越网来说，在每一次的交易过程中，它至少可以采集到 3 种类型的信息，即用户的个人基本情况信息、用户购买的商品或服务信息、支付信息等。通过电子商务系统，各种管理信息通过 Internet 被采集、传递、处理、存储、使用，从而大大提高了商家的经营管理效率和水平。

1.2　历史背景分析

信息技术的迅猛发展和应用，极大地推动了社会的变革和进步，从而为管理信息系统的应用和发展奠定了物质基础。各类组织为了适应经营环境的变化、提高自己的竞争能力，为用户提供更加快捷、质量更高、成本更低、更具个性化的产品和服务，使用管理信息系统是其唯一的解决方案。因此，组织的客观需求大大推动了管理信息系统的深入应用。

下面分别从人类社会的发展历程、知识经济的特点、世界经济全球化、企业管理的变革等多个角度研究使用管理信息系统的历史原因，探究管理信息系统产生和发展的原动力。

1.2.1 人类社会的发展历程

从人类社会的发展历史来看，人类社会经历了多种不同的文明模式。文明模式是指人与人之间的关系和人类与自然之间的关系的总描述。从某种意义上来看，这些文明模式都是以人类对自然的适应为基础的。适应是指人类为了谋求在自然中生存和发展而采取的行为方式，包括对自然的开发、利用和改造，以及对自然变化的响应。这种适应既是一种主动的适应过程，又是一种双向的、互相影响、不断变化的被动适应过程。

从人类与自然相互作用的关系的角度，或者从人类掌握和使用的生产技术演变的角度来看，一般地认为，人类社会的文明模式经历了4个主要阶段，即采集狩猎社会、农业社会、工业社会和知识社会。这些阶段的主要特征如表1-1所示。

表1-1 人类社会文明模式的主要阶段和特征

特 征	采集狩猎社会	农业社会	工业社会	知识社会
主要技术手段	原始技术，例如石器、木器等	农业技术，例如青铜器、铁器、犁、耕作制等	工业技术，例如机器、电器、社会化生产	信息技术、遗传技术、纳米技术、显微技术、氢能技术
可利用的主要资源	天然食物	农业资源（主要是耕地、淡水等可再生资源）	工业资源（主要是不可再生的矿产资源）、资本资源、人力资源	信息资源、智力资源、知识资源
可利用的主要能源	薪柴	水力、风力	煤、石油等化石能源	洁净能源、新能源
对自然的态度	崇拜、敬畏	模仿、学习	改造、征服	调节、适应
人口的增长特征	极高的出生率、极高的死亡率、极低的自然增长率	高出生率、高死亡率、低自然增长率	出生率、死亡率、自然增长率呈现从高到低的下降趋势	低出生率、低死亡率、低自然增长率或零增长率
人与自然相互作用产生的问题	食物短缺	人口过剩、自然灾害、土壤侵蚀等生态破坏	人口过剩、就业和老化，资源短缺、粮食紧张、能源危机、生态破坏、环境污染	不可再生资源的耗竭，全球变化
主导性产业活动	采集、狩猎	农业	工业	第三产业、信息产品等占主导地位
主要的社会组织管理方式	家庭、亲族部落	家庭、社区组织	核心家庭、科层式组织	网络组织、多样化组织、虚拟组织
消费方式	满足个体延续的低水平食物消费	维持基本生存需要	满足高物质消费的发展需求	物质和精神的全面需求

续表

特征	采集狩猎社会	农业社会	工业社会	知识社会
发展方式	依赖天然食物资源	大规模开发农业资源	掠夺式利用不可再生资源和环境	追求可持续发展
人类行为影响的空间范围	个体或群体的聚集地	村落、区域和国家	国家和国际	全球范围
经济模式	原始农业经济	农业经济	工业经济	知识经济

在每一种人类文明模式中，人类社会通过掌握和依赖一定的技术和谋生手段，不断地与自然相互作用，与此同时人类社会自身产生的组织、制度、消费等其他行为方式也都与自然相互协调，最终形成人类社会与自然之间的相互适应模式。

在采集狩猎社会阶段中，人类依靠石头、树木等原始技术制造的原始工具捕捉动物、野果等天然食物。在这种恶劣的环境中，人类的生活方式是非常简单的和异常艰难的。一方面，天然食物的供给数量是非常有限的，供给方式和过程也是不均衡的；另一方面，获取这些天然食物的技术手段非常落后。因此，人类社会要生存下去，必须有一种适应这种环境的协调人类与自然之间相互关系的机制，这种机制就是小群体的密切合作模式和低水平物质消费的生存模式。

在农业社会发展阶段中，使用铜器、铁器进行耕作的农业技术发展起来了，人们可以得到稳定的食物供给，从而保障了维持基本生存的需要。在这种以农为本的生存环境中，人类社会依靠扩大农业开发规模和社区组织的广泛联系来解决数量不断增长的人口的温饱问题。法国著名的重农主义思想家魁奈认为，社会的财富都是从地里生长出来的，只有从事农业生产才能为社会增加财富。

在工业社会发展阶段中，人与自然的相互适应模式是在对矿产资源充分利用的基础上，通过先进的近现代科技成果、高效率的组织管理手段、社会化大生产以及市场体制的建立，不仅满足了人们的生存需要，而且维持了高水平的快速发展需求。在这种文明模式中，社会财富不仅仅是从地里生长出来的，而且也可以从工厂生产出来。与农业社会相比，工业社会中地里生长出来的财富虽然从数量上来看远远大于农业社会中地里生长出来的财富，但是这时地里生长出来的财富占整个社会财富的比例在大幅度地下降，工厂里生产出来的财富占据了整个社会财富的绝大多数比例。

在知识社会发展阶段中，人类利用的主要技术手段是信息技术，利用的主要资源是信息资源和知识资源，主要的社会组织是网络组织。人类的物质需求是有限的，是可以饱和的，但是人类的精神追求是无限的，是很难饱和的。在知识社会中，人与自然的关系是一种相互协调和适应的模式。在知识社会中，社会财富不仅仅是地里生长出来的庄稼和工厂里生产出来的产品，而且包括为社会提供的服务、信息、知识等，而且这种以信息和知识为核心的社会财富在整个社会财富中占据最大的比例，从事服务、信息和知识工作的人数大于从事农业或工业的人数。

现在正处于从工业社会向知识社会的转变过程中。作为社会经济主体的各种组织，为了适应网络化、信息化、知识化的经营环境，通过使用各种管理信息系统，走信息化建设之路，才可以建立一种与经营环境相互协调和适应的关系模式，才可以生存、发展和壮大。

1.2.2 知识经济的显著特征

农业社会的经济主体是农业经济，工业社会的经济主体是工业经济，知识社会的经济主体是知识经济。衡量社会经济主体的主要指标是：这种经济主体创造的社会财富占据整个社会财富的比例是否最大？从事这种经济主体工作的劳动人员是否占据整个社会劳动人员最大的比例？因此，在知识社会中，从事知识经济的劳动人员的数量占整个社会劳动人员数量的最大比例，知识经济创造的社会财富占整个社会财富的最大比例。本节重点研究知识经济的显著特征。

观点争鸣：什么是知识社会和知识经济

有关知识社会和知识经济的说法，有许多不同的观点，例如信息社会、后工业社会、第三次浪潮、网络社会等。

1964 年，日本著名学者梅棹忠夫在其发表的《情报社会的社会学》论文中第一次使用了信息社会的概念。1982 年，美国学者约翰·奈斯比特在其出版的《大趋势——改变我们生活的十个新方向》一书中描述了信息社会的特点：第一，在信息社会中起作用的不是资本而是信息和知识；第二，时间观念发生变化，人们更加关心未来；第三，人们生活的目标和人与人之间的关系发生了很大的变化。

1973 年，美国著名社会学家丹尼尔·贝尔在其出版的《后工业社会的来临》一书中写道，后工业社会这个概念是本书的主题，它是有关西方社会的社会结构变化的一种社会预测。贝尔把社会发展分为 3 个不同的阶段，即前工业社会、工业社会和后工业社会。贝尔认为，后工业社会的主要特征是：从产品生产经济转变为服务性经济，专业技术人员处于主导地位，理论知识处于核心地位，对技术的发展进行规划和控制，创造新的智能技术。

1980 年，美国著名的未来学家阿尔文·托夫勒出版了《第三次浪潮》一书。在该书中，托夫勒认为当今世界正在进行着一场以电子计算机、全球通信、生物技术、宇航技术等一系列新兴技术为标志的革命，他把这场革命称为第三次浪潮。托夫勒把人类社会的文明划分为 3 个阶段，即农业社会文明、工业社会文明、超工业社会文明。第一次浪潮的结果是建立了农业社会文明，第二次浪潮的结果是建立了工业社会文明，第三次浪潮则标志着人类社会将从工业社会走向信息社会。

1991 年以来，美国著名的思想家曼纽尔·卡斯泰尔在其出版的《信息化城市》、《网络社会的崛起》、《特色的力量》等著作中提出了网络社会的概念。卡斯泰尔认为，网络社会是由信息技术催生出来的新的社会模式，其特征是经济行为的全球化、网络成为社会的组织形式、工作是灵活的而不是固定的、劳动是个性化的。

1962 年，美国经济学家弗里茨·马克卢普在其出版的《美国知识的生产和分配》一书中第一次提出了知识产业的概念。马克卢普把知识分为 5 种类型：实际的知识、智慧的知识、社会的知识、宗教的知识和意外的知识。1963 年，经济学家彼得·德鲁克在其著作《断绝的时代》中提出了知识社会的概念，并且在其 1993 年出版的《后资本主义社会》中重新提出知识社会的命题。在描述知识社会的特征时，德鲁克认为，第一，知识劳动者是最大的单一职业，知识生产额占据总生产额的最大比例；第二，知识是核心的生产要素，知识经济是绝大多数人的主要生存手段；第三，知识比技能和科学更为重要。

为了更好地理解知识社会和知识经济，需要深入理解知识经济的特征。与传统的农业经济和工业经济相比，知识经济有许多根本性的巨大变化。

1. 产业内容不同

工业经济时代的主导产业是制造业；知识经济时代的主导产业则是知识产业，制造业和服务业逐步一体化，提供知识和信息服务将成为社会的主流。

工业经济的主导产业是制造业。通常所说的第一产业，是指地里“生长出来”的产业，如农业、林业、采掘业等。所谓的第二产业，则是工厂“制造出来”的产业，主要是指通过加工的产品制造等。第三产业则是“提供服务”的产业，从最早的交通、运输服务，到后来的电话、电信服务等。在工业经济时代，占主导地位的是第二产业，支柱产业是汽车制造业、电气制造业和电子产品制造业。

知识经济时代则是以知识为中心的服务产业，其重要支柱是知识产业。有关信息产业的内容，马克卢普认为，信息产业包括从事生产知识、信息服务、生产信息产品的机构，包括教育、研究与开发、通信媒介、信息设备、信息服务等。从劳动力的结构和销售额来看，信息服务产业将占越来越重要的地位。有些专家预测，提供知识和信息服务将成为知识社会的主流工作方式，数字经济、网络经济、虚拟经济将成为知识经济时代的显著特征。

2. 效率标准不同

工业经济时代的效率标准是劳动生产率；知识经济时代的劳动生产率是知识生产率。

在工业经济时代，衡量效率的标准是劳动生产率，即每个人在单位时间内生产的产品数量。这种标准强调的是生产出来的产品数量。

在知识经济时代，衡量效率的标准是知识生产率。这时，劳动生产率已经不能创造更多的价值。由于科学技术的迅猛发展，一个企业、一个国家如果没有新的知识、新的技术，并且将这些新知识和技术转化为新的产品，那么，劳动生产率越高，产品的积压可能越多、浪费越严重、亏损越严重。知识生产率是生产知识、把知识转化为技术、转化为产品的效率，实际上是衡量知识有用的程度。知识生产率取决于知识的研究、开发、教育和培训等效率。

3. 管理重点不同

工业经济时代的管理重点是生产管理；知识经济时代的管理重点是知识的生产、转移和使用等管理，包括研究、开发、教育、员工的培训等。

工业经济时代的管理重点是生产，即如何提高产品产量。所以，生产环节是管理关注的核心问题，具体表现在提高劳动生产率、降低产品成本等。

在知识经济时代，管理的重点已经向研究、开发、销售、员工培训等方面转移。在这个时代，产品数量的增加或者说产品的生产已经变得非常容易，就像“自我复制”一样简单。这时，企业越来越承担更多的教育责任。知识管理成为企业管理的核心思想和方法。衡量企业成功的尺度是创造力，而不是生产出了更多数量的产品。知识管理为企业有效地实现显性知识和隐性知识的共享提供了新的途径。显性知识易于整理和在计算机中存储，而作为人的经验和智慧的结晶的隐性知识则难于掌握，它主要存储在人的头脑中。知识管理把信息与信息、信息与人，以及信息过程紧密联系了起来，能够促进人们有效地进行创新。

4. 生产方式不同

工业经济时代是刚性生产方式，而知识经济时代则是柔性生产方式。

工业经济时代的主要生产方式是标准化、专业化和社会化。也就是说，使用一条生产线高效率地生产出大量的单一的产品。

知识经济时代则是非标准化的生产方式。非标准化也称为柔性化，即小批量、多品种的高效率的生产。例如，通过计算机的辅助设计、辅助制造和辅助管理，可以实现在一条生产线上制造的每一件产品就是一个产品型号。从某种意义上说，知识经济时代不是不需要生产标准，而是生产标准太多，多到已经没有标准了。如果说标准化生产是刚性生产的话，那么非标准化生产就是柔性化生产。

5. 劳动者所处的劳动场所不同

工业经济是典型的集中化劳动，而知识经济则是分散化劳动。这是生产方式的另外一种变化。

从劳动场所和劳动者之间的劳动位置关系来说，人类劳动经历了一种由分散化到集中化、由集中化到更高层次的分散化的螺旋式发展过程。

无论是采集狩猎社会，还是农业社会，人类所从事的劳动几乎都是分散化的劳动，没有一个固定的、集中的场合。进入工业社会之后，人类逐步形成了以大机器为中心的工厂式的集中化劳动，这时候，成百上千的工人集中在一个固定的场所从事规模化生产制造。

在知识经济时代，人类将再一次走向更高层次的分散化劳动。信息革命极大地推动了制造业进入了集成制造阶段，使得制造过程非物质化、生产车间无人化、管理控制远程化等。越来越多的人从事信息工作，越来越多的人通过计算机和网络在家里工作。家庭办公(Small Office and Home Office，SOHO)概念方兴未艾。

6. 劳动力结构不同

在工业经济时代，直接从事劳动和生产的工人占劳动力的70%；但是，在知识经济时代，直接从事知识生产和传播的劳动者占70%以上。美国社会劳动力结构的变化趋势如图1-6所示。

在知识经济时代，直接在车间从事生产的工人逐渐被机器设备、计算机所取代。这时，只需要有限数量的工程师、高水平的技术人员、信息技术人员和受过科学教育的操作人员从事生产，他们占劳动力的比例不到30%。其余的70%的劳动者主要从事知识的生产、采集、管理、传播等工作。

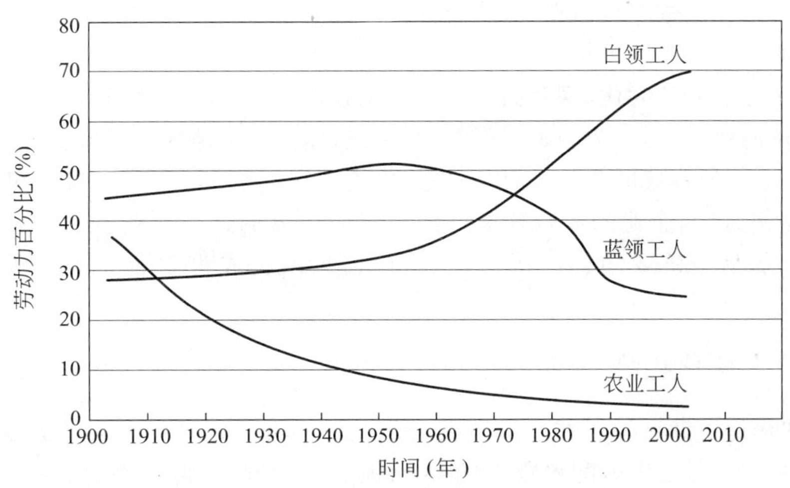

图 1-6 美国社会劳动力结构变化示意图

7. 分配方式不同

在工业经济时代主要是岗位工资制;在知识经济时代流行的分配方式是按业绩付酬制。

在工业经济时代,人类社会的主要分配方式是岗位工资制。人人都被钉在了特定的岗位上,人和企业之间有着严重的人身依附痕迹。

在知识经济时代,主要实行的是按业绩付酬的分配方式。这是一个个性化的时代。在这个时代,每一个人都可以凭自己的业绩,在市场上获得相应的价格。人和企业之间没有依附关系,每个人都是经济的主体,都是真正的主人。

8. 经济学的基本原理不同

工业经济以物质经济学为基础,而知识经济则以知识经济学为基础。

工业经济是以物质为基础的。这时的生产要素主要是能源、原材料、劳动力等有形资源。从经济学的角度来看,物质是稀缺的,经济学理论的基础是稀缺原理。无论是亚当·斯密的古典经济学,还是凯恩斯经济学,以及其他各种形形色色的经济学流派,其根本出发点都是物质经济学,都遵循着基本的物质稀缺原理。

但是,在知识经济时代中,整个情景发生了根本性的变化。知识经济是以知识为基础的,知识成为了经济增长的核心因素。知识的特征是无限的和共享的。例如,一杯咖啡,如果你喝了,别人就不能喝了。但是,如果是知识,你使用了,别人仍然可以继续使用,并且可以反复使用。物质是越用越少,知识则不会随着使用次数的增加而减少。这时,经济学的根基——稀缺原理,发生了变化,在这个基础上的经济学理论必将发生变化。

9. 经济属性不同

工业经济基本上是国家经济和民族经济,而知识经济则从开始起就表现为全球经济。

在农业经济时代,各个国家、各个民族、各个地区几乎是可以完全独立的或者各自为政的，彼此之间可以相差数百年。在工业经济时代，各个国家、各个民族、各个地区也可以相对独立，彼此之间可以相差数十年。

但是，到了知识经济时代，一开始就与全球化紧密关联。由于交通、通信、网络的高度发展，在知识经济时代，任何一个国家、任何一个民族、任何一个地区都要接受经济全球化的挑战。知识已经成为最重要的产品，知识在网络中流动和贸易、无边无际、没有国界。

在知识经济时代，企业的运行环境已经与工业经济的运行环境完全不同了。为了适应这种动荡的信息经济或知识经济环境，管理信息系统成为企业立于不败之地的取胜法宝。

1.2.3 经济全球化趋势

经济全球化是指世界各国在全球范围内的经济融合。它是世界生产力发展的必然结果，其推动力是在全球范围内配置资源、最大化地追求利润、取得竞争优势和谋求经济的快速发展。经济全球化的主要表现如下：

1. 生产活动全球化

生产活动的全球化主要表现为传统的国际分工正在演变为世界性的分工。

国际分工的内容发生了变化。国际分工从传统的以自然资源为基础的分工逐步发展成为以现代工艺、技术为基础的分工；从产业各部门之间的分工发展成为各个产业部门内部的分工和以产品专业化为基础的分工；从沿着产品界限进行的分工发展到沿着生产要素界限进行的分工；从生产领域的分工向服务部门分工发展。

国际分工的形成机制正在发生变化。即由市场自发力量决定的分工，向由企业、主要是跨国公司经营的分工和由地区经贸集团成员内部组织的分工发展，出现了协议性分工。

水平型分工成为国际分工的主要形式，其内容为产品型号的分工、产品零部件的分工和产品工艺流程的分工。建立和形成了世界性的生产网络。

世界性的国际分工使各国成为世界生产的一部分，成为商品价值链中的一个环节。这种现象有利于世界各国充分发挥优势，节约社会劳动，合理配置生产要素，提高经济效益，促进世界经济的协调发展。

2. 世界多边贸易体制形成

国际贸易对世界经济的拉动作用增强，国际贸易趋同化和建立了国际贸易组织。

国际贸易趋同化的主要表现是普遍使用了电子化贸易手段，例如电子数据交换（electronic data interchange，EDI）技术已在国际贸易中广泛使用，电子商务（electronic commerce，EC）技术的应用越来越广泛。另外，ISO 9000 系列已经成为国际贸易商品的共同标准。

1995 年 1 月 1 日诞生的世界贸易组织（world trade organization，WTO），标志着世界多边贸易体制正式确立。作为世界多边贸易体制组织和法律基础的世界贸易组织，以其法人地位对所有的成员方都有严格的法律约束力。世界贸易组织的建立，标志着一个以贸易自由化为中心、囊括当今世界贸易诸多领域的多边贸易体制大框架已经构筑起来了。2001 年末，我国正式加入了世界贸易组织，成为了 WTO 大家庭中的一员。

3. 各国金融日益融合在一起

当前，金融国际化进程加快。20 世纪 90 年代以来，西方国家的大银行根据巴塞尔协议的要求，开始了大规模的合并、收购等活动，以便提高银行的效益。为了提高本国银行的竞争能力，许多国家对大银行的合并表示了支持的态度。1993 年以来，世界排名在前 200 名以内的大银行之间至少发生了数十起合并案例。

地区性经贸集团的金融业出现一体化。随着科学技术的发展，特别是信息技术、网络技术的飞速发展，世界外汇市场的资金交易正在以光的速度从一个市场转移到另外一个市场。

4. 跨国公司蓬勃发展

跨国公司的数目剧增。跨国公司正在结成新型的战略联盟。面对激烈的竞争压力、自由化浪潮和新投资领域的开放，越来越多的企业，包括发展中国家的企业采取多种方法参与全球化经济的活动，通过多种形式结成联盟。通过兼并和收购的方式在国外建立自己的生产设施，以保护、巩固和增强自己的竞争能力。跨国公司伙伴之间的贸易额在世界贸易额的比重迅速增加。

5. 经济全球化正在由国际化经济、全球化经济向无边界经济发展

当前，随着数字技术和通信网络的发展，为许多关键部门形成无边界的经济创造了可能性。例如，电信和计算费用明显降低，而速度和容量迅猛增大。当前，越洋电话的费用仅为 60 年前的 1%。计算能力的成本也在迅速下降。例如，20 世纪 60 年代中期，一个晶体管售价 70 美元，现在用百万分之一美分就可以买到。

经济全球化为企业的发展开辟了更广阔的发展空间，如何在全球范围内配置资源、如何通过全球网络建立虚拟企业、企业如何适应全球化的竞争环境要求，是企业当前面临的机遇和挑战。

1.2.4 企业组织管理变革

当前，企业组织的经营环境，即顾客、竞争和变化有了很大的改变。从顾客方面来看，买卖双方的关系发生了重大变化，现在是顾客主宰买卖关系的买方市场，主要表现在顾客的消息非常灵通、选择的机会越来越多、越来越注重个性化、需求趋向饱和等。从竞争的角度来看，世界越来越小、信息沟通迅速、准确，竞争更加激烈，例如竞争对手越来越多、竞争内容名目繁多、淘汰率非常高、竞争节奏加快、竞争规则变化频繁等。从变化的角度来看，在信息时代的今天，变化的节奏加快，例如产品开发速度加快、新技术的应用越来越多等。可以从制造模式的变化和企业组织管理的新思想描述这种企业组织变革的方式。

1. 制造模式的演变

制造模式既是人们对制造方式的认识和总结，又是企业组织采用合适制造方式的参照基础。依据制造设备和工具的排列空间、信息的传递和处理方式、人们对制造过程的认识和控制等原则，可以将制造模式划分成3个阶段：单件制造模式、批量制造模式、敏捷制造模式。

单件制造模式可以分为工匠式制造和作坊式制造两种形式，这种制造模式基本上没有分工或者只有无意识的简单分工，其生产效率非常低。

以福特汽车流水生产线为标志，进入了以自动化机械为核心的批量制造模式阶段。这种制造模式的组织管理系统具有多级递阶的塔式结构，分工越来越细，生产效率大幅度地提高。

随着市场竞争的日趋激烈和技术手段的进步，批量制造模式的许多弊端也越来越突出，例如信息传递层次过多、企业响应速度缓慢、制造技术刚性、管理机构庞大、一线工人积极性下降、资源难以合理配置和有效利用等。20世纪90年代以来，随着全球交通、通信、信息技术的飞速发展，用户在追求高质量的同时又要求多品种、低成本和短交货期，客观上要求企业组织的制造模式能够敏捷地反应市场和用户需求的变化，从而进入了敏捷制造模式阶段。

2. 企业组织管理的新思想

20世纪90年代初，针对信息技术在企业管理中的广泛应用，美国咨询专家哈默博士首先提出了企业流程再造(business process reengineering，BPR)的概念。他认为："企业再造就是从根本上考虑和彻底地设计企业的流程，使其在成本、质量、服务和速度等关键指标上取得显著的提高。"根本上考虑就是对企业现有的流程提出最根本的疑问，再造时必须抛弃传统的框框、约束和规则。彻底地设计就是从零开始，创造性地使用一种全新的方法来完成满足顾客需求的流程。显著的提高就是要取得经营业绩极大的飞跃。企业再造的对象是流程，而不是任务、人员、组织结构等。哈默博士等人通过对一些大企业的典型流程进行研究之后，认为应该使用计算机来重新设计已有的企业流程，而不仅仅是使已有的流程实现自动化。他认为BPR就是打破企业中在采用信息技术之前形成的各种规则和假设，建立适应信息技术的新规则，并且提出了一些应该遵循的原则，例如扁平组织、并行工作、活动整合、决策权力下放等。哈默博士认为BPR应该在企业高层领导描述的远景目标驱动下，从企业的顶层开始实施。

创新就是建立一种新的把生产要素和生产条件重新组合以获得潜在利益的生产体系。技术创新就是指新产品、新工艺、新服务等从构想到获得实际应用并产生经济、社会效益的商品化和产业化过程的全部活动。技术创新包括研究开发、中间试验、生产、销售及售后服务等多个环节的创新。创新具有思维性、创造性、阶段性、风险性、效益性、周期性、社会性、国际性等特点。按照创新的对象，可以把创新分成产品创新和工艺创新。

计算机集成制造(computer integrated manufacturing，CIM)是组织企业生产的哲理，它有两个基本的要点：第一，企业的各种生产和制造环节是不可分割的，需要统一考虑；第二，整个生产和制造过程实质上是信息采集、加工、传递、使用的过程。CIM用全局的观点看待企业的整个生产经营活动，包括市场分析、产品设计、加工制造、管理、售后服务等各个方面。

CIM技术由多个独立发展起来的单元技术组成，这些单元技术包括计算机辅助设计(CAD)、计算机辅助制造(CAM)、计算机辅助工艺设计(CAPP)、管理信息系统(MIS)、物料需求计划(MRP)、制造资源计划(MRPⅡ)、柔性制造系统(FMS)、柔性制造单元(FMC)、分布式数控(DNC)、成组技术(GT)、质量控制(QC)等。计算机集成制造系统(computer integrated manufacturing system，CIMS)是按照CIM哲理建成的复杂的人机系统。CIMS从企业的经营战略目标出发，综合考虑企业中人、技术和管理的作用，使用各种先进技术手段，包括计算机硬件和软件，实现企业生产经营全过程中的信息流和物流的集成，并在产品质量、生产成本、生产周期等方面达到总体优化，为企业带来更大的经济效益。

全面质量管理(total quality management，TQM)是一种要求用系统的观点来分析质量和质量管理中问题的思想，要求对产品的质量不仅要考虑产品的设计和制造系统，而且要考虑使用系统，以及考虑退出使用后的废品回收和处理系统等。TQM认为在质量管理中要重视人的因素，发挥企业全体员工主观能动性和创造性。TQM有5个基本的观点：广义质量的观点、用户第一的观点、以预防为主的观点、一切用数据说话的观点和全员参加的观点。

顾客需求的个性化和多样化以及厂商竞争的日趋激烈，使得基于低成本和高质量的竞争战略并不一定就能获得竞争优势，而敏捷将成为制造企业竞争优势的基石。敏捷的含义是有活力的、对多变的市场需求响应灵敏度高、实现顾客要求的反应时间短、有效地满足顾客需求。敏捷制造(agile manufacturing，AM)是获得敏捷的制造方式。AM的目标是建立一种对顾客需求作出敏捷反应、市场竞争力强的制造组织和活动。AM是一种每一个公司都能开发自己的产品和实施自己的经营战略的组织结构，包括有创新精神的管理组织、有知识且被适当授权的人员、采用柔性技术网络技术等先进的制造技术。AM企业的特点是：不是法律意义上的经济实体、内部是一个动态的范围、基本点是信任和合作、信息对内对外充分开放、强调资源集成的时间性等。

AM和BPR之间有着密切的关系。传统的制造模式是一种分工详细的批量制造模式，而AM模式是一种基于信息技术的集中协作的制造模式。传统的制造模式向AM模式的转变有一个过程，而BPR正是这种转变不可缺少的流程再造的过程技术。AM模式是一种表示制造过程中各种制造元素基于信息技术的配置关系的状态，而BPR是一种基于信息技术来改变各种制造元素配置关系的过程技术。从AM和BPR两者的作用对象来看，BPR强调对一个企业内部流程的再造，而AM模式强调对企业之间关系的再造。AM模式在企业之间创建动态联盟的关系，快速响应顾客需求。从AM和BPR两者的技术的基础来看，信息技术都起着重要的作用。信息技术在BPR中起着使能器和实现器的作用，而信息技术特别是Internet技术对AM模式的形成和维持起着支撑作用。AM与BPR的这种关系如图1-7所示。

为了适应这种激烈的市场变革，扁平化组织的趋势、分散化的管理和控制、低成本的协调和合作成为企业取得优势的有力手段。这些手段的技术基础是网络通信和管理信息系统的广泛应用。

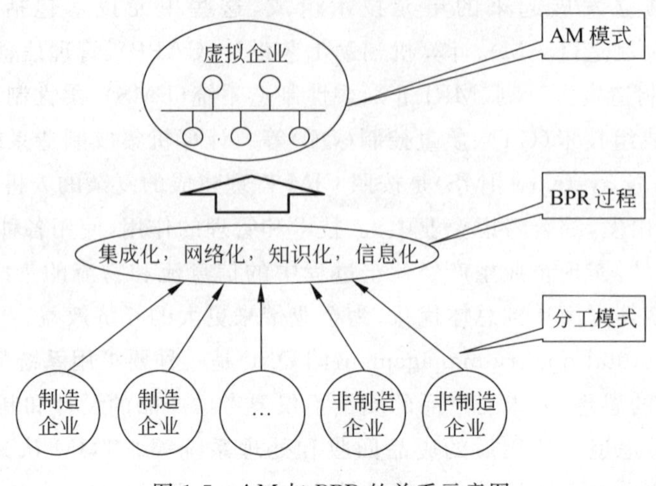

图 1-7　AM 与 BPR 的关系示意图

1.3　管理、信息和系统

为了更加深入地理解管理信息系统的概念，现将管理信息系统概念本身分解成管理、信息、系统 3 个组成部分，对这些组成部分的基本概念和特征分别进行深入分析。

1.3.1　管理的概念和特征

下面从两个方面研究管理的概念和特征。首先讲述管理和管理的基本活动，然后对制造企业的管理职能进行分析。

1. 管理和管理活动

管理信息系统的应用领域是管理领域，其对象是管理。那么什么是管理呢？按照管理学家斯蒂芬·罗宾斯的说法，管理是指通过与其他人的共同努力，既有效率又有效果地把工作做好的过程。其中，效率是指通过正确地做事，将投入转换为产出。在既定的投入条件下，如果获得了更多的产出，那么可以说效率得到了提高。效果是指做正确的事，对于一个组织来说，好的效果就是实现其既定的经营目标。

背景知识：组织和企业

组织是将一定的人员有系统地安排在一起，以达到某些特定目标。每一个组织都有一个目标、由一定的人员按照某种方式聚合在一起。例如，联想集团是一个组织，青岛海尔集团是一个组织，中国银行上海市分行徐家汇支行是一个组织，清华大学出版社是一个组织，北京西单百货商场、联合国都是组织。

企业是指从事生产、运输、销售、贸易等经济活动的组织。从这个定义可以看出，组织的外延大于企业的外延，企业是组织的一个子集。例如，联想集团是一个企业组织，但是联合国则不是一个企业组织。

一般地认为，管理过程包括计划、组织、领导、控制等关键活动。这些活动之间的关系如图 1-8 所示。

计划包括 3 个方面的含义，首先定义组织目标，其次建立一个总体战略已达到这些定义的目标，最后制定一个易于理解的多层计划来整合并协调组织的各项活动。例如，目标管理、战略管理、决策管理等都是计划活动的内容。

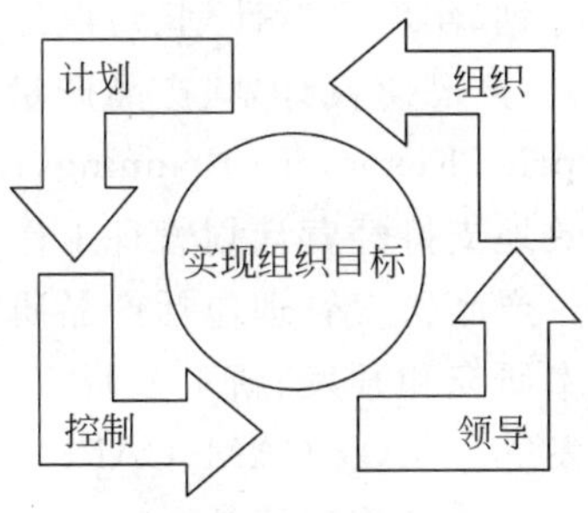

图 1-8　管理过程的主要活动

组织工作的主要内容包括决定要执行哪些任务、谁来完成、任务如何分配、谁向谁汇报、在哪里制定决策等。例如，组织设计、组织文化、人力资源管理、变革与创新管理等都是组织活动的重要内容。

领导工作的主要内容包括激励员工、指挥其他人员的工作、选择有效的沟通渠道或解决员工之间的冲突等。例如，行为研究、工作团队管理、激励和奖励员工、领导与信任、沟通与人际交往等都是领导活动的重要内容。

控制也是管理者经常执行的一项活动。在目标已经确立，计划已经制定，机构已经安排，员工的聘用、培训及激励等活动都已完成之后，可能会发生一些差错。为了保证组织所进行的活动能够按照其既定的方向进行，管理者必须监督组织的绩效。实际的绩效必须与其以往设定的目标相比较，如果比较的结果存在明显的偏差，那么管理者就有责任使组织回到正轨上来。这种监督、比较、纠错的方法就是控制过程。

在组织的各个管理职能中，无论是计划、组织，还是领导、控制，都离不开对大量的管理信息的有效采集、加工、存储、检索、使用等，都离不开管理信息系统的支持。

2. 制造企业的管理职能

对于一个制造企业来说，主要的管理职能包括经营决策管理、经营计划管理、产品研发管理、生产和作业管理、物流管理、设备管理、质量管理、市场营销管理、人力资源管理、财务管理、行政管理、供应链管理、客户关系管理等，如图 1-9 所示。

经营决策管理	经营计划管理	产品研发管理	
质量管理	生产和作业管理	人力资源管理	
行政管理	设备管理	财务管理	
供应链管理	物流管理	市场营销管理	客户关系管理

图 1-9　制造企业的主要管理职能

决策是为了达到某一预定目标对若干个可行方案经过分析判断所作出的一种选择。决策是一个提出问题、分析问题、解决问题的系统分析过程，贯穿于企业管理的各个方面。常见的企业经营决策包括：经营战略方面的决策、市场营销方面的决策、产品研发方面的决策、生产技术方面的决策、财务预算和执行方面的决策、人力资源计划和管理方面的决策等。各种类型的 DSS 系统可以有效地支持经营决策管理工作。

经营计划是规定企业在一定时期内生产方向、发展规模、主要经济技术指标所要达到的水平并且实现企业战略目标的综合计划。按照计划期限划分，经营计划可以分为中长期经营计划、年度经营计划、短期经营计划等。按照专业内容划分，经营计划可以分为市场开发计划、产品研发计划、产品产量计划、人力资源计划、资金筹措计划等。企业资源计划（Enterprise Resources Planning，ERP）系统中的主生产计划、物料需求计划、能力需求计划可以有效地支持经营计划管理工作。

产品研发管理包括产品研究和产品开发管理，具体工作内容包括新产品研究和开发、新技术研究和开发、新工艺研究和开发、新材料研究和开发、新设备研究和开发、新能源研究和开发等。CAD、CAM、CAPP、CAE（计算机辅助工程）、PDM（产品数据管理）等系统可以提高产品研发管理的效率。

生产和作业管理涉及从准备生产产品开始直到生产出客户需求的产品为止的全过程，其主要内容包括生产准备过程、基本生产作业过程、辅助生产过程、生产服务过程等。对于制造企业来说，生产和作业管理是其经营管理的核心。ERP 系统中的生产作业管理功能可以有效地支持生产和作业管理功能。

物流管理主要包括物料采购、运输、存储、发放等工作，确保生产作业管理过程对物料的需求。制定物料供应计划、对库存物料进行分类管理、编制有效的物料消耗定额等工作是物料管理工作的核心。物流管理的进一步可延伸到供应链管理。ERP 系统中的库存管理、采购管理等功能以及 SCM 系统是提高物料管理工作水平的关键手段。

设备管理是指以研究设备寿命周期为对象、追求设备寿命周期费用最经济为目的、提高设备使用效率的设备综合管理。设备寿命周期包括调查、研究、设计、制造、安装、运转、维修、保养、报废等整个过程。设备的维护和修理是设备管理的核心内容。ERP 系统中的设备管理功能可以有效地支持设备管理工作。

质量管理就是达到或实现产品质量的所有职能和活动的管理工作，包括制定质量政策、确定质量目标或水平、提供企业内部和外部有关质量保证和质量控制的组织和措施。质量管理包括质量保证和质量控制。按照全面质量管理体系的要求，质量管理的内容包括确定企业的质量目标、制定企业的全面质量计划、建立和健全企业的质量保证体系。ERP 系统中的质量管理功能可以有效地支持质量管理工作。

市场营销管理是对市场进行调研和分析、制定产品策略、销售渠道策略、产品价格策略、促销策略、产品销售、客户服务等管理工作的总称。市场营销管理向客户关系方面进一步地延伸可以形成客户关系管理的内容。ERP 系统中的产品销售功能和客户关系管理（CRM）系统都是支持市场营销管理、客户关系管理的有效手段。

人力资源管理是指组织对员工的有效管理和使用的思想和行为，人力资源管理的作用就是为了最有效地使用人力资源而制定各种计划和方针政策。人力资源管理的主要职能是吸收、录用、发展、评价、调整等。人力资源管理的 16 项具体内容包括：制定人力资源计划、培训和发展、工作绩效评价、帮助员工制定个人发展计划、报酬管理、福利管理、劳动保护管理、劳资关系管理、档案管理、人力资源会计工作、人才挑选管理、招聘管理、入厂教育、工作设计和岗位分析、国家法律和政府政策、技术发展环境等。当前市场上众多的 HR 系统可以有效地支持人力资源管理工作。

财务管理是指对某一独立核算单位的财务活动进行有效的组织，以及正确处理好内外部各项财务关系并为提高整体管理水平和整体价值服务的一项经济管理工作。财务管理的主要职能包括筹资管理和决策、投资和资金配置管理、成本核算和控制、收益分配管理、财务监控和分析等。使用基于计算机技术的财务管理系统可以大大提高财务管理水平。

行政管理是指为了保证企业正常业务开展不可缺少的辅助业务和服务管理工作。这些工作包括公关管理、机要保密工作管理、公文管理、员工提案管理、会议管理、印章信证管理、出差管理、图书管理、内部期刊管理、车辆使用管理、办公用品管理、电话通信管理、劳动保护管理、安全保密管理、厂区出入管理、环卫绿化管理、灾害防护管理、交通安全管理、员工宿舍管理、员工食堂管理、生活设施管理、医务保健管理等。办公自动化系统(OAS)可以有效地支持这些行政管理工作。

背景知识：管理理论的丛林

1776年，古典经济学家亚当·斯密在其《国富论》提出了劳动分工可以提高劳动生产率的论断。亚当·斯密在制针行业观察到，10个工人每人从事一项专门的工作，每天能生产48 000根针。但是，如果每个工人独立完成所有的制针工作，这10个工人最快也不过每天制作200根针。亚当·斯密对此分析后认为，劳动分工可以提高每个工人的劳动熟练程度、节约了由于变换工作任务所浪费的时间、可以发明出省力的工具。

1911年，机械工程师弗雷德里克·泰勒出版了《科学管理原理》一书。泰勒认为科学管理就是指应用科学方法确定从事某项工作的最佳方法。泰勒定义了管理四原则，第一，为每一个工人的工作要素建立一个科学方法；第二，科学地挑选工人，并对他们进行培训、教育和开发；第三，与工人之间进行诚心友好的合作，以确保所有的工作都能按照已建立的科学原则去做；第四，管理者与工人之间在工作和职责的划分上几乎是平等的。

1912年，建筑承包商出身的弗兰克·吉尔布雷斯和作为其妻子的心理学家莉莲·吉尔布雷斯在泰勒的影响下开始了动作研究。为了提高动作研究的准确性，他们采用了摄像机拍摄工人工作的动作，以便观测到多余的动作并将其删除的研究方式。他们最著名的研究是有关如何省略砌砖动作数量的研究。

曾经与泰勒合作时间长达十多年的工程师亨利·甘特在提高工作效率研究方面也卓有成效。他发明了一种奖金制度，对于那些少于标准规定的时间完成工作的工人给予额外奖励，对于领班来说如果其手下所有工人都完成了定额，那么领班和工人都可以得到额外的奖金。当然，甘特最著名的发明是一种用于计划管理的线条图——“甘特图”。

1916年，法国一家煤炭企业的经理亨利·法约尔出版了《一般管理与工业管理》一书。在这本书中，法约尔把管理分为一系列的职能活动，即计划、组织、指挥、协调和控制，并且提出了14项管理原则：分工、职权、纪律、统一指挥、统一领导、个人利益服从整体利益、报酬、集中、等级链、秩序、平等、人员的稳定、首创精神、合作精神。

与法约尔同时代的德国社会学家、被称为组织理论之父的马克斯韦伯提出了一种职权结构理论，这种理论被称为科层制。韦伯认为理想的科层制的组织特征包括劳动分工、职权层级、正式选拔、正式规章制度、非个性化、职业导向等。

1927年，美国哈佛大学埃尔顿·梅奥教授在位于美国伊利诺伊州西塞罗的西方电气公司霍桑工厂进行了长达5年的试验研究，这项研究后来被称为"霍桑实验"。梅奥认为，人不是"经济人"而是"社会人"；生产效率不仅与工作条件有关，主要取决于员工的积极性和人际关系；企业中存在着非正式组织的影响等。

从20世纪40年代开始，美国福特汽车公司的罗伯特·麦克纳马拉和查尔斯·桑顿尝试用统计方法改进公司的决策工作、用量化方法解决企业并购和资源配置任务，最终形成了量化学派。这一时期采用的量化方法主要包括统计学的应用、最优化模型、系统观点、计算机仿真等。

1961年，美国管理学家哈罗德·孔茨发表了《管理理论的丛林》论文。孔茨详细阐述了管理研究的各种学派——职能、强调量化以及人际关系学派，并且得出结论，认为存在着"管理理论的丛林"。孔茨认为每一种学派都对管理理论有一定的贡献。

1.3.2 信息的概念和特征

管理信息系统处理和管理的主要内容是信息。要想真正地了解管理信息系统，必须首先了解信息。本节详细介绍信息的概念、信息的分类、信息的特性等。

1. 信息的概念

信息，对应的英文单词是information，对应的日文是"情报"，台港澳地区则把information翻译成"资讯"。有关信息的概念，不同的专家学者从不同的角度出发有许多不同的表述，但是迄今为止没有一个权威的定义。从信息概念的发展过程来看，信息从最早的通信领域中的概念向哲学领域中的概念演变，其定义越来越抽象。

在给出信息概念之前，需要澄清几个易混淆的关系：信息和消息之间的关系、信息和信号之间的关系、信息和知识之间的关系、信息和物质之间的关系、信息和数据之间的关系。

有人认为，消息是关于人或事物情况的报道。这个解释听起来有点与信息类似。实际上，消息与信息之间存在一定的差别。从目的上来讲，消息具有新闻性质，与消息相关的人群具有普遍性，消息的目的性不强。但是，当消息变成信息时，与这种信息相关的人群具有特殊性。例如，根据北京市地铁建设规划，未来5年内地铁将穿过这条路线。对于一般人来说，这是一个改善北京市交通状况的消息，但是对于房地产商来说，这是一个具有相当投资价值的信息。从完整性方面来讲，消息强调的是及时性和公开性，信息强调的是完整性和准确性。例如，北京卡尔巴氏汽车制造有限公司刚刚签署了一笔金额为5000万元的大订单。这笔订单对于一般的员工来说则是一个好消息，他们听到这个消息时感到很满足。但是，对于公司的高层管理人员来说，不仅仅需要知道这个消息，而且需要详细了解这笔订单的客户名称、订货产品的规格、型号、数量、交货日期、交货方式等信息，需要根据这些信息组织下一步的生产计划。从上面的分析可以得出这样的结论，消息和信息的作用不完全一样，但是他们之间是可以相互转换的。

在大城市的十字路口，经常可以看到红绿黄信号灯，"红灯停，绿灯行，不准闯黄灯"的交通规则给出了信号与信息之间的关系。"朝霞不出门，晚霞行千里"、"瓦块云、晒死人"等谚语则给出了天气信号与天气状况之间的关系。举火为号、摔杯为号、电流通断、磁性有无等都可以赋予一定的含义。信息是通过某种自然的或人为的形式显示出来，这种显示形式就是信号。信号通过人的识别才能转换为相应的信息。从这个角度来看，信号是信息的载体，是人们用来记录、表示信息的手段。信息是信号的内容，人们只有对信号进行识别和分析，才可能得到完整的信息。例如，当某种库存物料低于安全库存时(管理信号)，可能会影响生产作业的正常进行(管理信息)，因此需要及时补充这种物料(管理决策)。

《现代汉语词典》对知识的解释是，知识是人们在改造世界的实践中所获得的认识和经验的总和。一般地认为，知识是人类认识世界的成果或结晶，它包括经验知识和理论知识。人类在认识世界时，需要首先获得信息，然后对这些信息进行大脑加工，最终形成了知识。信息是用于生产知识的原料，知识是信息加工、整合后的产物。把信息转换为知识，把知识作为认识世界和改造世界的武器，"知识就是力量"。反过来，在认识世界和改造世界的过程中又获得了新信息，新信息经过加工、传播又可以转换成新知识。从这个意义上来讲，知识是信息的一个组成部分，而那些未经加工的、非逻辑的、冗余的信息则不能称为知识。

有人把信息与物质、能量相提并论。维纳认为，信息既不是物质，也不是能量，信息就是信息。物质描述了客观世界的实在性，能量描述了世界的运动性。但是，在这个关系中，信息的本质到底是什么一直是人们思考的难点。信息是一种什么性质的存在？信息是物质的属性吗？信息是一种新的运动形式吗？信息的一般特性和普遍规律是什么？与物质决定论相比，信息的作用是什么？有关信息的概念和由此衍生出来的一系列问题至今仍没有一个普遍认可的答案，但是这并没有妨碍人们对信息的深入研究和广泛使用。

数据与信息是不同的。从计算机技术角度来讲，数据是客观事物的属性、度量、位置以及相互关系等的量化表示，是计算机可以识别的符号形式，是信息的载体和表现形式。在管理信息系统中，信息只有通过计算机可以处理的数据形式采集、存储、加工、传输、检索、使用等。但是，不能把数据简单地等同于信息。那些错误的、未经加工处理的、没有特定目的的数据只能是垃圾，而不是信息。

观点争鸣：有关信息概念的不同说法

1948 年，信息论的奠基人香农在其发表的《通讯的数学理论》论文中，详细阐述了通讯领域中的一系列基本理论。在这篇论文中，香农认为信息具有使不确定减少的能力，信息量就是不确定减少的程度。

1950 年，控制论的创始人罗伯特·维纳在其发表的《人有人的用处》一书中，给出了关于信息的论述。维纳认为，信息这个名称的内容就是我们对外界进行调节并使我们的调节为外界所了解时而与外界交换来的东西。接收信息和使用信息的过程就是我们对外界环境中的种种偶然性进行调节并在该环境中有效地生活着的过程。

系统科学认为，信息是物质系统中事物的存在方式或运动状态，以及对这种存在方式或运动状态的直接或间接的描述。

我国《现代汉语词典》中对信息的解释是："信息论中指用符号传送的报道，报道的内容是接收符号者预先不知道的。"

英国《牛津辞典》中对信息的解释是："通过各种方式可以被传递、被感受的声音、图像、文字所表征并与某些特定的事实、主题或事件相结合的信息、情报、知识，均可称为信息。”

为了方便今后的学习，本书基于管理信息系统的角度给出一个信息的定义。信息是通过某种载体形式表示的、对管理对象运动状态进行的描述，是管理人员认识和研究管理对象的重要手段。这个概念描述了信息的来源、形式和作用。

2. 信息的分类

为了对信息有一个更加全面、深刻的理解，将信息进行分类。由于信息的多样性和复杂性，下面从多个不同的角度对信息进行分类。

按照信息的内容和使用领域，可以把信息分为社会信息、政治信息、自然信息、经济信息、市场信息、管理信息、军事信息等。社会信息主要是用于社会、人口、婚姻等研究领域，自然信息主要用于地理、天气、自然灾害等研究领域，管理信息主要用于各种组织内部管理、组织、指挥、控制等领域的管理、决策和研究。本书侧重于研究管理信息。

按照信息的传递范围可以把信息分为公开信息、内部信息和机密信息。公开信息是指传递和使用范围没有限制、可以在国内外公开发表的信息。内部信息是指不能公开传播、只供内部掌握和使用的信息。机密信息是指必须严格限定使用范围的信息。机密信息可以细分为秘密信息、机密信息和绝密信息。在管理信息系统中，这些类型的信息都将涉及，因此应该对不同类型的信息制定不同的管理机制。

按照信息的加工处理程度，可以把信息划分为原始信息和综合信息。原始信息主要指未经加工的原始信息，例如会议记录、销售记录、生产记录等。综合信息是指在原始信息的基础上加工整理后的信息，例如各种统计报表、分析报告等。这种分类方式一方面反映了信息在采集、处理、传输、使用过程中的状态，另一方面反映了信息的时间性和准确性。不同类型的信息有不同的利用价值。管理信息系统中涉及的信息既包括了原始信息，也包括了信息处理过程中产生的各种综合信息。

按照信息的作用层次，可以把信息划分为决策信息、常规管理信息、战略性信息、战术性信息等。这种分类方式用于区分信息的服务对象。如果信息的服务对象是高层管理和决策机构，则使用决策信息或战略性信息；如果信息的服务对象是低层的管理机构，则使用常规管理信息或战术性信息。这种分类方式反映了信息的层次性。

按照信息反映的事物状态，可以把信息分为常规性信息和偶然性信息。常规性信息是指反映正常条件下常规事件的信息，例如日报、周报、月报等信息属于常规性信息。偶然性信息是指反映偶发的非常规事件的信息，例如设备故障、零件大批量报废等偶发性信息。这种分类方式反映了信息的频度。作为一个有效的管理信息系统，不仅应该提供常规性信息，而且应该对偶然性信息提供支持。

按照信息的稳定程度，可以把信息分为固定信息和变动信息。固定信息是指长期稳定不变的信息，例如标准定额、模型参数等。变动信息是指反映不断变化的事物的某一时刻点的信息，例如销售金额、产品价格等。实际上，信息的这种稳定状态是相对的，在某种条件下固定信息和变动信息之间可以发生转变。例如，描述人员的性别、毕业院校等信息由于种种原因可能会发生改变。在管理信息系统中，应该合理有效地处理信息稳定程度问题。

按照信息的应用范围，可以把信息划分为宏观信息和微观信息。宏观信息可以用于一个国家、一个地区或一个组织，而微观信息可以用于一个组织、一个部门或一个业务人员等。在管理信息系统中，宏观信息和微观信息都是不可缺少的。微观信息往往以原始信息的形式表现出来，宏观信息则通过综合信息的形式表现出来。

按照传递信息的媒介形式，可以把信息划分为文字信息、数字信息、音频信息、图片信息、视频信息等。文字信息是指通过书写语言描述的信息，例如各种 Word 文档。数字信息是指存储在数据库中的结构化信息，这是计算机最擅长处理的信息。音频信息是指可以通过耳朵听到的信息。图片信息是指黑白或彩色照片信息。视频信息是指可以按照时间频率播放的图像信息。管理信息系统不仅应该高效地处理各种数据信息，而且应该能够有效地处理其他类型的信息。

3. 信息的特性

信息的基本概念是信息本质属性的描述，信息的特性是由信息本质属性派生出来的特征。按照信息的生命期划分，信息的特性主要包括普遍性、客观性、可识别性、共享性、时效性、依附性、可存储性、可处理性、可再生性、可传输性、层次性、相对性、有序性、知识性、能动性 15 个特性。

观点争鸣：信息的特性

有些研究人员提出了 8 特性观点，他们认为信息的特性主要包括共享性、准确性、时效性、可存储性、可传输性、有序性、可再生性、适用性等。

有些研究人员提出了 17 特性观点，这种观点认为信息的特性主要包括普遍性、客观性、时效性、传递性、共享性、变换性、转化性、可伪性、无限性、层次性、相对性、知识性、转移性、可存储性、可处理性、可识别性、依附性等。

还有一种 6 特性观点，这种观点认为信息的特性主要包括客观性、共享性、传载性、时效性、相对性、能动性等。

信息的普遍性描述了信息作为一种哲学范畴的基本特性。就像物质具有普遍性一样，信息的普遍性是指信息的存在是无处不在、无时不有的。这个特性表明了信息广泛存在于自然领域和社会领域中。例如，在北京卡尔巴氏汽车制造有限公司中，无论是生产管理、销售管理，还是行政管理、财务管理中，都存在着大量的管理信息。这种特性实际上给出了管理信息系统存在的必要性。

信息的客观性描述了信息作为一个哲学范畴具有的特征。信息描述了事物的存在方式和运动状态，事物的存在方式和运动状态是一种客观现象，人们可以对这种客观现象进行认识和描述，但是不能随意地夸大、缩小、扭曲这种现象。信息的客观性要求人们对信息的认识和描述一定要完整、准确。例如，北京卡尔巴氏汽车制造有限公司 2005 年销售汽车 10 万辆，那么这种信息是不能随意地被夸大为 15 万辆或者缩小为 8 万辆。

信息的可识别性则给出了信息可以被人们使用的基础特性。信息的可识别性是指人们不仅可以通过眼、鼻、耳等感觉器官去感知信息，而且可以通过各种仪表器械去检测、识别和处理。如果信息失去了可识别性，那么信息的所有价值都失去了意义。需要说明的是，不同类型信息的识别方式是不同的。在管理信息系统领域中，信息的可识别性要求我们在采集数据时应该针对数据对象的特征采取不同的采集方式。例如，在北京卡尔巴氏汽车制造有限公司中，物料出入库时的数据识别和采集方式、产品销售时的数据识别和采集方式、行政会议的数据识别和采集方式等都是不同的。

信息的共享性是信息与物质、能量根本不同的一个特性，也是信息的一个独特的重要特性。共享性的表现是许多人都可以使用相同的信息，信息本身不会因为人们的使用而减少或丧失。但是，一般来说，信息的共享性是相对而言的，信息的共享范围往往是受限制的。例如，北京沃尔玛超市的每天销售信息对于沃尔玛超市的管理人员来说是共享的，但是这些信息对于北京家乐福超市的管理人员来说是不共享的。正是因为信息具有共享性，因而引起了信息的安全性和保密性等一系列问题。

信息的时效性是指信息有生命周期，在信息的生命周期内，信息是有效的；超出了生命周期，那么信息将是无效的。信息的时效性要求尽快地获得所需的信息，这样才可以在该信息的生命周期内最有效地使用所获得的信息。例如，北京沃尔玛超市根据每天的销售信息，及时作出相应的进货、促销等决策。为了保证信息的有效性，要求信息的采集、加工、传输等过程要及时地执行。信息的时效性表明信息只有及时利用才会发挥其应有的价值。

信息的依附性也是信息的一个重要特征，其含义是指信息的存储、传输、使用等活动必须依附在特定的载体上，这种载体可以是纸张、计算机、照片等形式。离开了相应的信息载体，信息也就不复存在了。从某种意义上可以这样说，信息是载体的内容，载体是信息的形式。当我们提到信息时，应该了解这种信息的载体是什么。在管理信息系统领域中，不同载体的信息往往起到不同的作用。例如，在北京卡尔巴氏汽车制造有限公司中，纸张的合同信息、电子文档的合同信息、存储在数据库中的合同信息的作用是不同的。

信息的可存储性是指信息储存的可能程度。用于管理和决策的信息是多种多样的。从表现形式来看，可以是文字、数字、表格、图形、视频、声音等；从内容来看，有数据、知识、模型、算法等。信息的多种样式必然要求多种储存方式。信息的可存储性还表现在要求能够存储信息的真实内容、要求在较小的空间中存储更多的信息、要求存储是安全的、要求信息可以在不同形式和内容之间方便地转换、要求随时快速地检索出所需要的信息。计算机的存储设备、数据库技术为信息的可存储性提供了便利条件。例如，可以把所有的客户信息存储在 Oracle 数据库系统中，以便各种数据库应用程序访问使用。

信息的可处理性是指信息可以被分类、排列、汇总、计算等。无论是可量化的信息，或不可量化的信息，信息的可处理性表示信息可以按照人们的需要进行进一步的加工和处理，以便满足信息用户多样化的需求。信息的可处理性为使用计算机技术处理信息提供了理论基础。在管理信息系统中，对采集到的管理信息进行管理要求的处理是管理信息系统的基本功能之一。

信息的可再生性是指一组有价值的信息经过一系列的统计、预测、优化、挖掘等技术的加工可以得到更加有价值的信息。例如，北京沃尔玛超市可以利用每天的销售信息分析商品的销售分布情况，得到下一步应该及时补充的商品等信息。如果根据这些统计信息，北京沃尔玛超市采用了数据仓库、数据挖掘等信息处理和分析技术，得到了儿童食品应该和儿童服装摆放在一起等以前没有发现过的信息，这种信息有助于超市管理者为重新调整商品的布局和摆放位置而作出更加科学的决策和制定更加合理的促销措施。这是信息的可再生性的实际应用价值。

信息的可传输性是指信息可以通过一定的传输工具和载体进行传输。这是信息的基本特性之一。信息的可传输性是建立在信息的可存储性基础之上的。信息的可传输性为信息的快速传输和扩展提供了理论依据。例如,北京卡尔巴氏汽车制造有限公司建立了基于Internet的电子商务系统,可以从网上接受客户的订单和咨询,以便为客户提供更加方便、快捷的产品或服务。这些管理工作充分利用了信息的可传输性。

信息的层次性是指信息是分层次的,不同层次的信息具有不同的作用。从信息论的角度来看,信息的层次是由于对信息附加的约束条件形成的。在管理信息系统中,信息的层次性表现在不同的管理层次对管理信息的粒度要求是不同的。例如,在北京卡尔巴氏汽车制造有限公司中,最基层的汽车销售业务人员关心的是如何销售一辆汽车和本次销售的价格、汽车供货方式、货款支付方式等业务信息。总经理关心的是截止到指定日期本公司的汽车销售总量和本公司的市场份额等宏观信息。

信息的相对性是指由于信息是分层次的,不同层次的信息的作用范围是不同的。也就是说,信息的利用价值因人而异、因事而异、因地而异、因时而异。例如,北京卡尔巴氏汽车制造有限公司的决策者所需要的信息是用于辅助决策的,有关企业的综合经营信息、市场信息、竞争对手信息、国家产业政策信息等对他们来说是最有用的。但是,这些信息对于一般的操作工人或管理者来说,是不重要的信息。对于正在寻找工作的求职者来说,各种招聘信息是最有用的信息。而这种招聘信息对于有满意工作的人来说,则是毫无意义的信息。

信息的有序性是指一系列信息的产生在时间上是连贯的、相关的和动态的。信息的这种特性表明,信息之间不是紊乱的,而是有内在联系的,信息的变化是有规律可循的。实际上,信息的这种有序性为人们进一步处理和利用信息提供了理论基础。当信息是有序的,人们就可以利用这些过去的信息分析现在、预测未来。例如,北京卡尔巴氏汽车制造有限公司可以利用前几年的汽车产品销售信息,依据所选择的分析和预测方法,预测今年和明年的产品销售情况。

信息的知识性可以通过3个方面来理解:第一,信息是知识的重要来源之一,是知识的原材料;第二,信息具有知识的特征,可以满足用户拥有和使用知识的客观需求;第三,信息像知识一样是有价值的,对于某些信息来说,应该向评估知识的价值一样评估信息。从信息的知识性角度出发来看,管理信息系统中的各种管理信息是企业知识的重要组成部分,具有非常重要的价值。

信息的能动性是指信息虽然依附于物质和能量,没有物质和能量就没有信息。但是,信息又有巨大的能动作用,可以控制物质或能量的变化。信息的能动性对于理解信息的作用有很大的积极意义。信息的能动性表明管理信息系统对于整个企业的经营管理来说,是极其重要的。管理信息系统提供的管理信息可以对企业高层领导的管理和决策提供强有力的支持,确保企业经营管理活动正常顺利地进行。

1.3.3 系统的概念和特点

从本质上来讲,管理信息系统是系统的一种类型。为了全面、完整地理解管理信息系统的本质，必须深刻地理解系统的概念和本质。本节将对系统进行全面的研究。

1. 系统的概念

系统一词最早出现于古希腊语中，原意是指事物中共性部分和每一事物应该占据的位置，也就是部分组成整体。系统对应的英文单词是 system。从中文字面来看，“系”指关系、联系，“统”指有机的统一，“系统”则是有机联系和统一。

一般地，系统理论界对系统的定义是：系统是由相互作用和相互依赖的若干组成部分或要素结合而成的、具有特定功能的有机整体。

从上述系统的定义可以看出，系统必须具备 3 个条件。

第一，系统必须由两个或两个以上的要素所组成。要素是构成系统的最基本的单位，是系统存在的基础和实际载体。系统离开要素，就不能成为系统。

第二，要素与要素之间存在着一定的有机联系，从而在系统的内部和外部形成了一种结构或秩序。任何一个系统又是它所从属的一个更大系统的组成部分或要素。因此，系统整体与要素、要素与要素、整体与环境之间存在着相互作用和相互联系的机制。

第三，任何系统都有特定的功能，这是整体所具有的不同于各个组成要素的新功能。这种新功能是由系统内部的有机联系和结构所决定的。

任何事物都是系统与要素的对立统一体。系统与要素的对立统一是客观事物的本质属性和存在方式。它们相互依存、互为条件。在事物的运动和变化中，系统和要素总是相互伴随而产生、相互作用而变化。系统与要素的相互作用是：系统通过整体作用支配和控制要素，要素通过相互作用决定系统的特性和功能，系统和要素的概念是相对的。

系统通过整体作用支配和控制要素。当系统处于平衡稳定条件时，系统通过其整体作用来控制和决定各个要素在系统中的地位、排列顺序、作用的性质和范围的大小，统率着各个要素的特性和功能，协调着各个要素之间的数量比例关系等。在系统整体中，每个要素以及要素之间的相互关系都是由系统所决定的。系统整体稳定，则要素也稳定。当系统的整体特性和功能发生变化时，要素以及要素之间的关系也随之发生变化。例如，一个企业的管理组织系统的整体功能决定和支配着作为要素的计划、研发、营销、生产、财务、人事等各个分系统的地位、作用以及它们之间的关系。为了使管理组织的整体效益最佳，就要求各分系统必须充分发挥各自的功能，对各分系统之间的关系进行协调和控制，并且要求各分系统充分发挥各自的功能。

要素通过相互作用决定系统的特性和功能。一般地，要素对系统的作用有两种可能的趋势：一种是如果要素的组成成分和数量具有一种协调、适应的比例关系，那么就能够维持系统的动态平衡和稳定，并且促使系统走向组织化、有序化；一种是如果两者的比例发生了变化，使要素相互之间出现不协调、不适应的比例关系，那么就会破坏系统的平衡和稳定，甚至使得系统崩溃。

系统和要素的概念是相对的。由于事物生成和发展的无限性，系统和要素的区别是相对的。由要素组成的系统，又可能是更高一级系统的组成部分，这样，该系统在更大的系统中的地位是一个要素。例如，某个企业的管理信息系统是由组成该企业的各个分支机构的功能模块作为要素组成的，但是该管理信息系统又是整个集团的更加庞大的管理信息系统的一个组成要素。

2. 系统的形态

系统是以不同的形态存在的。根据系统生成的原因和反映的属性不同，可以对系统进行各种各样的分类。系统的形态与其要解决的问题密切关联。系统的形态可以分为自然系统和人造系统、实体系统和概念系统、封闭系统和开放系统、静态系统和动态系统、对象系统和行为系统、控制系统和因果系统等。下面详细研究系统的这些形态。

(1) 自然系统和人造系统

自然系统是由矿物、植物、动物、海洋等自然物形成的系统，其特点是自然形成的。自然系统一般表现为环境系统，例如大气系统、海洋系统、石油系统、煤炭系统、天然气系统、植物系统、生态系统等。了解自然系统的形成及其规律是研究人造系统的前提和基础。

人造系统是为了达到人类所需要的目的，由人类设计和建造的系统。例如工程技术系统、经营管理系统、科学技术系统是3种典型的人造系统。工程技术系统是由人们对自然物等进行加工、使用人工方法建造出来的工具和机械装置等所构成的工程技术集合体。经营管理系统是人们通过规定的组织、制度、程序、手段等建立起来的经营与管理的统一体。科学技术系统是人们通过对自然现象和社会现象的科学认识，使用人工方法研究出来的综合的科学体系和技术体系。

实际上，多数系统是自然系统和人造系统相结合的复合系统，这是因为许多系统都是有人参加的、由人们运用科学力量，认识、改造了的自然系统。例如，社会系统看起来是一个人造系统，但是它的发生和发展是不以人们的意志为转移的，而是有其内在规律的。从人类的需求来看，其趋势是越来越多的发展和创造更新的人造系统。随着科学技术的发展，已经出现了越来越多的人造系统。例如，随着信息技术的发展，管理信息系统是作为一种人造系统出现的。但是，管理信息系统的产生和发展是有其内在规律的，是科学技术发展到一定阶段的必然产物。

(2) 实体系统和概念系统

实体系统是以矿物、生物、能源、机械、电子、计算机等实体组成的系统。也就是说，实体系统的组成元素具有实体的物质。这种系统是以硬件实体为主体、以静态系统的形式表现出来的，例如，机械系统、电力系统、计算机系统等。

概念系统是由概念、原理、原则、方法、制度、规章、程序等观念性的非物质实体组成的系统。概念系统是以软件为主体、依附于动态系统的形式表现出来的，例如，政治体制、科技体制、教育系统、法律系统、金融系统、财务系统、管理信息系统等。

在实践中，实体系统和概念系统通常是结合在一起的。例如，计算机硬件系统、计算机软件系统、企业系统都是实体系统，但是计算机硬件和软件系统按照预先设置的指令完成企业组织特定功能的思想、理论、方法、技术、程序、步骤就是概念系统，实际上就是管理信息系统。实体系统是概念系统的基础和服务对象，而概念系统是为实体系统提供指导和服务的，两者是不可分离的。例如，计算机硬件系统、计算机软件系统和企业系统是管理信息系统的基础和服务对象，而管理信息系统则是为计算机硬件系统、计算机软件系统、企业系统提供指导和服务的。

(3) 封闭系统和开放系统

封闭系统是指与外界环境不发生任何形式的物质、能量和信息交换的系统。它不向环境输出,也不由环境输入,是专门为研究系统而设定的,例如,封存的设备、仪器等。

开放系统是指系统内部与外部环境由于存在相互关系,能够进行物质、能量和信息交换的系统。它从环境中得到输入,并向环境输出,而且系统状态直接受到环境变化的影响。大部分人造系统,例如社会系统、生产系统、管理信息系统等都属于这类开放系统。

(4) 静态系统和动态系统

静态系统是其固有状态参数不随时间变化而改变的系统。它没有既定的相对输入和输出,其系统运动规律的表征模型不含时间因素,即模型中的变量不随时间而变化。一般地,静态系统属于实体系统。例如,管理信息系统中的计算机网络布局系统就是静态系统。

动态系统是系统状态变量随时间变化而改变的系统,也就是把系统的状态变量作为时间的函数而表现出来的系统。它有输入、输出和转换过程,并且经常包括人的行为因素,例如,管理信息系统、生产系统、社会系统、服务系统等属于动态系统。

动态系统需要以静态系统为基础,需要有概念系统的配合。由于动态系统的特性是由状态变量随时间变化的信息来描述的,因此在实际工作中,应该以分析和研究动态系统为主要目的。在研究管理信息系统时,应该考虑管理信息系统随时间变化的动态状态,一定要使管理信息系统具有开放性和扩充性,能够不断满足企业组织不断变化的动态需求。

(5) 对象系统和行为系统

对象系统是按照具体研究对象进行区分而产生的系统。例如,企业组织中的经营计划系统、生产系统、物料系统、营销系统、财务系统等都是针对具体的研究对象的系统。

行为系统是以完成目的的行为作为组成要素的系统。所谓行为是指为达到某一确定的目的而执行某种特定功能的作用,这种作用对外部环境能产生一定的效用。行为系统的区别并不以系统的组成部分及其结构特征作为标准,而是根据行为特征的内容加以区别的。也就是说,尽管某些系统组成部分及其相关内容是相同的,但是如果其执行特定功能的作用不同,那么它们就不能是同类的系统。行为系统一般需要通过组织体系来体现,例如,管理系统、经济系统、社会系统等。

(6) 控制系统和因果系统

控制系统是具有控制功能和手段的系统。控制就是为了达到某个目的给对象系统所施加的必要动作。控制对象要由控制装置操纵,使其达到规定的目的。当控制系统由控制装置自动操作时,称之为自动控制系统。例如,由于管理信息系统可以自动完成许多统计、分析工作,因此可以说管理信息系统就是一种自动控制系统。

因果系统是输出完全取决于输入的系统。因果系统必须是一个开放系统。因果系统的内容是由单一内容决定的,其状态与结果具有一致性。这类系统一般是测试系统,例如信号系统、记录系统、测量系统等。

3. 系统的特征

理解系统的特征是认识和研究系统、掌握系统变化规律的关键。进一步而言,理解系统的一般特征有助于深入地理解管理信息系统的特征。一般地,系统的特征包括整体性、相关性、目的性和环境适应性。

首先研究系统的整体性。系统的整体性主要表现为系统的整体功能不是各个组成要素功能的简单叠加，也不是由组成要素简单拼凑起来的，而是呈现出各个组成要素所没有的新功能。概括地表述是：系统整体不等于其组成部分之和，而是整体大于组成部分之和。由于整体功能不是各个组成要素所单独具有的，因此相对于各个要素来说，这种整体功能的产生就不是一种数量上的增加，而是表现为一种质变。系统整体之所以能够产生新质，是因为系统整体的各个组成部分之间相互联系和相互作用形成了一种协同作用。只有通过协同作用，系统的整体功能才能显现。

系统的整体性原则对于研究和应用管理信息系统具有重要的指导意义。其主要作用如下：

(1) 依据确定的管理信息系统目标，从管理信息系统的整体出发，把组成管理信息系统的各个要素组成一个有机的系统，协调并统一管理信息系统中各个要素的功能，使系统功能产生放大效应，发挥出管理信息系统的整体优化功能。

(2) 把不断提高系统诸要素的功能作为改善系统整体功能的基础。一般的做法是，从提高各个组成要素(计算机硬件、网络设备、计算机系统软件、开发环境等)的基本素质入手，按照系统整体目标的要求，不断提高各个组成要素的功能，特别是提高关键要素的功能，并且强调局部服从整体，从而实现系统的最佳整体功能。

(3) 改善和提高系统的整体功能，不仅要注重和发挥各个组成要素的功能，更重要的是要不断调整和改善诸要素的组织形式，建立合理的系统结构(B/S 结构或 C/S 结构等)，促使系统整体功能优化。

其次，研究系统的相关性。系统内的各要素既相互作用又相互联系。整体性确定系统的组成要素，相关性则说明这些组成要素之间的关系。系统中的任何一个要素与存在于该系统中的其他要素既互相关联，又互相制约。在这些要素中，如果某一要素发生了变化，则应该对其他相关联的要素也要相应的改变和调整，保持系统整体的最佳状态。

系统的相关性原则对于研究、开发、使用、维护管理信息系统工作的指导意义在于：

(1) 在实际从事管理信息系统研究、开发和应用工作中，如果希望改变某些不合要求的要素时，必须注意这些要素与其他相关要素的影响，使这些相关要素得以相应的变化。通过各要素发展变化的同步性，可以使各要素之间相互协调与匹配，从而增加协同效应，以提高管理信息系统的整体功能。

(2) 管理信息系统内部诸要素之间的相关性不是静态的，而是动态的。要素之间的相互作用是随时间变化而变化的，因此必须把管理信息系统视为动态系统。也就是说，在动态过程中认识和把握系统的整体性，在动态过程中协调要素与要素、要素与整体之间的关系。

(3) 管理信息系统的各个组成要素既包括系统层次间的纵向相关，又包括各组成要素的横向相关。协调好各要素的纵向层次相关性和要素之间的横向相关性，才能实现系统的整体功能最优。

接下来，分析系统的目的性。目的是得到人们在行动中所要达到的结果和意愿。系统的目的性是人们根据实践的需要而确定的，人造系统是具有目的性的，而且通常具有多个目的性。例如，北京卡尔巴氏汽车制造有限公司的管理信息系统，在有限的资源和现有的组织模式配合下，其目的是提高企业快速相应客户要求的变化、加快信息的采集和处理速度、降低企业的经营成本、提高企业的经营效益、实现既定的利润目标、增强企业的竞争能力等。

系统的目的性原则要求人们正确地确定系统的目标，从而运用各种调节手段把系统导向预定的目标，达到系统整体最优的目的。

最后，研究系统的环境适应性原则。环境是指存在于系统以外的事物（物质、能量、信息等）的总称。可以这样说，系统的所有外部事物就是系统的环境。系统时时刻刻处于环境中，环境是一种更高级的、更复杂的、更庞大的系统。在某些情况下，环境会限制系统功能的发挥。

环境的变化对系统有很大的影响，系统与环境是相互依存的，系统必然要与外部环境发生物质、能量、信息的交换。因此，系统必须适应环境的变化。能够经常与外部环境保持最佳适应状态的系统，才是理想的系统，才能够生存和壮大。不能适应环境变化的系统是难以存在的。管理信息系统必须能够适应企业的组织机构、业务流程的变化，这样的管理信息系统才是理想的系统，否则很难生存下去。

系统所处的环境是系统的限制条件或称为约束条件。环境对系统的作用表现为对系统的输入，系统在特定环境下对输入进行处理之后，就产生了输出。把输入转变成输出，就是系统的功能。因此，系统又可以被理解为把输入转换为输出的转换机构。

4. 系统的结构

结构是指系统各组成要素之间的相互联系、相互作用的方式或秩序，即各要素之间在时间或空间上排列和组合的具体形式。结构是系统的普遍属性，没有无结构的系统，也没有离开系统的结构。无论是宏观世界，还是微观世界，一切系统都是以一定的结构形式存在、运动和变化的。

系统的结构具有稳定性、层次性、开放性和相对性。系统结构的稳定性是指系统总是趋向于保持某一状态。系统中各要素之间只有在稳定的联系情况下，才构成系统的结构。系统结构的层次性包括等级性和多侧面性两重含义。等级性是指任何一个复杂系统都可以从纵向上把它分为若干等级，其中低一级的系统结构是高一级系统结构的有机组成部分。多侧面性是指任何同一级的复杂系统，又可以从横向上分为若干个互相联系而又各自独立的平行部分。系统的开放性是指任何系统总是存在于某一环境中，总是要与外界进行物质、能量、信息的交换，总是处于不断变化的过程中。系统结构的相对性是指在系统结构的无限层次中，高一级系统内部结构的要素又包含着低一级系统的结构，复杂大系统内部结构中的要素有可能是一个简单的结构系统，结构和要素是相对于系统的等级和层次而言的。

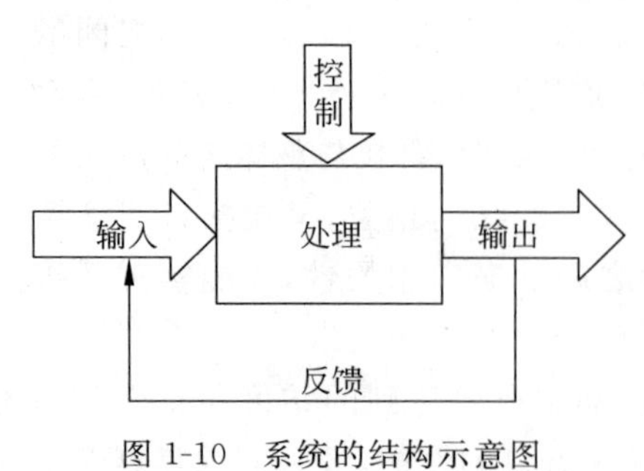

图 1-10　系统的结构示意图

从系统结构角度来看，可以把系统分成 5 个基本要素，即输入、输出、处理、反馈和控制。这些基本要素之间的关系如图 1-10 所示。

1.4 信息系统和管理信息系统

在很多地方，人们常常把信息系统和管理信息系统两个概念混淆起来。他们认为信息系统就是管理信息系统，管理信息系统简称信息系统。虽然说信息系统和管理信息系统两个概念有点接近，但是它们毕竟是两个不同的概念。为了深入理解这两个概念的特点和差别，首先研究信息系统的概念和特点，接下来分析管理信息系统的概念和特点，并且对这两个概念进行详细地分析和比较。最后，总结管理信息系统的战略作用。

1.4.1 信息系统的概念和特点

信息系统对应的英文是 information system，简称 IS。信息系统是一种基于计算机的系统，其组成元素包括计算机硬件、软件、通信、操作人员、操作流程等，其主要功能是采集、存储、加工、传播、使用、反馈数据，其目的是把数据转变成有价值的信息。

从信息系统的组成元素来看，信息系统离不开计算机硬件、软件、通信、操作人员、操作流程等的支持，信息系统是这些组成元素的统一的整体。计算机硬件包括服务器、PC、工作站、打印机以及其他附属设施，这是信息系统赖以生存的物质基础。计算机软件包括系统软件、数据库软件、业务软件、工具软件以及其他软件，这是计算机硬件发挥作用的基础，是信息处理工作自动化的载体。通信包括计算机网络、电话等多种沟通方式，这是关联信息系统各个组成元素、有效实现信息系统功能的手段。在信息系统中，无论是数据采集，还是信息使用，都离不开人员的参与。因此，在信息系统中必须考虑操作人员的作用，例如如何使得操作人员的操作方式更加清晰简便、如何为操作人员提供更加有效的信息等。操作流程包括 3 个方面的含义，一是对信息系统处理数据过程的规定和描述，二是对操作人员操作信息系统的操作过程和操作方式的约定和描述，三是定义计算机完成的功能和操作人员完成的功能的边界。

背景知识：信息系统与计算机技术

严格地说，信息系统并不一定与计算机技术关联。前面讲过，信息是一种普遍存在的现象，只要有物质、能量的存在，就有信息的存在。只要有信息的存在，那么围绕信息的一系列活动，例如信息的采集、加工、使用等活动，就必然存在并且形成信息系统。如果对信息的采集、加工、使用等活动的主要手段是人工方式，那么这种信息系统就是基于人工的信息系统，其主要手段是纸张和笔，与计算机技术没有任何关联。

但是，如果在信息的采集、加工、使用等活动中主要采用计算机技术和手段，那么这种信息系统就是计算机辅助信息系统(computer based information system，CBIS)。为了方便起见，在我们的研究中，如果没有特别声明，可以认为信息系统都是基于计算机技术的，因此把 CBIS 简称为 IS。

从信息系统的功能来看，主要包括数据采集、存储、加工、传播、使用、反馈等功能。数据采集是信息系统的首要功能，它将客观存在的信息以数据的形式采集到信息系统中，是信息系统其他功能的起点。数据存储是指将采集到信息系统中的数据以某种形式存储，目的是为了进一步的加工和使用。数据加工是信息系统按照用户要求、事先确定好的程序和方式对采集到的数据进行加工的过程，这是将初始数据转换为有价值的信息的关键环节。数据传播是指将加工好的数据按照指定的方式传输到需求者的过程。数据传播有两层含义，既包括在该信息系统内部的传输，也包括向系统外部的传输。使用是指操作人员利用信息系统提供的信息满足使用需求的过程。反馈是指信息使用者将使用过的信息标注使用意见之后重新反馈给信息源的过程，其目的是提高数据采集的质量和修正数据加工的方式。

从信息系统的目的来看，信息系统是将数据转变为有价值信息的转变机构。可以从3个方面来理解信息系统的目的。第一，未经加工的数据是信息系统运行的原料，是信息系统处理的对象。第二，数据向信息的转变有一个过程，这个过程由信息系统来完成。第三，信息系统的输出是有价值的信息，这种信息可以满足用户的某些方面的需求。

按照应用领域的不同，可以把信息系统分成多种类型，不同类型的信息系统往往通过增加应用领域名称对信息系统的功能进行限定。例如，处理地形地貌数据的信息系统称为地理信息系统。地理信息系统主要研究地理数据的采集、存储、加工、使用，它把地理数据转变为地理信息提供给用户使用。处理管理数据的信息系统称为管理信息系统。管理信息系统是本书要重点研究的对象。在汽车装配线上的自动装配控制系统中，当正在装配的汽车传输到指定的位置时，定位传感器接收到定位信号并将此信号传输给自动装配设备，自动装配设备对这种定位信号进行处理后得到装配信号和装配指令，从而执行自动装配操作。由此可以看出，这种自动装配控制系统具有信息系统的数据采集、加工、使用等特征，因此也是信息系统的一种类型。需要指出的是，由于不同领域的环境差别比较大，所以不同领域的信息系统的功能往往有很大的差别。

1.4.2 管理信息系统的概念和特点

管理信息系统，对应的英文是 management information system，简称 MIS。管理信息系统是一种基于计算机技术的信息系统，其主要功能是执行相关组织的计划、组织、决策、控制工作，目的是为管理人员提供正常和异常管理报表和报告。

这个概念首先说明了管理信息系统是信息系统的一种特殊类型。从这个角度来看，信息系统具有的普遍特征，管理信息系统同样具有。由于管理信息系统涉及组织的技术、管理、组织等多个方面，因此为了深刻地理解管理信息系统的概念，需要分别从技术的、管理的和组织的角度去理解。

从技术的角度来看，管理信息系统实际上是组织的管理人员为了解决面临的各种经营问题而采用的一种集成了计算机硬件、软件、通信网络等技术的工具。在管理信息系统中，所涉及的计算机技术包括硬件技术、软件技术、通信网络技术、数据库技术等。这些计算机技术按照指定的有序方式集成在一起最终形成了管理信息系统，可以共同完成管理信息系统的功能。

从管理的角度来看，管理信息系统是组织的管理人员应付环境挑战而采取的一套解决方案，这套解决方案可以有效地完成计划、组织、领导、控制等管理活动。在组织内部，无论是高层管理人员，还是中层管理人员，甚至低层的业务操作人员，都离不开管理信息系统的支持，都需要借助管理信息系统手段进行决策和完成业务操作。作为管理人员，可以使用管理信息系统快速得到组织的各种经营信息、监测企业的运行状况、协调员工之间的工作进度、评价员工的工作业绩等。

从组织的角度来看，管理信息系统是组织的一个有机组成部分，或者说是组织的自然延伸。例如，在许多从事提供电子商务应用服务的公司中，如果没有了管理信息系统，那么也就没有了该公司本身。组织是一种稳定的、正式的社会结构，它从环境中输入资源，然后经过自身的处理为环境提供有价值的输出。对于一个组织来说，关键组成元素包括人、组织结构、操作流程、公司政策、文化环境等。从功能上来讲，组织的营销管理、研发管理、生产管理、财务管理、人力资源管理等都离不开管理信息系统的支持。管理信息系统与组织的作用是相互的。一方面，由于管理信息系统的影响，组织的结构向扁平化方向发展，组织中的各种员工可以使用管理信息系统高效率地工作，完成某项任务的标准操作流程可以通过管理信息系统自动化从而降低工作负荷等。另一方面，管理信息系统的开发和使用也受到组织的影响，是由组织根据实际需要来计划和实施。一般地，在组织内部组建有相应的信息系统部门，该信息系统部门全面负责管理和维护组织中的管理信息活动。一般地，作为组织的一个职能部门的信息系统部门的人员结构示意图如图 1-11 所示。

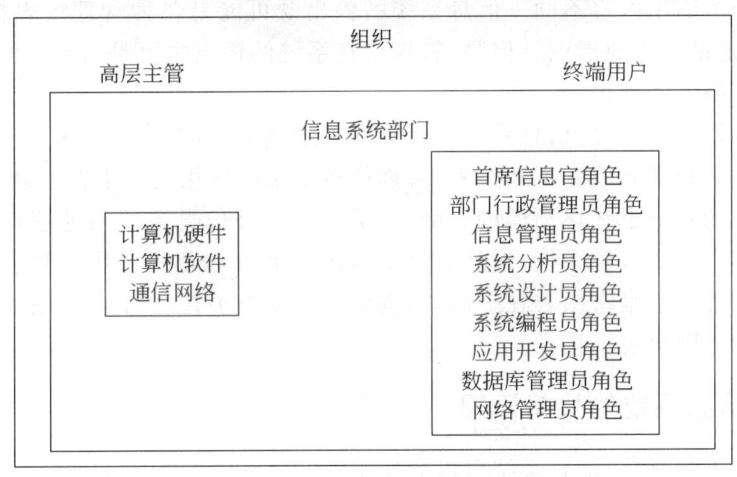

图 1-11　信息系统部门的人员结构示意图

从历史的角度来看，管理信息系统经历了事务处理系统、管理信息系统、决策支持系统、办公自动化系统、高层支持系统和战略信息系统等。从现实的角度来看，管理信息系统的形态各种各样，例如企业资源计划、供需链管理系统、客户关系管理系统、产品数据管理、电子商务系统等。

从理论上来看，管理信息系统是一门科学，其研究的主要内容包括：管理信息生命期的变化规律、管理方法和技术，管理信息系统的体系架构，管理信息系统的应用领域和应用方式。

1.4.3　信息系统与管理信息系统之间的关系

信息系统与管理信息系统既有相同之处，又有各自独立的特点。下面对这两个系统之间的关系进行分析。

这两个系统的相同之处在于都是与信息处理相关的系统，都包括了数据采集、存储、加工、传播、使用等功能，都具有输入、处理、输出、控制、反馈的系统基本结构特征，都与计算机技术紧密关联。

这两个系统也存在着许多不同之处。下面分别从应用范围、研究对象的侧重点、处理的内容、输出的内容等多个角度分析这些不同之处。

这两个系统的应用范围不同。从逻辑上来看，信息系统具有更大的范围，其范围与信息概念的范围是等同的，信息系统的存在具有普遍性。但是，由于管理信息系统是信息系统的子集，管理信息系统的存在则依赖于具有管理功能的组织系统的存在。离开了具有管理功能的组织系统，管理信息系统就失去了处理的对象而失去了存在的价值。

这两个系统的研究对象的侧重点不同。信息系统侧重于对信息系统组成元素的研究和对信息生命期处理的研究。管理信息系统的研究内容主要侧重于组织管理上，与计划、组织、领导、控制、反馈等管理过程密切关联。

这两个系统处理的内容不同。信息系统处理的信息是广义上的信息，不仅包括管理信息，而且包括地理信息、自动控制信息等。但是，管理信息系统处理的信息主要是管理信息。

这两个系统的输出内容不同。信息系统的输出既可能是各种管理报表报告，也可能是自动控制，也可能是一张地形图。但是，管理信息系统的输出主要是与组织的相关业务紧密关联的各种管理报表和报告。

需要指出的是，根据管理信息系统应用和发展趋势来看，随着计算机技术在管理领域中应用的不断深入和管理领域的不断扩大，管理信息系统的应用范围也在不断延伸，管理信息系统与信息系统的界限也在逐渐模糊。例如，虽然说管理信息系统与地理信息系统是两种容易区分的不同类型的信息系统，但是北京市城市交通管理部门使用的管理信息系统往往把地理信息和管理信息紧密结合在一起，地理信息转变成了管理信息，管理信息系统与地理信息系统之间的界限出现了模糊。

1.4.4 管理信息系统的战略作用

从战略角度来看，管理信息系统可以为组织特别是企业带来一系列的好处，这些好处包括降低运行成本、提高市场门槛、形成高昂的切换成本、产品和服务创新的机会、创建企业联盟等。

管理信息系统的最大作用是可以降低大多数企业的运行成本。通过采用在线客户服务系统、常见问题问答(frequently asked questions，FAQ)、在线结算系统等，企业可以大大降低员工数量和人员成本，客户也可以更加方便地参与这些商业活动。企业还可以降低大量的邮寄和纸张成本、降低渠道成本等。

管理信息系统可以提高竞争者进入某个领域的门槛。一般地，在某个市场领域中，如果参与经营竞争的企业数量越多，企业的盈利水平就越低；如果参与经营竞争的企业数量越少，那么企业的盈利水平就会高。如果在某个领域中，企业提供高水平的产品或服务，使得其他企业很难赶上，那么这种企业就能获得更多的收益。有两种提高领域门槛的方式，一种是通过知识产权保护限制其他企业进入，另一种是提高进入这种市场领域的门槛成本。例如，微软公司通过知识产权保护在软件领域获得了巨大的收益。

什么是切换成本呢？即当顾客停止从某一家企业购买产品或服务，转向另一家企业购买产品或服务时，该顾客需要花费的费用。切换成本可以分解成两部分，即显性成本和隐性成本。显性成本是指可以明显计算出来的成本，例如缴纳违约金。隐性成本是指不能明确计算出来的切换成本，例如培训成本、学习成本等。例如，如果某一个企业正在使用 AERP 产品，现在希望替换成 BERP 系统，那么该企业将为此付出高昂的隐性切换成本。对于软件供应商来说，管理信息系统的应用形成了高昂的切换成本。需要补充的是，这种成本对于供应商来说是更多的收益，对于用户来说则是实实在在的成本。

应该说，管理信息系统的发展和应用为企业在产品和服务创新方面提供了更多的机会。管理信息系统的强大功能、快速计算、低成本的信息传输和共享，为企业在新产品、新服务、新流程的设计和应用方面提供了强大的工具和手段。例如，Excel 是微软公司在产品方面的创新，动态的 FAQ 是应用管理信息系统的企业在服务领域的创新，人力资源管理外包也是典型的服务创新。

管理信息系统给许多企业之间建立联盟提供了可能。例如，提供航空售票、酒店服务、车辆出租等企业可以通过信息系统建立联盟，集成这些服务形成旅游服务联盟，顾客可以一次性预订旅游服务。这种联盟的价格比单独购买其中一项服务的成本低，顾客可以一次购买所有的服务，因而也为顾客提供了更多的便利。

本章案例　2006 年工业企业的自主创新活动调查统计数据

2006 年国家统计局发布了工业企业的自主创新活动调查统计数据，如表 1-2 所示。工业企业的自主创新活动是指企业开展的研究与试验发展(简称 R&D)活动。

表 1-2　2006 年工业企业的自主创新活动调查统计数据

年份	R&D 人员/万人	R&D 经费/亿元	人均 R&D 经费/万元/人
1995	37.6	141.7	3.77
1996	42.8	160.5	3.75
1997	44.3	188.3	4.25
1998	38.3	197.1	5.15
1999	42.8	249.9	5.84
2000	54.3	353.6	6.51
2001	55.8	442.3	7.93
2002	60.0	560.2	9.34
2003	66.3	720.8	10.87
2004	65.4	954.4	14.59
2005	76.0	1250.3	164.51

本章案例思考题

1. 根据表1-2中的统计数据，可以发现什么现象？

2. 收集资料，分组讨论：为什么2005年人均R&D经费会大幅度增加？

3. 收集美国、日本等发达国家的相关数据，作比较分析。

本章小结

本章讲述了管理信息系统的典型案例、应用背景、基本概念。首先，通过一些典型的应用实例，详细介绍了管理信息系统的应用特点，使读者对管理信息系统有一个感性的认识。接下来，从不同的角度探究管理信息系统产生的深刻历史原因和动力，力争对管理信息系统有一个全面完整的认识。第三，在讲述管理信息系统之前，对管理、信息、系统等基本概念的内涵和特点进行了分析。最后，详细分析管理信息系统的概念，并且探讨了管理信息系统与信息系统之间的关系。

思考和练习题

1. 请你说出若干个你所接触到的管理信息系统的应用实例，谈谈这些管理信息系统是如何影响你的生活、工作、学习、娱乐的？

2. 管理信息系统与人类社会的发展有何关系？

3. 能否说管理信息系统就是知识？管理信息系统与知识的关系如何？

4. 如何理解世界经济全球化为管理信息系统的发展带来了机遇？

5. 管理信息系统的应用是企业变革的原因吗？

6. 什么是管理？管理的主要活动是什么？

7. 制造企业中的主要管理职能是什么？

8. 如何理解信息的概念？

9. 结合管理信息系统，谈谈你对信息特点的理解。

10. 如何理解系统的概念？

11. 结合管理信息系统，说明系统的特点和分类？

12. 如何理解信息系统的概念？

13. 如何理解管理信息系统的概念？

14. 你认为管理信息系统的主要功能和目的是什么？

15. 分析管理信息系统与信息系统之间的关系。

第2章 管理信息系统的体系架构

【场景】 管理信息系统是计算机软件吗?

李主任上班已经好几天了。他工作很忙,每天都是早早地来到公司,晚上很晚的时候才离开公司。今天已经下班了,他刚刚收拾完办公桌上的材料,张总打电话叫他过去。

看到李主任进来,张总示意其坐下。

"我有一个问题,一直没有想明白。管理信息系统和计算机软件是一回事吗? 今天想占你一点儿时间,听听你大主任的高见。"张总摆出了一种持久战的架势,边说边端了一杯热茶放到了李主任的座位旁边,"不着急回答,先尝尝新到的龙井茶。"

李主任上任以来,公司上上下下都很尊重他,对他的期望也很大。他一直想有个机会与张总好好聊聊,说说自己的想法。听了张总的话,李主任沉思了一下,说:"管理信息系统和计算机软件既是一回事儿,又不是一回事儿。"

"如何理解?"张总很欣赏李主任回答问题的方式。

"有人说生命在于运动,又有人说生命在于静止。这些说法都不错,因为生命同时具备运动和静止的特征。同样,管理信息系统也同时具备了静态和动态特征。"李主任喝了口热茶,清了清嗓子,继续说,"从静态角度看,管理信息系统就是计算机软件,是我们实实在在看到的东西。我这里有一张光盘,盘上写着人力资源管理信息系统,盘里就是该系统的计算机程序。"

"计算机程序和计算机软件相同吗?"张总插了一句话。

"两者不完全相同,计算机程序是计算机指令的序列,计算机软件是商品化的计算机程序,还包括了与该程序相关的文档和服务。"看到张总点点头,李主任继续说,"从动态角度来看,管理信息系统不等于计算机软件,管理信息系统概念的外延更大。例如,个人计算机、服务器、网络设备等都包括在管理信息系统范围内,咱们公司中那些与信息技术相关的规章制度、业务表格也是管理信息系统的组成部分,像我这个信息中心主任也含在了管理信息系统的范围内。"

李主任感觉到张总在认真听,继续说,"很多人认为企业信息化建设很难,管理信息系统的应用很复杂,往往不知所措。其实,管理信息系统自有其客观规律,只要认识到了管理信息系统的这些客观规律,就可以灵活地运用。"李主任端起茶杯又喝了一口,继续说,"要想认识其客观规律,关键是认识其动态特征。"

"怎样认识管理信息系统的动态特征呢?"张总问道。

在第1章中提到了管理信息系统是由管理、组织、技术组成的复杂系统。也就是说,管理信息系统不仅是一个由计算机硬件和软件构造的系统,而且兼具管理、组织、技术3个方面的特征。当管理信息系统处于静态时,它仅仅是一个计算机程序或计算机工具,仅仅具有技术工具的特征。但是，当管理信息系统运行起来之后，它就可以发挥系统的整体作用，这时它便具备了管理的和组织的特征。本章将详细研究管理信息系统的体系架构和各个组成元素的特征。

本章目标：

- 理解什么是体系架构；
- 理解如何划分管理信息系统的体系架构；
- 理解和掌握管理信息系统的主要计算机技术的特征；
- 理解和掌握管理信息系统的管理特征和管理内容；
- 理解和掌握管理信息系统的组织特征；
- 理解和掌握信息中心的职责和岗位；
- 理解 CIO 的作用、特点和职责。

2.1 什么是管理信息系统的体系架构

本节将要研究下面这些问题：什么是体系架构？为什么要研究系统的体系架构？什么是管理信息系统的体系架构？对于管理信息系统来说，如何从不同的视角分解和研究体系架构？

体系架构，对应的英文是 architecture，主要是描述复杂系统的总体风格、各个组成要素的基本特征以及这些组成要素之间的相互关系。与结构类似，体系架构也是一个描述系统组成要素和要素之间关系的一个术语，但是体系架构更加强调了系统的总体特征。例如，从建筑方面来看，哥特式建筑的体系架构与中国四合院式建筑的体系架构具有截然不同的风格。

可以说有 3 个方面的原因促使我们研究系统的体系架构。第一，为了更加深入地认识系统的特征。系统的特征不仅仅包括其外在形式，而且包括了其内部特征。因此，为了更好地认识系统，我们希望通过体系架构的方式认识系统的内部特征。第二，为了发现系统的运行规律和更好地利用系统。系统的运行规律往往隐藏在系统的内部，只有通过研究系统的体系架构才能更多、更深地理解系统的各个组成要素的特征，也才能发现系统的运行规律和更好地利用系统。第三，为了能够建造系统和满足需要。这是因为建造系统时，需要建造组成系统的各个组成要素，并且需要将这些组成要素有机地组成起来。

管理信息系统的体系架构是指描述管理信息系统的总体架构特征、各个组成要素的基本特征和这些组成要素之间相关作用、相互影响的关系。例如，B/S 体系架构的管理信息系统在使用方式、系统安全等方面与 C/S 体系架构的管理信息系统有很大的不同，应用于组织整体范围的管理信息系统体系架构与应用于组织局部范围的管理信息系统架构也有着很大的不同。

管理信息系统体系架构有许多不同的分解方式，不同的分解方式可以得到不同的组成要素。例如，按照管理信息系统中的信息生命期来划分，可以把管理信息系统分为信息采集、信息存储、信息加工、信息传输、信息使用等组成部分；按照系统功能特征划分，可以把管理信息系统划分为输入、处理、输出、反馈、控制等组成要素；按照管理信息系统中数据和业务逻辑所处的位置不同,可以把管理信息系统分解成表示层、业务层、数据层;按照管理信息系统各组成要素的形态和作用特征划分,可以把管理信息系统划分为技术部分、管理部分和组织部分。

本章按照管理信息系统各组成要素的形态和作用特征划分管理信息系统的体系架构,对其各组成要素进行深入分析。

2.2 管理信息系统的技术部分

管理信息系统的技术部分是指支撑管理信息系统运行的计算机技术以及与计算机技术相关联的其他硬件设备技术。管理信息系统的技术部分往往也是管理信息系统的外在表现形式。管理信息系统的技术部分包括计算机硬件技术、计算机软件技术、数据库技术、通信网络技术等内容。下面详细研究这些技术的主要内容。

2.2.1 计算机硬件技术

计算机硬件技术是管理信息系统运行的载体,是管理信息系统最直接的外在形式,是确保管理信息系统正常工作的物质手段。下面主要讲述计算机技术的发展历程、计算机的主要组成部分和计算机的主要类型,以及在管理信息系统中应该如何选择计算机硬件。

我们回顾一下计算机硬件技术的发展历程。一般地,可以把计算机的硬件技术发展分为 4 个阶段。

第一个阶段是 1946 年至 1958 年,这是第一代计算机时代。这时,计算机的特点是体积庞大、价格昂贵,例如 1950 年美国国家统计局使用的 UNIVAC Ⅰ计算机价格为 50 万美元,但是到了 2000 年,这台计算机价值不到 100 美元。当时,计算机的主要目的是科学计算,还没有应用到工业控制和企业管理等领域。输入输出的介质都是穿孔卡片、磁带等,采用真空管,一次只能运行一个程序,运行速度特别慢,等等。由于真空管容易损坏,所以当时计算机的可靠性非常差。主存储器的最大存储量只有 2KB,数据不能方便地存储。

1959 年至 1963 年,被认为是第二代计算机时代。这时,在计算机中大量采用了晶体管技术,使得计算机的体积大幅度下降,系统的可靠性更高且运行速度更快,并且引入了存储设备,这时主存储器的存储量可以达到 32KB,运算速度可以达到每秒 200 000 至 300 000 次,数据可以方便地计算和存储。这样,大大扩展了计算机的应用领域。

第三代计算机是指 1964 年至 1979 年。这时,在计算机上采用了集成电路,从而可以把大量的晶体管放在一个小小的芯片上。存储设备得到了迅速的发展,RAM 可以达到 2MB,运算速度可以达到每秒 500 万次,操作系统开始成熟,系统支持并发性。

从 1980 年开始采用大规模、超大规模集成电路以来,进入了第四代计算机时代。这时,由于计算机的主存储容量大幅度提高,存储量已经达到 GB,运算速度已经超过每秒 10 亿次,并且价格大幅度下降,可以支持文字处理、电子表格、数据库系统和桌面印刷等,计算机的应用领域迅速扩展。

无论是什么样的计算机,都应该具有输入数据、存储数据、处理数据、输出数据等功能。

一般地,计算机硬件有4个组成部分:输入设备、CPU、存储设备、输出设备。

输入设备从计算机外部接收数据并且把这些数据输入到计算机中。最常使用的输入设备是键盘、鼠标,除此之外还包括条形码扫描仪、磁性光笔、话筒、触摸屏等。

CPU是中央处理单元(central processing unit)的简称,是计算机的核心组成部分,其功能是接收指令和数据,经过译码,执行指令,把结果存储在内存中以便输出或显示。

存储设备包括内存和外存。内存主要是在CPU处理指令和数据之前后存储这些指令和数据,往往固定在计算机中。外存主要用于存储用户的数据和信息,并且可以方便地移动。

输出设备的主要作用是把计算机中的数据传递给用户。主要的输出设备是显示器和打印机,除此之外,还有磁盘、磁带、CD、DVD、闪存等。

一般地,按照功能强弱可以把计算机分为超级计算机、主机、小型计算机和微型计算机。超级计算机主要是研究机构使用的计算机,体积庞大、功能巨强、价格昂贵。超级计算机往往有多个处理器,可以完成并行计算。这种计算机的主要用途是卫星导航、天气预报、遗传编码等领域。无论是功能还是价格,主机都低于超级计算机,但是主机可以帮助组织有效地存储和处理大容量的数据,这些组织可以包括银行、超市、大公司、大学等。虽然从功能上低于主机,但是由于价格相对比较低,所以小型计算机是很多组织的选择。小型计算机经常被称为服务器。微型计算机主要是由一个用户使用,因此也称为PC,是当前使用最为广泛的计算机类型。图2-1是戴尔公司提供的OptiPlex系列台式计算机的主要技术规格。这些都是典型的可以在管理信息系统中使用的PC。

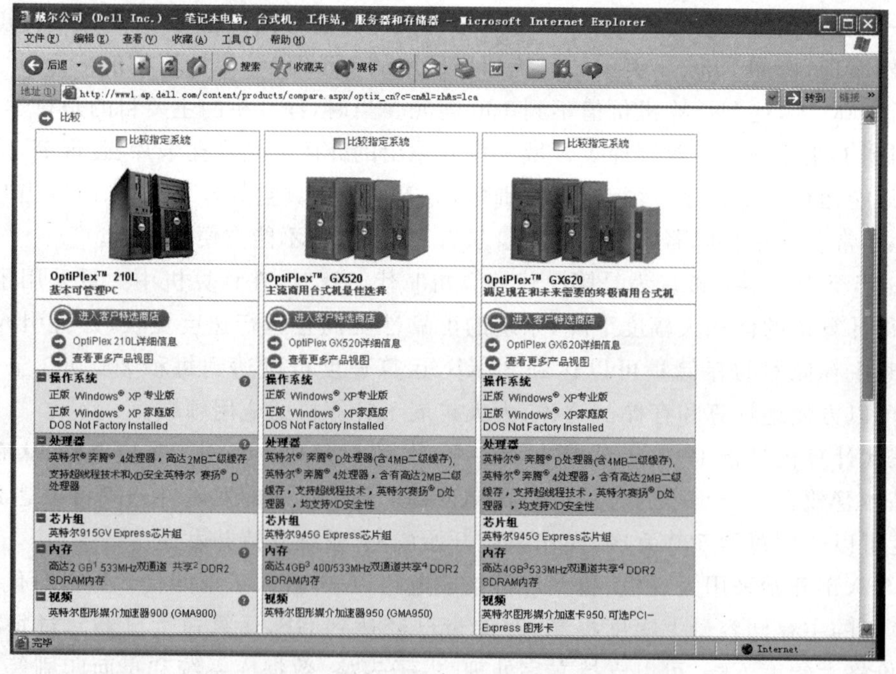

图2-1 OptiPlex系列台式计算机的主要技术规格

在管理信息系统中,选择计算机硬件时,除了需要考虑成本之外,还应该考虑计算速度、

RAM 容量、兼容性、可扩展性、人机工效、保修期、供应商、技术支持等因素。

2.2.2 计算机软件技术

计算机软件是控制计算机系统的计算机指令的序列和相应的文档，是管理计算机资源、编写应用系统、执行计算机操作的工具。从某种意义上可以这样说，管理信息系统就是计算机软件，它包括计算机程序和文档。本节从 5 个方面介绍计算机软件技术：计算机软件的分类、主要的操作系统的特点、程序设计语言的发展历程、Java 和 C# 特点、Web 服务等。

1. 计算机软件的分类

一般地可以把计算机软件分为系统软件和应用软件两大类型。系统软件主要管理和协调计算机系统的硬件和各种程序之间的活动，系统软件又可以分为操作系统、程序设计语言、数据库系统、实用程序等。应用软件主要是帮助用户解决特定计算问题的一系列程序的集合，应用软件又可以分为通用软件和专用软件。计算机软件的分类结构示意图如图 2-2 所示。

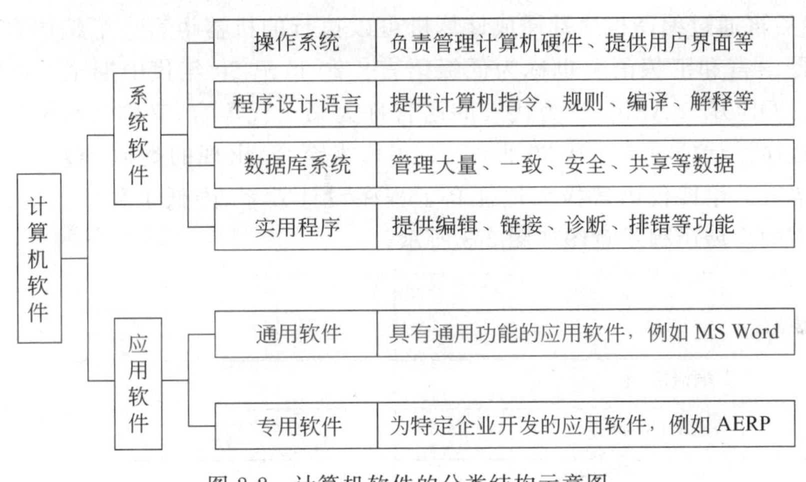

图 2-2 计算机软件的分类结构示意图

2. 操作系统的特点

从操作系统的发展来看，最主要的操作系统是 UNIX 系统、DOS 系统、Windows 系统和 Linux 系统。

1969 年，AT&T 公司贝尔实验室开发出了第一个 UNIX 系统。1973 年，Richie 用 C 语言重写了 UNIX 系统，从而奠定了 UNIX 操作系统的重要地位。这是一种成熟的操作系统，支持多用户和多任务，采用了树形文件结构，安全性比较高，支持多种通信机制等。UNIX 系统的版本很多，包括 IBM 公司的 AIX 系统、Sun 公司的 Solaris 系统和 HP 公司的 HP-UX 系统等。

为了适应 PC 的发展，比尔・盖茨成立了微软公司，并且于 1981 年推出了 MS-DOS 1.0 系统，这也奠定了微软公司的基础。1983 年推出的 DOS 2.0 支持子目录，1984 年推出的

DOS 3.0 支持 1.2MB 软盘,1985 年推出了支持 3.5 英寸盘的 DOS 3.1,1987 年推出了支持大容量硬盘的 DOS 3.3 等。但是,微软并不满足这种字符型的操作系统,最终于 1990 年成功推出了 Windows 操作系统,这是一种图形化界面的操作系统,可以实现所见即所得。Windows 95、Windows 98、Windows NT、Windows 2000 和 Windows XP 等,随着 Windows 操作系统后续版本的不断推出,这种图形化的操作系统由于具有易操作性的特点,为计算机应用的迅猛发展奠定了物质基础。

1990 年,Liuns,这位芬兰赫尔辛基大学 23 岁的大学生开始了他自己都没有预料到的 Liunx 系统开发。1993 年,Linux 1.0 系统正式发布。这种免费的、功能强大且性能稳定的操作系统的问世,更是让计算机技术的发展如虎添翼。

3. 程序设计语言的发展历程

最早的程序设计语言是机器语言,只有 0 和 1 两个代码,这时编写程序是一件异常耗时耗力的艰巨工作。这种机器语言也称为第一代语言。到了 20 世纪 50 年代初,出现了汇编语言,这时程序人员不需要使用 0 和 1 进行编程,而是可以使用类似 add、sub、load 等命令进行编程,然后再通过编译程序翻译成计算机可以执行的机器语言。汇编语言也称为第二代语言。机器语言和汇编语言也称为低级语言。20 世纪 50 年代中期至 70 年代中期,以 FORTRAN、COBOL、BASIC、C 为代表的语言称为第三代语言,又称高级语言。这种语言大大提高了程序设计的效率。从 20 世纪 70 年代末至今,出现的类似 SQL、可视化语言等称为第四代语言。第四代语言极大地提高了程序设计效率,降低了程序人员的劳动负荷。程序设计语言的发展历程示意图如图 2-3 所示。

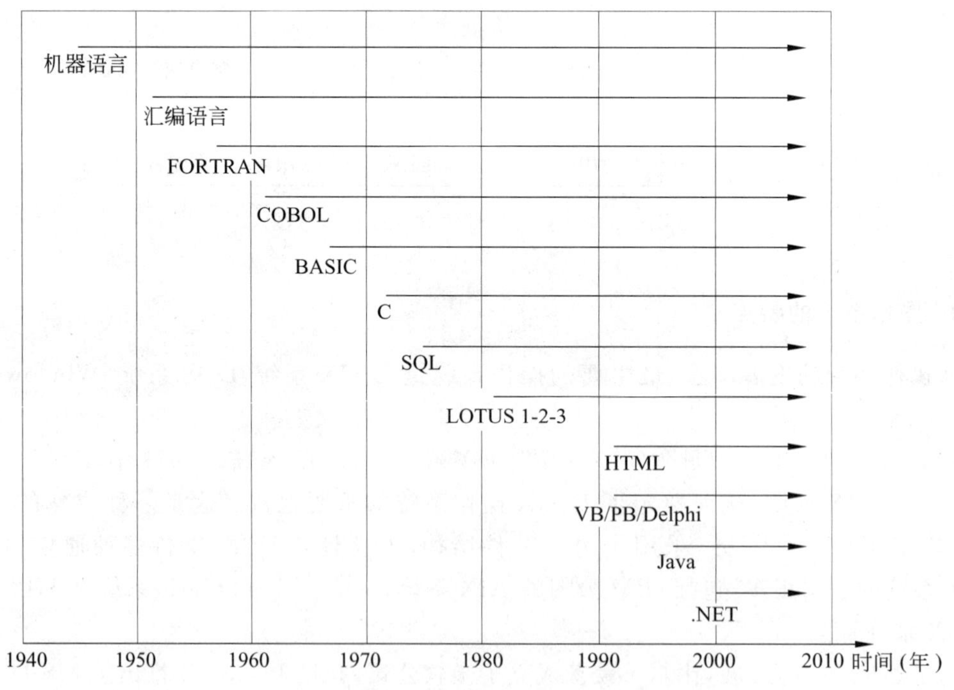

图 2-3 程序设计语言的发展历程示意图

背景知识：几种典型的程序设计语言

FORTRAN 语言对应的英文名称是 Formula Translator，直译为公式翻译语言。该语言是 1956 年出现的，其目的是进行科学计算。

COBOL 语言的英文名称是 Common Business Oriented Language，20 世纪 60 年代初开始了大规模的应用。COBOL 语言的主要作用是面向商业用途，可以有效地处理大量商业数据。

BASIC 语言的英文名称是 Beginners All-purpose Symbolic Instruction Code，是 1964 年 John Kemeny 和 Thomas Kurtz 开发的一种程序设计语言。BASIC 语言具有简单易学的特点，非常适合初学者学习。

C 语言是 20 世纪 70 年代初由 AT&T 的贝尔实验室提出的一种语言，该语言同时具有低级程序设计语言和高级程序设计语言的优点。C++ 是 C 语言的面向对象版本，是 Bjarne Stroustrup 在 1979 年发明的。

SQL 语言的英文名称是 Structured Query Language，是 20 世纪初由 Codd 提出的一种用于操纵数据库中数据的语言。

4. Java 和 C#

Java 是 Sun 公司于 1996 年开发的编程语言，Java 是在改造C++的基础上推出的，其目标是满足在一个充满各式各样不同种机器、不同种类操作系统的网络环境中进行软件开发。Java 具有平台无关性、编译解释执行的特点，并且具有面向对象语言的特点，支持网络安全性，支持多线程以及支持网络上的分布式应用。Java 语言推出以后，许多 C/C++ 的开发人员纷纷转向从事基于 Java 语言的应用开发。很多企业曾经把 Java 语言作为管理信息系统开发的首选工具。

C# 是微软公司于 2000 年发布的一种集成在.NET 中的开发语言。微软认为 C# 是一种类型安全的、简单的、由 C/C++ 衍生出来的面向对象的编程语言，其综合了 Visual Basic 语言的高生产率和C++ 的行动力。使用 C# 开发的应用比使用C++ 简单。使用 C# 语言可以开发 Windows 应用程序、Web 应用程序、Web 服务等。

从当前管理信息系统开发现状来看，Java 和 C# 都是可以选择的有效工具，都可以开发出具有 Web 服务特点的管理信息系统。在具体的管理信息系统开发中，如何选择开发工具，往往需要根据用户的实际情况进行选择。

5. Web 服务

随着电子商务的发展，越来越多的管理信息系统采用了 Web 服务的形式。Web 服务是通过标准 Internet 技术与另一台计算机进行动态交互的松耦合软件组件。Web 服务的主要组成是 SOAP、WSDL、UDDI 和 XML 语言。

简单对象访问协议（simple object access protocol，SOAP）是在分散或分布式的环境中交换信息的简单的协议，是一个基于 XML 的协议。

Web 服务描述语言（web services description language，WSDL）是用来描述网络服务或

终端的一种 XML 语言，它用于定义 Web Services 以及如何调用它们，描述 Web 服务的属性，例如它做什么，它位于哪里和怎样调用它。WSDL 文档将服务定义为网络端点或端口的集合，可用于动态发布 Web Services、查找已发布的 Web Services 以及绑定 Web Services。

通用描述、发现和集成(universal description, discovery and integration, UDDI)是一套基于 Web 的、分布式的、为 Web Service 提供的信息注册中心的实现标准规范，同时也包含一组使企业能将自身提供的 Web Service 注册以使得别的企业能够发现的访问协议的实现标准。UDDI 提供了一种基于分布式的商业注册中心的方法，该商业中心维护了一个企业和企业提供的 Web Service 的全球目录，其中的信息描述格式是基于通用的 XML 格式。

XML 是可扩展标记语言(extensible markup language)的简称。XML 具有许多优点，例如，XML 是平台无关的，异构系统可以通过它来传递数据；XML 是一个被广泛支持的标准，XML 解析器随处可见，在任意系统中都可以方便地使用；XML 建立在 Unicode 基础之上，可以全球通用。XML 文档是纯文本文件，可以通过 HTTP 或 SMTP 等标准协议进行传送，并且用户可以直接阅读，XML 文档的编写和修改都比较容易。与 HTML 中的标记不同，XML 标记主要用来定义数据的结构和类型。XML 使用一组标记来描述数据元素，这些数据元素既可以封装简单的数据，又可以封装非常复杂的数据。HTML 中的标记是预先定义好的一些标准标记，XML 中的标记可以通过 XML 架构进行任意的定义。

2.2.3 数据库技术

数据库技术在管理信息系统中起着管理大量业务数据的作用，管理信息系统的运行效率和安全与数据库技术有着密切的关系。本节将从 7 个方面介绍数据库技术的内容：数据库市场和数据库产品、数据库管理系统的基本特征、数据库范式、ER 图、SQL 语言、数据库访问技术、数据仓库技术等。

从数据库系统的发展来看，1970 年，Codd 发表了有关关系型数据库系统的理论论文，从而奠定了关系型数据库系统的理论基础。1977 年，Oracle 公司推出了基于这些理论的 Oracle 1.0 系统，正式揭开了数据库系统的时代，也奠定了 Oracle 公司在数据库市场上的霸主地位。IBM 公司的 DB2 系统、微软公司的 Microsoft SQL Server 系统和 Sybase 公司的 Sybase ASE 系统也是数据库市场上的重要产品。MySQL、Access、FoxPro 等也是常见的数据库系统。

一般地，数据库管理系统有 4 个基本特征：安全性、完整性、并发性和审计性。安全性往往是通过用户认证模式和权限实现的。完整性是指确保数据库中的数据的正确性和一致性，主要是通过主键、外键、检查等约束实现的。数据库管理系统中的事务和锁机制实现了并发性。审计性主要是描述了对数据库系统的运行状况进行的监控和调整。

数据库范式是指关系型数据库中设计表(关系)时需要遵循的规范。也就是说，表的设计是否合理、有效、恰当，可以通过数据库范式来判断。最常用的范式包括第一范式、第二范式和第三范式。在表设计时，如果表中所有的列都是原子列，则该表的结构满足第一范式的要求。在满足第一范式的基础上，如果所有的非主键列都依赖于主键列，那么该表的结构满足第二范式的要求。在满足第二范式的基础上，如果所有的非主键列之间不存在传递依赖现象，则该表的结构满足第三范式的要求。

ER 图是实体关系图的简称，其中 E 是英文 Entity（实体）的简称，R 是英文 Relationship（关系）的简称。ER 图用于描述实体和实体之间的联系，是建立数据模型的重要工具。ER 图也经常称为 EAR 图、ERD 图等。图 2-4 是一个描述图书、出版商合作者之间关系的 ER 图。在如图 2-4 的 ER 图中，矩形方框表示实体，方框中的顶层数据表示实体名称，方框的其余数据描述了该实体的属性。属性名称的下划线表示该属性是主键属性。方框之间的连线表示实体之间的关系。如果把 ER 图转变成数据库中的对象，则实体对应着表，关系对应着主键和外键约束。依据 ER 图可以清晰地描述和分析图书、作者和出版商之间的关系，从而为创建表和创建表之间的关系奠定了基础。

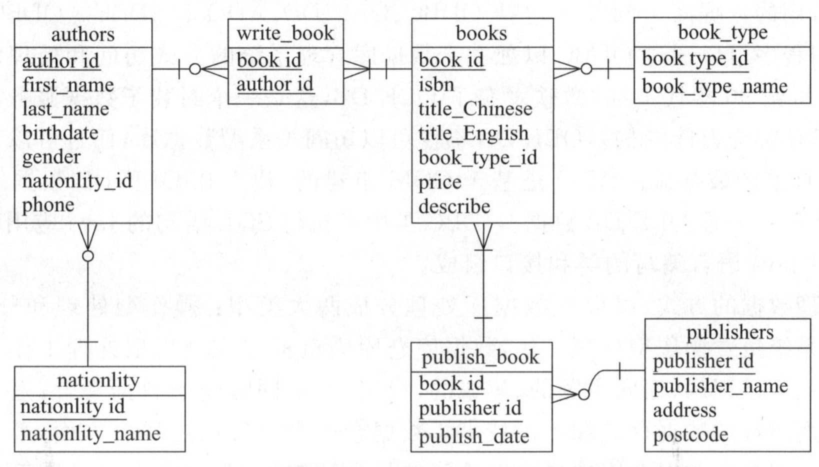

图 2-4　描述图书、出版商和作者之间关系的 ER 图

SQL 是结构化查询语言（Structure Query Language）的简称，是关系型数据库管理系统中最流行的数据查询和更新语言。用户可以使用 SQL 语言在数据库中执行各种操作。从 SQL 的出现到现在，已经出现了许多不同版本的 SQL 语言。最早的版本是由美国 IBM 公司的 San Jose 研究所提出的，该语言的最初名称是 Sequel。1986 年，国际标准化组织（International Standard Organization，ISO）和美国国家标准协会（American National Standards Institute，ANSI）共同发布了第一个 SQL 标准，即 SQL-86，该标准也称为 SQL-1。1992 年，ISO 和 ANSI 对 SQL-86 进行了重新修订，发布了第二个 SQL 标准，即 SQL-92，该标准也称为 SQL-2。SQL-2 标准文本有 600 多页。随着信息技术的飞速发展，数据库理论和应用越来越深入及广泛。1999 年，标准化组织发布了反映最新数据库理论和技术的标准 SQL-99，称该标准为 SQL-3。该版本在 SQL-2 基础上扩展了许多特性，例如递归、触发、面向对象技术等。SQL-3 标准文本有 1000 多页。另外，还存在不同的数据库管理系统厂商开发的不同类型的 SQL。这些不同类型的 SQL 语言也称为 SQL 方言。这些 SQL 方言一方面遵循了标准 SQL 语言规定的基本操作，另一方面又在标准 SQL 语言的基础上进行了扩展，增强了一些功能。不同的 SQL 方言有不同的名称，例如，Microsoft SQL Server 产品中 SQL 方言的名称是 Transact-SQL，Oracle 产品中的 SQL 方言的名称是 PL/SQL。

SQL 查询语言包括了所有对数据库的操作，这些操作可以分为 4 个部分，即数据定义语言、数据操纵语言、数据控制语言和嵌入式 SQL 语言。其功能如下所示：

(1) 数据定义语言(data definition language,DDL)主要是定义数据库的逻辑结构,包括定义基本表、视图和索引。从用户的角度来看,基本的 DDL 包括三类语言,即定义、修改和删除。

(2) 数据操纵语言(data manipulation language,DML)包括数据检索和数据更新两大类操作,其中数据更新包括插入、删除和修改 3 种操作。

(3) 数据控制语言(data control language,DCL)包括基本表和视图的授权、完整性规则的描述以及事务开始和结束等控制语句等。

(4) 嵌入式 SQL 语言规定了 SQL 语句在宿主语言程序中使用的各种规则。

目前,常用的数据库访问技术包括 ODBC、OLE DB、ADO 和 JDBC。ODBC 是一种标准接口,应用程序可以通过 ODBC 以独立于数据库管理系统的方式访问和处理多种关系型数据库。20 世纪 90 年代中期,微软发布了 OLE DB,这是一个封装了数据服务功能的面向对象的结构,被称为万能结构。OLE DB 不仅可以访问关系型数据库,而且可以访问任何符合 OLE DB 标准的数据源。ADO 是基于 COM 组建的、建立在 OLE DB 数据之上的接口集,可以用来简化处理 OLE DB 数据。JDBC 是用于执行 SQL 语句的 Java 应用程序接口规范,它由一组 Java 语言编写的类和接口组成。

按照处理数据的方式,可以把数据库处理分成两大类型:操作型处理和分析型处理。数据库管理系统负责操作型处理工作,数据库仓库则负责完成分析型处理工作。数据仓库是支持管理决策过程的、面向主题的、集成的、稳定的、不同时间的数据集合,是为了构建分析处理环境而出现的数据存储和组织技术。数据仓库主要应用在两个方面,第一个方面是使用多维分析工具在数据仓库中寻找有价值的信息和知识,第二个方面是决策支持系统的基础。

2.2.4 通信网络技术

通信网络技术是有效实现管理信息系统共享数据、分布式处理的主要手段,Internet 技术的飞速发展使得建立全球管理信息系统成为了可能。下面主要介绍通信网络技术的基本概念、功能特点、传输介质、网络类型等内容。

计算机通信网络指的是通过通信线路互联起来的自主计算机与其他设备的集合。这里的互联表示连接着的两台或两台以上的计算机能够互相交换信息,达到资源共享。自主计算机表示每台计算机的工作都是独立的,任何一台计算机不能干预其他计算机的工作。

通信网络技术主要解决 3 个方面的问题:服务问题、通道问题和协议问题。多台计算机通过通信线路相互连接起来构成网络,才能达到资源共享。这就为网络提出了一个服务的问题:一方请求服务和另一方提供服务。多台计算机互相通信交换信息,需要有一条通道,即通信线路,这条通道的连接是物理的,由硬件实现。这些硬件称为连接介质。网络上的计算机之间需要通信,进行信息交换,彼此需要某些约定和规则,这就是协议。

通信网络的主要功能如下。实时集中管理:把地理上分散的各个计算机系统相互连接起来,实现实时集中管理。共享资源:可共享的资源包括硬件、软件、数据等,由多个用户共享资源,以提高系统的经济性。提高系统的可靠性:当某个计算系统出现故障时,可由别的计算机系统来代替。均衡负荷:当某个计算机系统的负荷过重时,可以通过网络把某些作业传送到其他系统进行处理，充分利用网络上的资源进行协同工作。综合信息服务：提供远程通信、电子邮件、电子会议等服务以及提供数字、音频、视频等传输服务。

通信网络中的主要设备包括：服务器、交换机、路由器、集线器、网络适配器、中继器、传输介质等。

服务器指的是在网络环境下运行相应的应用软件，为网络中的用户提供共享信息资源和服务的设备。服务器的基本构成与PC类似，有CPU、硬盘、内存等。但是，服务器在处理能力、稳定性、可靠性、安全性等方面与PC有很大的差异。

交换机是一种基于MAC（内存地址表）地址识别、完成封装和转发数据包功能的网络设备。交换机有两种模式，即共享模式和交换模式，可以对网络进行分段，可以隔离网络广播风暴。交换机的主要功能包括物理编址、网络拓扑结构、错误校验、流量控制等，甚至有路由、防火墙等功能。

路由器是一种用于连接多个网络或网段的网络设备，它能将不同网络或网段之间的数据信息进行翻译，以便路由器能够读懂对方的数据，从而连接成一个更大的网络。路由器与交换机不同，它不是应用于同一个网段的设备，而是应用于不同的网段或网络中，属于网际设备。路由器不是一个单纯的硬件，而是具有相当丰富的路由协议的软件、硬件的设备。

集线器的基本功能是信息分发，它把一个端口接收到的所有信号向其他所有端口分发出去。有些集线器在分发信号之前将弱信号重新生成。集线器可以分为被动集线器、主动集线器、智能集线器。在通过集线器连接的通信网络中，如果集线器发生了故障，则整个网络都受到影响。

网络适配器也称为网卡，它插入到计算机主板的扩展槽中，并与网络电缆连接。计算机通过网卡进行网络通信。网卡可以完成网络通信所需的各种功能，能将数据从计算机内保存的格式转换成在电缆上传输的格式，并提供与网络的物理连接。网络的具体实现取决于所使用的网络类型。

中继器是最简单的网络互连设备，用于两个网络节点之间物理信号的双向转发工作，主要完成物理层的功能，负责在两个节点的物理层上按位传递信息，完成信号的复制、调整和放大操作，依此来延长网络的长度。

传输介质包括双绞线、同轴电缆、光纤、无线传输介质等。双绞线是两条相互绝缘的铜线按照一定扭矩扭绞而成，扭绞的目的是为了使电磁辐射和外部电磁干扰降到最小。同轴导线由内导体铜质芯线、绝缘层、网状编制的外导体屏蔽层及保护性塑料外壳组成。光导纤维是一种传输光束的细而柔韧的介质，光导纤维由一堆纤维组成，称为光缆。无线传输介质包括无线电波、红外线、微波等。

按照范围大小，通信网络可以分为局域网、园区网、城域网、广域网。Internet是世界上连接范围最广、用户数量最大的广域网，是全球“信息高速公路”的中枢神经。

2.3 管理信息系统的管理部分

管理信息系统的管理部分是指与管理信息系统正常运行相关的业务流程、工作标准、管理表格、规章制度和法律法规等，是确保管理信息系统正常运行不可缺少的管理手段。本节将从5个方面研究管理信息系统的管理部分的特点：业务流程、管理活动的工作标准、管理信息和管理表格、规章制度、信息政策和法律法规。

2.3.1 业务流程

业务流程是指为了完成某项业务工作而需要执行的一系列管理活动的总称。在使用管理信息系统过程中，针对业务流程，至少需要解决下面3个方面的问题：

- 如何命名、定义和描述业务流程？这是流程识别的问题。
- 如何准确地描述、表示业务流程，便于人们对业务流程进行分析和讨论？这是流程建模或流程表示方面的问题。
- 如何持续不断地分析、评价和改进业务流程？这是流程评价的问题。

1. 流程识别

在流程识别过程中，需要注意下面几点：不同的行业往往具有不同特点的业务流程，例如银行的主要业务流程与制造企业的主要业务流程有很大的不同。业务流程具有层次性，活动与业务流程是相对的，例如某个业务流程包括了多个管理活动，但是该业务流程又可能是更大的业务流程中的一项活动。一般地，可以把业务流程分成关键业务流程和一般业务流程，关键业务流程是对整个企业经营密切关联的业务流程，一般业务流程则是那些对企业经营影响不大的业务流程或者辅助关键业务流程的业务流程，管理信息系统应该更多地关注关键业务流程。

流程识别是命名业务流程、定义业务流程基本属性、描述业务流程作用的方式，也是在管理信息系统中定义和实现业务流程的基础。

命名业务流程是指为业务流程编码、命名全名称、命名简名称。业务流程编码应该符合企业的整体编码体系，便于识别和扩充。业务流程全名称具有唯一性，简名称便于在管理信息系统中引用业务流程。

定义业务流程基本属性是指明确定义业务流程的启动原因、活动内容、关联表格、结束标志等基本内容，主要内容包括：

(1) 启动本业务流程的原因是什么？

(2) 本业务流程包括哪些活动？

(3) 每一个活动的工作内容、输入、输出是什么？

(4) 每一个活动的责任人是谁？

(5) 每一个活动耗费的时间要求？

(6) 每一个活动的工作依据是什么？

(7) 每一个活动的状态是什么？

(8) 评价活动工作质量好坏的工作标准是什么？

(9) 与本业务流程关联的管理表格是什么？

(10) 与本业务流程关联的其他业务流程是什么？

(11) 业务流程的状态是什么？

(12) 业务流程结束的标志是什么？

描述业务流程的作用主要是详细给出业务流程在整个组织中的作用和位置。

2. 流程表示

流程识别出来之后如何准确、清晰且有效地表示流程，以便与人交流和分析，这种问题称为流程表示，也有些人称之为流程建模。流程表示方法可以分为两大类，一种是自然语言，另一种是图形工具。自然语言简单易懂，但是不能有效地描述复杂的业务流程和业务流程的细节。实际上，大多数流程表示都采用了图形工具。常用的用于流程表示的图形工具包括简单表示法、IDEF 法、DFD 法等。图 2-5 是采用 IDEF0 方式表示的卡尔巴氏公司原材料采购计划审批业务流程。

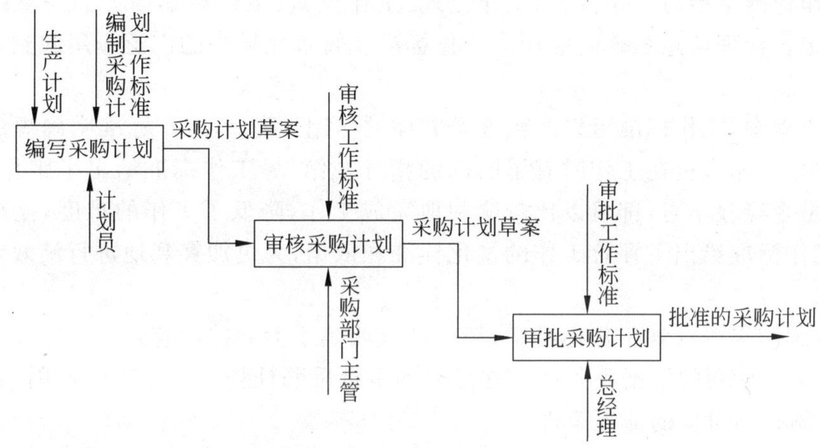

图 2-5 采用 IDEF0 方式表示业务流程

3. 流程评价

流程评价是指定期或不定期地对业务流程进行定性及定量分析和评价的过程，目的是发现业务流程中存在的问题，提出解决问题的方案，最终提高业务流程的质量。无论业务流程是否出现在管理信息系统中，都应该对业务流程进行评价。

有 3 种评价业务流程的方式，即定性评价法、定量评价法和仿真评价法。定性评价法主要是评价业务流程的难以量化或不需要量化的基本状况，这些评价内容包括：

(1) 业务流程执行过程是否规范？

(2) 业务流程面临的问题？

(3) 业务流程需要改进的地方？

(4) 业务流程执行过程中的经验？

(5) 业务流程与其他流程之间的关系如何？

定量评价法是指按照定量方式评价业务流程的执行效果，这些定量评价效果不仅是改进业务流程的依据，而且是对组织的工作人员进行绩效考核的重要数据来源。常用的定量评价内容如下：

(1) 业务流程的频率是多少？

(2) 业务流程是否已经完成?

(3) 业务流程是否按期完成?

(4) 业务流程耗费的时间是多长?

(5) 业务流程的人工成本是多少?

仿真评价法是指采用计算机仿真工具对业务流程进行动态分析和评价的过程,是分析和优化业务流程的重要手段。

2.3.2 管理活动的工作标准

在图 2-5 中的业务流程中出现了编制采购计划工作标准、审核工作标准、审批工作标准等内容。工作标准是指对工作内容、工作方式、工作质量、工作要求等方面完整的、详细的、可度量的规定。管理信息系统的应用为工作标准在管理领域中的广泛应用起到了积极的推动作用。

在业务流程中,工作标准可以起到 3 个方面的作用:第一,工作标准明确规定了工作内容和工作步骤,工作人员在工作时有了明确的指导。第二,工作标准给出了工作的方法,无论工作人员是否经验丰富,都可以比较顺利地完成工作,降低了工作的难度,提高了工作质量。第三,工作标准给出了评价工作的量化标准和依据,为更加客观地进行绩效考核奠定了基础。

例如,在编制采购计划工作标准中,至少应该明确下面一些内容:

- 编制采购计划的依据和条件。这是启动审批采购计划业务流程的原因,也是编制采购计划必不可少的前提条件。
- 采购计划的内容和详细要求。无论是谁编制采购计划,都可以达到同样的效果,不至于出现不同人员编写的采购计划五花八门。
- 编制采购计划的方法、详细步骤。无论是谁都可以按照这里给出的编制方法顺利地、高质量地完成采购计划的编制工作。
- 编制采购计划的时间和成本要求为量化考核奠定基础。
- 编制采购计划过程中常见问题、注意事项和责任描述。

在使用管理信息系统的过程中,有些管理活动可以通过使用计算机操作来完成,有些管理活动依然需要依靠手工来完成。无论怎样,通过编制和采用管理活动的工作标准可以大大提高管理活动的工作效率和质量。

2.3.3 管理信息和管理表格

在手工管理过程中,管理表格是记载和传递管理信息的工具。在采用管理信息系统的组织中,纸质管理表格依然起着辅助管理信息传递的作用。从当前的管理信息系统应用实践来看,实现完全的无纸化办公的组织是非常少见的。

在管理信息系统的使用过程中,为了规范纸质管理表格的管理,应该遵循一些基本原则:统一规划原则、计算机化原则、一致性原则、自动验证原则和简化原则。

统一规划原则是指管理表格应该统一规划、编码和印刷。在一个组织开始使用管理信息系统之后,应该对组织内部的所有的管理表格进行统一设计和编码,风格应该一致,并且统一印刷和发布使用。这样可以规范组织的管理行为。

计算机化原则是指管理表格应该符合计算机的处理方式。在手工管理阶段，管理表格的设计往往以满足手工管理需要为目的，这时的表格样式遵循的是手工习惯。但是，使用管理信息系统之后，管理表格必须符合计算机的处理方式。

例如，表 2-1 是一个手工管理阶段的管理表格样式。这时，为了简化填表过程，年份和月日分开编写，这样填写的一次年份可以用于多个月日。另外为了清晰起见，材料的收入和支出分开了。这时的结存数据需要逐个计算。为了简化记账操作，料单编号被省略了，实际上这是手工管理中经常出现的严重问题。

表 2-1　软皮笔记本材料明细账

2005 年		料单编号	内容摘要	收入/元	支出/元	结存/元	经办人
月	日						
3	10		行政部购入	320		320	张武
3	12		市场部宣传		100	220	孙程果
5	26		办公室		50	170	李一明
7	11		办公室		20	150	李一明
9	5		办公室		50	100	李一明
11	21		市场部宣传		80	20	孙程果
2006 年							
2	10		市场部宣传		10	10	孙程果
4	25		行政部购入	500		510	张武
4	26		办公室		100	410	李一明

表 2-2 是一个符合计算机处理方式的管理表格。这时，日期中包含了年月日，收入和支出合并成了收支列（正数表示收入，负数表示支出），结存列是自动计算得到的。实际上，日期中的数据来自料单编号中的日期部分。

表 2-2　软皮笔记本材料明细账

日期	料单编号	内容摘要	收支/元	结存/元	经办人
20050310	20050310001	行政部购入	320	320	张武
20050312	20050312005	市场部宣传	−100	220	孙程果
20050526	20050526001	办公室	−50	170	李一明
20050711	20050711021	办公室	−20	150	李一明
20050905	20050905091	办公室	−50	100	李一明
20051121	20051121001	市场部宣传	−80	20	孙程果
20060210	20060210006	市场部宣传	−10	10	孙程果

续表

日期	料单编号	内容摘要	收支/元	结存/元	经办人
20060425	20060425018	行政部购入	500	510	张武
20060426	20060426002	办公室	－100	410	李一明

一致性原则是指电子表格和手工表格应该完全一致。用户不论是通过管理信息系统看表格，还是通过纸张看表格，都应该看到同样的数据、同样的排列方式、同样的显示风格，给人的感觉电子表格和手工表格都是同一个表格。如果电子表格和手工表格风格不一致，则会给用户一个杂乱无章的感觉。

自动验证原则是指表格中数据之间的逻辑关系应该自动验证，不能在表格中出现数据不一致的现象。例如，在表 2-2 的结存列中，其数据是根据收支列中的数据自动计算出来的，这种自动计算出来的数据是不能手工录入的。

简化原则是指表格中出现的数据应该尽可能的少。该原则有两方面的含义：第一，管理表格中的数据项应该尽可能的少；第二，管理表格中的数据项之间的直接关联项应该尽可能的少。这样可以提高管理表格的可阅读性。

2.3.4 规章制度

与管理信息系统关联的规章制度是指为了确保组织中的管理信息系统的安全以及正常运行而制定的一系列有关规定、流程、标准、职责等的统称。一般地，可以把这些规章制度归结为 7 大类，即信息系统安全管理规章制度、灾难恢复预案管理规章制度、机房管理规章制度、硬件设备和网络管理规章制度、管理信息系统软件管理规章制度、日常运行和维护管理规章制度和管理信息系统档案管理规章制度。

信息系统安全管理规章制度是最重要、最基础的管理信息系统规章制度，它主要用来规定与管理信息系统安全运行相关联的事项。这些安全管理规章制度应该符合国际、区域、国家、行业、地方等标准、政策、法律、法规。

管理信息系统一方面提高了管理工作的效率，另一方面又使得组织的管理活动面临着巨大的管理信息系统的失败风险，例如服务器瘫痪、操作系统崩溃、管理信息系统出现严重瑕疵等。灾难恢复预案管理规章制度正是防范这种风险的制度。

管理信息系统的所有重要数据都存放在服务器上，服务器所在的区域(机房)必须得到有效的安全保护。机房的出入和使用应该有严格和详细的规定。

管理信息系统的技术基础是计算机硬件、网络以及大量的软件系统，这些都应该有完整的、详细的管理规定和制度。

为了确保管理信息系统的正常运行，问题出现之后能够得到迅速的解决，应该制定完善的、可操作的管理信息系统日常运行和维护管理规章制度。

为了对整个管理信息系统的运行过程进行监控和审计，出现事故之后能够追究相关人员的责任，满足安全管理体系的要求，组织应该建立完整的管理信息系统档案管理规章制度。

管理信息系统需要各种各样人员的使用才能真正发挥作用。因此，为了确保系统的安全,首先应该从对操作人员的要求开始制定严格规范的规章制度。下面主要从数据库管理员的规章制度、操作人员使用业务信息系统的标准操作流程、数据库服务器等几个方面详细探讨安全管理问题。

数据库管理员负责对整个数据库系统的管理和维护工作,他几乎可以执行所有数据库中操作和使用系统中的所有数据。对于数据库管理员来说,系统中存储的所有数据都是透明的和开放的。从本质上来看,企业的所有业务机密都是由数据库管理员管理的。安全性应该包括两个方面:一是非授权人员不能执行操作和使用数据,二是授权人员执行操作和使用数据的过程可以被自动记录。因此,为了做好数据库管理员的安全工作,至少应该做到下面几项工作:数据库管理员应该具备优秀的职业道德素质、严格的数据库管理员教育和培养;数据库管理员的所有工作应该有详细的纸张记录,规范数据库管理员的工作;数据库物理管理角色和数据库系统管理角色应该分离,以便降低数据库管理员的管理风险。

业务信息系统中的业务数据往往存储在数据库系统中。各种操作人员在使用业务信息系统时,应该遵循标准的操作流程。这些标准操作流程的主要内容包括:定义业务角色;定义业务角色可以执行的操作和可以使用的数据;定义登录账户;定义与登录账户对应的数据库用户;定义账户密码规则;定义登录自动记录制;定义业务操作的标准流程;定义故障处理机制;定义账户删除机制;定义安全责任追究机制;等等。只有将操作业务信息系统或使用数据库的工作方式纳入标准化、规范化、制度化的管理机制,才能有效地保障整个系统的安全。

一般地,数据库服务器应该置于安全房间,最好是一个专门的房间。为此数据库服务器专门房间制定严格的管理制度。该房间应该防火、防水、防盗、防震。未经授权人员不得进入此房间。授权人员进入此房间应该有登记。一次出入此房间的人员应该最少为两人。对数据库服务器的任何操作都应该有物理监视系统进行监视。从物理位置上确保数据库服务器处于绝对安全的状态。除了数据库服务器之外,其他与数据库服务器连接的计算机也应该处于时刻受到物理保护的场所。例如,这些场所应该可以方便地控制人员的出入,可以根据需要禁止所有人员进入,配备有防火、防水系统,场所应该有安全监视系统。数据库服务器不与 Internet 直接连接。在企业内部,数据库服务器应该置于企业内部网的安全区域中,任何时候都不要直接连接到 Internet 上。通过 Internet 访问数据库服务的行为都应该被自动记录下来,对于异常行为应该有分析和跟踪机制,确保数据库服务器的安全。

2.3.5 信息政策和法律法规

从更大的环境来看,管理信息系统的运行离不开信息政策和法律法规的约束和指导。信息政策和法律法规是信息政策、法律、法规、条例、规章的统称。信息政策是指国家或相关组织为实现信息资源管理的目标而制定的有关调控信息和信息活动行为规范和准则。信息法律法规是指由国家立法机关批准制定,并由国家执法机关强制实施的、调节信息领域经济关系和社会关系的法律规范的总称。

1. 信息政策

一般地,信息政策体系包括 10 个方面的内容,即信息政策目标、信息技术政策、信息系统和信息网络政策、信息市场政策、信息资源政策、信息产业政策、信息人才政策、信息投资政策、信息标准化政策、国际信息政策等。

信息政策目标是制定信息政策的前提，是信息工作的方向和动力。信息政策目标是一套目标体系，该体系包含总目标及其多层次分解与展开而形成的若干个分目标。总目标既是信息政策总体追求的最终目标和努力方向，也是制定各层次分目标的基础。

信息技术是推进社会信息化的重要手段。信息技术政策为信息技术发展提供原则指导，为调节社会信息关系的信息立法活动提供政策基础。信息政策一般涉及信息技术现代化的任务、信息技术设备的配置、信息技术的应用范围、信息技术的开发与创新、信息技术的引进与出口、信息技术的标准化等。

信息系统和信息网络政策主要涉及信息系统和信息网络的发展模式、目标、战略、步骤、重点等内容。

信息市场政策的内容一般包括：信息市场的兴建和改建问题、信息商品的价格和质量问题、信息市场交易规则和组织问题、信息市场交易秩序的维护问题、信息市场公平竞争环境的建立问题、信息市场的准入和收入分配问题、信息用户教育问题等。

信息资源政策的主要内容包括信息资源组织的原则和标准、信息资源的搜集原则和开发利用策略、信息资源的合理布局与组织协调、信息资源管理体制、越境数据流、信息产权与国家主权、信息安全、信息共享与保密等方面。

信息产业政策是根据信息产业的战略地位、作用和发展中的相关条件而制定的政策，主要内容包括产业结构政策(扶植具有潜在优势的行业部门的发展和限制衰退行业部门的发展)、产业组织政策(限制和引导信息企业规模结构和竞争)、产业技术政策(支持技术创新或某种适用技术的发展)、产业区域政策(影响信息产业在不同区域的分布)、产业社会政策(促使信息产业实现某种社会目标，例如充分就业)等。

信息人才政策明确信息人才的培养、使用、管理、流动以及结构比例等内容，对信息人才的地位、待遇、业务考核、技术职务晋升、成果评价和奖励等作出具体的规定。

信息投资政策的内容体现在宏观和微观两个方面。在宏观方面，信息投资政策应该确定投资在社会各项投资中的合理比例及增长速度，明确不同性质的信息部门不同的资金来源渠道、构成、分配以及投资的强度、主体和调控机制。在微观方面，应该对投资资金的来龙去脉以及相关问题作出具体的规定。

信息标准化政策的主要内容包括信息工作的标准化建设和管理、信息工作质量认证体系的建设和管理、信息系统采购和实施标准或规范、信息资源标准化分类编码等。

国际信息政策主要是明确规定国际间信息活动的发展战略、问题解决、信息秩序、协调、谅解等内容。

2. 信息法律法规

信息法律法规体系的基本框架如图 2-6 所示。该框架包括两部分：一是涉足产业、组织和社会层次的信息技术、信息网络、信息市场、信息资源、信息人才、信息环境的法律制度；

二是由上述法律制度分解出来的各种信息法律规范(例如实施细则、条例、补充规定等)。另外,还包括一部凌驾于法律制度和法律规范之上的信息基本法。下面研究该基本框架的内容。

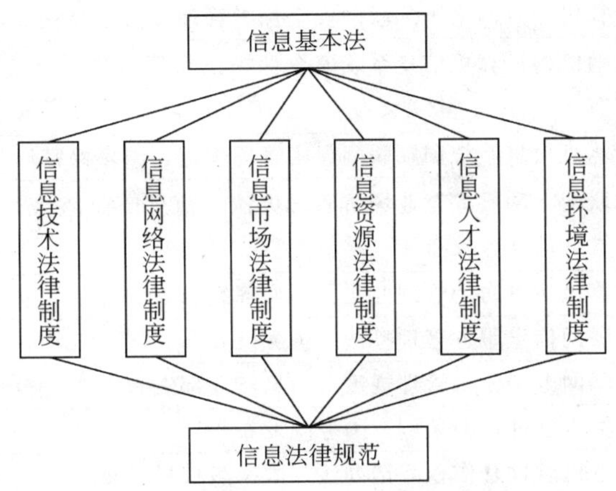

图 2-6　信息法律法规体系的基本框架

信息基本法对信息立法的宗旨、原则、调整对象和范围、信息法律关系的主体和客体作出规定。其中,宗旨反映了信息立法者在立法过程中所遵循的主导思想,原则是立法宗旨在立法过程中的体现和具体化,调整对象和范围反映了信息基本法的内容的范畴和边界。

信息技术法律制度一般包括信息技术、信息技术评估、信息技术振兴、信息技术引进和标准化管理、无线电频谱管理、集成电路布图设计、信息技术应用管理等内容。

信息网络法律制度包括信息网络基础设施建设、计算机信息网络国际联网管理、计算机信息系统安全保护、信息网络运营与服务管理、电信、邮政、数据通信、互联网域名管理、电信网络资源管理、电信网间互联管理、电信设备进网管理、计算机信息系统国际联网保密管理等内容。

信息市场法律制度包括信息市场管理、信息产品和信息服务管理、信息产品价格管理、广告、技术市场管理、软件企业认定标准及管理、信息网络经营管理、信息业反不正当竞争、电子商务等内容。

信息资源法律制度包括信息资源配置、知识产权(包括著作权、专利权、商标权、商业秘密权等)保护、计算机软件保护、软件产品管理、个人隐私保护、技术合同、档案保护、信息出入境管理、商用密码管理、数据库和多媒体保护、信息获取、信息自由等内容。

信息人才法律制度包括信息人员资格认定、信息人才教育、信息人才管理、信息人员职务晋升、信息生产者和经营者资格认定、信息经纪人管理等内容。

信息环境是指与信息的制作、加工、传递、转换、二次开发和消费有关的活动环境,包括国家重大信息工程建设、信息政策与法规、信息标准等内容。信息环境法律制度包括国家重大信息工程建设投资和管理、信息标准化、计算机病毒防治、电信服务标准等内容。

表 2-3 列出了与信息系统、信息安全、信息网络相关联的部分法律法规清单。

表 2-3　与信息系统、信息安全相关联的部分法律法规

实施日期	法律法规名称
1994 年 2 月 14 日	中华人民共和国计算机信息系统安全保护条例。国务院发布
1997 年 12 月 11 日	计算机信息网络国际联网安全保护管理办法。公安部发布
1998 年 8 月 31 日	金融机构计算机信息系统安全保护工作暂行规定。公安部、中国人民银行联合发布
2000 年 1 月 1 日	计算机信息系统国际联网保密管理规定。国家保密局发布
2000 年 4 月 3 日	互联网上网服务营业场所管理办法。信息产业部、公安部、文化部、国家工商行政管理局联合发布
2000 年 4 月 26 日	计算机病毒防治管理办法。公安部发布
2000 年 9 月 25 日	互联网信息服务管理办法。国务院发布
2000 年 10 月 8 日	互联网电子公告管理规定。信息产业部发布
2002 年 1 月 1 日	计算机软件保护条例。国务院发布
2002 年 2 月 20 日	计算机软件著作权登记办法。国家版权局发布
2004 年 11 月 5 日	中国互联网域名管理办法。信息产业部发布
2005 年 4 月 1 日	中华人民共和国电子签名法。中华人民共和国第十届全国人民代表大会常务委员会第十一次会议于 2004 年 8 月 28 日通过

2.4　管理信息系统的组织部分

管理信息系统的组织部分是指保障管理信息系统正常运行的人员、组织机构和岗位。人是管理信息系统中最具能动性的活跃因素，是充分发挥管理信息系统作用的保障因素，是管理信息系统正常运行的执行者和控制者。在管理信息系统中，人的作用是通过设置的组织机构和岗位表现出来的。本节将研究与管理信息系统紧密关联的 3 个方面的问题：如何设置与管理信息系统关联的组织机构以及该机构的职责是什么？在管理信息系统运行过程中应该包括哪些角色和设置哪些岗位？CIO 的作用和职责是什么？

2.4.1　信息中心的职责

就像生产系统、财务系统、销售系统、人事系统是组织的有机组成一样，管理信息系统也是组织的有机组成和自然延伸。一般地，管理信息系统的职能部门称为信息系统部门或信息中心，有些组织也称其为计算中心、电脑中心、网络中心、数据中心、IT 中心等。

作为组织中最权威的管理信息系统的职能部门，从宏观的信息化战略到微观的管理信息系统日常运行，信息中心起到一个承上启下的桥梁作用。一般地，信息中心应该包括下面 11 项职责：

（1）负责落实和实施信息化战略和管理信息系统规划；

（2）负责编制与管理信息系统关联的规章制度和设计相关的业务流程；

（3）负责实施或参与实施或协助实施管理信息系统建设项目工作；

(4) 负责管理信息系统的日常运营和维护工作；

(5) 负责管理信息系统网络的构建、运行和维护工作；

(6) 负责管理信息系统的安全规划、配置、监控和日常管理工作；

(7) 负责协助有关部门采购和保管与管理信息系统相关的设备、工具和易耗品；

(8) 负责协调组织内部其他职能部门和信息中心之间以及其他职能部门之间的有关信息工作；

(9) 负责参与协调组织外部的有关信息工作；

(10) 负责提出管理信息系统的合理化建议，编写管理信息系统突发事件预案；

(11) 负责实施与企业信息化相关的宣传、教育、培训等工作。

信息化战略和管理信息系统规划是在组织战略指导下由组织高层制定的组织信息化建设和管理信息系统发展的信息目标，是在组织内部开展各项管理信息系统工作的纲领。信息中心负责具体落实和实施战略及规划的内容。

与管理信息系统相关联的规章制度和业务流程是管理信息系统的有机组成部分，是指导、保障和管理信息系统有序运行的准则。规章制度和业务流程的提出、编制、修订、发布应该在组织范围内统一规划、发布和实施，信息中心负责具体的编制和设计工作。

一般地，管理信息系统建设是一个庞大的、复杂的系统工程，也是一个典型的项目工作。如果组织内部自己开发和实施管理信息系统，那么信息中心是这项工作的主要承担者。如果由组织通过市场方式引进外部力量进行开发和实施管理信息系统，那么根据合作协议信息中心参与或协助实施工作。无论是什么样的开发方式，信息中心应该参与整个管理信息系统的开发和实施过程，这样才能对管理信息系统有更深入的了解，也才能更好地完成自己的其他职责。

管理信息系统的日常运营工作包括服务器的开机和关机、计算机维修、系统安装、软件工具安装、数据备份和恢复、数据导入导出等工作，这些都是确保管理信息系统正常运行的必不可少的工作内容，这些内容都是信息中心最基本的工作职责。

管理信息系统的网络的构建和配置应该在信息系统规划的统一指导下进行，具体的工作是由信息中心实施完成的。为了确保管理信息系统安全、高效、正常的运行，其他部门和人员不能随意改变管理信息系统的网络配置。

安全管理是在管理信息系统的运行过程中需要高度重视的基础工作之一，防止非法访问、防止窃取、防止病毒入侵、防止人为破坏、灾难恢复等都是安全管理工作的内容。管理信息系统的安全规划、配置、修改、监控和日常管理工作是信息中心的主要职责。

为了保障管理信息系统的正常运行、升级、维修，需要经常性地采购相关的设备、工具和易耗品等。例如，需要经常采购光盘、移动硬盘、打印机墨盒等。这些相关设备、工具和易耗品具有专业性强、时效性强、质量和价格差别比较大等特点，应该由专业人员负责或参与具体的选型和采购工作。这些采购和保管工作，有些组织由采购部门统一管理，有些组织由采购部门和信息中心共同管理。无论是什么样的管理模式，信息中心都应该积极参与这些物料的采购和保管工作。

一般地，管理信息系统运行涉及多个或所有职能部门，甚至涉及组织外部。这就会引起大量的协调工作，这些协调工作包括职能部门之间、职能部门和信息中心之间、组织内部和组织外部之间的沟通、交流、维护等内容。信息中心是协调、参与这些工作的责任部门。

管理信息系统运行过程中有可能出现的问题以及解决的方案,以及各种突发事件的处理方式和预案,都是信息中心不可少的工作职责。

管理信息系统的推广和应用不是一朝一夕的事情,并且会对传统工作方式和思维方式带来极大的冲击。因此,与此相关的各种思想宣传、知识教育、技能培训是一项长期的、必不可少的日常工作,这些工作由信息中心具体承担。

2.4.2 信息中心的角色和岗位

信息中心的角色是指为了保障管理信息系统正常运行而必不可少的工作类型。岗位是角色的各种组合和工作内容具体化后,有明确的责任、权利和义务,由人员负责的工作职责。在图 1-11 的信息系统部门的人员结构示意图中给出了信息中心的 9 种角色:

(1) 首席信息官角色;

(2) 部门行政管理员角色;

(3) 信息管理员角色;

(4) 系统分析员角色;

(5) 系统设计员角色;

(6) 系统编程员角色;

(7) 应用开发员角色;

(8) 数据库管理员角色;

(9) 网络管理员角色。

下面详细研究每一个角色的具体工作内容。需要说明的是,鉴于首席信息官角色在管理信息系统的重要作用,下一节专门研究其职责。

作为一个独立的部门,部门行政管理员角色是一个必不可少的辅助角色。该角色可以是会议安排和记录员、档案管理员、部门对外协调员,可以完成大量琐碎的行政事务,使得本部门中的其他技术性角色可以集中时间和精力把本职工作做得更好。

信息管理员角色是信息中心的核心角色之一,该角色应该具备 3 个方面的知识:熟练掌握基本的管理信息系统的理论、方法,熟练掌握基本的信息技术,熟练掌握所在组织的基本业务。信息管理人员角色是首席信息官的重要助手,主要负责管理信息系统的需求调研和规划、管理信息系统的标准化工作、信息源的确定和采集、业务数据的加工和分析方式、管理信息系统的运行监控和评估。

系统分析员角色应该对组织内部正在使用的管理信息系统有一个完整的、系统的认识,对管理信息系统的所有功能的优点和缺陷有透彻的理解,对信息技术的发展趋势和管理信息系统的选型、升级和增强有客观的分析和评价,其主要职责是负责保障当前管理信息系统的正常运行、提出今后管理信息系统的功能规划和具体方案。

系统设计员角色是一个技术角色,该角色具有在系统分析员角色指导下完成系统设计方案并且编写出规范、完整的文档的能力。

很显然,系统编程员角色也是一个技术角色,该角色熟练掌握着当前管理信息系统所使用的各种开发工具和编程方式,具有把规范的设计文档变成系统代码的能力。该角色还负责当前管理信息系统的修复工作，能够快速地发现问题所在和修正这些问题。

就像系统编程人员角色一样，应用开发员角色也是技术角色，但是应用开发员角色有自己的职责。应用开发编程人员角色的工作对象不是当前使用的管理信息系统本身，而是根据组织需要开发的各种临时性的应用。例如，在使用企业资源计划系统中，为了提高系统的使用效率，需要开发一些临时性的数据采集程序，这是应用开发员角色完成的工作。

在技术角色中，好像没有任何工作比数据库管理员角色的工作重要了。数据库管理员角色负责整个管理信息系统数据库服务器的管理和维护工作，这些工作包括备份数据、恢复数据、审查重要的业务数据的质量、定义和设置用户权限等。

网络管理员角色负责整个管理信息系统的计算机硬件和网络，确保管理信息系统安全、高效的运行。

2.4.3 CIO的职责

CIO 是英文 chief information officer 的简称，中文译为首席信息官或首席信息主管。从当前的管理信息系统实践来看，CIO 是信息中心最重要的角色，并且在组织的信息化建设和运行过程中起着非常重要的作用。

在管理信息系统建设过程中，CIO 不仅仅是一个技术角色，而且是重要的管理角色和决策角色。从组织的高层视角来看，就像 CEO、CFO 等一样，CIO 是管理信息系统的战略规划者、领导者和实施者；从组织的中层视角来看，CIO 是管理信息系统建设的推动者、组织者和管理者；从组织的低层视角来看，CIO 是管理信息系统的支持者、开发者和维护者；从组织外部视角来看，CIO 是管理信息系统专家和业务领域专家。

CIO 集战术管理和战略管理于一身，是组织的决策层与信息管理层之间的纽带。CIO 是组织中的高级职位，辅助组织高层管理者进行决策和规划，对组织的信息化建设进行全面的管理。CIO 既是技术专家，又是领域管理专家。CIO 来源于信息技术专家，作为组织的信息战略的架构者和信息系统的规划者，技术方面的特长为 CIO 的工作奠定了基础。但是，仅仅具备技术背景的管理信息系统主管是无法胜任组织的信息规划、决策和管理工作的。CIO 必须在领域管理方面具备相应的知识和经验。因此，可以这样说，CIO 是信息技术和现代管理相结合的产物。

根据大量的管理信息系统实践，一般地认为，为了胜任组织的信息规划和管理工作，CIO 至少应该具备下面 6 个方面的职责：

（1）参与高层管理决策，负责组织信息战略的制定和重要信息化项目的实施；

（2）负责制定企业的信息政策和信息活动规划及制度；

（3）负责制定组织的信息流程，规范组织信息管理的基础标准；

（4）负责组织的信息系统建设规划与宏观管理；

（5）负责监控所有信息化项目的实施，监控现有信息系统的运行，评估信息技术的投资回报；

（6）复制组织与信息化相关的宣传、咨询、教育、培训、沟通等工作。

CIO 应该运用自己掌握的信息技术与信息管理知识，帮助组织的高层决策者制定组织的发展战略规划，领导实施重要的信息化项目，充分有效地开发和利用组织内外信息资源，寻求组织的竞争优势，强化组织的竞争实力。需要再次强调的是，CIO不仅仅是负责组织信息管理范围内的决策活动，而是应该参与讨论组织发展的各种全局性问题。

根据组织发展战略的需要，CIO应该及时制定和修订组织的信息政策、信息活动规划和相应的规章制度，目标是实现组织的战略意图。当组织的战略规划发生变化时，CIO要及时投入信息技术力量来响应这种变化，使得组织的信息资源开发和利用策略始终与组织的战略规划协调一致。

CIO应该主持拟定组织信息流程的框架和核心的信息流程，建立信息管理的基础标准，例如信息分类代码标准、概念数据标准等。大量管理信息系统实践证明，只有以数据集成为基础，以总体数据规划为中心，面向信息流程进行信息系统开发和应用，才能取得信息系统建设的主动权。

CIO应该对信息系统的开发计划、运行管理、安全管理、人员配备、经费预算等进行宏观控制和协调，统筹考虑系统建设的硬件、软件和应用问题。同时，代表组织与信息系统开发者、技术设备供应商打交道，建立与信息技术供应商的战略协作伙伴关系，并根据组织的业务和管理需要，对他们提出的信息技术和信息系统的解决方案进行审议。

CIO领导和管理组织中所有的信息化建设项目的实施，并且应该密切监控现有信息系统的运行，以便对信息系统建设和运行中出现的各种问题作出快速反应。CIO需要在信息技术投入和组织管理效益之间寻求平衡，权衡信息技术的先进性与实用性，考虑信息技术的投资回收期和成本效益的关系。

CIO应该使得组织的高层充分认识和理解信息资源对组织战略和发展的重要性，同时提出更加有效的利用组织内外信息资源的合理方式，为组织高层管理人员提供信息技术咨询服务；帮助信息人员和各种业务人员以及用户转变观念和认识，对他们提出的意见、咨询和求助都给予很好的答复；负责组织全体人员的信息化建设的教育和培训工作，不断提升组织和员工的信息素质、信息能力，培育良好的信息文化，提高组织的核心竞争力；负责把组织的战略、意图和实施方案传递给信息部门，把信息部门的成果、能力和发展报告给组织中相关人员和部门，实现组织的协同工作和信息资源共享。

2005年，劳动和社会保障部发布了《企业信息管理师国家职业标准》。该标准包括基础知识部分和六大职业功能模块(信息化管理、信息系统开发、信息网络构建、信息系统维护、信息系统运作、信息资源开发利用)。基础知识部分包括信息技术基础、企业管理基础和法律法规基础三部分内容；六大职业功能模块均按级别划分为工作内容、技能要求和相关知识三部分内容。整个标准涵盖了企业信息化建设的全部工作环节，并对相关“技能”和“知识”作出了明确要求。该标准以国家法规的形式详细规定了我国企业信息化建设从业人员应该具备的复合型、综合性技能和知识水平，并明确对相应的职业培训和资格考试的形式、要素和方法进行了规范。可以说，《企业信息管理师国家职业标准》既是用人单位衡量企业信息化建设从业人员知识和能力水平的法定依据，又是企业信息化复合型人才培养和资格认证的基本纲领。

该标准将企业信息管理师分为初级企业信息管理师、企业信息管理师和高级企业信息管理师。高级企业信息管理师的工作内容和技能要求类似CIO的职责，但是高级企业信息管理师在组织中的地位和工作内容与CIO又有许多不同。高级企业信息管理师职业标准的主要内容如表 2-4 所示。

表 2-4　高级企业信息管理师职业标准

职业功能	工作内容	技能要求	相关知识
一、信息化管理	（一）制定信息化战略规划	1. 能够分析判断企业经营战略目标对信息化的要求 2. 能够对信息化环境进行分析 3. 能够主持制定企业信息化战略规划	1. 战略信息管理知识 2. 决策基本知识 3. 投资分析方法基本知识 4. 技术创新及制度创新知识
	（二）建立信息化评价指标体系	1. 能够设计信息化评价指标 2. 能够设计信息化指标评价方法	技术经济理论与方法
	（三）制定信息化管理制度	1. 能够主持制定信息化管理制度 2. 能够对信息化管理制度的适用性进行动态分析并作出相应调整	1. 国家信息化相关方针政策 2. 组织行为学理论基本知识
	（四）制定信息化标准规范	1. 能够审定企业信息化各种标准规范 2. 能够制定企业信息化标准规范体系 3. 能够协调和处理企业信息化标准规范实施中的重大问题	1. 标准化理论基本知识 2. 有关标准规范
	（五）信息化组织机构设置和调整	1. 能够合理划分信息化管理各种职能 2. 能够提出信息化管理组织机构和岗位设置的建议	1. 组织管理基本知识 2. 工作设计知识
	（六）全员信息化培训	能够主持制定全员信息化培训计划及其实施方案	1. 人力资源规划基本知识 2. 人力资源培训与开发知识
二、信息系统开发	（一）系统总体规划	1. 能够确定企业对信息系统的要求 2. 能够主持制定信息系统开发总体方案	信息化领导知识
	（二）系统开发的组织管理	1. 能够合理设置开发组织 2. 能够有效管理开发组织及其成员	项目开发管理知识
	（三）制定开发策略	1. 能够正确决定自行开发项目 2. 能够正确决定委托开发项目 3. 能够合理选择合作伙伴 4. 能够制定开发计划 5. 能够提出投资预算	1. 项目比较分析方法 2. 费用/效益分析方法 3. 对策论、决策论基本知识

续表

职业功能	工作内容	技能要求	相关知识
二、信息系统开发	(四) 业务流程重组	能够提出业务流程优化方案	业务流程重组(BPR)理论与方法
	(五) 系统分析	1. 能够主持系统分析 2. 能够主持审定系统逻辑方案	系统分析理论与方法
	(六) 系统设计	1. 能够主持系统设计 2. 能够主持审定系统设计方案	系统设计理论与方法
	(七) 系统实施	1. 能够组织系统转换 2. 能够进行预算控制 3. 能够进行实施效果评价	技术管理基本知识
三、信息网络构建	(一) 需求分析	能够根据需求调查的结果分析判断信息网络构建的必要性和可行性	项目评价方法基本知识
	(二) 网络规划	能够主持制定信息网络建设总体规划,制定企业的网络管理和安全策略	1. 计算机网络原理知识 2. 网络的经济分析相关知识
	(三) 项目实施	1. 能够制定实施计划 2. 能够监控实施过程 3. 能够检查实施效果	项目管理知识
	(四) 预算控制	1. 能够合理分配预算 2. 能够对项目实施进行预算控制	预算管理知识
四、信息系统维护	(一) 制定系统软硬件维护管理的规章制度	能够制定系统维护管理的规章制度	系统维护管理规章制度知识
	(二) 制定应用软件维护和管理制度	能够制定应用软件维护和管理制度	应用软件维护和管理制度知识
	(三) 制定数据维护和管理制度	能够制定数据维护管理规章制度	数据维护和管理制度知识
五、信息系统运作	(一) 操作和使用信息系统	1. 能够通过信息系统进行知识管理 2. 能够通过信息系统进行决策分析 3. 能够通过信息系统进行电子商务管理	1. 知识管理理论知识 2. 决策分析理论知识 3. 电子商务管理知识
	(二) 信息系统运作效果评价	1. 能够从技术和经济两方面综合评价信息系统的运作效果 2. 能够制定信息系统调整方案	信息系统效果评价方法

续表

职业功能	工作内容	技能要求	相关知识
六、信息资源开发利用	（一）制定信息资源管理制度	能够组织制定信息资源管理制度	信息资源管理基本知识
	（二）信息分析	1. 能够进行信息统计分析 2. 能够根据信息统计分析结果进行经济活动的评价与预测	1. 统计学基本知识 2. 评价与预测方法
	（三）提供决策支持信息	能够提供决策支持信息	企业经营决策知识

本章案例　为什么买

美国纽约人寿保险公司（New York Life，NYL）是世界上最大的人寿保险公司之一。该公司拥有 12 570 名员工，年收入超过 170 亿美元。就像银行和证券公司一样，保险公司也是一个信息密集型的行业，其收入主要是依赖对海量数据的记录和处理上。这些海量数据都与保险公司现有的客户和潜在的客户相关。为了满足这种信息处理的需求，NYL 主要是依靠各种硬件设备，特别是台式 PC 和便携式计算机。

作为 NYL 公司负责信息技术的副总裁，汤姆经常面临和处理严峻的挑战。除了维护数千台台式 PC 之外，还必须确定数千名保险代理人在工作中是否需要便携式计算机。截至 1998 年，NYL 每年新购买 1000 台便携式计算机，以便淘汰那些旧式计算机。对汤姆来说，巨大的压力在于，这些计算机很快就落后了，保险代理人总是希望使用最新的计算机。

摆在汤姆面前的另外一项难题是，保险代理人使用的往往是购自不同供应商的计算机。汤姆知道这种状况意味着更高的维护成本和客户服务成本，因为 NYL 不得不与更多的供应商打交道。汤姆认为应该利用自己公司的优势，通过与供应商谈判，降低计算机的成本。汤姆决定将计算机供应商的数量减少为一个，并且标准化公司使用台式 PC、便携式计算机和其他昂贵设备。在他的支持下，公司组建了一个团队，该团队负责检查公司的硬件。在检查时不是仅仅考虑硬件成本，而是考虑硬件的总拥有成本，包括培训、维护、软件安装等非硬件费用。汤姆最终发现，旧设备的总拥有成本实际上远远大于最新设备的总拥有成本。

选择一个可以满足为 NYL 提供移动计算机设备的需求的供应商不是一件轻松的事情。在过去的几个月内，由 20 名员工组成的团队考察许多供应商，考察内容包括实际测试供应商的产品。最终，NYL 选择了 Compaq 公司作为其供应商。一是 NYL 与 Compaq 公司有比较长期的合作关系，二是 Compaq 公司为 NYL 提供了吸引人的采购方式：租赁。汤姆知道租赁有很多优点，例如总是可以得到最新的产品和技术，可以大幅度降低成本。降低成本的渠道主要是两个方面，没有必要扔掉过时的计算机，或者花费时间去销售这些过时的计算机。如果 NYL 自己采购便携式计算机，那么它必须使用 4 年或 5 年，才能最大化使这种计算机为公司带来利益。但是,Compaq 公司为 NYL 提供租赁,租赁期是 2 年,2 年之后,Compaq 公司重新为 NYL 提供新的计算机。现在,NYL 从 Compaq 公司租赁所有的计算机。在过去的几年中,NYL 租赁了 9000 多台计算机,其中 4300 台是便携式计算机。

通过标准化计算机的采购,NYL 每年在 IT 成本上降低了 4400 万美元,这些降低不包括在设备升级和修复方面的费用。

本章案例思考题

1. 从不同的供应商处购买计算机设备的优点是什么?

2. 从不同的供应商处购买计算机设备的缺点是什么?

3. 你所在的公司是否采取了从单个供应商处购买计算机设备?这种政策的优点是什么?请详细解释和讨论之。

4. 汤姆提出了总拥有成本概念。除了直接购买之外,使用计算机的成本还包括什么?解释这个概念。

5. 供应商为什么愿意提供计算机租赁?

本章小结

本章全面研究了管理信息系统的体系架构。首先,分析了管理信息系统体系架构的概念和构成特征。接下来,讲述了管理信息系统的技术部分的特征。然后,分析了管理信息系统的管理部分的特征。最后,研究管理信息系统的组织部分的特征。

思考和练习题

1. 如何理解管理信息系统的静态特征和动态特征?

2. 什么是体系架构?什么是管理信息系统的体系架构?

3. 在管理信息系统中,计算机硬件包括哪些内容?

4. 在管理信息系统中,计算机软件包括哪些内容?

5. 数据库系统在管理信息系统的主要作用是什么?

6. 什么是数据库范式?

7. ER 图的作用是什么?

8. 如何理解流程识别和流程表示?

9. 谈谈你对管理表格的理解。

10. 规章制度在管理信息系统中的作用是什么?收集某个企业的与管理信息系统相关的规章制度,并分组讨论。

11. 如何理解信息政策和信息法律法规之间的关系?

12. 信息中心的职责是什么？

13. 讨论信息中心主任和CIO之间的关系。

14. 收集资料，分析比较：CIO和高级企业信息管理师的特点。

15. 收集资料，分组讨论：应该如何确定管理信息系统的成本或价格？影响管理信息系统的成本或价格的主要因素是什么？

第3章 管理信息系统的演变和类型

【场景】 管理信息系统纵横谈。

上午，卡尔巴氏公司召开了由中层以上干部参加的信息系统理论培训班第一期开幕式。张总在会上首先发言，他从卡尔巴氏公司的过去谈到了现在，又从现在展望了未来，分析了卡尔巴氏公司面临的经营困难和发展机遇，指出信息化建设的重要性和迫切性。

张总发言之后，会议主持人王副总说："现在由信息中心李主任发言。"在一阵热烈的掌声中，李主任开始了他的发言。

"有人说，人类，横着看是历史，纵着看是社会。历史和社会都是人类的表现形式和研究角度。"这是李主任第一次在公司级的会议上发言，他喝了一口水，继续说，"信息系统是一门科学，是任何组织，当然包括我们卡尔巴氏公司，进行信息化建设的理论基础，也是这些组织最终的建设目标。"

会场上鸦雀无声。李主任继续说，"信息系统是一门跨学科的交叉学科，它涉及计算机学、管理学、经济学、市场学，甚至涉及历史学、社会学、政治学等。"

李主任继续侃侃而谈，"如何简单地理解信息系统呢？我这里也有一个纵横观，不一定恰当，提出来供大家思考。信息系统，横着看是计算机科学和技术，纵着看是管理思想、理论和方法。"

会场上有人交头接耳。李主任好像没有看到这些现象，继续说，"计算机科学和技术是信息系统的物质基础，是信息系统的外在形式，计算机科学和技术的不断发展推动了信息系统的不断应用和前进。"

"在信息时代，管理思想、理论和方法是信息系统不断实践的结果。当然，计算机没有出现时，谈不上计算机对信息系统和管理的影响。计算机和基于计算机技术的信息系统出现之后，管理思想、理论和方法的产生、完善和发展已经与信息系统的发展密不可分，从 MRP 到 ERP 的大量实践已经证明了这一点。甚至可以这样说，在信息时代，管理思想、理论和方法是信息系统实践过程中的里程碑成果。"

李主任端起茶杯，喝了一口，继续说了下去。

我们处于一个技术和理论飞速发展的时代。技术的发展促进了理论的不断提高，理论的提高反过来又引导技术向更高方向的发展。技术的发展和理论的提高推动了社会的进步。管理信息系统不是一个固定不变的东西，而是一个历史范畴。管理信息系统的内涵和外延随着时间的推移而不断地深入和扩展。从最早的事务处理系统，到广为应用的管理信息系统，从简单的部门数据处理，到指导组织战略的战略信息管理，都能感受到管理信息系统的无处不在。本章将从多个角度分析管理信息系统的演变历程，研究管理信息系统的分类方式和主要类型的特点。

本章目标：

- 理解管理信息系统演变的主要过程和规律；
- 理解管理信息系统分类方式和主要类型；
- 理解业务层次和信息需求之间的关系；
- 理解和掌握 TPS 的输入、处理和输出的内容和特点；
- 理解和掌握 MIS 的输入、处理和输出的内容和特点；
- 理解和掌握 DSS 的输入、处理和输出的内容和特点；
- 理解管理信息系统的风险和控制。

3.1 管理信息系统的演变过程

研究管理信息系统的演变过程，就是研究管理信息系统产生的历史原因、发展动力、发展过程、发展规律和未来趋势。研究管理信息系统的演变过程有助于全面理解管理信息系统的基本原理和特点，有助于探寻管理信息系统的发展趋势和未来，有助于组织决定是否使用管理信息系统和如何使用管理信息系统。

一般地认为，管理信息系统演变的直接动力是计算机技术的发展和管理领域的需求。随着计算机技术的飞速发展，计算机的应用领域由传统的计算领域向工业控制领域和管理领域不断深入和扩展。下面从两个方面探索管理信息系统的演变过程：回顾计算机技术的发展和管理信息系统的演变，分析和研究管理信息系统的演变规律。

计算机技术是管理信息系统的物质基础，是管理信息系统演变和发展的外部推动力。在管理领域，对管理手段效率和效果的持续不断的追求是管理信息系统演变和发展的内在拉动力。图 3-1 示意了管理信息系统的演变过程。

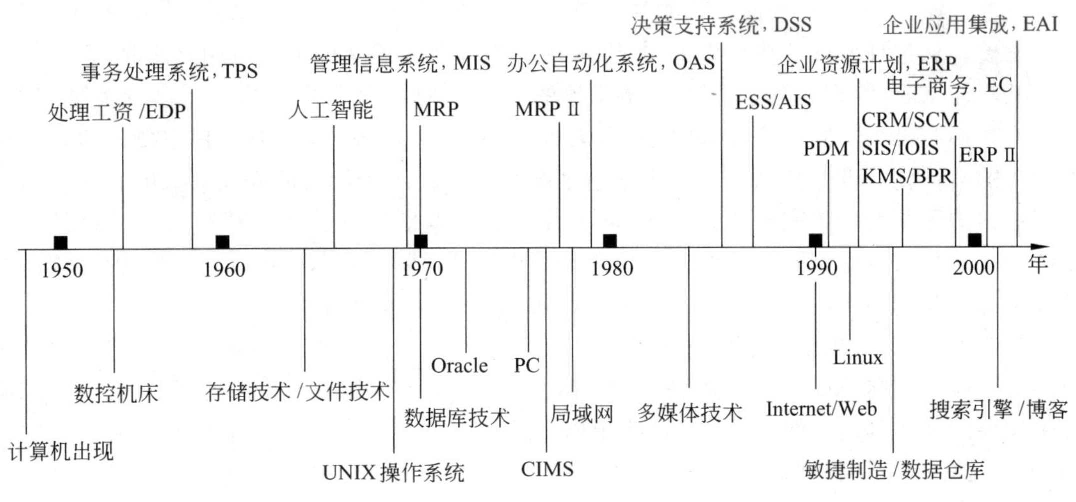

图 3-1 管理信息系统演变过程示意图

从图 3-1 可以看到，自从公认的 1946 年计算机诞生开始，一直到现在，计算机操作系统、数据库技术、网络技术、多媒体技术、Internet 技术、数据仓库技术、搜索引擎技术都处在不断的发展和完善中。

20 世纪 50 年代中期，计算机技术开始深入到管理领域。一般地认为，计算机技术在管理领域中的最早应用是处理员工工资，这是利用了计算机技术的高速、准确的特点。这时的计算机技术只是简单的计算，没有与管理事务直接关联，因此这种应用也称为电子数据处理。

到了 20 世纪 50 年代末，计算机技术与管理业务直接关联起来。计算机起到了记录、计算、存储的功能。例如，当销售业务发生之时，计算机可以记录与本次销售业务关联的管理事务。这是计算机技术在管理领域中应用的一个里程碑，这种应用称为事务处理系统。

进入 20 世纪 60 年代以后，计算机技术的发展速度开始加快，其在管理领域中的应用也开始迅速扩展。人工智能概念开始出现，管理信息系统进入了人们的视线，办公自动化系统、决策支持系统让人感受到了计算机技术在管理领域中应用的强大势头。需要说明一下，管理信息系统概念有狭义和广义之分。20 世纪 60 年代末出现的管理信息系统是指狭义的管理信息系统，其他更多的系统都属于广义上的管理信息系统。

特别是 20 世纪 90 年代以来，以 Internet/Web 技术发展为代表，管理信息系统有了更丰富的内容和更多的表现形式，企业资源计划、客户关系管理、供应链管理、电子商务、电子应用集成等思想和系统不断涌现。

根据管理信息系统的演变过程，可以探索和研究管理信息系统的演变规律。下面从深度、功能、广度、环境、作用等多个不同视角分析管理信息系统演变规律的特点。

从深度来看，管理信息系统从简单的事务记录向复杂的决策支持演变。一般地，可以按照业务层次把组织中的组织结构分为底层、中层和高层 3 个层次。底层业务人员主要是执行具体的业务操作和数据采集工作，中层管理人员的主要工作是计划、协调、控制，高层决策人员的主要工作是监控和决策。管理信息系统的应用是从满足底层业务人员的结构化、规范化业务开始的，并且逐渐向满足中层管理人员和高层决策人员的半结构化、非结构化工作需要发展。从这种发展趋势可以看出，管理信息系统在管理领域中的应用越来越深入。

从功能来看，管理信息系统从局部业务的自动化处理向系统级的信息系统方向发展。信息生命期有多个不同的阶段，从数据采集、加工处理到使用、反馈都是其主要的阶段。局部业务的自动化处理是指这时的管理信息系统只能满足某个阶段的需要，例如，销售领域中合同数据的采集是手工完成的，但是合同统计信息可以借助计算机来执行。系统级的信息系统是指计算机应用到该领域中信息生命期的整个阶段中。从这种趋势来看，管理信息系统在信息生命期领域由局部阶段向整个系统方向发展，功能越来越完善和强大。

从广度来看，管理信息系统正在从单个业务部门或部分业务部门的独立应用向整个组织的集成应用方向发展。在许多组织中，管理信息系统的应用往往起始于某一个部门或某几个主要的业务部门。例如，或者起始于财务部门的工资核算，或者起始于人事档案的管理，或者起始于库存管理，或者起始于生产计划的编制，等等。但是，由于组织中各个部门之间的业务数据和管理信息是互相交织在一起的，你中有我，我中有你，“信息孤岛”正是这种单个业务部门或部分业务部门应用管理信息系统之后形成的后果。例如，财务管理不仅仅是财务部门的事情，其管理业务涉及组织中的所有部门。当前，以集成组织中所有独立的管理信息系统和其他计算机应用为目标的企业应用集成是管理信息系统的热点和难点，这也是管理信息系统发展过程中必须解决的问题。

随着电子商务、电子政务、全球信息系统的发展，管理信息系统正在经历着由局限于组织内部的应用向扩展到组织之间和组织外部的变化，这是从环境视角看到的结果。随着Internet/Web技术的飞速发展和传播，在技术方面和成本方面，管理信息系统已经具备了由封闭环境向开放环境发展变化的特点。当然，这种开放式的发展变化在分布式信息处理和协同、业务流程创新和设计、安全管理和控制等方面为管理信息系统带来了需要研究和解决的新课题。

从作用来看，管理信息系统正在从一个单纯的业务工具向战略手段演变。最初，管理信息系统只是支持管理人员工作的简单工具，例如帮助管理人员进行快速计算、报表统计、绘制图形等。随着管理信息系统在组织中的应用范围和深度的变化，其作用也由量变向质变方向发展。当前，已经有许多组织把管理信息系统的应用看成是影响组织兴亡的重大事件和决定组织经营行为的关键因素。从这个趋势可以看出，管理信息系统已经是或正在成为组织的战略手段。

3.2 管理信息系统的分类方式和类型

管理信息系统的分类方式是指按照某种方式对管理信息系统进行分类，目的是深入研究各种管理信息系统类型特点、分析管理信息系统的基本原理和功能特点，为深入学习、推广和应用管理信息系统奠定基础。对管理信息系统可以从多个不同的视角进行分类，采用不同的分类方式可以得到不同类型的管理信息系统。下面详细研究从业务层次、职能领域、行业领域以及综合方式等多个视角对管理信息系统进行分类。

3.2.1 按照业务层次分类

业务层次与组织中的组织结构层次相对应，位于不同组织结构层次上的人员往往从事不同类型和性质的业务工作。从业务层次来看，在许多情况下，管理信息系统可以分为事务处理系统、狭义的管理信息系统和决策支持系统。

事务处理系统主要是满足业务操作层业务人员的操作和工作需要。例如，超市的收银员使用POS机扫描商品信息和收取货款，这是典型的事务处理系统的应用；北京公交公司交通IC卡自动收费系统也是典型的事务处理系统，这种系统大大减轻了售票员的劳动负荷；企业中的仓库保管员使用库存管理系统执行入库、出库操作，这种系统也是典型的事务处理系统。

狭义的管理信息系统主要是满足中层管理人员进行计划、监督、协调的需要。例如，超市的管理人员根据管理信息系统提供的商场的销售情况随时采取进货、调货等措施；北京公交公司调度管理人员可以根据管理信息系统提供的巴士载客情况进行调整发车频率、调度车辆等措施。

决策支持系统主要是满足组织高层管理人员管理和决策的需要。例如，超市的高层管理人员在决定是否购进某种从未销售过的商品时，需要依据决策支持系统进行分析；进行商品布局时，也可以依据决策支持系统提供的建议。北京公交公司高层管理人员可以依据决策支持系统对巴士线路的增加、调整、取消等进行分析和评估。

除了上面3种典型的管理信息系统之外，电子数据处理、办公自动化系统、协同工作支持系统、高层支持系统、战略信息系统也分别用于各种不同业务层次的人员。电子数据处理是一种批处理的事务处理系统，可以一次执行多个事务数据的处理，主要是业务操作层人员使用。办公自动化系统主要是支持公文流转、档案管理、邮件管理等内容，各层次的管理人员都使用。协同工作支持系统主要是用于合作伙伴之间的协商、设计、计划、谈判等，涉及组织中的各个管理层次，主要使用者是中高层管理人员。高层支持系统、战略信息系统主要是解决组织中与战略关联的问题，其使用者主要是高层管理人员。

本章后面将对事务处理系统、管理信息系统、决策支持系统进行详细分析，这里就不再多说了。

3.2.2 按照职能领域分类

每一个组织都可以分解为多个不同的职能，每一种职能都有自己不同于其他职能的工作内容。当然，职能之间也有交叉。从职能领域来看，大多数组织中的管理信息系统可以划分为人力资源管理信息系统、会计核算信息系统、财务分析信息系统、库存管理信息系统、销售管理信息系统、客户管理信息系统、工装工具管理信息系统、项目管理信息系统等。需要说明的是，每一种职能领域中的管理信息系统都可以继续按照业务层次划分为事务处理系统、管理信息系统、决策支持系统等。

下面对人力资源管理信息系统、会计核算管理信息系统、库存管理信息系统等典型的职能领域管理信息系统的特点和功能进行详细分析。

1. 人力资源管理信息系统

人力资源管理领域中的管理信息系统称为人力资源管理信息系统（human resources management information system，HRMIS）。HRMIS管理组织中所有员工的基本信息以及与员工工作有关的信息。从功能方面来看，HRMIS包括招聘管理、人事管理、合同管理、薪资管理、福利管理、考勤管理、培训管理、绩效考核管理、员工离职管理、统计报表管理等功能。HRMIS的功能架构示意图如图3-2所示。

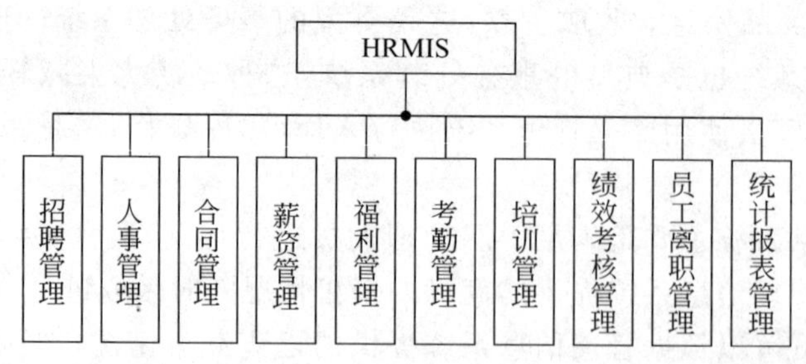

图3-2 HRMIS功能架构示意图

组织可以根据自己的工作需要决定新员工的招聘工作和老员工的晋升。在招聘工作中，HRMIS可以完成招聘工作计划、应聘人员材料、应聘人员测试和面试结果、应聘人员分级、组织对应聘人员考察以及提供最终对应聘人员的招聘结论等工作。当组织中的某个职位空缺时,需要在员工中选择合适的人员填补到空缺的职位中。

人事管理可以完成记载每位员工的各项人事信息、提供常用的证明书表和档案、提供常用的基本信息表、提供多种筛选条件且自动选择列表栏位、提供职务/岗位系列管理功能和人员岗位设置等功能和信息。

合同管理功能可以完成劳动合同、培训协议、保密协议以及其他具有法律效力文档的全面管理,对组织和员工之间的合同进行全程管理,主要内容包括合同类型管理、合同初次签订管理、合同续签管理、合同变更管理、合同终止管理、合同预警管理、违约金管理、劳动争议管理、合同台账管理等。

薪资管理功能实现组织的薪资计算和管理制度。通过设置灵活的薪资计算方式,可以将员工生产、服务、管理等业务数据反映到薪资结果中,其主要内容包括设置薪资标准、薪资调整管理、薪资档案管理、薪资项目管理、薪资发放管理、所得税管理、薪资分摊管理、薪资统计报表管理等。

福利管理完成有关保险、福利的设置、缴纳、变更、统计等功能,主要内容包括福利类型的设置、福利档案管理、福利基本业务处理、福利凭证管理、福利统计分析等。

考勤管理是 HRMIS 的一项基本功能,主要内容包括班别设置、考勤时间设置、出勤管理、考勤钟管理、请假管理、加班管理、休假管理、统计分析等。

培训管理的目的是对组织的培训资源进行统一管理,以便提高组织员工的技能和素质。其主要内容包括培训计划管理、培训需求管理、培训设备资源管理、培训课程管理、培训师资管理、培训过程管理和培训效果评估等内容。

绩效考核管理主要是帮助组织完成绩效考核体系的设置和对员工的考核,提高人力资源管理水平。绩效考核管理的具体内容包括考核体系的设置、员工考核、员工考核档案管理、统计分析等。

员工离职管理的主要内容包括超编缺编信息、离职计划管理、离职申请管理、离职审批管理、离职过程管理、工作交接管理和离职统计分析等。

统计报表管理的主要功能是为组织中的人力资源部门以及其他各级管理人员提供与人力资源信息相关联的各种报表、报告、预警、建议等。

2. 会计核算管理信息系统

会计核算职能领域中的管理信息系统称为会计核算管理信息系统(accounting management information system,AMIS)。AMIS 主要是完成组织中的成本核算、应收账款、应付账款、现金管理、会计报表等,其功能框架如图 3-3 所示。

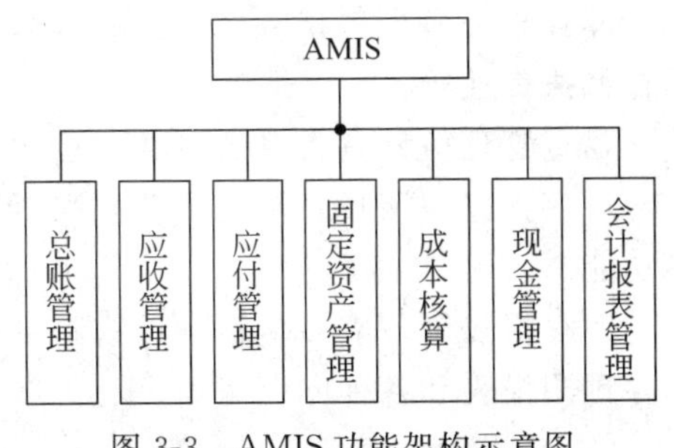

图 3-3 AMIS 功能架构示意图

总账管理功能可以进一步细分为账簿组织、外币管理、利润中心、核算项目、预算管理、会计凭证处理、期末处理、报表管理和网上银行等功能。

应收管理可以进一步细分为结账方式、开账单及发票、发票管理、销货退回及折让、预收款、支持多种收款方式、冲账、催收账款和管理报表等功能。

应付管理功能可以进一步细分为应付票据、账款管理、付款冲账管理、台账管理、采购结算和报表管理等功能。

固定资产管理可以进一步细分为资产购入、基本资料、资产变动、折旧管理、资产预算与计划、资产盘点和报表管理等多个功能。

如何确定组织制造的产品价格或提供的服务价格？如何获取合理的利润？AMIS 系统必须具有跟踪产品或服务的物料成本、劳动力成本、管理成本以及与产品或服务相关的其他成本和费用。这些工作通常由成本核算功能来完成。

如何准确地了解组织中可用的资金状况？如何制定合理的资金使用计划？组织如何与银行进行对账？如何开展日常的现金收支业务？这些内容是现金管理需要完成的工作。

会计报表管理的主要任务就是涉及报表的格式和编制公式，从总账系统或其他子系统中取得有关会计信息，并自动编制会计报表，对会计报表进行审核、汇总，按照预定的格式输出各种会计报表。常用的会计报表包括资产负债表、损益表、现金流量表、利润表等。

3. 库存管理信息系统

库存管理领域中的管理信息系统是库存管理信息系统(inventory management information system，IMIS)。IMIS 主要提供仓库定义、物料属性定义、库存基本事务管理、统计分析报表等功能，其功能架构如图 3-4 所示。

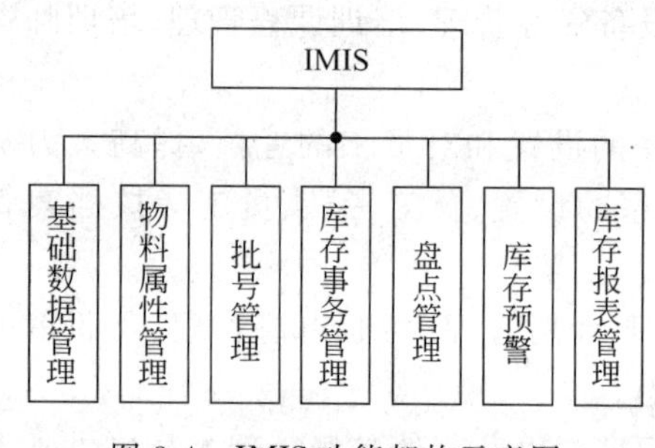

图 3-4　IMIS 功能架构示意图

基础数据管理包括定义仓库类型、库存操作原因和库存初始化等。

物料属性管理包括非存货科目的库存管理、可定义出入库规则、同一物料存放地点的管理、可将一个物料同时做多种应用分类的定义与查询、是否记录条形码和图号、提供一个物料的多种计量单位和换算率、是否有物料有效期管理、物料的订货方式、是否可定义采购领料时批量的调整、物料领送料是否支持看板管理模式、安全库存管理、定义物料的期量标准、存货出入库业务单据关联控制以及定义出入库方式等。

批号管理包括可按物料定义是否需要批号管理、定义批号管理的严谨度以及可以提供批号的各种跟踪。

库存事务管理包括入库、销售出库、领用、转拨和调整等库存事务作业，借出借入作业，库存调拨作业等。

盘点管理应该具备盘点事务方法、盘点作业的方便性和盘点作业的辅助报表等功能。

库存预警应该具备定义预警规则，保质期预警、失效期预警、最高最低预警和盘点预警等功能。

库存报表管理应该包括各种物料的库龄分析、周转率分析、ABC 分析、再订货建议表、库存预测报表和各种库存账表。

3.2.3 按照行业领域分类

不同行业领域中业务差别很大，管理信息系统的应用特点自然也很不相同。例如，工业制造业的主要业务是对原材料进行加工和销售工业产品，银行业的主要业务是存款、贷款和支付，航空业的主要业务是运输顾客和货物，等等。按照行业领域的特点划分管理信息系统类型，有助于管理信息系统在行业领域中的正确应用。

常见的行业领域管理信息系统类型如下：

- 电信服务业管理信息系统；
- 邮电服务业管理信息系统；
- 电力服务业管理信息系统；
- 超市管理信息系统；
- 机动车辆管理信息系统；
- 钢铁企业管理信息系统；
- 汽车制造业管理信息系统；
- 航空运输管理信息系统；
- 铁路运输管理信息系统；
- 酒店业管理信息系统；
- 银行业管理信息系统；
- 证券业管理信息系统；
- 医药业管理信息系统；
- 城市交通管理信息系统；
- 科研项目管理信息系统；
- 高校管理信息系统；
- 图书馆管理信息系统；
- 工商管理信息系统；
- 税收管理信息系统；
- 城市房地产管理信息系统。

例如，电力服务业管理信息系统的侧重点是电力基础设施管理、个人用户用电管理、企业用户用电管理等；银行管理信息系统的主要内容包括存款管理、贷款管理、结算管理、客户管理、信用管理等；酒店管理信息系统主要提供酒店房间管理、入住管理、消费管理、退房管理等功能。

例如，SAP MySAP ERP 系统提供了下面行业领域的 ERP 解决方案：航空航天业、汽车业、银行业、化工业、消费者产品业、军工业、建筑工程业、保健业、高技术业、高等教育和科研业、工业机器制造业、保险业、生命科学业、物流服务业、媒体业、采掘业、石油天然气业、邮政服务业、铁路业、零售业、通信业、公用事业、批发和分销业等。

背景知识：国民经济行业分类标准

从 2002 年 10 月 1 日起，我国正式实施《国民经济行业分类与代码》(GB/T 4754—

2002)国家标准，该标准是在1994年版本的基础上修改完成的。2002年版行业分类标准共有行业门类20个，行业大类95个，行业中类396个，行业小类913个。主要的行业门类和大类如下。

C类是制造业，包括农副食品加工业、食品制造业、饮料制造业、烟草制品业、纺织业、纺织服装鞋帽制造业、皮革毛皮羽毛(绒)及其制品业、木材加工及木竹藤棕草制品业、家具制造业、造纸及纸制品业、印刷业和记录媒介的复制、文教体育用品制造业、石油加工炼焦及核燃料加工业、化学原料及化学制品制造业、医药制造业、化学纤维制造业、橡胶制造业、塑料制造业、非金属矿物制品业、黑色金属冶炼及压延加工业、有色金属冶炼及压延加工业、金属制品业、通用设备制造业、专用设备制造业、交通运输设备制造业、电气机械及器材制造业、通信设备计算机及其他电子设备制造业、仪器仪表及文化办公用机械制造业、工艺品及其他制造业、废弃资源和废旧材料回收加工业30个行业大类。制造业是行业大类最多的行业门类。

D类是电力、燃气和水的生产和供应业，包括电力热力的生产和供应业、燃气生产和供应业、水的生产和供应业3个行业大类。

E类是建筑业，包括房屋和土木工程建筑业、建筑安装业、建筑装饰业、其他建筑业4个行业大类。

F类是交通运输、仓储和邮政业，包括铁路运输业、道路运输业、城市公共交通业、水上运输业、航空运输业、管道运输业、装卸搬运及其他运输业、仓储业、邮政业9个行业大类。

H类是批发和零售业，包括批发业、零售业2个行业大类。

I类是住宿和餐饮业，包括住宿业、餐饮业2个行业大类。

J类是金融业，包括银行业、证券业、保险业、其他金融活动4个行业大类。

3.2.4 按照综合方式分类

现在有一种流行的分类方式，即综合业务层次、职能领域和行业领域的特点对管理信息系统进行分类。在这种分类方式下，管理信息系统可以分为下面10种类型：

(1) 企业资源计划(enterprise resource planning，ERP)；

(2) 供应链管理(supply chain management，SCM)；

(3) 客户关系管理(customer relationship management，CRM)；

(4) 知识和协同管理系统(knowledge and collaboration management system，KCMS)；

(5) 产品全生命期管理系统(product life cycle management，PLCM)；

(6) 企业资产管理信息系统(enterprise asset management information system，EAMIS)；

(7) 财务管理信息系统(accounting management information system，AMIS)；

(8) 人力资源管理信息系统(human resource management information system，HRMIS)；

(9) 项目管理信息系统(project management information system，PMIS)；

(10) 商务智能系统(business intelligence system，BIS)。

ERP是一种以计划为核心，对组织中的资源进行统一计划、管理和协调的信息系统，其主要功能包括主生产计划、物料需求计划、采购管理、库存管理、销售管理、车间管理、质量管理、财务管理、人力资源管理等。

SCM是一种基于电子商务的对供应链进行全面管理的信息系统，其主要功能包括物流管理、仓储管理、订单管理、门户管理等。

CRM的核心思想是以客户为中心，主要内容包括客户管理、销售队伍管理、市场活动管理、服务管理等。鉴于ERP、SCM、CRM的应用广泛且重要，本书后面有关章节将详细讲述这些系统的主要内容。

KCMS的主要内容是知识管理、资源共享和工作协同，其主要功能包括文档管理、工作流引擎、资源共享、邮件管理、全文搜索、知识发现和管理等。知识管理是指通过采集、组织、共享、分析、传播知识从而改善组织行为的一系列活动。

为了对产品的整个生命期进行全面管理，可以应用PLCM系统。PLCM的主要功能包括客户需求管理、产品设计管理、产品数据管理、产品组合管理、产品使用跟踪管理等。

对于那些以基础设施、设备为主要业务手段的组织，例如电力、能源等企业，可以使用EAMIS系统。EAMIS提供的主要功能包括资产采购管理、工作管理、检测管理、维护管理、台账管理等。

为了对人力资源、财务工作进行更加全面和深入的管理，可以分别使用AMIS和HRMIS。ERP中的人力资源管理、财务管理的主要目的是将人力资源信息、财务信息与组织中的业务信息紧密管理和集成。

如果希望对项目中的进度、成本、质量、采购、合同、设备材料、文档等进行全面管理，可以使用PMIS。

为了提高决策水平，可以借助于数据仓库工具、OLAP工具、数据挖掘工具等。提供这些功能的信息系统称为BIS。

在这些分类方式中，不同类型的信息系统之间内容上有交叉，例如，ERP中包括了人力资源管理的内容。这表示对管理信息系统类型的划分只是相对而言，不是绝对的一成不变；不同类型的管理信息系统的侧重点不同；人们对管理信息系统在广度、深度方面的理解经常随着时间和环境的变化而变化，等等。

3.3 事务处理系统

从业务层次角度来看，事务处理系统(transaction processing system，TPS)是最基本的管理信息系统类型，也是学习、理解和研究其他类型管理信息系统的基础。本节将详细研究TPS的特点、输入、输出、处理以及与其他管理信息系统类型之间的关系。

3.3.1 事务和TPS

事务是组织中的基本业务，事务广泛存在于各个行业领域、各个组织、各个职能领域中。例如，银行中的转账业务、卡尔巴氏公司签订汽车销售合同业务等都是典型的事务。事务处理系统是一种记录和修改与组织中的基本业务相关数据的信息系统。TPS是一种按照业务层次划分的管理信息系统类型，对应组织中的业务操作层。

从业务层次来看，位于不同层次的管理人员的工作性质和特点不完全一样。位于战略管理层的管理人员的工作内容是制定组织发展战略、应付重大的突发事件以及对组织进行监控。例如，卡尔巴氏公司的战略管理层人员的主要工作包括如何开设公司的分支机构、兼并其他公司、是否在公司中增加新的产品线等。

位于战术管理层的管理人员的工作目标是如何实现组织已定的组织战略和协调组织的经营运作。例如，当卡尔巴氏公司决定兼并其他公司之后，战术管理层的管理人员要解决下面一系列问题：如何开展兼并工作？什么时间开始这项工作？首先与谁进行谈判？如何进行谈判？需要准备哪些法律文件和如何准备这些问题？如何预防和解决兼并过程中的风险和问题？

业务操作层的管理人员或者说业务人员的工作目的是完成组织计划中的各项业务工作和解决组织运行过程中出现的常见工作故障。例如，卡尔巴氏公司的销售人员与客户谈判并且签订汽车购买合同。

位于不同业务层次上管理人员的工作特征在人员数量、决策权力、复杂程度等方面有很大的区别，其示意图如图 3-5 所示。

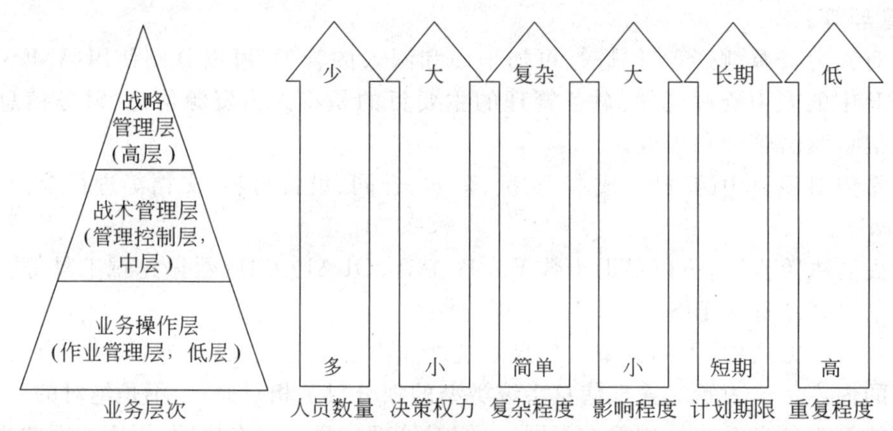

图 3-5 不同业务层次上管理人员的工作特征

从人员数量来看，位于业务操作层的管理人员的数量远远大于位于战略管理层的管理人员的数量。从拥有的决策权力来看，毫无疑问，战略管理层的管理人员拥有组织中最大的权力。从工作的复杂程度来看，业务操作层管理人员主要是按照规定好的业务流程有序地开展自己的工作，战略管理层的管理人员经常面临的是复杂的、非程序化的工作。从工作结果对组织的影响程度来看，战略管理层的管理人员的工作结果对组织的影响是方向性和决定性的，甚至许多工作直接决定着组织的生死存亡，但是业务操作层的工作人员的工作结果往往只是对自己本身的工作内容有影响，一般不会对组织有重大的影响。从工作计划期限来看，业务操作层的管理人员更加重视眼前短期的工作，而战略管理层的管理人员则更加关注今后组织长期的发展规划。从相同工作的重复程度来看，业务操作层的管理人员的工作重复程度远远高于位于较高业务层次的管理人员。

位于不同业务层次的管理人员，由于工作性质上的差别，他们对管理信息的需求也有相当大的不同。图 3-6 示意了不同业务层次上管理人员对管理信息需求上的 6 个差异。

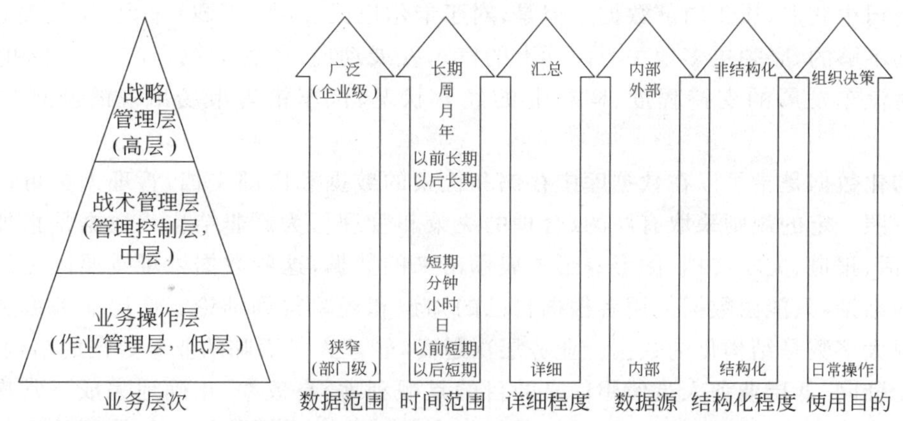

图 3-6　不同业务层次对管理信息需求的特征

前面讲过,信息是从数据中提炼出来的。如果某种信息涉及的数据量大、部门多、时间长,那么就说这种数据的范围比较广泛;否则,如果某种信息涉及的数据量小、部门少、时间短,那么就说这种数据的范围比较狭窄。数据范围与数据的详细程度是不同的,例如,卡尔巴氏公司的汽车月销售量虽然只有一项数据,其详细程度比较低,但是由于月销售量涉及多个部门、人员、合同,因此该业务指标的数据范围是广泛的。因此,可以说数据范围是与涉及的业务部门、人员数量、业务事件、时间长短紧密关联的。位于战略管理层的管理人员往往需要数据范围广泛的信息,而业务操作层的管理人员则更加关心数据范围比较狭窄的信息。例如,卡尔巴氏公司的 CEO 关心上一个月的汽车销售量、汽车生产量、单辆汽车生产成本等企业级数据范围的信息,但是汽车销售人员则关心每一辆汽车的销售价格、客户名称、客户信用、回款情况等狭窄的业务数据。

卡尔巴氏公司的高层管理人关心今年后 5 个月的汽车销售情况和今后 3 年的市场情况,同时销售业务人员则更加关心明天或本周或下周的销售。时间范围是指业务数据覆盖的时间长度。位于战略管理层的管理人员需要了解每周、每月、每季度、每年的经营状况,这些业务数据覆盖了比较长的时间。但是,位于业务操作层的管理人员基于自己的切身利益和工作特点,则对今天、明天、后天等较短时间范围内的业务数据感兴趣。

详细程度是度量信息和事务数据远近的程度。例如,北京中关村沃尔玛超市每天的销售明细清单是事务数据。如果把这种销售明细清单看成是销售信息的话,那么这种信息的详细程度是最高的,因为这种信息与事务数据之间没有差异。这种信息可能对低层管理人员的工作是有意义的。但是,中层管理人员关心的是每天的销售总额和缺货现象,这时的销售信息与事务数据之间有了一定的距离,详细程度也逐渐降低。对于高层管理人员来说,更加关心的是每周或每月的销售总额和变化趋势,以便及时采取有效的管理措施。当然,这时的管理信息的详细程度就比较低了。

内部数据是指可以从组织内部取得数据,其来源形式可以包括本组织的销售数据、对客户的调查、对员工的访谈等。外部数据主要是来自于组织外部的业务数据,其来源形式可以包括网络、电视、报纸、期刊、无线电、朋友交流等。对于卡尔巴氏公司销售部门主管关心的是如何增加销售收入、如何吸引更多的客户、如何为客户提供更好的服务等，这些信息大都可以从公司中获取，属于内部数据。但是，对于卡尔巴氏公司的CEO来说，仅仅关心内部数据是远远不够的，必须更多地关心国际上的汽车发展动向、国家的汽车产业政策和法规、地方政府对汽车发展的支持程度、同行业的经营状况、汽车销售市场出现的新现象等外部数据。

结构化数据是指可以在数据库中存储和检索的数据和内部文档，管理人员可以基于这些数据按照一定的规则采取有序的、合理的决策和管理行为。非结构化数据是指那些用于讨论、谈话、报道、文本文档、图形等形式表示出来的数据，这些数据很难按照固定的规则得出合理的结论，只能由数据使用者根据自己的知识和经验得到结论。低层业务人员处理的业务数据大多数是结构化的数据。业务层次越高，管理人员面临的业务数据的结构化越低。

毫无疑问，低层业务人员使用信息的目的是顺利地、高效率、正确地完成日常操作。中层管理人员使用信息的目的是监控、协调组织中的工作。高层管理人员使用管理信息的主要目的是进行组织决策。

TPS是主要满足低层业务人员需要的信息系统，具有下面9个显著的特点：

(1) TPS可以高效地处理大量数据的输入、输出。

(2) TPS可以对数据进行正确性和一致性校验，确保输入正确的、有效的事务数据。

(3) TPS可以准确地完成预定的各种计算，确保输出正确的、有效的管理信息。

(4) TPS可以及时地提供可以满足业务操作人员需要的报表、报告。

(5) TPS提供了跟踪输入、处理、输出过程的能力，确保整个事务被完整、正确地处理。

(6) TPS提供了足够安全的保护措施，确保事务数据不被非法入侵和使用。

(7) TPS支持众多并发用户高效率地工作。

(8) TPS是其他大多数类型的管理信息系统的基础。

(9) TPS的正常运行与组织的正常运作密切关联。

3.3.2 TPS输入的特点

TPS输入是指捕捉发生的事务数据并将其输入到TPS中以便进一步处理的过程。下面从3个方面研究TPS输入的特点，即何时执行输入、谁负责输入以及如何进行输入。

首先研究何时执行输入的问题。从输入时间角度来看，如果事务发生的同时，将事务数据输入到TPS中，那么这种处理方式称为联机事务处理，其工作示意图如图3-7所示。如果事务发生时并没有同时将事务数据输入到TPS中，只是在事务发生之后一段时间内将一批事务数据输入到TPS中，这种处理方式称为批事务处理。在批事务处理方式中，事务发生与事务数据输入之间有一个时间上的延迟。

事务发生的同时，事务数据被输入到了TPS中，TPS中的数据能够真实地反映组织中的业务运行状况，使得TPS的运行与组织的运行一致。因此，联机事务处理是一种合理的处理方式，也是非常事务处理的理想状态。例如，卡尔巴氏公司的销售人员可以通过销售管理信息系统把与客户签订的合同信息直接输入到系统中，销售管理信息系统中的信息始终与实际状况一致。

但是，联机事务处理方式受到工作场所、工作时间、工作方式的限制。如果没有支持联

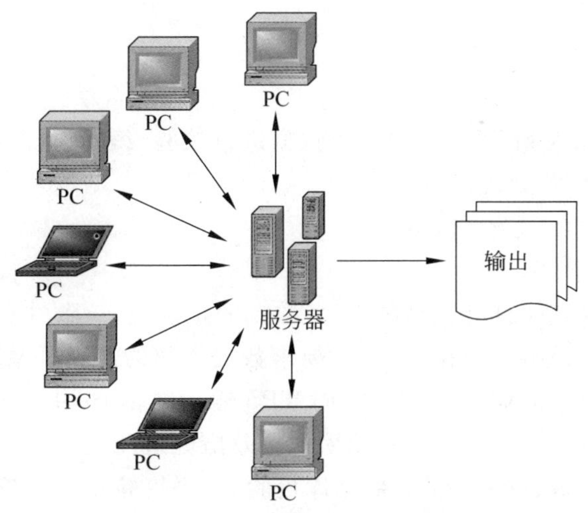

图 3-7　联机事务处理工作方式示意图

机事务处理方式的工作环境，那么这种工作就无法进行下去。在非联机运行状态下，必须采用联机事务处理方式工作的组织或部门将被迫停止，但是如果采取了批事务处理方式，那么事务依然可以进行下去。批事务处理方式可以在多种事务处理方式环境中运行，无论是否联机、无论是否使用计算机，都可以首先使用认可的工作方式处理事务，然后再将这些事务数据读入到 TPS 中。有时，从安全方面考虑，事务操作必须在指定的位置、指定的时间范围内、由指定的人员来完成，这时只能采取批事务处理方式。从成本方面考虑，有些事务的发生没有必要实时处理，只要有事务数据的记录即可，这时批事务处理方式是最经济的工作方式。

其次，研究谁负责输入事务数据。在使用 TPS 过程中，每一项事务数据的输入都必须落实到责任人。可以考虑设置专职 TPS 输入人员岗位，该岗位对事务数据的正确性、有效性、完整性负全部的责任。在确定 TPS 输入人员时，应该遵循下面 3 个基本原则：

原则一，如果事务的发生仅与一个操作人员有关，那么该操作人员是输入事务数据的最合适人员。

原则二，如果事务的发生涉及组织中两个或多个人员，那么最后一个执行操作的操作人员是输入事务数据的最合适人选。

原则三，如果事务的发生涉及组织外部人员，那么应该考虑事务数据的特点来确定合适的输入人员。

例如，中国银行经营网点的客户满意调查数据就是由客户在发生业务后由客户直接通过客户满意度选择器输入相应的数据。

最后，分析如何进行输入。一般地，有两种将事务数据输入到 TPS 中的方式：第一种方式，事务发生，源数据被记录到纸面文档上，然后录入到 TPS 中；第二种方式，事务发生，源数据被直接输入到 TPS 中，这种方式也称为源数据自动化。例如，超市收银台的扫描仪扫描商品的过程、使用 IC 卡乘坐公交车刷卡等都是一种采用源数据自动化采集事务数据的方式。源数据自动化可以降低手工工作负荷、提高事务数据的质量，但前提是 TPS 必须能够识别和捕捉源数据。

3.3.3 TPS 处理

TPS 处理是指对输入到 TPS 中的事务数据进行校验、编辑、处理、存储以及生成文档的过程。下面详细分析 TPS 处理的内容。

1. 校验数据

校验数据是指 TPS 系统提供的确保事务数据的正确性、一致性和合理性的机制。正确性是指输入的数据确实是事务数据，一致性要求数据之间的逻辑关系正确，合理性重点在于要求输入的数据符合组织的业务规则。在向 TPS 输入数据时，由于种种主客观原因，会导致 TPS 输入错误的或不恰当的数据，必须采取有效措施避免这种现象。

一般地，有 3 种校验数据的措施：数据库校验、程序校验和人员校验。数据库校验是指在数据库中通过完整性约束来实现数据的有效性，是低层次的校验措施，可以从根本上杜绝非有效数据输入到 TPS 中。但是，这种校验方式对用户来说不直观。

程序校验是指在程序代码中添加校验代码、设置合理的用户操作界面、提供各种提示功能等，确保向 TPS 输入有效的数据。这种方式对用户来说比较直观。

人员校验是指通过提高输入人员的业务素质、制定规范的事务数据输入流程和制度等方式，确保输入正确的数据。

2. 编辑数据

编辑数据是指对输入到 TPS 中的无效数据进行的修正等操作。对于那些经过校验的数据，为什么还会出现无效呢？

校验数据只能校验数据在合理的取值范围内，但是在合理范围内的数据是否正确，校验措施是无法保证的。例如，在超市 POS 系统中，假设销售的商品数量应该在 1 至 100 之间，那么符合这个范围内的数据都是合理的。但是，如果某个顾客购买的商品数量是 5，却输入了数字 6，那么虽然这个数字 6 在合理范围内，但却是错误的，因此是无效的。

对于无效数据，TPS 应该能接受并且提供错误消息，操作人员可以依据系统的错误消息对无效数据进行编辑。

3. 数据处理

在 TPS 中，数据处理的主要目的是满足低层业务人员和管理人员的工作和管理需要，其主要内容是对事务数据进行分类、排序、汇总、计算平均值等，并且这些数据处理往往也是 TPS 系统必备的功能。例如，北京沃尔玛超市的收银员依据 POS 系统提供的每位顾客的购买的商品总金额，向顾客收取相应的款项。这时的数据处理是汇总。

4. 数据存储

数据存储是指输入到 TPS 中的数据修改了存储在事务数据库中的事务数据，使得这些数据始终能反映系统的状态，并且可以为其他管理信息系统进一步加工处理。

在数据存储方面，TPS应该能够有效地解决这些问题：如何提高数据存储的效率？如何确保各种事务数据之间的一致性？如何提高查询事务数据库的效率？如何解决异构数据存储问题？如何解决分布式存储问题？等等。

5. 生成文档

TPS系统应该能够向操作人员提供各式各样的文档，用作参与事务的人员的凭据、进一步工作的依据或者其他作用。

TPS不仅应该具有按照需求生成文档的功能，而且生成的文档应该满足一定的要求。这些要求包括：具有较强的可视性和可读性，提供的文档样式应该尽可能地与传统的纸面文档样式一样，提供的文档应该有明确的事务日期、事务详细内容等信息。

图3-8是北京市政交通一卡通有限公司提供的充值凭证，该凭证是由北京市交通IC卡管理信息系统充值后生成的文档，是充值事务的原始凭据。

北京市政交通一卡通有限公司

充值凭证

卡号	1000761005920523
类型	01
卡有效期	2008-08-10
网点编号	000300200036
充值前原额	6.60
充值金额	50.00
充值后金额	56.60
应收金额	50.00
日期	2006-11-01
时间	10:25:29
操作员	003281
客服电话	010-88087733

图3-8　北京市政交通一卡通有限公司提供的充值凭证

3.3.4　TPS输出

TPS输出的主要内容包括：作为其他类型的管理信息系统的输入、作为事务的原始记录、提供多项事务的明细和汇总清单，等等。

例如，卡尔巴氏公司的销售合同管理信息系统是一个典型的TPS，该系统中记录的合同数据是公司财务管理信息系统进行应收管理、成本核算的基础，也是人力资源管理信息系统进行销售人员绩效考核数据来源之一，当然也是公司生产计划管理信息系统进行排产和调度的核心数据和依据。

卡尔巴氏公司的销售合同管理信息系统可以按照标准格式打印汽车销售合同，便于合同签订、修改、审查、存档等工作的需要。实际上，这种销售合同也是卡尔巴氏公司进行合同交易的原始记录。

卡尔巴氏公司的销售合同管理信息系统可以按照用户的需要打印指定日期段、指定合同销售方式的、指定销售人员的、指定销售区域的、指定汽车类型的合同清单和汇总。

3.4 管理信息系统

从业务层次视角来看，管理信息系统（management information system，MIS）是向中层管理人员（以及低层业务人员、高层决策人员等其他管理人员）提供相关管理信息并且支持管理人员采取有效管理措施实现组织目标的重要手段。这里补充一点，本节讨论的管理信息系统是指狭义的管理信息系统。下面对 MIS 的特点、输入、处理、输出等内容进行详细分析。

3.4.1 MIS 的特点

作为一种管理手段，MIS 的主要作用是帮助管理人员实现其管理目标。MIS 与 TPS 有密切的关系。

管理工作的主要内容是计划、组织、领导和控制，作为蕴涵了科学的管理理念的 MIS 可以支持管理人员监控组织的整体业务运行、及时发现各种管理机会、提高各项管理工作的效率。

TPS 是 MIS 的功能基础。TPS 提供的数据是 MIS 的主要输入内容。MIS 一般不能脱离 TPS 存在。MIS 在 TPS 的基础上向管理人员提供了更多、更深的管理信息。但是，二者又有很大的区别。TPS 的主要作用帮助业务人员完成具体的业务工作，面向组织中的主要业务。MIS 的主要目的是帮助管理人员计划、组织、领导、控制各项业务工作，对业务工作进行全面的监控，面向管理。

从输出方面看，MIS 提供的输出信息比 TPS 更加丰富和完善。不同业务层次上的管理人员对管理信息的内容和格式的需求都有很大的不同，为组织中各种管理人员提供服务的 MIS 输出的管理信息在内容、范围、时间、粒度、格式等许多方面远远超过了 TPS。

正是因为 MIS 在输出方面具有比 TPS 更加强大的功能，有些 MIS 专家建议将狭义的 MIS 改名为管理报告系统（management reporting system，MRS）。从主要功能方面来讲，这种观点肯定了 MIS 可以提供管理报告的功能，可以满足各级管理人员对组织运行进行监控的需求，实际上突出了 MIS 的控制功能，因此有合理性。但是，MRS 观点大大削弱了 MIS 提供计划、组织、领导等功能，忽略了 MIS 作为信息系统的一个发展阶段的事实，降低了 MIS 在管理领域的能动性。

例如，对于卡尔巴氏公司来说，单单依靠 TPS 执行各种业务工作是不够的，各层次的管理人员必须借助 MIS 全面开展管理工作，才能确保卡尔巴氏公司有条不紊地运行。

需要说明的是，当前软件市场上良莠不齐、鱼龙混杂。许多软件产品，号称是 MIS，实际上只有 TPS 的功能，缺乏 MIS 功能或者 MIS 的功能非常弱。

3.4.2 MIS 输入

MIS 的输入数据有两个来源：内部来源和外部来源。内部业务数据往往来自于 TPS

的输出。例如，对于一个组织级的 MIS 来说，销售方面的业务数据来自于销售 TPS，库存方面的业务数据来自于库存 TPS。随着组织的正常运行，TPS 不断反映组织的业务状况和更新组织的业务数据库，MIS 也就获得最基本的业务数据。

但是，作为管理人员，要想有效地从事计划、组织、领导、控制等工作，提高管理决策的效果和效率，还必须了解组织外部的各种信息，这些信息包括市场、客户、竞争对手、供应商、法律法规等。例如，在使用 MIS 编制战略计划时，离不开对竞争对手数据的采集和加工。

3.4.3 MIS 处理

MIS 是管理人员用来执行管理决策、实现管理目标的工具，MIS 处理应该具备计划、组织、领导、控制等基本管理职能。一般情况下，在组织中，除了由 TPS 完成的基本业务功能之外，MIS 处理应该在集成 TPS 的基础上，还具备经营预测、战略规划、业务决策 12 项功能。MIS 的功能架构示意图如图 3-9 所示。

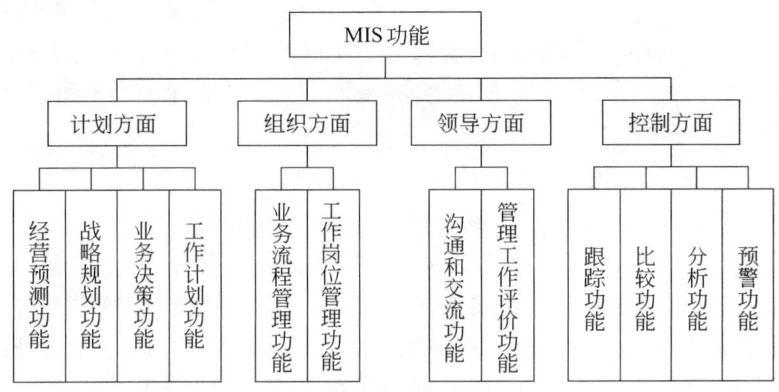

图 3-9 MIS 功能架构示意图

经营预测是指在对组织现状、经营历史数据、市场数据调研的基础上，基于有关预测模型和经验，对组织的主要目标进行分析和预测，以便制定战略规划和经营计划。从管理信息系统的实践来看，绝大多数的 TPS 没有提供这项业务功能，因此应该将其归为 MIS 功能。

对组织来说，战略规划的制定和实施至关重要，这也是中高层管理人员特别是高层管理人员的主要工作内容。TPS 很少涉及这一领域，因此理论上说这项功能应该由 MIS 提供。但是，从管理信息系统研究和应用现状来看，流行这样一种观点：战略规划功能应该由专门的战略信息系统来提供，而一般的 MIS 则不提供这种功能。

毫无疑问，MIS 提供了用于辅助管理人员进行决策的功能。但是，对决策业务进行深入分析之后，发现 MIS 无法完全解决业务决策问题。一般地，可以把决策问题划分为结构化问题、半结构化问题和非结构化问题。普通 MIS 只能解决结构化决策问题，半结构化问题和非结构化问题只能由专门的决策支持系统或高层支持系统来支持。TPS 不支持业务人员进行决策，这也是 MIS 和 TPS 之间的一个主要区别。

工作计划是一项重要的业务工作，许多 TPS 提供了编制工作计划的功能。但是，大多数的 TPS 在提供工作计划功能时主要是提供详细的、供业务人员使用的实施计划，缺乏对中高层管理人员使用的长远计划。因此，MIS 不仅应该提供实施计划，而且应该根据组织的实际状况提供从战略规划、经营指标、长期计划到年度计划、季度计划、月份计划、周计划、日计划等各种层次的工作计划，并且可以建立不同层次计划之间的关联，具备计划层层分解功能和层层汇总功能。MIS 提供的工作计划功能比 TPS 提供的工作计划功能更加灵活和强大。

业务流程有两个基本作用：第一，在上下级之间规定了工作中请示和汇报的途径，和指令下达的路线；第二，规定了业务工作执行过程中需要经过的一系列工作岗位和活动。业务流程具有易变特点，经常随着组织机构、工作性质的变化而变化。在传统的 TPS 中，大多数的业务流程都被固定了下来，很难随着业务的变化而变化。实际上，TPS 缺乏业务流程管理功能。因此，MIS 应该具备业务流程管理功能，只有这样才能真正作为管理手段为各种管理人员提供灵活的支持。现在有一个趋势，业务流程管理作为一个单独的通用软件工具，即工作流软件，可以集成到 MIS 中。

在许多 TPS 中，操作人员能否执行某些操作往往取决于系统赋予的增、删、改、查等权限。这种设置忽视了工作岗位的作用，没有体现出岗位职责对操作人员执行各种操作的限制。在 MIS 中提供工作岗位管理功能，实现工作岗位、岗位职责、操作权限之间的自动转变，应该是一种发展趋势。从当前的 MIS 实践来看，许多企业建模软件正在尝试如何更好地解决这种问题。

沟通和交流是改善工作方式、实现信息和知识共享、提高工作效率和质量、减少工作冲突的有效手段。TPS 很少涉及这一领域。MIS 应该在系统中为各种操作人员提供方便的沟通和交流的功能。但是，从 MIS 实践来看，沟通和交流功能正在由其他一些专业系统提供，这些系统包括办公自动化系统、协同工作系统、内部论坛、知识管理平台等。

在组织中，许多工作之所以没有取得理想的效果，很大程度上在于没有及时地对这些工作进行评价，“奖勤罚懒、奖优罚劣”公平原则没能在工作中发挥积极的作用。在手工管理方式下，对管理工作的评价是非常复杂的，普遍缺乏有效的、可操作性的对所有管理工作的跟踪、量化、评估等评价方式。但是，借助于信息技术和信息系统手段，可以比较有效和方便地实现对管理工作的评价。由于种种原因，大多数的 TPS 没有具备管理工作评价，因此 MIS 应该具备管理工作评价功能。

跟踪是指对事务工作过程的记录。跟踪功能是 TPS 的基本功能之一。大多数的 TPS 中的跟踪功能侧重于详细记录事务的操作性记录。如实记录事务的详细数据无疑是非常基本和重要的工作，但是这些详细数据很难有效地满足中高层管理人员的需要。例如，在北京沃尔玛超市销售中，POS 机记录了每一笔商品的销售数量和收银情况，这些都是收银员关心的数据。北京沃尔玛超市的总经理对每一笔交易不是特别感兴趣，而是关注每一天的销售或每一周的销售或每一月的销售汇总数据。对逐个事务进行跟踪，这是 TPS 的功能。对多个事务进行汇总跟踪，这种跟踪是 MIS 应该提供的功能。

MIS 中的比较功能是指可以提供事务计划数据和事务实际数据之间的多层次、多形式的比较。通过比较计划数据和实际数据、不同时间的实际数据，管理人员可以对实际工作的进展状况进行评判，以便及时发现工作中的偏差或异常，改进今后的工作方式。多层次是指可以提供年、季、月、旬、周、日等各种计划层次，以便满足不同层次管理人员的需要。多形式是指可以采用多种媒体形式提供比较结果，这些形式包括表格、直线、折线、曲线、饼图、音频、视频、动画等。

MIS 中的分析功能有两层含义：一是可以灵活地提供分析内容，二是可以灵活地提供分析形式。分析内容是指可以满足各种管理人员需求的管理信息，MIS 必须提供这种功能。分析形式是指可以满足管理人员使用的介质和格式，例如按照指定的报告规格和报表提供分析结果。能否提供这种灵活的分析功能，是划分 MIS 和 TPS 的一个重要依据。

在 MIS 中，预警是指关键性能指标满足按照预先设置的条件时，系统自动按照预先设置的方式向相关人员提供告知、提示、报警，目的是通知管理人员采取相应的管理措施。有些人把预警功能与异常功能混为一谈。实际上，这两种功能有本质的差别。一般地，在组织的经营过程中，预警时异常状况有出现的可能，希望管理人员及早采取防备措施。异常功能则往往是异常状况已经出现，需要采取解决措施。

3.4.4 MIS 输出

与 TPS 输出相比，MIS 输出的形式和内容则更加丰富。从形式来看，MIS 输出不仅包括表格数据，而且包括各种图形、格式报告等。从内容来看，MIS 输出至少应该提供进度跟踪报表、关键指标跟踪报表、比较报表、分析报表以及预警报表。下面重点研究 MIS 输出的 5 类报表。

1. 进度跟踪报表

MIS 的进度跟踪功能主要提供事务的记录和汇总。例如，在如图 3-10 所示的日销售清单中，详细记录了北京卡尔巴氏公司在 2006 年 9 月 20 日签订的每一笔汽车销售合同数据。这是一个典型的进度跟踪报表。由于该进度报表记录了详细的事务状况，因此该进度跟踪报表也可以通过 TPS 得到。

日期：2006-09-20

序号	合同编号	销售员 ID	客户 ID	合同日期	销售金额/元
22	20060920-A320-FB	20358	100622964372	2006-09-20	862 019.00
23	20060920-C289-TV	30661	300871687671	2006-09-20	561 000.00
24	20060920-B1102-GB	20358	200622918325	2006-09-20	2 128 800.00
25	20060920-A820-XT	20215	100323267313	2006-09-20	3 521 810.00
26	20060920-A991-JW	20961	100549823101	2006-09-20	663 081.37

图 3-10　MIS 和 TPS 提供的北京卡尔巴氏汽车制造有限公司日销售清单

如果进度跟踪报表提供了事务的各种汇总数据，那么这些数据更具有管理信息的价值，也是 MIS 为各级管理人员提供的常见报表。因此，有人把进度跟踪报表也称为进度报表或常规报表。需要说明的是，这里提到的汇总数据既可能是通过汇总自动得到的，也可能是按照汇总后的数据跟踪得到的。图 3-11 是 MIS 提供的进度跟踪报表样式。图 3-11(a)跟踪了每月的销售数据，图 3-11(b)跟踪了每一位销售人员的销售状况，这些数据都是汇总数据，因此可以向各级管理人员提供。进度跟踪报表还有一个特征，即强调跟踪数据的连续性和完整性。

年度:2006

月份	销售额/元
6	28 329 211.00
7	30 156 212.32
8	37 256 839.67
9	56 351 721.10
10	62 123 126.66

(a) 月销售情况统计表

月份:2006 年 9 月

销售员 ID	销售额/元
20358	16 182 173.00
30661	1 112 811.51
20322	925 219.18
30692	881 211.21
30567	619 811.30

(b) 月销售人员销售情况统计表

图 3-11　MIS 提供的进度跟踪报表样式

2. 关键指标跟踪报表

关键指标跟踪报表虽然也是对进度的跟踪,但是它不是对事务的详细过程的忠实记录,而是对事务的概况的描述。关键指标跟踪报表通常是周期性的,通常是对事务的总和反映。一般地,按照跟踪周期的粒度,可以把关键指标跟踪报表划分为日关键指标跟踪报表、周关键指标跟踪报表、月关键指标跟踪报表以及其他关键指标跟踪报表。例如,日关键指标跟踪报表可以跟踪汇总其一个工作日的销售、生产、库存等信息,业务操作人员和管理调度人员可以使用这种报表对工作进度和方式进行调整,许多制造企业中的生产调度日报表就是这一类的报表。组织中的资产负债表则是一个典型的月关键指标跟踪报表。

普通的进度跟踪报表是在一个报表中显示某一种事务的不同时间的连续数据,而关键指标跟踪报表更加强调在同一个时间上的多个不同关键指标视角的数据。不同行业、不同职能领域、不同管理层次的管理人员关注的关键指标也是不同的。

图 3-12 是北京房地产管理行政部门于 2006 年 11 月 24 日发布的截止到 2006 年 11 月 23 日的北京商品房统计数据。该统计数据有这样几个特点。第一,这些数据不是商品房交易清单,因此不是 TPS 提供的数据。第二,这些数据是在商品房交易的基础上,按照月份、日期、区域等多种不同的分类方式,提供了有关商品房交易关键指标的统计数据。例如,2006 年 11 月 23 日现房网上签约的关键指标包括网上签约套数、网上签约面积(m^2)、住宅签约套数、住宅签约面积(m^2)等。因此,可以说这些统计数据是由北京市房地产管理信息系统输出的日商品房关键指标跟踪报表。

3. 比较报表

比较报表是指对不同类型的数据之间进行比较的报表。比较报表是管理人员经常使用的一种有效的管理工具,便于及时发现管理中的问题和采取有效的解决问题的措施。一般地,MIS 提供两种类型的比较报表,一类报表是计划数据和实际数据之间的比较,称为计划比较分析报表;另一类报表是指实际数据之间的各种比较,称为实际比较分析报表。

计划比较分析报表可以为管理人员提供计划执行情况,这种报表适合于严格按照计划进行运行的组织。例如,图 3-13 示意了北京卡尔巴氏公司 2006 年 10 月汽车销售计划比较

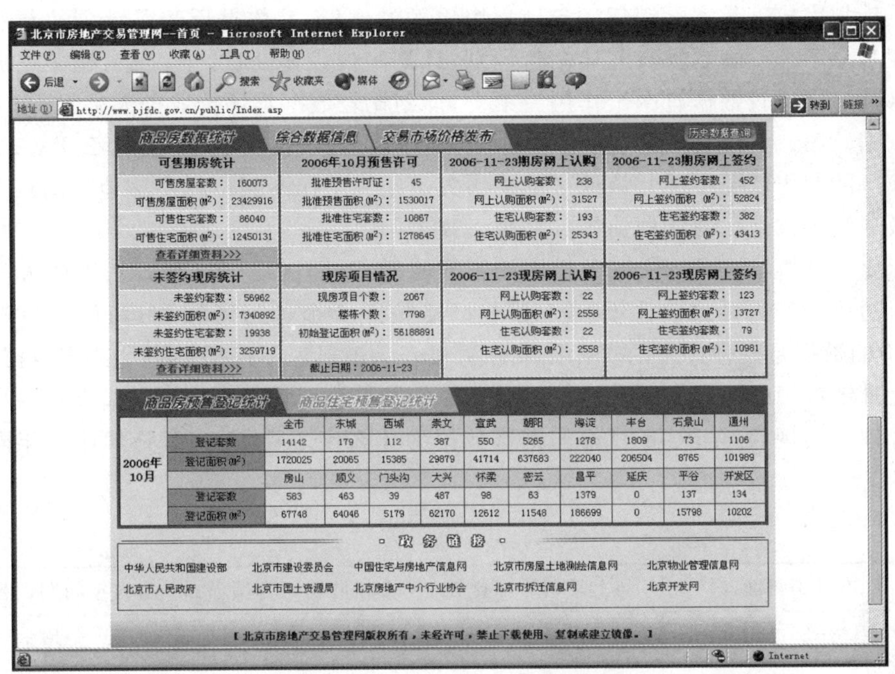

图 3-12　北京市日商品房关键指标跟踪报表

2006 年 10 月

产品代号	产品名称	销售地区	实际销售额/元	计划销售额/元	计划完成度
BV-5219	BV-巴士汽车	东北	2 256 980	3 200 000	0.71
		华北	15 256 710	8 956 000	1.70
		华中	6 366 760	3 200 000	1.99
		华南	25 267 450	20 000 000	1.26
		西北	845 670	1 200 000	0.70
		西南	1 645 670	2 200 000	0.75
	合计		51 639 240	38 756 000	1.33
产品代号	产品名称	销售地区	实际销售额/元	计划销售额/元	计划完成度
CX-5628	CX-卡尔汽车	东北	3 256 100	3 000 000	1.08
		华北	12 256 600	10 000 000	1.22
		华中	5 766 260	5 000 000	1.15
		华南	18 257 570	20 000 000	0.91
		西北	1 245 200	1 000 000	1.25
		西南	2 345 180	2 000 000	1.17
	合计		43 126 910	41 000 000	1.05
	总计		94 766 150	79 756 000	1.19

图 3-13　北京卡尔巴氏公司汽车销售计划比较分析表

分析表。计划完成度是实际销售额与计划销售额的比值，该数据反映了计划执行状况。计划完成度是0.71时，表示没有完成销售计划；计划完成度是1.99时，表示超额完成了销售计划。这种计划比较数据有两个作用。第一，计划比较数据是评价业务人员、管理人员工作效果的依据。第二，计划比较数据是发现管理中问题的手段。例如，为什么BV-5219汽车在东北地区的销售状况不佳？该地区的销售人员销售工作不到位吗？该地区的汽车市场竞争非常激烈吗？该地区的计划销售额是否太高了？

实际比较分析报表是指实际数据之间不同时间、不同区域、不同部门、不同人员等多种不同视角的比较。这种报表主要用于那些严格按照业绩进行考核和运行的组织。例如，图3-14中的数据是一种典型的实际比较分析报表。该报表不仅提供了月销售数据，而且提供了与上月销售额的比较信息和与去年同期的比较信息。管理人员可以借助这种比较分析表探讨管理中的现象：当年8月份的销售数据为什么比7月增长，但是却比去年同期的销售下降？

年度：2006

月份	本月销售额/元	与上月销售额比较	去年同期销售额/元	与去年同期销售额比较
6	28 329 211.00	增加	26 671 861.00	增加
7	30 156 212.32	增加	32 475 673.10	减少
8	37 256 839.67	增加	47 001 213.20	减少
9	56 351 721.10	增加	32 246 572.00	增加
10	62 123 126.66	增加	58 972 078.22	增加

图3-14　北京卡尔巴氏公司汽车销售实际数据比较分析表

4. 分析报表

分析报表是满足各级管理人员对组织进行各种分析需要的报表。该报表没有固定的内容、没有固定的格式、没有固定的需求时间，完全是按照管理人员的需要而产生，因为有人把它称为需求报表。这是一种最具灵活性的管理报表。从技术方面来看，在MIS中提供一种完全灵活的分析报表是非常困难的。从MIS实践来看，许多MIS提供了具有一定灵活性的分析报表功能。例如，可以按照预先设置的多个分析报表格式模板来提供各种管理信息。OLAP在一定程度上满足了管理人员多维分析的需求。

5. 预警报表

预警报表是指MIS按照预先设置的条件向管理人员提供的消息、警报，可以提醒管理人员关注组织中的某些现象或问题。这些现象或问题往往是异常现象或问题，因此这种报表也称为异常报表。

图3-15是北京卡尔巴氏公司汽车销售应收账款账龄分析表。该表列出了公司中应收账款超期90天以上的合同信息。这是一个典型的预警报表，该报表对业务操作人员和管理人员都有非常重要的价值，是指导公司业务人员和管理人员采取各种措施的重要依据。

分析日期：2006-09-20

序号	合同编码	合同金额/元	未支付金额/元	已超期天数
21	20060520-A320-FB	1 000 000.00	800 000.00	120
22	20060527-C120-TB	237 000.00	121 200.00	113
23	20060528-A330-VB	641 980.00	100 000.00	112
24	20060611-C120-TB	1 134 870.00	831 321.43	99
25	20060615-A3610-FB	1 053 700.00	163 215.00	95

图 3-15　北京卡尔巴氏公司应收账款预警报表

3.5 决策支持系统

从业务层次视角来看，决策支持系统（decision support system，DSS）是向高层管理人员提供决策支持、提高决策效果的重要手段。在某些情况下，业务操作层的管理人员和中层管理人员也可以使用DSS来辅助自己进行决策。下面对决策问题和决策过程、DSS的结构和组件特点、DSS的输入处理和输出的特点、DSS的类型等内容进行详细分析。

3.5.1 决策问题和决策过程

决策问题是决策对象，决策过程是执行决策的一系列活动。本节首先研究决策问题的类型和特点，然后分析一般的决策过程模型。

下面通过研究几个典型的决策问题示例，以便读者对决策问题的类型和特点有一个初步的感性认识。

从北京去上海，如果只有一条路，那么不会涉及决策。但是，从北京到上海有多条不同的路径：乘坐北京至上海的直达火车、乘坐北京至上海的直达飞机、乘坐北京至上海且在武汉中转的飞机、自己驾车从北京沿高速路去上海，甚至可以考虑从北京出发步行去上海。这时，从北京出发去上海选择什么样的路径好呢？这需要决策。决策者应该考虑耗费时间、成本以及能否观赏沿途风景等多种因素进行选择。

北京卡尔巴氏公司的高层领导面临这样的投资决策问题：在公司原有生产基础上增加新的汽车系列和型号，建设新的生产线，扩大卡尔巴氏公司的规模；收购一家汽车制造企业，整合该汽车制造企业的资源，扩大卡尔巴氏公司的规模；投资房地产市场，组建卡尔巴氏房地产公司，实施多元化经营战略，扩大卡尔巴氏公司的规模；收购一家中等规模的软件企业，涉足IT领域，扩大卡尔巴氏公司的规模；把多余的资金投资于股票、证券市场，以期获得盈利。但是，由于资金有限，卡尔巴氏只能有一种选择，那么选择哪一种方案好呢？这需要决策。决策者应该考虑成本、收益、风险等多种因素进行选择。

在第十届三星杯世界围棋公开赛的最后决赛中，中国的罗洗河九段执黑对阵韩国的李昌镐九段。在第3局的决胜局上，下到39手时，由罗洗河走，这时棋局形势莫测。这一手棋非常关键，面对棋面上323个可下的空位，如何下呢？观战室的围棋高手们也是意见不一。罗洗河经过思考，果断地打入左下白阵。这步棋得到了围棋高手们的一致好评。实践证明，这一步棋是罗洗河最终取胜的关键一着。实际上，这一步棋的选择也是一个决策。

一般地，按照决策问题解决的方式，可以把其分为结构化问题、非结构化问题和半结构化问题。

结构化问题是指可以通过一系列确定的步骤来达到最优解决方案的问题。由于结构化问题的最优解决方案的一系列步骤是已知的，因此对于同一个结构化问题来说，不同的人员可以达到同样的最优方案。通常，把这一系列确定的步骤称为算法，这些步骤中涉及的数据称为参数。从北京去上海，这种决策问题非常容易解决，因为这是一个结构化的决策问题。如果以最快为目的，我们马上可以对从北京去上海问题得到一个明确的答案。

非结构化问题是一种没有可以达到最优解决方案的算法问题。对于这类问题，之所以没有达到最优解决方案的算法，主要是因为两个原因。第一，在解决这种问题时，没有足够的信息或者没办法得到足够的信息，因此只能在不完全信息的基础上进行决策。第二，解决这种问题的可能方案太多了，多到没有办法考虑所有的方案，因此只能在提出的部分方案中进行选择。非结构化问题也经常称为非确定性问题、非程序化问题，相对应的，结构化问题经常称为确定性问题、程序化问题。例如，天气预报、证券投资、医疗诊断、市场营销、下棋等都是典型的非结构化问题。

半结构化问题是指那些既不属于完全的结构化问题，也不属于完全的非结构化问题的问题。甚至有人认为，半结构化问题是指那些领域专家面临的非结构化问题。领域专家可以凭借自己掌握的知识、经验和信息来显著降低非结构化问题可能的解决方案的数量，可以大大提高达到最优解决方案的概率。虽然领域专家不能百分之百地解决非结构化问题，但是提高了解决非结构化问题的质量。卡尔巴氏公司的投资问题是不容易解决的，没有一个经过一系列运算就可以得到正确答案的方法或模型，实际上这是一个非结构化的决策问题。下棋问题也不能使用数学模型计算出下一步应该如何下，对于一般的棋手来说，这是一个非结构化的问题。领域专家可以把这些非结构化问题转变成半结构化问题。例如，卡尔巴氏公司的高层主管或者投资专家可以根据自己的经验、知识来选择一个比较好的投资方案，围棋高手可以凭借自己的经验选择一个最优的或比较优的方案，最终把这种非结构化问题转变成半结构化问题。

从上面的分析可以看出，半结构化问题与非结构化问题是相对而言的，管理人员希望把自己遇到的非结构化问题转变成容易解决的半结构化问题，甚至转变成一个可以达到最优方案的结构化问题。应该说，DSS正是一个帮助管理人员实现这种转变、提高问题的结构化程度的有效手段。图3-16示意了结构化程度高低的问题特点。

下面是卡尔巴氏公司的管理人员经常遇到的非结构化和半结构化问题，这些问题极具典型性：

- 卡尔巴氏公司在采购原材料时，选择哪一个供应商才可以保证按照时间要求得到最好的原材料？
- 按照市场预测和公司现有的生产能力，如何安排A类汽车和B类汽车的生产计划？
- A320-TB型号的汽车市场销售急剧下滑，那么公司是立即停止该型号的汽车生产线

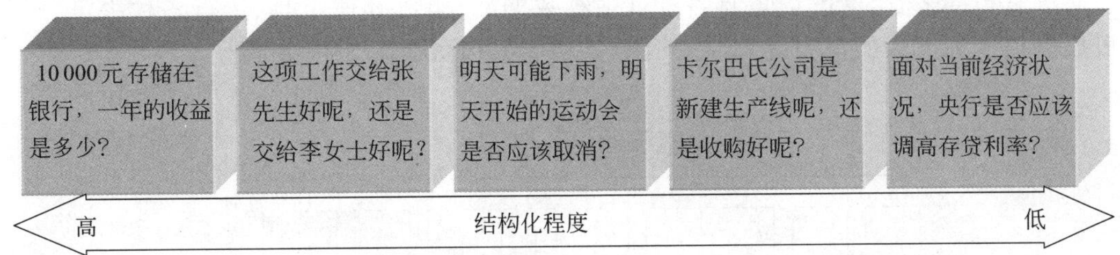

图 3-16　结构化程度高低的问题特点

好呢，还是继续安排生产，直至将该型号汽车使用的原材料消耗完为止好呢？

- 销售部门主管突然离职，公司应该如何选择一个有责任心、有魄力、有亲和力、有销售经验的销售主管？
- 面对网络、电视、报刊等众多的广告媒体，公司如何制定明年的广告预算方案？

现在研究一下决策过程模型的特点。决策过程模型描述了决策时应该采取的一系列步骤和做法。提出“管理就是决策”论断的管理专家赫伯特·西蒙对决策过程进行了大量的研究，提出了一个三阶段的决策模型：情报阶段、设计阶段和选择阶段。情报阶段就是确认当前面临的问题和解决这种问题的环境，并且收集与此相关的各种信息和解决这种问题的各种想法。这些信息可能来自于组织内部，也可能来自于组织外部。设计阶段是根据其第一阶段得到的信息和想法设计所有可能的解决方案，并且对这些可能的解决方案的可能性以及产生的后果进行完全评估。在选择阶段，决策人从多个可行的解决方案中选择最终的方案并且开始实施。

3.5.2　DSS 的概念和功能

DSS 是一种用来专门解决组织决策问题的信息系统，其重点在于提高决策的效果，而不是提高决策的效率。虽然 DSS 主要是由组织的高层管理人员使用，但是中低层的管理人员也可以借助于这种工具进行程序化的决策。

需要强调的是，DSS 只是支持人进行决策，并不能代替人进行决策，即使使用了 DSS，决策主角依然是人。DSS 必须能够提供足够的人参与决策的功能和灵活性。

DSS 应该对决策过程中的所有阶段提供支持。DSS 在情报阶段的支持可以表现为支持多种数据源、支持多种决策模型、支持多种工具等。在设计阶段，DSS 支持各种灵活的决策分析，并且可以提供多种可能的解决方案。在选择阶段，DSS 可以提供满足决策人员需要的各种报告报表。

DSS 应该提供各种频率类型的决策。例如，卡尔巴氏公司应该如何投资，这是次数很少、重复频率很低的决策，但是这种决策结果的影响往往是巨大的，DSS 应该能够对这种投资提供全面的支持。卡尔巴氏公司如何安排生产作业计划，这是重复频率很高的决策，DSS 应该提供对这种常规决策进行支持。

DSS 不仅应该提供对非结构化问题和半结构化问题的决策支持，而且应该提供对结构化问题的支持。对于简单的问题，DSS 应该具备提供最优解决方案的能力。对于复杂的问题，DSS 应该能够提供满意的或可行的解决方案。

从决策角度来看，DSS应该具备处理多种数据源、集成其他工具、执行各种决策分析以及可以提供多种灵活的报表等10项功能，其功能架构图如图3-17所示。

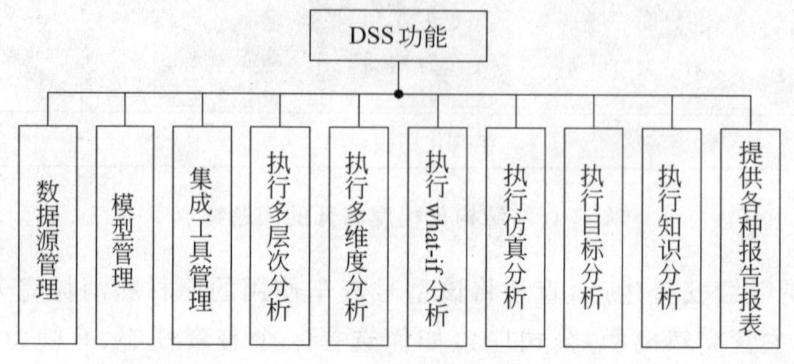

图3-17　DSS功能架构图

在DSS中，数据源管理包括对多种不同类型的数据源的管理，这些数据源包括数据库、数据仓库以及各种文档。数据源管理的目的是为DSS的计算和分析提供足够的数据和信息。

模型管理是指对决策模型的定义、创建、使用、维护、删除等操作。模型管理可以确保DSS的各种计算和分析操作能够正常进行。

集成工具管理是指DSS能够方便地与其他各种软件工具、信息系统无缝地集成，使得DSS功能可以不断地增强和变化。

虽然DSS主要是由高层管理人员使用，其提供的数据经常是高度概括的，但是在使用过程中，管理人员可能需要查看和了解某些业务更加详细的信息，甚至需要了解每一笔事务的交易清单。DSS应该提供这种执行多层次分析的功能。

在决策分析中，往往需要对研究对象进行多视角的分析。例如，卡尔巴氏公司的CEO希望能够对上月的销售情况进行不同车型、不同时间、不同地区、不同销售人员、不同销售价格等多视角分析。这种分析可以通过DSS的多维度分析功能来完成。

在决策分析中，如果希望通过对决策变量进行假设性改变而查看对决策目标变量的影响状况，那么这种分析方式为what-if分析。例如，卡尔巴氏公司在投资分析中，利用DSS的what-if分析功能对各种投资方案和投资效果进行分析。

在决策分析过程中，许多因素是没有办法确定的。例如，汽车市场对小排量汽车的需求受到国家政策、消费者消费习惯、汽车价格、厂家数量等多种因素的影响，卡尔巴氏公司很难准确地预测明年的小排量汽车的销售数量。解决这种随机因素过多的决策问题的一个比较好的方式就是通过仿真进行分析。仿真分析是通过模拟现实系统的运行得到分析结果的方法，也是许多DSS必备的功能之一。

卡尔巴氏公司希望明年的经营利润超过1亿元，那么应该实现多大的销售额和生产多少辆汽车？这种通过给定决策的目标结果而去寻找决策变量的决策分析方式称为目标分析。目标分析是DSS的重要功能。

在决策过程中，如何更好地利用历史数据？如何更好地借用专家的各种经验？如何在工作中避免常见的错误？这时，可以通过DSS提供的知识分析功能来实现。

DSS还有一个显著的功能，即可以提供更多的、更加灵活的、形式更加多样化的报告和报表，可以满足管理人员从事决策的需要。

3.5.3 DSS的组成

根据前面的分析可以知道，DSS至少包括5种组件，即数据库、模型库、知识库、外部数据源以及对话管理器等组件，其组成结构示意图如图3-18所示。

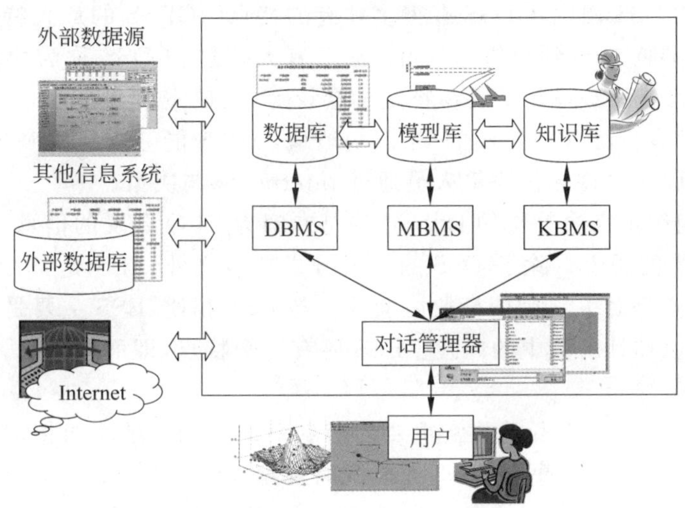

图3-18 DSS的组成结构示意图

在DSS的组成中，数据库组件包括数据库和数据仓库，用来存储决策需要的各种数据，并且控制使用外部数据源、外部信息系统以及Internet的方式。

为了把数据源中的数据转变成用户需要的信息，用户应该从模型库中选择合适的模型。模型库中的模型可以是多种多样的，一般包括财务模型、统计模型、图表模型、项目模型、星型模型等。

知识库用来存储各种知识，KBMS提供对知识库的管理。在决策分析过程中，用户可以随时通过知识库得到自己决策需要的相关知识。

DSS有一个显著的特点：用户可以非常方便地与DSS互动。提供这种交流互动的功能组件是对话管理器。用户通过对话管理器可以选择模型、访问数据库和选择需要的数据、浏览相关的决策知识，并且可以查看输入的参数、分析过程中的相关数据和最终的结果。DSS的输出可以是文字报告，也可以是表格数据，还可以是各种图形。用户可以通过对话管理器选择自己的决策方案。

3.5.4 DSS的类型

图3-18描述的是DSS的一般结构。实际上，许多DSS由于使用方式和解决问题的复杂程度不同而有很大的差别。一般地，可以把DSS分成两种类型，即个人决策支持系统(personal decision support system，PDSS)和群决策支持系统(group decision support system，GDSS)。除此之外，还有专门支持组织最高层管理人员(例如董事会)的高层支持系统

(executive support system,ESS)、支持组织战略的战略信息系统(strategic information system,SIS)。下面介绍这几种 DSS 类型的特点。

PDSS 是主要由单个管理人员使用的 DSS。在 PDSS 中,用户可以直接输入原始数据,也可以从组织内部的数据库或数据仓库中选择数据,还可以从组织外部的数据源中输入数据。然后,通过选择模型进行运算,借助于知识库进行判断和决策。实际上,PDSS 就是通常意义上的 DSS。

与普通意义的 DSS 相比,GDSS 有很多独有的特点。GDSS 的最大特点是允许多位管理人员、管理专家共同参与到决策过程中,甚至有人把这种 DSS 称为协同工作系统。从 GDSS 的硬件来看,GDSS 需要安装在特定的会议室,会议室有共享的大屏幕,每一位参与决策的人员面前都有自己独立使用的 PC。一般地,GDSS 能够支持头脑风暴法、Delphi 法等。现在,许多 GDSS 允许多位决策人员通过 Internet 参与决策。

ESS 是面向组织最高决策层的 DSS,往往是专门为 CEO 开发的信息系统,目的是满足 CEO 进行战略决策的需要。除了 DSS 的一般分析功能之外,ESS 更加关注组织外部的数据,这些数据包括竞争对手、政府、行业协会等。与 DSS 相比,ESS 主要是解决高度不确定性的问题,并且可以估计决策中的风险。ESS 还有一个特点,即面向未来,可以提供今后若干年的经营预测。

在战略规划方面,SIS 无疑是非常重要的信息系统。ESS 是面向特定人员和多种不确定问题的,SIS 则是面向特定事务的,即面向战略规划。SIS 往往能够提供对组织优势和劣势的深入分析、对组织发展机会的全面分析、对组织面临的各种困难和威胁详细分析,其目的是支持企业管理人员开发组织战略。从战略规划角度来看,ESS 和 SIS 有共同之处,因此也有专家把 SIS 看成是 ESS 的重要组成部分。

3.5.5 DSS 和 MIS 之间的关系

从前面的分析可知,DSS 和 MIS 有类似的地方,都可以支持组织中的决策,但是也有大量不同之处。下面详细分析两者之间的关系。

从存在性来看,DSS 和 MIS 共存于一个组织中,不存在互相取代的问题,这是因为这两种管理信息系统可以解决组织中不同类型的问题。

从所解决的问题的特征来看,DSS 主要是用来解决非结构化和半结构化问题,MIS 重点解决结构化问题。

从使用者角度来看,DSS 主要是用于特定的高层管理者、群体,也可以用于整个组织中的其他管理人员。但是,MIS 主要是由整个组织的相关人员使用。

从所解决的问题的范围来看,MIS 解决的决策问题遍及组织各个方面的日常工作,DSS 要解决的决策问题主要分布在一些管理的关键环节上。从这种意义来看,DSS 主要解决点决策问题,MIS 主要解决组织的面决策问题。

从决策过程来看,DSS 可以支持情报阶段、设计阶段和选择阶段等所有决策阶段,但是 DSS 不能自动进行,不能代替人的最终决策。MIS 则不同,由于 MIS 主要是用于解决结构化的决策问题,因此许多情况下系统可以自动完成,也就是说,很多情况下 MIS 可以代替人进行决策。

从输入视角来看，除了两者都需要 TPS 提供组织内部数据之外，DSS 需要的外界信息数量远远大于 MIS 需要的外界信息量。

从交互程度来看，DSS 强调用户参与到决策过程中，用户可以选择数据、模型、参数并且要控制得到的决策结果。MIS 强调系统辅助决策的自动化程度，用户几乎不参与到决策过程中。

从输出视角来看，DSS 强调根据用户的需求随时可以提供决策分析，这种需求往往是不定期的。MIS 强调按照预定的期限（例如每周、每月等）向管理人员提供报告和决策支持。

3.6 管理信息系统的风险和控制

管理信息系统在组织中的作用越来越大，许多组织对管理信息系统的依赖也越来越强。一方面，组织通过使用管理信息系统，大大提高了工作效率和质量。另一方面，组织在使用管理信息系统过程中，也面临着巨大的风险。

如果一个贸易公司正在运行的财务管理信息系统不能正常运行了，那么该怎么办？是停止工作等待系统的修复，还是采用其他的工作方式继续工作？这是一个典型的管理信息系统使用风险问题。针对这种风险，组织必须制定恰当的紧急情况处理预案，以降低这种风险发生时对组织带来的冲击和损失。

管理信息系统通常是一个庞大的系统，涉及众多的计算机硬件、网络、软件、人员、数据等因素，任何因素发生了问题都可能为组织带来灾难性的后果。例如，由于地震、洪水、战争、瘟疫等原因，可能造成系统的服务器崩溃；由于软件质量、误操作等原因，可能造成软件系统瘫痪；由于受到病毒、黑客的攻击，重要的事务数据被删除了或被破坏了；如果管理信息系统使用过程中的关键人员突然离开了，没有合适的人负责系统的操作和维护；面对这种灾难，应该怎么办呢？从当前的实践来看，建立灾难恢复计划，做好硬件备份、软件备份、数据备份、人员备份等工作，是预防和控制灾难的重要举措。

数据出现了错误，操作出现了失误，如何快速地找到错误的原因和相关的责任人？组织中内部和外部的审计人员如何审查文档是如何得到的、流程是如何控制的、人员是如何工作的，这些文档是否正确、流程控制是否合理、人员工作是否符合规定？这些问题都是审计问题。如何对使用管理信息系统的过程进行全面的审计，是当前许多从事管理信息系统研究和实践的人员不能回避的重要问题。

分类保存以备今后查考的文件和资料就是档案。档案是组织中的一种重要资源。管理信息系统的使用对档案管理工作带来了巨大的冲击。档案的形式多样化了，数字化档案增多了，档案的提交、使用、维护等管理方式也不同了。例如，纸面档案的保存可以通过盖章、签字等形式来识别，但是包含了重要商务数据的数据库文件的归档应该如何有效地进行呢？如何有效地管理信息化时代的档案、满足组织内外部人员的管理需要，是使用管理信息系统过程中必须解决的问题。

本章案例　联合包裹服务公司使用信息技术在全球竞争

联合包裹服务公司(United Parcel Service,UPS)是世界上最大的空中和地面包裹递送公司。1907年初建时,只有一间很小的地下办公室。两个来自西雅图的少年 Jim Casey 和 Claude Ryan 只有两辆自行车和一部电话,当时他们曾承诺"最好的服务,最低的价格"。联合包裹公司成功地运用这个信条将近百年。

今天联合包裹公司仍然兑现那个承诺,它每年向美国各地和185个以上的国家和地区递送的包裹和文件几乎达到30亿件。公司不仅胜过传统的包裹递送方式,并且可以和联邦特快专递的"不过夜"递送生意抗衡。

公司之所以成功的关键是投资于先进的信息技术。1992—1996年之间,联合包裹公司预期投资于信息技术1.8亿美元。这使该公司在全世界市场上处于领导地位。信息技术帮助联合包裹公司在保持低价位和改进全部运作的同时,促进了对客户的服务。

由于使用了一种叫做发货信息获取装置(DIAD)的手持计算机,联合包裹公司的司机们可以自动获得有关客户签名、运货汽车、包裹发送和时间表等信息。然后司机把DIAD接入卡车上的车用接口中,即一个连接在移动电话网上的信息传送装置。接着,包裹跟踪信息被传送到联合包裹公司的计算机网络上,在联合包裹公司位于新泽西州的 Mahwah 的主计算机上进行存储和处理。在那里信息可以通达世界各地向客户提供包裹发送的证明。该系统也可以为客户的查询提供打印信息。

由于"全程监督",即公司的自动化包裹跟踪系统,联合包裹公司能够监控包裹的整个发送过程。从发送到接受路线的各个点上,有一个条形码装置扫描包裹标签上的货运信息,然后信息被输入到中心计算机中。客户服务代理人能够在与中心机相连的台式计算机上检查任何包裹的情况,并且能够对客户的任何查询立刻作出反应。联合包裹公司的客户也可以使用公司提供的专门的包裹跟踪软件来直接从他们的微型计算机上获得这种信息。

联合包裹服务公司的商品快递系统建立于1991年,为客户储存产品并一夜之间把它们发送到客户所要求的任何目的地。使用这种服务的客户能够在凌晨1:00以前把电子货运单传送给联合包裹公司,并且在当天上午10:30货物的运送就应完成。

从1988年起,联合包裹公司积极进军海外市场,建立它自己的全球通信网络——联合包裹服务网。该网作为全球业务的信息处理通道,通过提供有关收费及送达确认、跟踪国际包裹递送和迅速处理海关通关信息的访问,拓展了系统的全球能力。联合包裹公司使用自己的电信网络把每个托运的货物文件在托运的货物到达之前直接输送给海关官员,海关官员让托运的货物过关或者标上检查标记。

联合包裹公司正在增强其信息系统的能力,以便能保证某件包裹或若干包裹能按规定的时间到达其目的地。如果客户提出要求,联合包裹公司将会在送达之间拦截包裹,并派人将其返回或更改送货路线。公司甚至可能使用它的系统直接在客户之间传送电子书信。

本章案例思考题

1. 联合包裹服务公司是如何实现“最好的服务,最低的价格”承诺的?

2. 联合包裹服务公司使用信息技术管理的信息主要是哪些?

3. 你认为联合包裹服务公司仍然存在哪些不足,应该如何改进?

本 章 小 结

本章全面研究了管理信息系统的演变过程和类型的特点。首先,回顾了管理信息系统的发展历程。然后,对管理信息系统的分类方式和类型进行了分析。接下来,对3种典型的管理信息系统(TPS、MIS、DSS)的特点和功能进行了详细的研究。最后讨论了管理信息系统使用过程中涉及的风险和管理。

思考和练习题

1. 简述管理信息系统的发展历程。

2. 如何理解管理信息系统正在从一个单纯的业务工具向战略手段演变?

3. 如何划分管理信息系统的类型?

4. 收集资料进行讨论:汽车制造公司和超市的主要职能领域是什么?它们分别需要什么样的管理信息系统?

5. 到一个企业进行调查,研究低层业务人员关心的信息和高层管理人员关心的信息之间的联系和差别。

6. TPS的特点是什么?

7. TPS的主要功能是什么?

8. 谈谈在你生活中接触到哪些TPS?

9. MIS的特点是什么?

10. MIS的主要功能是什么?

11. MIS的输入包括内部数据和外部数据。请问外部数据的作用是什么?举一个MIS示例来说明。

12. DSS的特点和组成是什么?

13. DSS的主要功能是什么?

14. 分组讨论DSS的典型应用示例。

15. 分析TPS、MIS和DSS之间的关系。

第4章 管理信息系统的影响

【场景】 信息系统和汽车都是商品吗?

已经晚上八点多了,李主任还在信息中心的办公室中写系统方案。这时,有人敲门。“请进。”李主任头也没抬。不过,根据敲门的声音,他判断出是谁来了。

“李主任还在忙啊。我又来了。”办公室的赵主任推门进来。

“赵主任请坐。”

赵主任毫不客气地坐到办公桌旁边的沙发上。“不好意思打扰你。我有一个信息系统的问题,一直想向您请教。”赵主任开门见山地说。

“别客气,我的方案正好写完。”李主任停下手中的工作对赵主任说。李主任非常理解公司上上下下对信息化建设的期望和困惑。

“上个星期有一个客户买了咱们公司的一辆汽车。谁知道,昨天正开着,突然在路上抛锚了。公司接到求救电话后,立刻派出维修人员。一个多小时后,汽车修好了。本来没事了,可是今天突然又接到这个客户电话,要让咱们公司赔偿他10万元的损失费,他说因为汽车质量原因给他造成了至少10万元的经济损失。”赵主任不平地说。

“应该赔,因为咱们公司有这样的规定,况且国家也有类似的产品质量规定。当然,具体赔多少,不是他自己说了算,需要根据汽车故障的具体情况由双方协商决定,也可以走法律途径来解决。这有什么疑惑吗?”李主任不解地说。

赵主任看了一下李主任说,“李主任,你说过,信息系统是商品。我现在问你,咱们公司使用的财务管理信息系统也是商品,不错吧?”

“没错,我说过。”李主任回答。

“咱们公司上个星期二,由于财务管理信息系统出了故障,结果整整一天的工作都被耽搁了,供应商只是来维修。咱们为什么不要求供应商赔偿咱们的损失呢?”赵主任说。

上个星期二,李主任因为这件事忙了整整一天。

赵主任继续说:“信息系统和汽车都是商品吗?如果是,那么谁来承担由于商品质量造成的损失;如果不是,那么信息系统是什么呢?”

李主任喝了口水,准备回答赵主任的这个难题。

随着信息技术的飞速发展,管理信息系统的应用已经深入到人类社会的各个角落,对整个社会、组织、道德、法律,对人们的生活、学习、工作、娱乐,对各种管理理论、经济理论都产生了巨大的深刻影响。什么是隐私?什么是道德?怎样做才能保护隐私?什么是工作?什么是工作场所?什么是工作时间?如何才能有效地工作?在信息时代,人们对许多社会现象和问题的看法正在发生根本性的变化。本章将全面探讨管理信息系统的这些影响。

本章目标：

- 理解和掌握道德和隐私的概念及特点；
- 理解和掌握 PAPA 道德问题框架的特点；
- 理解和掌握 SC 观点的特点和基本原则；
- 理解和掌握 FMD 观点的内容和特点；
- 理解和掌握对知识产权保护的影响；
- 理解和掌握管理信息系统对工作环境和身体健康的影响；
- 理解和掌握管理信息系统对管理理论的影响；
- 理解和掌握管理信息系统对经济理论的影响；
- 理解和掌握管理信息系统对组织变革的影响。

4.1 管理信息系统对道德和隐私的影响

每一个人都生活在社会中，每个人的言行举止都受到道德和法律的约束和规范。我们已经习惯了这种充满道德和法律约束及规范的平衡生活。但是，随着信息技术的飞速发展和信息系统的广泛应用，我们进入了一个全新的时代，Internet 网络把庞大的地球变成了小小的"地球村"，人们的交往方便了，信息传输的速度极大地加快了，原有社会中的道德平衡被打破了，新的道德平衡还没有完全建立起来，隐私的概念和隐私的保护也处在繁杂的争论中。这是管理信息系统对道德的最大影响。本节将对管理信息系统对道德和隐私的影响进行全面的分析。

4.1.1 道德和隐私的概念及特点

道德是社会意识形态之一，是人们共同生活及其行为的准则和规范，是判定正确还是错误行为的一系列准则、原则或标准。

要完全理解道德是一件非常困难的事情，因为完全理解道德依赖于一个人所持有的道德观点。从现在的研究来看，有 3 种基本的道德观点，即道德的效用观、道德的权利观和道德的公平观。道德的效用观是指作出某项选择仅仅取决于他们所带来的收益或重要性。效用主义的目标是提高最广大群体的最根本利益。一方面，效用主义主张效率、产出与利润最大化；另一方面，效用主义在对资源进行配置时可能会导致某种偏差，特别是某些相关小群体缺乏代表或声音时。在道德的权利观下，每个人都将注重于尊重和保护个人的自由与权利，包括隐私权、是非观的自由、言论自由以及其他一些内容。权利观积极的因素是它保护个人的自由与隐私，但是对于组织来讲，它也有消极的一面，即营造了一个过度墨守成规的工作环境，这反而会阻碍生产率与效率的提高。道德的公平观认为，强加给个人并需要认真执行的规章制度都是公平的、无偏袒的。执行这些公平的标准可以是加、也可以是减。这种观点保护了缺乏权力的群体的利益，但是也会起到鼓励那些已获得权力的人减少承担风险、创新和生产效率的负面效果。

道德和法律之间既有区别又有联系。如果某个人的行为是非法的，那么就会说这个人违反了法律。如果说这个人的行为是不道德的，那么不能说这个人一定违反了法律。很显然，很多非法的行为也是不道德的行为。但是，在信息时代，道德和法律之间的界限越来越模糊，有些行为很难说一定是非法的或一定是非道德的。

隐私是道德范畴中的重要内容。隐私是不愿告人的或不愿公开的个人的事。例如，如果不希望他人知道自己的年龄，年龄就是自己的隐私；如果不希望他人知道自己的收入，收入就是自己的隐私；如果不希望他人知道自己昨天与何人约会，这种约会就是自己的隐私；如果不希望他人知道自己正在谈话或聊天的内容，这种谈话或聊天的内容就是自己的隐私；如果不希望他人知道自己通过网上购物的信息，所购物品和花费就是自己的隐私。

虽然说隐私是道德的重要组成部分，但是道德并不完全等于隐私。很显然，侵犯他人的隐私权是一种不道德的行为。侵害他人的知识产权，如果没有达到违反法律的程度，则是一种不道德的行为，但是并不能说是侵犯隐私权。

是什么力量打破了社会道德的原有平衡状态，造成道德标准和道德判断失控呢？是什么因素使得隐私侵害和隐私保护成为了敏感的话题呢？回答是：信息技术和信息系统。在信息时代，影响社会道德的关键技术包括迅猛发展的计算能力、先进的数据存储技术、先进的数据挖掘技术、先进的网络通信技术。

一般地认为每过 18 个月，计算能力就翻一番。正是由于计算能力的飞速发展，许多组织都在自己的核心生产业务流程中使用信息技术和信息系统，信息技术和信息系统对组织的兴亡有极大的影响。一方面，信息技术的快速发展并没有从根本上提高信息系统的质量和可靠性，信息系统瑕疵问题没有得到根本性的解决。从另一方面看，一个组织越来越依靠信息技术和信息系统，那么偶然的信息系统质量事故就可能对该组织造成严重的伤害。谁来承担由于信息系统质量事故造成的损失，谁来为信息系统使用失败买单，这些问题都是当前广为关注和争论的焦点。

在传统时代，隐私的收集、保存和传播需要很长的周期、昂贵的成本，隐私数量也非常少，因此隐私保护比较容易和简单。但是，在广泛使用信息技术和信息系统的信息时代，数据存储技术的飞速发展，数据存储成本大幅度下降，许多组织建立了庞大的数据库系统，这些数据库系统中存储了大量的个人或公共的信息。这种先进的存储技术使得个人隐私或组织机密的保存成本非常低廉和复制操作过于简单。在这种情况下，隐私数据数量大、保存的成本低、传播的方式简单快速，隐私保护非常困难和复杂。

近几年，数据挖掘技术发展迅速，这种技术在推动信息系统发展的同时，也在对社会道德问题带来重大的影响。对于一个组织来说，可以借助数据挖掘技术，从海量数据库中发现更多的以前没有发现的信息。现在，数据挖掘技术广泛应用于信用卡交易、电话呼叫、报刊订购、购物车分析、银行交易记录、政府记录的数据等领域。随着数据挖掘技术的发展，侵犯隐私的方式也越来越多、越来越深入。例如，通过对个人信用卡交易数据的挖掘分析，可以发现其购物时间分布、所购商品类型、购物习惯、花费金额等隐私数据，个人隐私权正在遭受无处不在的侵害。

网络通信技术的迅猛发展，特别是 Internet 的广泛应用，使得大量数据的移动成本和使用成本大幅度降低，为隐私的快速传播带来了极大的方便。E-mail、即时通信、网络博客等形式方便了人们的沟通和交流，也为隐私传播准备了便利的通道和方式。

课堂讨论：这种行为合法吗？这种行为道德吗？

某汽车制造公司购买了一套库存管理信息系统，使用该库存管理信息系统对公司的原材料、半成品、零部件、成品以及设备、办公用品等进行管理。由于该库存管理信息系统中某些库存物料的库存数量算法有错误，系统中显示的库存数量多于实际的库存数量，结果因为某些物料缺乏，公司汽车装配线被迫中断2天，造成的直接经济损失超过100万元。依照协议，该库存管理信息系统供应商只负责修复系统的瑕疵，不承担因为瑕疵造成的任何生产损失。

某房地产公司将存储在房屋交易管理信息系统中的购买住宅的客户的个人信息卖给了几家装修公司，这些装修公司频繁地给这些客户发送E-mail、打电话，联系房屋装修事宜，这些行为扰乱了这些客户的正常生活和工作。

某公司专门开发了一套员工行为监控信息系统，该系统可以对员工的上网行为、聊天内容进行监控和跟踪。这种做法引起了大多数员工的不满，认为公司的这种监控行为非法。公司认为监控系统是在工作时间内对员工进行监控，是合法的。

当然，也有人认为，隐私保护不是绝对的，隐私保护和社会需求之间应该达到平衡，公众知情的权利总是大于个人保护隐私的权利。

无论如何，在广泛应用管理信息系统的信息时代，隐私侵犯和隐私保护成为了道德领域中的最大的敏感话题。

4.1.2 PAPA道德问题框架

在信息时代，管理信息系统对道德标准、道德教育、道德判断都产生了巨大的影响，传统的道德规范缺乏对信息时代道德的约束，一系列道德问题由此产生，因此有人提议重建信息时代的道德规范。为了更好地分类和描述道德问题，管理信息系统专家梅胜提出了PAPA道德问题框架。PAPA道德问题框架把道德问题分成4种类型，即隐私类(privacy)、准确性类(accuracy)、财产权类(property)和易取得类(accessibility)，PAPA是4种道德问题类型名称的首字母缩写。

隐私类问题主要涉及收集、存储、传播个人信息的问题。常见的隐私类问题包括：

- 个人的哪些信息可以提供给其他人？
- 雇主可以采取什么样的手段监控自己的雇员？
- 哪些事情属于个人隐私，这些事情的提供不受他人强制？
- 哪些个人信息可以存储到信息系统的数据库中，该数据库应该达到什么样的安全程度？

课堂讨论：银行为管理信息系统中的信息错误承担责任吗？

2006年4月16日，北京的李女士在密云县的某住宅小区购买了一栋别墅楼，总价107万元。当时，李女士交纳了40%的首付款43万元，余下的64万元准备在当地的中国银行密云支行办理住房按揭贷款。但是，密云支行在通过信贷诚信管理信息系统审查李女士的贷款申请时发现，李女士在购买住房装修贷款中有9次不良还款记录，因此拒绝了李女士的贷款申请。

李女士感到纳闷，她以前从未在中国银行的分支机构以及其他银行有过贷款，怎么会有不良还款记录呢？经过多方查询发现，2003 年 1 月 10 日，有人使用伪造的身份证（身份证的信息都和李女士一样，但是照片不是李女士），冒用李女士的名义从中国光大银行贷出住房装修贷款 15 万元，并且转入了一个名叫长江广源机械设备有限责任公司的账户上。在以后的还款过程中，该笔贷款制造了 9 次不良还款记录。

光大银行解释说，他们的工作人员在客户贷款过程中进行了认真检查，确认了客户的身份证件，按照有关规定发放了贷款，信贷诚信管理信息系统中有关李女士的记录是真实的。他们不知道在什么地方、哪个环节上出现了错误。但是，光大银行认为他们贷款过程中没有过错，不良还款记录没有错误。

长江广源公司解释说，他们公司有帮人办理住房装修贷款的业务，有很多的客户。当时为李女士办理贷款的业务人员早已经离职，不知去向，办理贷款的详细过程他们也不清楚，但是他们认为自己办理贷款的手续齐全，没有过错。

李女士认为，光大银行没有严格按照制度审查贷款资料，没有发现身份证中的错误，不负责任地发放了贷款，并且在信贷诚信管理信息系统中错误地记录了不良还款记录，而长江广源公司以虚假材料骗取贷款。李女士认为，这两家单位的行为使她在精神上、名誉上和经济上遭受了重大伤害。

2006 年 8 月 28 日，李女士将光大银行和长江广源公司告到法院，要求光大银行从信贷诚信管理信息系统中删除有关她的不良还款记录，公开赔礼道歉，赔偿精神损失费 3 万元，长江广源公司负连带赔偿责任。北京市西城区人民法院正式受理了此案。

准确性类问题主要涉及采集的信息的真实性、完整性和准确性。常见的准确性类问题包括：

- 何人对所采集的信息的真实性、完整性和准确性负责？
- 如何确保信息处理过程的正确性？
- 如何确保信息向用户准确地提供？
- 如何确保在数据库、数据传输、数据处理中出现的数据错误是偶然现象，不是有意为之？
- 何人应该对错误信息承担责任？应该怎样补偿错误信息带来的后果？

财产权类问题主要涉及信息和知识财产的权利和价值。常见的财产权类问题包括：

- 谁是信息的所有权人？
- 信息交易的合理的、公平的价格是多少？
- 谁是信息传播渠道的所有权人？
- 应该如何复制被版权保护的软件？
- 在什么样的环境下，一个人才可以使用私人数据库？
- 组织中的计算机可以用于私人用途吗？
- 当专家的知识被存储到知识库中之后，应该如何向专家提供补偿？

易取得类问题主要涉及访问信息的权利和为访问信息支付的费用。常见的易取得类问题包括：

- 应该允许哪些人访问信息？
- 对于允许访问的信息，用户应该支付多少费用？
- 对于组织向成员提供的计算机，谁承担计算机的损伤？
- 谁承担访问信息所需要的设备？
- 在什么样的环境下，在什么样的保护措施下，个人或组织有权获得哪些信息？

例如，在如图 4-1 所示的工行网银受害者集体维权联盟(www.ak.cn)网站上，数百人用真实姓名签名并且留下了地点和失窃金额。这些网银受害者开始组成维权联盟，表示将联名起诉中国工商银行总行。工行网银受害者认为，工商银行网上银行系统存在漏洞，造成自己账户金额被窃。工商银行认为，客户安全意识不强，账号、密码管理不善，犯罪分子是在通过盗取客户的账户、密码之后以客户身份登录网银系统盗取客户资金的，工商银行没有过错。从 PAPA 道德问题框架来看，网银资金被盗事件涉及多种道德问题。

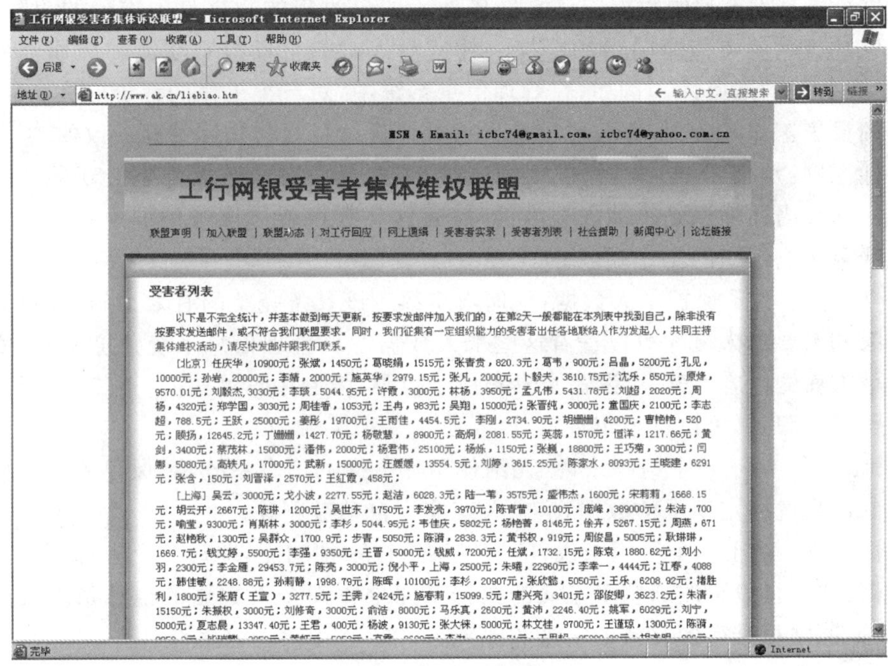

图 4-1　工行网银受害者集体维权联盟网站

4.1.3　SC 观点

管理信息系统专家艾菲·奥兹认为，在信息社会中，不允许组织收集个人的信息是不可想象的。但是，组织应该采取什么样的措施来保护个人隐私呢？为了规范收集和使用个人数据的行为，艾菲·奥兹提出了 SC 观点，即任何组织都应该遵守下面 7 条基本信息原则(seven commandments，SC)：

(1) 目的性原则；

(2) 相关性原则；

(3) 准确性原则；

(4) 当前性原则；

(5) 安全性原则；

(6) 时效性原则；

(7) 复查性原则。

目的性原则：任何组织在通过信息系统收集个人数据时，应该通知当事人，并且把收集这些数据的目的明确告知当事人。只有在当事人同意时，才能收集个人信息。例如，医院的医疗管理信息系统在收集病人的病症和治疗等信息时，应当明确这些信息只能用于医生的治疗，而不能随意将这些病人信息转卖给药品推销商、保险经纪人等使用。

相关性原则：任何组织只能收集和使用那些可以满足自己需要的数据，对于那些与自己无关的数据不能收集。例如，当银行的信用卡管理信息系统采集办卡人员的申请时，应该只是采集与信用卡业务相关的信息，而不应该收集当事人的政治观点、身体健康等信息。

准确性原则：收集到的数据应该是准确的。如果收集的数据是不准确的，那么基于这些数据采取的行动就可能是错误的。提供数据输入时的自动检查功能和周期性的验证数据，可以增强数据的准确性。例如，在管理信息系统中，对员工工作的评价应该建立在真实、准确采集的员工工作基础上，并且应该确保这种评价结果是与实际情况一致的。

当前性原则：对于任何一个组织来说，它应该确保所有的数据都是最新的。这是当前性的要求。如果当前性原则不能保证的话，那么这些数据就应该被周期地删除。过期的数据有可能严重影响组织的工作和业务。

安全性原则：为了保护个人数据，任何组织都应该具备完整的有效措施，确保只允许拥有合法权限和需要的人员才可以查看这些个人数据。从管理信息系统角度来看，安全性要求包括两个方面的内容：第一，设置密码和授予权限，限制用户的访问；第二，确保对用户的访问和操作进行跟踪，可以进行审计。

时效性原则：对于一个组织来说，无论使用什么样的信息系统，它保存的个人数据应该有时间限制。超过指定期限的数据，信息系统应该自动被删除。

复查性原则：对于一个组织来说，应该提供这样一种功能，即每一个人都可以复查有关自己的数据，并且可以更改那些不正确的数据。如果收集个人数据的信息系统没有复查功能，那么其他原则很难得到有效的实施和保障。

4.1.4 FMD模型

为了理解信息技术和信息系统对社会及道德的影响，从而建立信息时代的道德规范，有些专家提出了如图 4-2 所示的 5 维道德(five moral dimensions，FMD)模型。在 FMD 模型中，分类描述了包括信息权利和义务、知识产权和义务、责任和控制、系统质量、生活质量等方面的内容和原则。

1. 信息权利和义务

信息权利是指每一个人或组织都有保护自己信息不被他人侵害的权利。信息权利和义务就是考虑这些问题：个人或组织是如何使用信息权利来处理有关自己的信息的？他们可以保护哪些信息？在考虑保护这些信息时，个人或组织的义务是什么？总之，可以这样说，

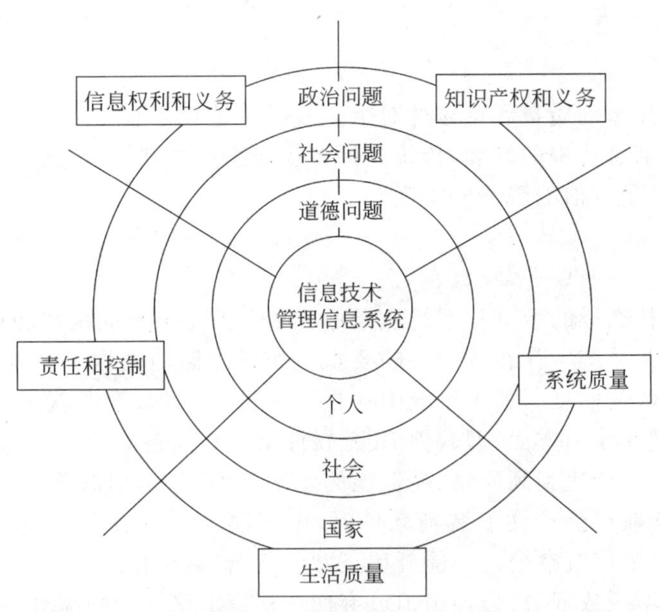

图 4-2　信息时代的 FMD 模型

信息权利和义务就是要解决信息时代的隐私和自由应该如何定义的问题。

为了保护信息权利，美国和欧洲的一些专家提出了适用于控制和使用个人信息时的公平信息实践(fair information practices，FIP)原则，并在这些原则基础上制定了一些法律。5 条基本的 FIP 原则如下：

原则 1：信息系统不能偷偷记录个人数据。

原则 2：对于一个信息系统来说，每一个人都有权访问、检查、修改、删除属于自己的数据。

原则 3：在未经同意的情况下，任何组织和个人不能把收集到的个人信息用于收集该信息时公布的目的之外的目的。

原则 4：信息系统的管理人员应该承担由于自己的系统损害而给他人造成的损失。

原则 5：政府有权干涉私营团体之间的信息关系。

也有专家基于社会活动的需要，特别是开展基于 Internet 的商务活动，认为可以在相应的约束下收集和使用个人信息。例如，为了满足和方便网站管理人员了解网站的使用情况，网站可以收集和使用客户数据。但是在处理顾客数据时，应该遵循下面 4 个原则：

原则 1：使用所收集的数据来改进顾客的服务。

原则 2：未经顾客同意，不得将顾客数据扩散到组织外部。

原则 3：明确告诉顾客，所需要收集的数据类型和使用目的。

原则 4：顾客有权要求网站删除有关自己的任何信息。

2. 知识产权和义务

由于信息技术发展迅猛，数据复制和传播变得异常快捷，因而也引起了传统的知识产权在当前的信息社会中应该如何保护的问题。这些知识产权包括商业机密、商标、版权、著作权、专利等。有关管理信息系统对保护知识产权的影响将在下一节详细研究。

3. 责任和控制

如果由于信息技术的质量和可靠性对个人或组织造成了伤害，那么这种伤害应该由谁来承担责任。随着信息技术的发展，传统的许多法律正在受到挑战。例如，黑客到底是优秀的信息技术人才，还是可怕的恐怖分子呢？

4. 系统质量

应该需要使用什么样的数据和系统质量标准来保护每个人的权利和社会安全。这种标准包括了数据质量和系统中存在的错误的要求。如果存储的数据不准确，那么这些数据就谈不上是什么有价值的信息。如果系统中存在许多错误，那么系统就无法正常地使用。一般地，系统质量表现在3个方面，即软件Bug、软件错误和设备故障。实际上，从技术方面来看，软件行业还没有完全达到高质量、高性能的水平。实际上，引起信息系统大量问题的是数据问题。例如，某航空公司在安装新软件时，由于误操作造成客户预订机票信息全部丢失，在后面的几个月中该航空公司不能开展正常的运营；某机械制造企业由于定义的产品数据之间存在大量的不一致现象，公司被迫放弃使用耗资上亿元的数据仓库系统。

5. 生活质量

在信息时代和知识时代，什么样的东西才是有价值的，才是值得保护的？信息技术的广泛应用的今天，应该树立什么样的价值观？信息技术和信息系统在带来积极影响的同时，也引起了一系列的负面影响。这些负面影响包括边界问题、竞争问题、平等问题、极端依赖性问题、计算机犯罪、身体健康等。工作和休息失去了界限，影响了人们的休息质量。信息系统带来了更加有效率的市场，快节奏的市场竞争使得许多企业无法在短时间内跟上变化而被无情淘汰。使用计算机就可以上网交易、了解更多的信息等，但是，如果不能上网，那么就无法进入到虚拟的网络生活中，这就使得某些人失去了参与虚拟网络生活的机会，引出了新的社会不平等问题。许多组织对信息系统的依赖性越来越大，信息系统的任何故障都会使得这些组织和成员处于混乱状态。毫无疑问，在许多国家中，计算机犯罪的数量和危害呈现快速上升趋势。由于信息技术和信息系统的广泛应用，与此相关的职业病也越来越多。

4.2 管理信息系统对知识产权的影响

知识产权保护也是道德范畴中的概念，是FMD模型的重要组成部分。管理信息系统的使用和发展对知识产权保护从内容到形式方面都提出了更多、更高的要求。

4.2.1 知识产权和软件盗版的特点

知识产权是指智力成果的创造人依法所享有的权利和生产经营活动中标记所有人依法所享有的权利的总和，包括著作权和工业产权。知识产权的客体是不具有物质形态的智力成果。知识产权具有3个基本特征，即专有性、地域性和时间性。专有性是指知识产权的权利主体依法享有独占使用智力成果的权利，他人不得侵犯。地域性是指知识产权只在产生的特定国家或地区的地域范围内有效。时间性是指依法产生的知识产权一般只在法律规定的期限内有效。知识产权的范围主要包括著作权、专利权、商标权、商业秘密权等。

计算机软件盗版是指未经计算机软件著作权人许可进行的计算机软件复制、贩卖、使用等行为。计算机软件盗版是对知识产权侵害的一种形式。在信息技术和信息系统广泛应用的今天，打击计算机软件盗版成为了保护知识产权的一项重要内容。

从目前来看，计算机软件盗版主要有4种形式。第一种盗版形式是最终用户盗版，这是业界公认的给产业发展带来损失最大的盗版形式。简单地说，就是商业最终用户超许可范围使用软件。即使用户购买了一套正版软件，但其实用户购买的并不是它的著作权，而是允许用户在一台计算机上使用该软件的权力。如果该用户在两台或两台以上计算机上使用该软件，就构成侵权使用，形成最终用户盗版。

课堂讨论：为什么软件盗版数据不同？

2006年初，美国商业软件联盟(BSA)发布消息称，2005年，全球个人电脑(PC)中安装的套装软件有35%为盗版，造成了340亿美元的损失。在被调查的97个国家中，半数以上(51个)国家的盗版率降低了，只有19个国家盗版率上升。2005年全球盗版率与2004年持平。美国的盗版率全球最低，仅为21%。法国的盗版率为47%，中国盗版率为86%。盗版率最高的前3个国家为越南(90%)、津巴布韦(90%)、印度尼西亚(87%)。盗版率最低的国家为美国(21%)、新西兰(23%)、奥地利(26%)、芬兰(26%)。与去年相比，中国的盗版率下降了4个百分点。

BSA副总裁兼亚太区总监杰夫·荷迪在中国香港发布报告时说："中国PC软件盗版率持续下降的消息令人鼓舞。这与中国政府高度重视知识产权保护，积极进行宣传教育并努力加强执法工作等密不可分。BSA将继续与中国政府相关部门和行业组织展开各种形式的合作，通过教育、宣传、配合执法等工作，推进软件知识产权保护工作，促进中国软件业建立自主创新的良性生态系统。"

2006年4月19日，在国务院新闻办公室举行新闻发布会，国家版权局新闻发言人兼版权管理司司长王自强先生等有关部门的负责人介绍了2005年中国知识产权保护状况等方面情况，并回答了记者的提问。

有记者问，美国商务部长古铁雷斯说，70%以上的中国政府部门都使用盗版软件，美国BSA报告指出中国的盗版率是88%到94%。请问对这一问题怎么看？

王自强回答说，作为一个基本上参与了政府部门推进使用正版软件工作的具体工作人员，我认为，古铁雷斯先生的说法是背离事实的，也是没有根据的。至于社会上计算机软件盗版率究竟有多少，我们正在做一些抽样调查，目前还没有最后的结果。但是有一点是可以肯定的，中国社会上的计算机软件的盗版率绝不是美国BSA所公布的数据那么高，也就是88%到94%，绝不是这么高。因为只需要做一个简单的计算，我们就可以发现，如果中国全社会的软件盗版率达到90%左右的话，那就意味着中国软件的市场规模比整个中国信息产业的市场规模还要大得多，这是不可能的。按照BSA的统计，我们国家的软件盗版如果是在88%到94%左右的话，那么盗版是正版的11～12倍。2005年，中国软件产业的产值就是GDP，即3900亿元，如果这样算，我们中国软件产业的市场规模就应该是4万亿元，在去年的16万亿元的GDP中占到25%。大家想一下，一个软件产业能占到一个国家GDP的25%吗？这个问题大家去思考。

2006年4月28日，由国家知识产权局组织的、互联网实验室具体承担的2005年度中国软件盗版情况的调查报告发布。该调查研究取得的主要数据如下：2005年，按市场价格折算价值计算的软件全行业（包括计算机软件产品、嵌入式软件产品、软件服务与集成、软件出口）盗版率为26%，其中仅按软件产品（计算机软件产品、嵌入式软件产品）计算的盗版率为40%，仅按计算机软件产品计算的盗版率为57%；按当年安装的计算机软件产品套数计算的盗版率为26%，其中单位用户（政府和企事业单位）盗版率为16%，个人用户盗版率为41%；按当年安装的收费计算机软件产品套数计算的盗版率为66%，其中单位用户盗版率为48%，个人用户盗版率为80%。

第二种是硬盘预装，主要由计算机生产厂家控制。厂商、系统集成商或计算机销售商在计算机中预先安装操作系统或一些应用软件，这便是通常所说的软件预装。然而，如果预先安装的软件并未得到授权，并非从正常途径获得甚至是销售商自己非法复制的，那么就构成了软件的非法预装。这类盗版看似可以降低消费者的购买成本，其实从长远角度看，因为购买了盗版软件，使用者将得不到厂商提供的各类支持和服务，也就降低了软件价值，是得不偿失的。

第三种形式是网络盗版。我们经常会发现有一些网站提供免费或有偿下载的软件，如果这些软件是没有经过合法的授权，下载这些软件就是非法下载。这种非法上载和下载的行为就构成网上的盗版。网络盗版的速度发展很快，随着互联网越来越贴近我们的生活，这种盗版形式也越来越普遍了。

第四种是街上贩卖的盗版光盘，这是常见的盗版形式。通常是把一些常用的软件做成一个大拼盘来向行人兜售，包装粗糙，容易识别。因其来源不明，存在安全隐患，危害性显而易见。

4.2.2 知识产权保护的争论和思考

从当前的信息技术和信息系统发展实践来看，知识产权保护几乎是没有争议的。但是，在如何进行知识产权保护、如何制定恰当的知识产权保护水平、如何创建国家知识产权保护政策等方面，有着许多不同的观点。

有些专家认为，从理论上看，多样化的计算机软件盗版形式正在侵蚀着人们的生活，助长了一种坐享其成的不良社会风气，其结果是扼杀了人们创新的动力，阻碍了社会前进的步伐。人们对盗版的宽容就是对公平分配制度的亵渎。制作盗版光盘或者非法复制使用盗版几乎没有什么成本，但因为盗版产品中附加了与正版产品几乎无差别的知识和智慧，而能给盗版者带来惊人的利润，让他们侵吞别人的智力成果。人们对盗版的宽容就是对创新精神的玷污。一个成熟的软件产品凝聚了开发商长时间的人力、物力以及大量资源的投入，经过了严谨的测试才得以进入市场，并与消费者见面。如果版权所有者因为盗版而无法得到相应的回报，必然会挫伤他们继续创新的积极性，久而久之，人们又从何享受高科技带来的实惠？因此，政府必须采取严厉手段打击计算机盗版。

有些专家认为，一个理性和价值的共识是，知识产权作为一种劳动成果理应受到保护，就像所有的合法财产理应受到法律保护一样。不同的是，所有其他财产权的保护通常是无限期的，而知识产权的保护，无论是专利、商标还是著作权的保护大多是有限期的。这个区别非常重要，而且也注定将使得知识产权的保护充满争议。很显然，这种争议已经在全球各个不同的利益主体间展开。事实上，就像评估税收政策时，没有人能够宣称，税收收得越多越好，同样我们也很难把握赋予知识产权多长的保护期限是最合理的，甚至在许多时候，即使是一种相对的合理期限都很难寻求。所以，当我们最终必须依靠法律来保护知识产权的时候，就必须面临如何寻求大多数公众对这项法律的认可和尊重的问题。而作为共识的文字表现的法律文本本身，不仅取决于大多数公众的内心确信，更取决于大多数公众对社会利益分配的默契。

有些专家认为，从经济学方面讲，知识产权保护水平相当于知识的价格水平。提高知识产权保护水平，就是提高知识的价格水平和知识资本价格。提高知识资本价格水平，要以牺牲知识流动性为代价。知识的流动性，在具体实践中表现为技术扩散、信息化应用等。确立国家整体知识产权战略，核心问题就是在知识的价格水平和知识流动性之间寻求一种均衡，在知识产权保护和知识扩散之间寻求一种政策平衡。

有些专家认为，确立国家整体知识产权战略，应该讲整体，讲两点论，克服片面性。这个整体性要表现为有针对性地克服以前战略的片面性，做好下面几个两点论：

(1) 要兼顾个人生产效率与社会生产效率。理查德·尼尔森、保罗·罗默在《科学、经济增长与公共政策》一文中举了这样一个例子：科学家需要 PCR(聚合链式反应)技术进行实验，由于专利持有者索取很高的价格使研究成本太高，部分实验未能完成。在这里，知识产权保护促进了聚合链式反应技术的知识生产，但是对进一步的实验却起了阻碍的作用。在案例中，知识生产呈现“个人生产高效率，社会生产低效率”现象。这是在确立国家整体知识产权战略时，要注意避免的问题。要处理好这个关系要求把知识产权这个局部放在知识生产的全局中审视。首先，要按照不同主体的行为模式，建立多层次相互关联的知识政策；其次，善于运用多种政策组合。在考虑社会生产效率时，还要进一步考虑社会效益。

(2) 要处理好垄断与竞争的关系。知识产权从本质上说是一种垄断权。在知识产权问题上处理好垄断与竞争关系的阶段性重点是，侧重反对跨国公司滥用知识产权形成的市场垄断地位。这里涉及 3 种情况，需要跳出知识产权谈知识产权，从“整体”上把握问题：第一种情况，权利人行为符合知识产权法律，但仍有可能构成非法垄断。这时需要“反垄断法”立法牵制“知识产权法”；第二种情况，权利人符合知识产权法律，垄断本身合法，但垄断行为构成不正当竞争。这时需要“反不正当竞争法”立法牵制“知识产权法”；第三种情况，权利人符合知识产权法律，垄断本身合法，也无垄断行为，没有构成不正当竞争，但有碍于创新，应由知识创新政策牵制。

(3) 要平衡眼前与长远利益、国内与国外利益。有些人鼓吹知识产权超水平保护，这种不顾国情的狂热需要降降温。可以算笔账，假设如果提高知识资本价格水平，使知识进口要搭进的国民生产总值为 10，而激励出口的知识产出仅为国民生产总值的 1。主张为知识提价，岂不成了站在对方的立场算账？诚然，中国需要必要的知识产权保护，激励知识生产水平的提高，但是一定要把国内知识产销水平与对外知识进出口水平联系在一起算总账。国家整体知识产权战略可以是分阶段战略，不同阶段的重点之间必然存在发展关系。中国现在是从技术知识进口国向技术产品出口国转变，如果不全面注重保护自己，就会陷入不利的国际分工。

(4) 确立国家整体知识产权战略，要兼顾信息产业与信息化发展。应当不断提高知识产权保护水平的观点认为，中国虽然目前是知识进口国，将来会成为知识出口国，为将来考虑，应该提高知识产权保护水平。这种观点只考虑了生产者一方面的利益，而忽视了消费者的利益。整体知识产权战略不光要考虑研发技术的激励机制，还要考虑购买和应用技术的转化成本问题；不光要考虑信息产业(如软件)发展，还要考虑信息化成本。知识产权保护水平过高，信息化应用的门槛就会相应提高，会影响信息技术应用和知识扩散，会反过来影响我国制造业的竞争力，甚至扩大数字鸿沟。确立国家整体知识产权战略，要惠及全民，中国在数字鸿沟中不要扩大与发达国家的距离。尽快确立国家整体知识产权战略，当然还要与整个国民经济和社会发展战略相协调。

4.2.3 知识产权政策案例

下面给出3个典型公司的知识产权政策案例。通过对这些案例的分析可以看出，各公司在知识产权保护方面的态度不完全相同。

1. Google 公司

作为一家搜索引擎提供商，Google 公司在其服务条款中单列了知识产权政策，其知识产权政策如下：

我们的政策是，以《数字时代版权法》和其他知识产权法所规定的合理方式处理依据《数字时代版权法》所提出的侵权通告。

根据美国法典第 17 号、条款 512(c)(2)(《1998 年数字时代版权法》)之规定，我们的网站上提供了 WorkExchange 指定代理，由他处理版权侵权通告。请将所有侵权通告直接发送到：

Google, Inc.
Attn:Customer Service
1600 Amphitheatre Pkwy
Mountain View, CA 94043
USA
电话：+1-650-318-0200
传真：+1-650-618-1499

要向我们提出侵权通告，当事人需满足《1998 年数字时代版权法》Title Ⅱ的有关要求。在美国版权局网站上可以找到该项法规。该网站的网址为 http://lcWeb.loc.gov/copyright/。

2. Yahoo 公司

作为一家门户网站和搜索引擎提供商，Yahoo 中国公司在其服务条款中的第 25 条中，列出了用户专属权利，其内容如下：

25. 用户专属权利

雅虎中国尊重他人知识产权，呼吁用户也要同样尊重知识产权。若您认为您的作品的著作权遭到侵害或您的知识产权被侵犯，请向雅虎中国之著作权代理人提供以下资料：

1. 著作权或其他知识产权所有人之有权代理人之电子或实体签名。

2. 对您主张遭到侵权之作品或知识产权进行的描述。

3. 对您主张遭到侵权之作品在网站上所处的位置进行的描述。

4. 您的地址、电话号码及电子邮件地址。

5. 您一秉善意所做的认为该有争议的使用未经著作权或其他知识产权所有人、其代理人或依照法律授权之声明。

6. 您已充分了解做虚假指证的全部法律后果，在此前提下您保证所提供的前述资料均为合法的、正确的，并且您是著作权或知识产权的所有人或已经合法授权有权代理著作权或知识产权的所有人。您可以通过如下联络方式同雅虎中国联系：电子邮件：cn-copyright@cc.yahoo-inc.com。

3. 百度公司

作为一家搜索引擎提供商，百度公司在其网站专门提供了著作权保护声明，该声明的内容如下所示：

百度作为全球最大的中文搜索引擎，基于全球互联网向广大网民提供中文检索服务。根据用户本人的指令，百度的搜索引擎系统会以非人工检索方式自动生成到第三方网页的链接，以使用户能够找到和使用第三方网页上各种文档、资料等内容。“百度”自身不存储、控制、编辑或修改被链接的第三方网页上登载、存储、编辑、显示被检索（包括但不限于以文字、图片或音乐等形式出现）的信息的内容或其表现形式。

百度一贯高度重视知识产权保护并遵守中国各项知识产权法律、法规和具有约束力的规范性文件。重视正版，打击盗版。根据法律、法规和规范性文件要求，百度制定了旨在保护知识产权权利人的合法权益的措施和步骤，当著作权人和/或依法可以行使信息网络传播权的权利人（以下统称“权利人”）发现在百度生成的链接所指向的第三方网页的内容侵犯其信息网络传播权时，权利人应事先向百度发出“权利通知”，百度将根据中国法律法规和政府规范性文件采取措施断开相关链接。

具体措施和步骤如下：

权利通知

任何个人或单位如果同时符合以下两个条件：

1. 是某一作品的著作权人和/或依法可以行使信息网络传播权的权利人；

2. 百度的搜索引擎系统以自动检索方式而链接到第三方网页的内容侵犯了上述作品的信息网络传播权。

请上述个人或单位务必以书面（传真或邮寄信件）的通信方式向百度提交权利通知（除非有事先经百度同意，请勿使用电子邮件方式提交通知）。

请注意：如果权利通知的陈述失实，权利通知提交者将承担对由此造成的全部法律责任（包括但不限于赔偿各种费用及律师费）。如果上述个人或单位不确定网络上可获取的资料是否侵犯了其著作权，百度建议该个人或单位首先咨询专业人士。

为了百度有效处理上述个人或单位的权利通知，请使用以下格式（包括各条款的序号）：

1. 请提供具体的联络信息，包括姓名、身份证或护照复印件（对自然人）、单位登记证明复印件（对单位）、通信地址、电话号码、传真和电子邮件。

2. 请完整、准确地指明涉嫌侵权作品的名称和登载该作品的第三方网页的地址。

3. 请提供构成侵权的初步证明材料，谨此提示如以下材料可能会构成初步证明：

a. 对涉嫌侵权作品拥有著作权和/或依法可以行使信息网络传播权的权属证明。

b. 对涉嫌侵权作品侵权事实的举证。

4. 请您在该权利通知落款处亲笔签名，如果您是依法成立的机构或组织，请您加盖公章。

请您把以上资料和联络方式书面发往以下地址：

中国北京市北四环西路58号理想国际大厦12层

百度公司 法务部

邮政编码：100080

或，传真至：(86-10) 8260-7007 或 8260-7008

反通知

百度根据前述通知断开相关链接的，被断开链接的网站的所有权人/管理人可以依法向百度发出关于被断开链接的内容不侵犯信息网络传播权的反通知。反通知发出后，百度可以恢复被断开的链接内容，且依法对该恢复行为不承担法律责任。

请您务必以书面(传真或邮寄信件)的通信方式向我们提交“反通知”(除非有事先经百度同意，请勿使用电子邮件方式提交通知)。请注意：如果您“反通知”的陈述失实，您将承担对由此造成的全部法律责任(包括但不限于赔偿各种费用及律师费)。如果您不确定网络上可获取的资料是否侵犯了他人的权利，我们建议您首先咨询专业人士。

为了便于我们处理您的反对通知，请使用以下格式(包括各条款的序号)：

1. 请提供具体的联络信息，包括姓名、身份证或护照复印件(对自然人)、单位登记证明复印件(对单位)、通信地址、电话号码、传真和电子邮件。

2. 请完整、准确地指明要求恢复链接作品的名称和登载该作品的第三方网页的地址。

3. 请提供不构成侵权的初步证明材料，谨此提示如下材料可能会构成初步证明：

a. 对被指控侵权作品拥有著作权和/或依法可以行使信息网络传播权的权属证明。

b. 对被指控侵权作品依法登载的举证。

4. 请您在该反通知落款处亲笔签名，如果您是依法成立的机构或组织，请您加盖公章。

请您把以上资料和联络方式书面发往以下地址：

中国北京市北四环西路58号理想国际大厦12层

百度公司 法务部

邮政编码：100080

或，传真至：(86-10) 8260-7007 或 8260-7008

4.3 管理信息系统对工作环境和身体健康的影响

在应用管理信息系统的工作环境中，到处都是计算机、显示器、打印机、复印机、集线器等设备，这些工作环境对使用这些系统的管理人员的身体健康带来一定的损害。一般来说，管理信息系统在三个方面对管理人员身体健康带来损害：第一，工作环境对身体造成损害；

第二，不当的使用管理信息系统的方式对身体造成损害；第三，对使用管理信息系统的人员的人际情感带来不良影响。

4.3.1 工作环境对身体造成损害

管理信息系统工作环境是指那些使用和依靠管理信息系统的工作场所，这些工作场所集中了计算机、显示器、打印机、服务器、集线器等办公设备。在这种工作环境中，长期工作的人员会受到空气污染、噪声污染、电磁污染、信息污染等损害。

空气污染主要表现在机器废气带来的污染和房间装修带来的污染。管理信息系统的各种硬件设备会造成工作场所空气污染和负离子的缺乏。计算机元器件在机器加热启动后会放出各种废气与电离子，长期吸入对人体有很大伤害。一般地，工作场所的空气中存在着大量的悬浮物质。在这些悬浮物质中，对人体形成危害的悬浮物质主要包括无机盐、硫化物、磷化物、氧化物、油烟、金属离子、负离子等。在计算机开机后，这些悬浮物质进入计算机吸附在线路板上，形成人们肉眼能够看见的和不能看见的带电灰尘。随着时间的推移，线路板上吸附的灰尘越来越多，在散热风扇的吹动下进入室内，形成计算机废气。吸附在机器电路板上的污染物，在灰尘、水分子、金属离子、负离子等的共同作用下，会产生微电场，直接对人体产生伤害。从显示器荧光屏中释放的正离子像磁体一样，吸引室内空气中的负离子，破坏室内的电离环境。在使用管理信息系统的工作场所中，大多数由于装修过程中使用了非环保装修材料，这些装修材料会经常散发卤类、醛类、酮类、酯类等有害挥发性气体。

一般地，使用管理信息系统的工作场所都比较安静。但是，在这种环境中，由于机器噪声、人员嘈杂带来的低噪声污染也是不能忽视的。这种工作场所的噪声主要来源于计算机主机、键盘、空调器、电话、传真机等声音。虽然这些声音的音量不大，但是多种声音的组合会对人体产生没有规律的刺激。科学研究表明，一般情况下，在 40 分贝左右的声音下人们可以保持正常的注意力和反应力，在 50 分贝以上的环境中工作，时间长了就会出现听力下降、情绪烦躁，甚至会出现神经衰弱现象。其次，工作场所的人员噪声也不能忽视。许多使用管理信息系统的工作场所都是多人一起工作，工作人员之间的工作交谈、接听电话、来回走动等，都不可避免地产生嘈杂声，形成工作场所的人员噪声污染。

管理信息系统的硬件设备大都有电磁辐射现象。这些设备在工作时会产生各种不同波长频率的电磁破，这些电磁波充斥空间，无色无嗅无形，可以穿透包括人体在内的多种物质。人体如果长期暴露在超过安全辐射剂量下，人体细胞就会被大面积杀伤或杀死。长期处于过高的电磁辐射环境中，会使血液、淋巴液、细胞原生质等发生改变，诱发癌症并加速人体的癌细胞增殖，对人体产生严重的伤害。荧光屏和显示器是管理信息系统的主要输出设备，它们的色彩和闪烁对人体的视觉产生伤害。当眼睛长期面对荧光屏和显示器时，会对视力造成严重伤害。这些污染已经引起了有关国家政府的重视。例如，美国颁布了一个被称为视频显示终端(video display terminal，VDT)法案，该法案要求那些员工每天至少有 4 小时工作在计算机屏幕前的公司必须给员工每两小时休息 15 分钟的权利。

管理信息系统的工作场所是指处理各种管理信息的场所。在这些场所中也存在着严重的信息污染。信息污染是指信息资源中混入冗余性、干扰性、诱导性、欺骗性的信息。从当前研究来看，可以把信息污染分成 3 种类型，即计算机病毒、冗余信息、有害信息。计算机病毒不仅可以对文件、数据、系统进行攻击，而且可以对信息的存储、加工、处理、传播等信息生命期过程造成严重的负面影响，严重干扰管理人员使用管理信息系统进行正常的工作。冗余信息是指那些多余的、重复无用的信息，会给信息的甄选、鉴别带来困难，造成工作人员的精力和精神的浪费，引起信息不吸收、信息疲劳、信息超载等问题。有害信息是指肤浅的、蓄意制造的虚假信息对管理人员带来的影响。

背景知识：健康透支十大行业

2006年8月6日，中华医院管理学会医疗卫生技术应用管理专业委员会、中国医师协会医师健康管理与医师健康保险专业委员会协同北京慈济健康体检连锁机构联合评出和发布了透支最为严重的十大行业，IT行业位居榜首，依次是企业高管、媒体记者、证券、保险、出租车司机、交警、销售、律师、教师行业。

据专家介绍，健康透支即过度劳累，健康人透支太多健康资源后便进入亚健康状态，常会感到身体不舒服，具体表现为乏力困倦、肌肉酸痛、失眠憔悴、头痛头晕等症状。如果此时不注意休整保养，人体将进入疾病状态，严重的甚至会"过劳死"。

调查发现，IT行业居健康透支十大行业之首，IT人群易患疾病主要为脊椎病、血脂增高、血糖增高、脂肪肝和眼科疾病。这些疾病大都属于代谢紊乱疾病，与人们生活水平提高有密切关系，若不及时干预，会发展成为糖尿病和心脑血管病等疾病，成为猝死事件的幕后魔手。此外，疲劳、失眠、心理障碍等亚健康问题也非常严重，这类疾病的形成除工作紧张、经常加班等压力因素之外，长时间上网、应酬过多、饮食不科学、作息无规律、缺少体育锻炼以及家庭不和谐、精神压抑等都是重要因素。

据专家介绍，健康透支较多的人群可在日常生活中多摄入青菜、蔬果等含维生素和矿物质较丰富的食物，另外通过打坐、太极拳等轻缓的运动调节血液循环，建立健康的作息时间表，逐渐弥补失去的健康资源。

4.3.2 不当的工作方式对身体造成损害

从事管理信息系统的开发、应用的人员也会由于不当的工作方式而对身体造成损害，这些不当的工作方式包括长期静坐、生活不规律、过度疲劳等。

从事与管理信息系统相关工作的人员的技术工具主要是计算机，主要的工作方式是坐在计算机旁工作，身体长期处于静坐状态，会引起颈、肩、腰、腕、腿等部位的疾病、血管疾病、眼睛疾病等。

长时间保持统一姿态使用键盘、鼠标等工作，腕部、颈椎长时间处于前屈位或某些特定体位，颈椎间盘内的压力增高，迫使颈部肌肉初期处于紧张状态，很容易导致腕肌、颈肌劳损。长时间保持端坐姿态，肩部肌肉处于紧张状态，易压迫血管，从而导致血液供给不足。长时间端坐，背部肌肉得不到必要的活动，腰椎骨盆长时间承受全身的重量，会导致椎间盘组织弹性减退和脊椎骨质增生。大多数的这些疾病被称为重复性劳损(repetitive stress injury，RSI)。例如，鼠标手就是一种常见的RSI疾病。

坐的时间过多、过久，下肢持续屈曲，缺少活动，腿部肌肉的张力和收缩力就会下降，静脉血液回流不畅。久而久之，下肢静脉就会有淤血，容易患下肢静脉屈张。直肠附近的静脉发生淤血，容易患痔疮。

由于与管理信息系统相关的信息技术发展迅速、更新换代快，与此相关的工作人员处于一种高强度的工作节奏中，很多人难以按照正常的生活规律来安排工作和生活的关系，处于一种经常性的不规律状态，对身体造成损害。例如，饮食不规律，容易引发胃炎、胃溃疡、胃下垂、肠癌等疾病。作息时间不规律，容易造成人体生物钟长期紊乱，导致人体体温、血压、呼吸、内分泌等疾病。甚至由于太累了、太疲劳了，导致过度疲劳疾病，引起体内潜伏的疾病急速恶化，继而出现致命的症状，最终导致"过劳死"的悲剧。

案例讨论：拯救"鼠标手"

"鼠标手"在医学上称为腕管综合征，是一种因长时间使用计算机而形成的职业病。每天持续 2 小时到 6 小时手持计算机鼠标工作或玩计算机游戏的人，都会有不同程度的腕部损伤。

如果在操作计算机时感觉到手掌麻木，食指在拖动鼠标时容易抽筋，腕关节肿胀，手部动作不灵活甚至无力，出现这些症状的话，那么可要注意了，您有可能正在受到"鼠标手"也就是腕管综合症这种病症的侵扰！

腕管是由腕横韧带与腕骨沟共同围成的纤维性隧道，保护着手腕的正中神经。一般情况下，手腕在正常情况下活动不会妨碍正中神经。

但是，当操作计算机时，由于键盘和鼠标有一定的高度，手腕必须背屈一定角度，这时腕部处于强迫体位，不能自然伸展。手腕关节长时间处于紧张状态，压迫了腕管中的正中神经，使神经传导被阻断，从而造成手掌的感觉与运动发生障碍，于是就会出现上面所说的那些症状了。

都是鼠标惹的祸！您要注意了，这"鼠标手"的滋味还真是不好受呢。现在这种病症已经引起全世界的重视了。美国职业安全卫生研究所将这种损伤列为影响工作的 10 个首要问题之一。

但是，遗憾的是，此类损伤目前还没有特效的治疗方法，只有休息静养。可是现在社会竞争如此激烈，休息一天，代价很可能是惨痛的啊。因此，积极预防就变得非常重要了。

专家建议，对于"鼠标手"来说，最主要的预防措施就是改进人机界面，让系统能够适合人的生理解剖特点。专家通过研究发现，腕部在保持 0 度时，操作者的腕部可处于自然平伸状态，这时，操作者感觉最舒服，腕部症状的发生率也最低。这样就能有效预防腕部损伤。

针对工作方式不当对身体造成伤害的现象，很多专家提出了一些建议：

(1) 键盘的倾斜度应该合理，且可以根据使用者的感觉和喜好来调整。

(2) 计算机显示器的屏幕的设计应该合理，放置应该灵活。

(3) 计算机桌和椅子的设计和放置应该符合工效学的基本原则。

(4) 从事管理信息系统工作的人员应该保持姿势和设备放置正确，养成良好的工作习惯。

(5) 不要忽略腕部、颈部等疼痛或不舒服，及早发现 RSI 现象，及早医治。

(6) 多做伸展和力度训练,使身体的各部位能够处于平衡活动状态。

(7) 研究和使用无毒清洗液、低功耗的 PC 等。

4.3.3 对人际情感的影响

人际情感是指人际交往过程中产生的情感。管理信息系统的广泛应用,对人际情感也带来了许多积极的和负面的影响。

从积极的视角来看,管理信息系统的使用加强了人们之间的彼此联系,创造了更多的情感交流途径,提供了更丰富的情感表达方式,增加了新的情感内容。

传统的人际直接的情感交流包括语言、表情、肢体动作、触觉、嗅觉、心灵感应等,这是交流双方都在同一个现场中的交流方式。随着文字、印刷、邮政、电报、电话、网络、无线通信等信息技术和信息系统的发展,人际之间的情感交流的方式越来越多,逐渐脱离了"现场"的限制。在使用管理信息系统的过程中,许多工作人员之间可以进行很好的交流。从技术发展来看,人们甚至可以通过信息技术模拟虚拟的触觉和嗅觉,建立虚拟现实系统。

传统的人际情感的主要表达方式是语言、文字等形式,这些表达方式在时间、空间方面都有很大的局限性。在信息技术和信息系统高速发展和应用的今天,手机、PDA、DC、DV、MP3、MP4、移动硬盘、录音笔、电邮、网聊、博客等众多的数码产品和虚拟世界为人际情感提供了更加丰富的表达方式,人际情感的直接感官交流正在向通过信息技术和信息系统来交流发展。

从消极的视角来看,管理信息系统的广泛使用也带来了人际情感的疏离和不当的人际情感类型。

信息技术和信息系统的广泛应用为人际情感提供了更加快捷、丰富、形象的表达方式,甚至在许多方面已经取代了传统方式,例如,电话问候、拜年取代了当面问候、拜年,网上聊天取代了促膝谈心,打印的信件、电邮取代了亲笔信、电报,网上办公取代了面对面办公、交流,等等。这些取代方式是时代发展和进步的结果,但是在人和人之间出现了技术产物,人际情感中出现了技术因素,造成人际情感逐渐隔离、淡泊,人际之间的深入了解、交流变得越来越困难,也引起一系列的社会危机。

在信息技术和信息系统广泛应用的情况下,也滋生了许多不当的人际情感。不当情感是指不值得提倡、与社会基本道德相违背的人和人之间的关系,例如网恋、网爱、欺诈等现象。这是因为在信息技术和信息系统环境下,人与人之间不需要以现实的物理身体作为依托,在网络中摆脱了传统的责任、义务、尊严、伦理、法律等约束,赤裸裸地表达自己的真实情感或虚假情感。这种现象的滋生蔓延会对正常的社会秩序带来严重的冲击。

4.4 对经典管理理论的影响

管理信息系统对经典的管理理论有很大的影响。在管理领域,一般地,把经典管理理论化分成 3 种学派,即技术理性学派、行为学派和认知学派。当然,这些学派之间的观点不是互相矛盾的,而是互相关联和互相补充的。

技术理性学派强调如何准确地完成各项工作、各项工作是如何组织起来的、整个生产系统是如何组织起来的。在行为学派看来，组织是一个类似发动机一样的封闭的机械系统，就像发动机那样，组织的效率和效果取决于精确设计的零件和把这些零件精巧地装配在一起。管理人员则可以通过研究这些零件(作业、任务、人员、机器等)、重新设计这些零件、认真观察其运行方式以便提高其运行效果。技术理性学派有两个分支，一是来自于工厂作业的科学管理学派，另一个是来自组织管理的行政管理学派。就像机器的运行机制可以不断提高一样，组织的业务流程和运行机制也可以通过采用信息系统来不断地改进和提高。

例如，在工作分析方面，传统的科学管理学派强调时间研究、动作研究，其目的是提高每一个操作人员的工作效率。但是，使用信息技术和信息系统之后，强调对一个团队、一个小组、整个组织的业务流程进行研究，重新分析和设计原有的工作方式和业务流程，极大地提高生产效率。

在行政管理方面，传统的行政管理学派强调开发一个复杂的、官僚式的报告结构，这样可以实现对组织的管理。但是，在信息时代强调对整个组织的信息流进行研究。特别是在信息密集型组织中，使用基于信息技术和信息系统的工作流系统，以及自动化公文、报告的流转过程，可以大大提高组织中报告系统的效率。

但是，技术理性学派没有更好地考虑组织中的工作人员不是机器，而是活生生的人；没有更好地考虑组织中的非正式团队的存在、小型团队的存在和作用以及其他社会现象；没有考虑组织赖以生存的外部环境对组织的影响。许多行为科学家通过对组织的运行机制、管理人员的实际工作的观察和研究，提出了一些自己的思想和方法。这些思想和方法称为行为学派观点。

行为学派强调的是组织如何更好地适应组织外部和内部各种环境的影响和变化。在行为学派看来，组织是一个就像细胞、动物一样的开放的肌体，组织的效率和效果依赖于适应外界环境的能力和调整内部结构以便所有组成部分都能保持协调一致的能力。管理人员的作用是对组织进行连续的设计使得组织能够适应环境和生存，并且确保组织中的成员都能心情舒畅地充分发挥自己的作用。行为学派也有两个分支，集中于研究工作人员心理和社会需求的人际关系学派，主要是研究组织结构和适应不断变化的外部环境的组织需求的系统结构学派。行为学派认为管理人员的日常行为并不像技术理性学派说的那样非常系统规范，而是由一系列非系统的、非正式的、非被动的、非策划的活动组成，很难分辨清楚哪些活动是计划、哪些活动是决策、哪些活动是控制等。

为了更好地理解管理者的行为，管理学家亨利·明茨伯格总结出管理者要担当的 10 种内容不同但是却密切相关的角色。管理角色是指管理者行为的各种特定类型，这 10 种角色又可以分为人际关系部分、信息转换部分和决策部分。其中，人际关系部分包括挂名者角色、领导人角色和联络人角色，信息转换部分包括信息收集人角色、信息传播人角色和发言人角色，决策部分包括企业家角色、危机处理者角色、资源分配者角色和谈判者角色。图 4-3 是管理角色的示意图。

挂名者角色是组织的象征性首脑，具有许多法定的或社会性的理性职务。常见的活动包括礼节性地接待客人、签署组织的法律文书等。从管理信息系统角度来看，还没有支持这些活动的有效系统。

领导人角色负责对下属进行激励和鼓励，负责人事、培训等辅助性事务，主要的活动是

图 4-3 亨利·明茨伯格提出的管理角色示意图

领导和执行有下属参与的所有活动。人力资源绩效考核信息系统等对该角色有一定的支持作用。

联络人角色负责与那些能为组织带来利益和信息的外部联络人维持一种自我发展式的联系,主要的活动包括回复来函、参与董事会活动、参与外事活动等。各种类型的计算机工作协同信息系统可以提高该角色的工作效率。

信息收集人角色负责收集和接收各种信息,以便对组织和环境有彻底的了解,成为组织中内部和外部信息的神经中枢,主要活动包括阅读各种报告、收集信息、保持个人联系等。可以这样说,TPS、MIS 都对这种角色有更大的帮助作用。

信息传播人角色负责将收集到的各种信息传播给组织中的其他成员,有些是即时信息,有些是会对组织产生影响的各种不同价值观的解释和意见,主要活动包括主持信息收集和传播工作会议、即时召开电视电话会议。在信息时代,信息传播方式有了新的变化,例如各种邮件系统、办公自动化系统、网聊、博客都可以对信息传播人的工作进行支持。

发言人角色负责将组织的计划、政策、行动、结果等信息传播给组织以外的人,主要的活动包括举行对外发布会、向媒体传递信息等。在这个领域,信息发布系统、办公自动化系统、企业门户系统等对这种角色产生影响。

企业家角色负责审视组织发展及其外部环境变化中的机会,提出组织的重大变革方案,对某些既定方案的设计进行监督,主要活动包括参加新项目开发的战略性会议等。从现在来看,还没有有效的信息系统支持这方面的工作。

危机处理者角色在组织遭遇重大的突发性事件时,负责采取正确的补救行动,主要活动包括主持召开突发性和危机事件的战略性、审核性会议。在管理信息系统领域还没有支持这种危机处理工作的有效的系统。

资源分配者角色负责对组织的各种资源进行有效的分配,对组织所有的重大决定进行判断或评估,主要活动包括安排进程、要求授权、执行预算编制、安排调度下属的工作等。从当前管理信息系统的现状来看,DSS、各种生产计划管理信息系统、项目管理信息系统可以支持这方面的工作。

谈判者角色代表组织负责主要的谈判工作，例如参加与供应商的合同谈判等。从现在来看，没有有效的管理信息系统支持管理人员的谈判工作。

从行为学派角度来看，管理信息系统在计划、组织、领导、控制、创新等诸多职能领域通过协同工作系统、工作监控系统、群件系统、生产计划管理系统、办公自动化系统等对管理带来了巨大的影响，形成了战略信息系统、网络化组织、虚拟企业、动态联盟等管理思想和理论。

认知学派强调知识、核心竞争力、感性认识在组织和管理中的重要性。在认知学派看来，组织是一个有学识、有知觉的肌体。就像人类一样，组织的目标就是不断认识和理解环境、不断地学习、不断地积累知识。组织的效率和效果取决于对事情的理解和判断的能力，以及采集、创造、存储、传播、使用信息和知识的能力。从认知学派的视角来看，管理人员的作用就是利用自己的认识和理解能力正确地描述和定义组织所处的境况，以便能够发现问题、提出针对问题的解决方案、创建可以处理信息和知识的基础设施。认知学派也可以分成两个分支，即感性管理学派和知识管理学派。感性管理学派强调管理人员感性认识的重要性，可以正确地认识和解释组织环境中发生的各种事件、可以理解和抽象组织面临的各种问题、可以定义一整套的解决方案、可以决策解决方案。知识管理学派则特别强调信息和知识在管理中的作用。

从认知学派视角来看，管理信息系统对管理的影响是非常巨大的。首先，信息技术和信息系统推动了认知学派思想的发展。其次，管理信息系统可以更加有效地帮助组织认识和理解环境，可以影响人们的认识和理解活动，可以获得、处理和使用更多的知识；管理信息系统可以帮助组织更加快速地对环境的变化作出反应，可以协同和增强知识工人的工作；可以使用多媒体技术和 Internet 技术存储和传播信息和知识，从而使得信息和知识的交流更加有效。

4.5 对经典经济理论的影响

信息技术和管理信息系统的广泛应用，对传统的经济理论产生了巨大的影响，甚至使某些经济理论的基础发生了动摇。当然，信息技术和管理信息系统对经济理论的影响还有待于实践的检验。这里主要讨论对传统的生产函数模型理论、交易成本理论、代理成本理论的影响。

生产函数模型理论是微观经济学的基础理论，它用于解释特定企业的产出取决于该企业的资本和劳动力的数量。实际上，生产函数模型理论描述了企业各组成元素之间的有机联系，衡量和标志企业的技术构成和水平。对于企业来说，如果应用了信息技术和管理信息系统，那么该企业原有的技术构成和水平发生了变化，并且可以减少企业中层管理人员和某些业务人员的数量。在如图 4-4 所示的生产函数模型理论示意图中，横坐标表示劳动力的数量，纵坐标表示资本的数量，曲线表示企业的产出。一般地，随着信息技术成本的大幅度降低，企业如果采用了信息技术和管理信息系统，那么表示企业产出的曲线向原点方向发生了偏移。这种偏移表示，当应用信息技术和信息系统之后，企业提高了技术构成和水平，可以降低劳动力和资本数量，但是企业的产出依然保持不变。从图中可以看出，在同样的投资

C 和同样的产出情况下，未应用信息技术和信息系统时需要的劳动力 L_1 大于应用信息技术和信息系统后需要的劳动力 L_2。

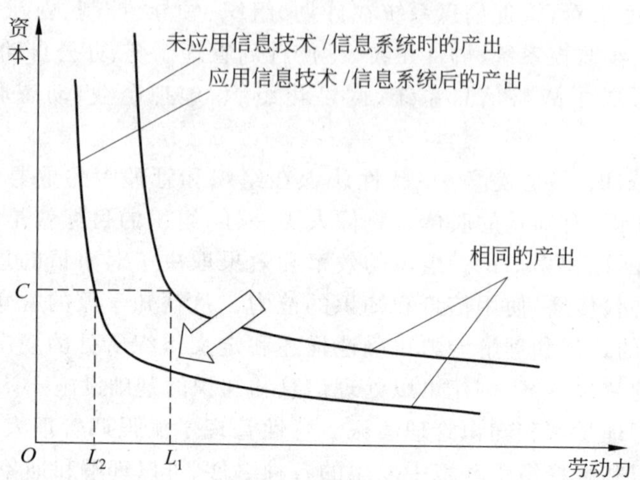

图 4-4　管理信息系统对生产函数模型理论的影响示意图

管理信息系统还有助于降低组织的规模，这是因为广泛地应用信息技术和管理信息系统可以降低组织的交易成本。交易成本是指组织在从事交易过程中的所有耗费。采用管理信息系统之后，可以降低组织的寻求客户的成本和采集各种有关信息的成本、降低组织企业之间的协作成本，等等。这时，组织可以使用更少的雇员，在管理信息系统的辅助下，完成更多的交易。在如图 4-5 所示的交易成本理论示意图中，横坐标表示组织的规模(组织的规模可以使用员工数量表示)，纵坐标表示交易成本，曲线表示组织完成的交易量。如果组织采用了信息技术和管理信息系统，那么表示组织交易数量的曲线向原点方向发生了偏移。这种偏移表示，在广泛应用信息技术和信息系统的情景下，组织可以降低规模(比较少的员工数量)和交易成本，但是保持交易数量不变。

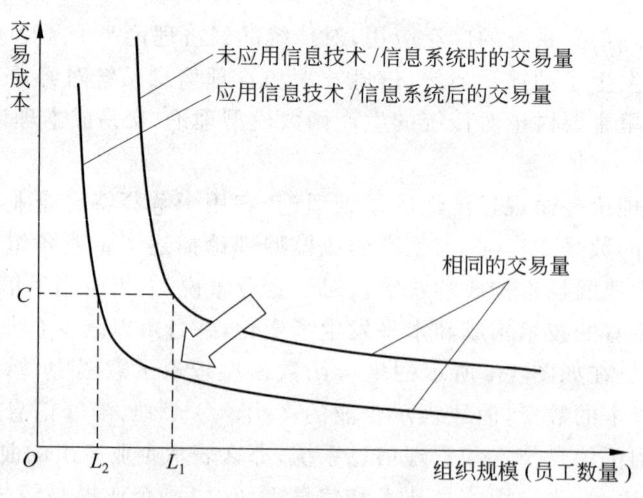

图 4-5　管理信息系统对交易成本理论的影响示意图

信息技术和管理信息系统的应用还可以降低企业内部的管理成本。根据代理理论,可以把企业看成是由一个个员工通过签订合同组成的单位。其中,每一个人都希望获取最大的收益。例如,企业的所有者需要雇佣一些员工替他完成一些他自己无力完成的工作。但是,为了保证所聘的雇员可以更好地工作,企业的所有者必须耗费金钱和时间监视和控制所聘人员的工作,这些费用就是代理成本。使用信息技术和管理信息系统可以降低获取信息和分析信息的成本,企业的所有者可以非常容易地监视和控制员工的工作。在如图 4-6 所示的代理成本理论示意图中,横坐标表示企业的规模(使用员工数量表示),纵坐标表示代理成本的数量,曲线表示企业可以获取的利润。一般地,当某个企业的组织结构稳定下来之后,如果希望增加企业的利润,那么必须扩大企业的规模,但是所需要的代理成本也随之增加。但是,如果使用了信息技术和管理信息系统,那么利润曲线向右发生了移动,表示如果希望提高企业的利润,那么在同样的规模情况下,可以大大降低所需要的代理成本。

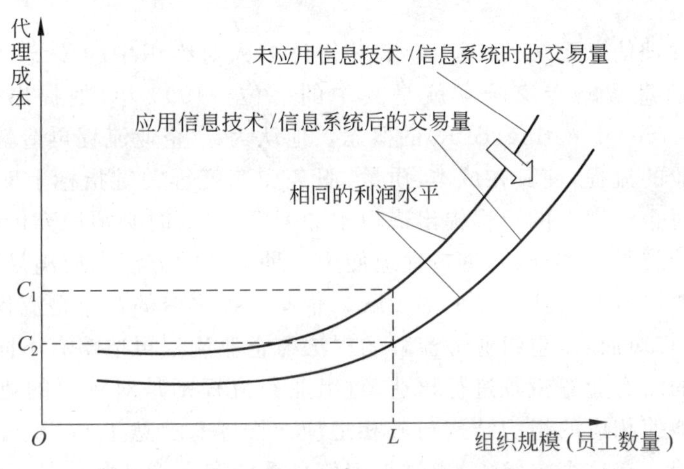

图 4-6　管理信息系统对代理成本理论的影响示意图

4.6　管理信息系统对组织的影响

管理信息系统对组织的影响是广泛的和深刻的,从组织战略到业务操作、从组织文化到工作方式、从组织结构到业务流程、从管理思想到管理手段、从产品创新到管理创新,管理信息系统的影响无处不在。管理信息系统与组织的融合越来越密切,管理信息系统的广泛应用使得组织不断地进行自我调整以便适应新的变化,管理信息系统也为了更好地满足组织的多方面的需求变得越来越复杂。下面主要研究扁平化组织层次、重组业务流程、工作位置分散化、提高组织的灵活性、重新定义组织的边界等内容。

计算机技术,特别是网络技术、Internet 技术,正在把传统的组织变成一个网络化的组织。在传统的组织中,特别是对许多大型组织,管理层次越来越多,这种官僚阶层已经成为企业发展的最大障碍。通过大量使用管理信息系统,组织中的高层管理人员可以及时准确地了解业务操作人员的工作状况,也可以快速地把各种指令和信息传递到操作人员处,因此可以大大减少管理的中间阶层,降低中层管理人员的数量。这种扁平化组织的示意图如

图 4-7 所示。在如图 4-7 所示的扁平化前的组织结构中，有 5 个组织层次，有 18 个中层管理人员。在扁平化后的组织结构中，有 3 个组织层次，只有 5 个中层管理人员。

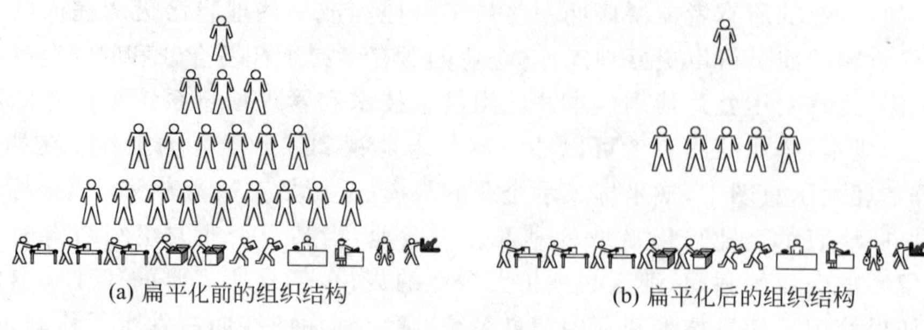

图 4-7　扁平化组织结构示意图

信息技术和管理信息系统的广泛应用，使得许多人对组织中的传统业务流程和组织结构产生了疑问。信息战略专家哈默就是其中的一位。1990 年，他提出了企业流程再造(business process reengineering，BPR)的概念。他认为："企业流程再造就是从根本上考虑和彻底地设计企业的流程，使其在成本、质量、服务和速度等关键指标上取得显著的提高。"根本上考虑就是对企业现有的流程提出最根本的疑问，再造时必须抛弃传统的框框、约束和规则。彻底地设计就是从零开始，创造性地使用一种全新的方法完成满足顾客需求的流程。显著的提高就是要取得经营业绩极大的飞跃。企业流程再造的对象是流程，而不是任务、人员、组织结构等。相对而言，重组业务流程的提法与企业流程再造略有不同。企业流程再造强调对整个企业的所有业务流程进行再造，重组业务流程则是对主要的业务流程进行分析和再设计并切实地使相应的组织结构与其相适应。图 4-8 示意了 GTE 公司对电话维修业务流程进行了重组。在这个重组中，通过采用信息系统和全能技师代替了原来的接线员、检查员和维修工的工作。

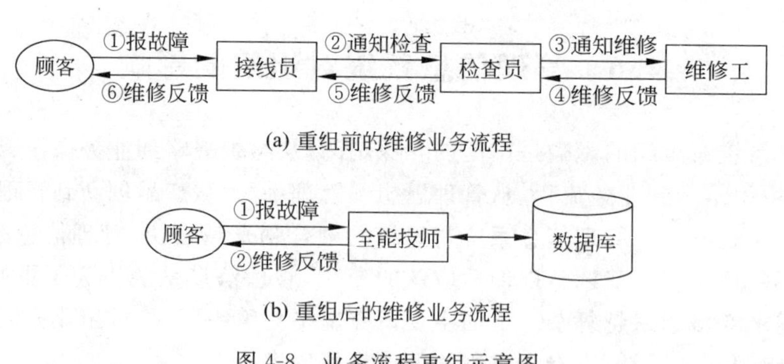

图 4-8　业务流程重组示意图

通过使用各种信息技术，包括管理信息系统、计算机辅助设计、计算机辅助制造、Internet 技术、可视化会议系统、电子邮件等，员工之间的沟通已经没有空间的限制了，组织中的工作人员没有必要完全集中在一个地方工作，而是可以根据组织的具体情况，分散到多个不同的位置工作。这时，便形成了一种虚拟组织或虚拟联盟或虚拟企业，流行 SOHO(small office and home office,小办公室和居家办公)办公方式。这种虚拟组织的结构示意图如图 4-9 所示。在如图 4-9 所示的虚拟公司中,大多数员工的工作使用各种计算机系统来执行,组织之间的协调工作通过通信网络、邮件系统等完成。

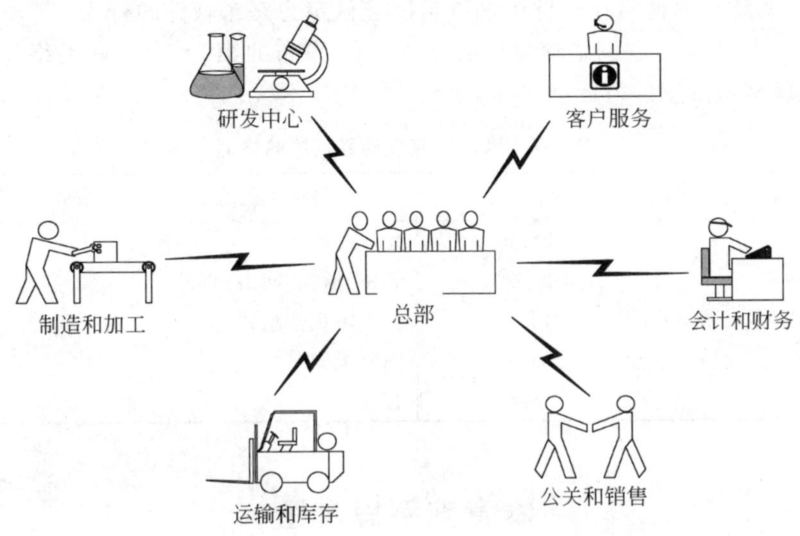

图 4-9　虚拟组织结构示意图

管理信息系统提高了组织的灵活性,表现在下面几个方面。通过采用网络技术,组织对市场环境的变化有了更加快速的反应能力,可以发现新的商业机会。组织规模更加灵活,通过采用管理信息系统,使得根据实际需要增大组织规模或缩小组织规模变得更加方便。例如,小公司可以通过在线订购系统和在线服务处理更多的业务,而不是需要更多的人员处理这些业务,使得小公司可以像大公司一样运行。大公司通过采用在线订购系统和协同工作信息系统,可以实现大批量定制模式,从而达到像小公司那样灵活响应市场变化的程度。

管理信息系统使得许多企业之间的下达订单、货款支付等业务都可以通过电子方式进行,大大降低了企业获得产品和服务的成本。甚至在许多企业之间,通过建立组织间信息系统、供应链管理系统使得企业可以共享业务数据库、产品目录、邮件系统等。这样,组织和组织之间的关系正在发生变化,组织的界限也正在越来越模糊。

本章案例　恶意软件的特征

2006 年 10 月,中国互联网协会公布了恶意软件的八大特征,称具有其中任意一项特征的软件就是恶意软件。这八大特征分别是强制安装、难以卸载、浏览器劫持、广告弹出、恶意收集用户信息、恶意卸载、恶意捆绑、其他侵犯用户知情权或选择权的恶意行为。

强制安装是指在未明确提示用户或未经用户许可的情况下,在用户计算机或其他终端上安装软件的行为。难以卸载是指未提供通用的卸载方式,或在不受其他软件影响、认为破坏的情况下,卸载后仍然有活动程序的行为。浏览器劫持是指未经用户许可,修改用户浏览器或其他相关设置,迫使用户访问特定网站或导致用户无法正常上网的行为。广告弹出是指在未明确提示用户或未经用户许可的情况下，利用安装在用户计算机或其他终端上软件弹出广告的行为。恶意收集用户信息是指未明确提示用户或未经用户许可，恶意收集用户信息的行为。恶意卸载是指未明确提示用户、未经用户许可，或误导、欺骗用户卸载非恶意软件的行为。恶意捆绑是指在软件中捆绑被已经认定为恶意软件的行为。

2006 年 7 月，中国互联网络信息中心(CNNIC)发布的第 18 次互联网络发展报告中指出，网民对互联网最反感的方面如表 4-1 所示。

表 4-1 网民对互联网最反感的方面

最反感的方面	比例/%	最反感的方面	比例/%
网络病毒	29.2	垃圾邮件	5.9
弹出式广告/窗口	20.9	诱骗/欺诈/网络钓鱼	5.3
网络入侵/攻击(包括木马)	12.5	网上不良信息	4.5
网上收费陷阱	9.3	隐私泄露	3.1
网上虚假信息	8.6	其他	0.7

本章案例思考题

1. 收集资料，分组讨论：应该如何处置恶意软件？
2. 收集资料，分组讨论：应该如何对付互联网最反感的方面？
3. 你认为管理信息系统领域中的隐私和道德标准是什么？

本 章 小 结

本章研究了管理信息系统对道德、隐私、知识产权、工作环境、身体健康、管理理论、经济理论、组织变革等方面的影响。在道德方面，许多人提倡建立信息时代的道德观。在隐私保护方面，许多信息原则被提出来了，有些国家也出台了保护隐私的相关法律。知识产权保护方面存在激烈的争论。人们现在越来越关心管理信息系统应用带来的工作环境和身体健康问题。管理信息系统对技术理性理论学派、行为学派、认知学派的影响是巨大的。经济学界的许多基本理论正在发生变化。管理信息系统对组织的影响是长期的和深远的。

思考和练习题

1. 解释道德和隐私的概念。
2. 简述道德的效用观、道德的权利观和道德的公平观的基本内容。
3. 什么是 PAPA 道德问题框架？
4. 什么是 SC 观点？
5. 怎样理解信息时代的 FMD 模型？
6. 你认为应该怎样确定知识产权保护的水平？

7. 有人认为，隐私保护不是绝对的，隐私保护和社会需求之间应该达到平衡，公众知情的权利总是大于个人保护隐私的权利。你对这个观点是如何理解的？

8. 登录工行网银受害者联盟(www.ak.cn)网站，分组讨论网银资金被盗事件涉及哪些道德问题？

9. 收集资料，讨论管理信息系统对工作环境和身体健康方面造成的损害。

10. 你如何理解管理信息系统对管理理论的影响？举例说明。

11. 收集业务流程示例，分析管理信息系统的作用。

12. 怎样理解信息时代组织的边界正在逐渐模糊？

第5章 信息生命期和信息管理

【场景】 什么是信息质量和信息管理？

在公司的质量管理部，周部长和李主任讨论产品质量问题。

“李主任，我想请教一个问题。”周部长谦虚地说。

“不客气，请讲。”李主任说。

“我从事质量管理工作已经20多年了，产品质量方面的业务我非常熟悉。但是，关于信息质量的概念，我不完全理解”。周部长直爽地说。

“周部长，你随便举出一个产品质量的问题，咱们讨论一下吧。”李主任说。

“上个月，咱们公司接到客户投诉5次，这些投诉都与产品质量有关。”周部长说着，停了一下，继续说，“这个信息的质量如何呢？”

“5次，您确定吗？不会是3次，或6次吧？”李主任反问道。

“不错，是5次。”周部长肯定地说。

“你说客户投诉5次，除此之外，我听说咱们公司员工自己还发现了3次质量问题。对吗？”

“是的。”

“今天是23日，距上个月已经过去了20多天，对吧？”

“是的。”

“现在，我回答您的问题。从准确性方面看，您说的5次客户投诉是正确的，因此该信息的质量比较高。从完整性方面看，您只是提到了5次客户投诉，但是没有提到3次员工投诉，因此信息质量不高。从及时性方面来看，您提到的这些信息似乎过时了，因此从现在来看，这种信息的质量不是特别高。”

“我有点信息质量的感觉了。但是，我还是不明白，到底什么是信息质量呢？”

“信息，就像咱们生产的汽车一样，需要很多的特征指标来描述。如果信息的特征指标达到了咱们的预定的要求，那么就说这种信息的质量比较高。如果信息的特征指标参差不齐，那么需要经过分析来判断信息的质量高低。实际上，信息质量是信息管理中的一个问题。”

“什么是信息管理呢？”周部长一脸困惑地问。

当理解了信息的基本特点之后，自然会产生这样的疑问：如何使用基本信息的特点对信息进行管理？信息管理的基本活动是什么？可否按照信息的生命期把信息的活动划分为若干个阶段？当然，这里需要考虑信息的生命期问题。那么，信息有无生命期？如果有生命期，那么按照信息生命期划分的主要阶段是什么？在不同的信息生命期阶段中，如何对信息进行管理？当然，这里说的管理，不是普遍意义上的信息管理，而是与管理领域紧密关联的信息管理。在管理领域中，与信息生命期的阶段对应的信息管理工作是什么？如何开展这些信息管理工作呢？本章的目的就是要研究和解决这些问题。

本章目标：

- 理解信息生命期的概念和阶段的特点；
- 理解信息管理工作的主要内容的特点；
- 了解和掌握信息需求分析的内容、原则和主要活动；
- 了解信息源分析的内容和特点；
- 理解和掌握信息编码的概念、原则、方法；
- 理解和掌握信息采集的主要内容、原则和采集过程；
- 了解信息存储的内容和特点；
- 理解和掌握信息加工的概念、原则和方法；
- 理解信息传输、信息使用、信息反馈的内容特点。

5.1 信息生命期和信息管理工作

本节主要讲述两个方面的内容。首先，分析信息生命期的概念和阶段特点，目的是对信息生命阶段有一个完整的和系统的认识。然后，基于信息生命期的主要阶段提出信息管理工作的主要活动内容。

信息生命期是指信息从产生到使用的整个过程，就像人的生命过程一样，既有诞生又有消亡。虽然说信息本身是无生命的，因为它既不能像人一样呼吸、又不能像人一样饮食，谈不上生命期的概念，但是由于信息在信息系统流动中存在从无到有、从有到用的各种信息活动，这些信息活动就像有生命的生物一样遵循从诞生到衰亡这个千古不变的客观规律，因此为了研究和使用方便起见，我们认为信息是有生命期的，并且基于信息生命期的特点把与信息管理相关的活动划分成若干个阶段。

一般地认为，在信息系统中，信息生命期包括 6 个阶段，即信息采集、信息存储、信息加工、信息传输、信息使用、信息反馈等阶段。信息采集是指将信息源发生的信息采集到信息系统过程中的活动阶段，这种活动是整个信息系统处理和使用信息的起点。信息存储是指信息在信息系统中以某种特定的形式存放在指定介质的活动阶段，这是信息在信息系统中的表现形式。信息加工是信息使用者的主观行为，其目的是使得捕捉到信息系统中的信息能够以用户希望的方式满足用户的需求。信息传输是指信息从信息源传输到信息使用者所在位置的活动阶段。信息使用是信息的最终目的和发挥信息作用的活动阶段。信息反馈是指用户在使用了信息之后采取的能够影响信息源的措施，其目的是使得信息系统捕捉到的信息和加工后的信息与用户的需求更加贴近。

在管理信息系统领域中，信息生命期的 6 个阶段依然存在。但是，仅仅研究这 6 个生命期阶段是不够的。管理信息系统是一种专业应用性特别强的信息系统，其目的是非常明确的：以有效的信息形式满足用户管理和决策需要。用户提出的不同需求可能会导致不同的管理信息系统的产生。从目的性来讲，管理信息系统需要满足用户对管理信息的需求。为了满足用户的信息需求，就需要了解、分析用户的信息需求。因此，在管理信息系统中，信息需求阶段应该作为信息生命期的第一个阶段。现在已经把信息生命期从 6 个阶段扩展到 7 个阶段了，这时的信息生命期是否能够满足管理信息系统的需求呢？不能。为什么呢？

管理信息是在何处产生的？什么时间会发生管理信息的产生事件？同样的地方、同样的时间会产生哪些管理信息？哪些信息可以满足用户对信息的需求？哪些信息暂时不能满足用户的信息需求？这些信息的产生过程是否可以人为地控制？信源分析阶段的目的就是解决这些问题。

在管理领域中，管理信息是无处不在的，表现形式也是多种多样的。但是，如何识别这些千奇百态的管理信息呢？如何有效地表示这些令人眼花缭乱的信息呢？如何高效率地采集和加工这些浩如烟海的信息呢？从现在来看，解决这些问题的有效手段就是对管理信息进行分类和编码。因此，可以这样说，信息编码也是管理信息系统中必不可少的一项重要阶段。

综上所述，在管理信息系统领域中，信息生命期分为 9 个阶段，即信息需求分析、信源分析、信息编码、信息采集、信息存储、信息加工、信息传输、信息使用和信息反馈等，其各个阶段之间的关系结构示意图如图 5-1 所示。

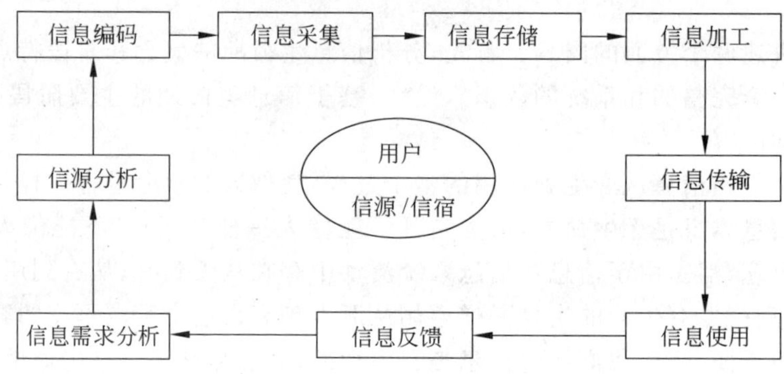

图 5-1　信息生命期阶段结构示意图

在如图 5-1 所示的信息生命期阶段结构示意图中描述了信息生命期阶段的两种运动形式。一是位于外部的各个阶段之间呈现周而复始的运动规律，表示出了各个阶段在信息生命期中呈现的次序关系；二是这些阶段与位于核心的用户之间的关系形式，这是因为用户是信息生命期中活动的起点，又是信息生命期中活动的归属。

作为一种信息管理的基本原则，信息生命期原则深刻地揭示了信息运动和变化的规律，描述了处于不同运动状态的信息表现形式的特点，因此该原则是所有信息系统包括管理信息系统必须遵守的最基本的原则，是指导我们建设和使用管理信息系统的核心思想。本章后面的内容将详细研究信息生命期各个阶段中的主要活动。

5.2　信息需求分析

信息需求分析是信息生命期的第一个阶段，信息需求分析阶段形成的结果是信息生命期其他阶段的目标和任务。本节将从 3 个方面研究信息需求分析的内容：第一，给出信息需求分析的概念和分析信息需求分析概念的特点；第二，讲述信息需求分析阶段需要遵循的一些基本原则，目的是为了更好地做好信息需求分析阶段的工作；第三，研究信息需求分析阶段包括的主要活动和这些活动之间的关系。

5.2.1 信息需求分析的概念和特点

在管理信息系统领域中，信息需求是指管理人员为了解决当前管理中出现的各种困惑而对相关信息提出的明确要求，是管理信息系统产生的根本原因和原动力。信息需求分析是研究、确认信息需求的一系列活动的总称。从信息资源管理的角度来看，信息需求分析也可以称为信宿分析。

为了深刻地理解信息需求分析的概念，首先应该明确：什么是当前管理中存在的各种困惑？一般地认为，管理困惑是指影响人们把管理工作做好的因素。按照管理困惑的性质，可以把管理困惑分为企业经营管理中存在的问题、发展的机遇和更高的经营目标。

企业经营管理中存在的问题是指那些阻碍企业实现其经营目标的一系列因素或事情。例如，北京卡尔巴氏汽车制造有限公司依然采取手工方式管理库存、制定生产作业计划、监控生产作业过程等，由于公司领导不能及时了解生产现状、物料现状，因此无法及时解决物料积压和短缺同时存在、生产计划不能按时完成等一系列问题，整个经营管理过程经常处于被动状态。鉴于此，公司领导为了解决出现的诸如此类的问题，产生了希望实时了解物料信息、生产作业信息的需求。

企业发展的机遇是指那些可以提高企业经营管理水平、促进企业快速发展的契机。从企业外部环境来看，国家出台的产业政策、经济全球化趋势都有可能成为企业发展的机遇。从企业内部环境讲，公司领导的新想法、新的投资项目等可能为企业的进一步发展提供了契机。例如，为了节约能源、减少大气污染，国家最近出台了从税收、信贷等方面鼓励小排气量汽车发展的产业政策。北京卡尔巴氏汽车制造有限公司生产的主力车型正好是小排气量汽车。公司经过研究决定将小排气量汽车的生产节拍从 3.2 分钟降低到 2.8 分钟，并决定采取更加先进的管理手段确保企业达到新的目标。由此产生了对管理信息质量和速度的更高需求。需要说明的是问题和机遇是不同的。如果当前行业内小排气量汽车的生产节拍的平均水平是 2.7 分钟，那么北京卡尔巴氏汽车制造有限公司面临的是生产节拍过慢的问题。如果当前行业内小排气量汽车的生产节拍的平均水平是 3.2 分钟，那么北京卡尔巴氏汽车制造有限公司面临的是发展机遇。

企业更高的经营目标是指企业根据外部的经营环境和企业内部实力而提出的适合企业发展的更高要求。不像机遇那样具有明显的外力推动或偶发因素的影响，更高的目标往往是企业一种正常发展的客观需求。例如，北京卡尔巴氏汽车制造有限公司的高层领导经过认真分析，希望能够通过 Internet 接收客户咨询和订单。这种希望表示企业对自己的经营目标提出了更高的要求。在这种情况下，对管理信息的采集和处理方式都提出了新的需求。

为了有效地分析信息需求，常常采取对信息需求进行分类的方式。信息需求分类是指按照不同的特征把信息需求分成不同的类别，然后对不同类别的信息需求采取不同的分析和处理方式。有许多不同的信息需求分类方式，最常用的信息需求分类方式包括按照管理层次分类、按照管理职能分类、按照层次职能混合分类等。

按照管理层次分类的依据是因为组织中存在着不同层次的组织结构。一般地，可以把组织结构分为3个层次，每一个层次上的管理人员分别称为高层管理人员、中层管理人员和底层业务人员。不同层次上的管理人员对管理信息的类型、粒度等需求程度是不同的。例如，在北京卡尔巴氏汽车制造有限公司中，公司高层领导希望了解整个库存物料占用的流动资金总额等信息，其目的是为了进行生产经营决策。中层管理人员希望了解各种物料的库存水平、安全水平、物料消耗水平等信息，其目的是保证正常的生产经营活动顺利进行。底层业务人员希望做到物料收发正确、账卡物一致等信息，其目的是保证库存物料摆放整齐、管理工作井然有序。

按照管理职能分类的基础是因为组织中有着严密的职能分工，不同职能的部门和人员对不同的管理信息感兴趣。例如，在北京卡尔巴氏汽车制造有限公司中，财务部门的人员对整个公司的财务信息感兴趣，人力资源管理部门关心的是公司人力资源的出勤、考核等信息，生产部门关心的是生产作业信息，市场销售部门更关心订单、客户等信息。因此，应该从业务性质和管理职能的角度，对不同职能的信息需求采取不同的分类方式。

实际上，在组织中，管理层次、管理职能、管理流程经常是纵横交错的，很难从一个角度对信息需求进行完整的分析。从某个角度对信息需求分析的结果，往往只是对信息需求的局部描述。在实际工作中，经常将管理层次、管理职能、管理流程结合起来对信息需求进行综合分析，力求准确完整地描述信息需求。

5.2.2 信息需求分析的基本原则

如何把握和做好信息需求分析工作呢？遵循信息需求分析的基本原则是做好信息需求分析工作的前提。信息需求分析的基本原则是指信息需求分析过程中需要遵循的基本要求，是指导信息需求分析工作的基本思想和方法。一般地认为，信息需求分析的基本原则包括真实性原则、完整性原则、层次性原则、适用性原则和扩展性原则。下面分析这些原则的内容和特点。

1. 真实性原则

信息需求分析过程中需要遵循的第一个原则是真实性原则。真实性原则的含义是指信息需求分析的内容是客观的、真实的、符合事实的。信息需求分析工作是其他信息管理工作的基础，如果信息需求分析的内容发生了偏差，那么就会导致整个信息管理工作失去了目标和意义，其他管理工作即使做得再好，也没有什么用处了。

为了确保达到信息需求分析的真实性原则，需要做好几件事情。第一，明确整个信息服务的对象或信息用户。为了明确信息服务对象，可以提出和回答这些问题：哪些用户需要信息？他们为什么需要信息？真实的信息需求对他们的工作会产生什么样的效果？错误的信息会如何影响他们的工作？第二，采取合适的信息需求分析方法。无论是什么工作，都必须借助合适的手段，才能有效地完成这些工作。在信息需求分析过程中，无论是调研、收集资料，还是访谈、开会都应该根据信息用户的实际情况有计划、有步骤地在合适的工具、手段支持下开展信息需求分析工作。第三，信息需求分析的结果一定要经过信息用户的确认。这是为了防止信息需求分析过程中出现理解上的偏差而造成信息需求分析结果与信息用户的实际需求不一致。

2. 完整性原则

完整性原则是指信息需求分析的结果一定要充分、全面、系统、规范地反映信息用户的需求。这实际上是对信息需求分析内容完整性的要求。之所以提出这种原则，是因为得到信息需求的完整内容不是一件容易的事情，零散的、支离破碎的信息需求也不能满足信息用户的最终需求。

充分是指对信息需求的描述的数量一定要尽可能地多，不能少。如果信息需求数量了解得太少，那么很难从这些只言片语中得到信息需求的完整形象。全面是指信息需求的描述要涉及信息需求的各个方面，这是指范围上的要求。系统是指与信息需求直接相关的内容和间接相关的内容都要涉及，这是信息关联的要求，目的是方便对信息需求来龙去脉的了解，便于深入的分析。规范是指信息的内容描述、分析方法、表示形式等都应该有一套合理有效的工具和手段的支撑，目的是使得信息需求分析的结果易于制作成文档、便于沟通交流归档，也易于审计。

需要说明的是要想得到完整的信息需求分析结果，往往不是一蹴而就的事情，经常需要反复地进行。因此，信息需求分析的过程是一个动态过程，是一个不断深入、不断细化的过程。

3. 层次性原则

层次性原则是指不同层次的管理人员对相同的信息有着不同的需求。在分析每一种管理信息时应该对所有层次的管理人员进行分析。一般情况下，企业高层管理人员看重的是战略信息、宏观信息、汇总信息，最底层的业务人员关心的是战术信息、微观信息、明细信息，居于中层起着承上启下作用的中层管理人员起着协调、监督的作用，他们尤其关心与协调和监督相关的管理信息。

例如，在北京卡尔巴氏汽车制造有限公司中，为了做好有关物料管理信息的需求分析工作，可以事先准备一些不同的访谈问题，分别对公司的高层领导、物料主管、物料管理员进行调研，分析他们对物料管理的需求。

4. 适用性原则

适用性原则是指信息需求分析的内容范围、内容深度、分析过程应该适可而止。每一个管理领域的管理信息都是复杂的、庞大的、变化的，要想在一个管理信息系统中囊括信息源的所有信息需要耗费的时间和工作量都是巨大的，真正实现起来也是不现实的。信息需求分析的目的是得到满足信息用户需求的信息，只要分析的结果足够满足用户当前的需要就可以了，不能没完没了地穷尽所有的问题，因此需要遵循适用性原则。

当然，适用性原则与前面提到的完整性原则是有一些矛盾的，例如，适用性原则要求适可而止，完整性原则要求充分全面。但是，如果从用户需求的角度来看，他们之间是没有矛盾的，完整性原则要求是对用户需求的完整，而不是对任意信息的完整性要求。不管怎样说，适用性原则是一种折中的思想，需要考虑信息量多与信息量少的折中、完整性和不完整性的折中等。

5. 扩展性原则

扩展性原则要求信息需求分析的结果不仅能满足当前的信息用户的需要，而且能够适应未来新的信息需求的需要。简而言之，扩展性原则就是信息需求应该留有接口，留有今后扩展的余地。这是对信息需求分析比较高的要求。如何设计当前信息需求和未来信息需求之间的关系是扩展性原则要求的主要研究内容。

5.2.3 信息需求分析的步骤和主要活动的特点

怎样进行信息需求分析工作呢？这就需要研究信息需求分析工作的可操作的步骤。信息需求分析工作的步骤是描述开展信息需求分析工作的可操作的各项活动和活动之间关系的流程。一般地，信息需求分析的主要活动包括调研、信息需求表示、资料分析、信息需求确认等，这些活动之间的关系如图 5-2 所示。

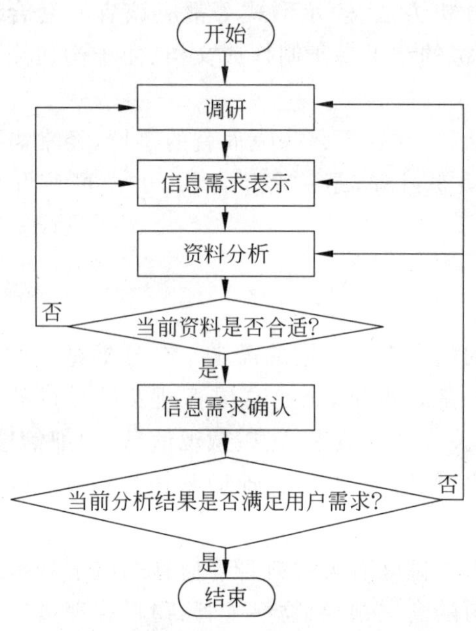

图 5-2　信息需求分析工作的步骤示意图

信息需求分析开始之后的第一项活动是调研。调研是指到信息用户的工作场所实地调查和研究用户的需求。具体的调研形式包括收集信息用户的相关业务资料、与用户进行面对面的访谈和交流、观察用户的实际工作场景、适当地召开多个信息用户参加的信息需求会议、开展合适的问卷调查等。除了在企业内部调研之外，还应该根据信息需求的特点收集相关的信息需求案例并且有针对性地进行研究。启动调研活动的形式可以是通知书、申请书、邀请函等。调研活动的输出结果应该是调研报告和相关附件资料。

紧接着是调研活动的信息需求表示活动。该项活动一般在调研活动结束之后开始启动，但有时在调研活动进行中已经开始了。信息需求表示是指采用通用的、规范的方法把调研结果准确地、清晰地表示出来，目的是为了今后的沟通和分析。信息需求表示的方法很多，一般地把它们分成两大类，即文字描述类方法和图形描述类方法。例如，数据流程图就是一种典型的图形描述类方法。信息需求表示活动的输出结果是规范的文档。

信息需求表示的结果是否合理、表示的内容是否完整、是否需要补充新的资料、是否需要采取新的表示方法等，都是资料分析活动的内容。这项活动往往与调研活动、信息需求表示活动穿插进行。只有当资料已经完备、表示形式已经规范，资料分析活动才可以结束，并且向信息用户提出确认信息需求分析文档的请求。

信息需求确认活动表示信息用户对提交的信息需求文档是否认可的一种正式的行为。从这种行为的内容上来看，这是判断信息需求文档和信息用户的信息需求是否一致的必要活动。从信息管理工作的角度来看，这是信息管理工作进行的一个里程碑的标志。如果信息需求的结果没有得到确认，那么仍然需要重复前面的调研、表示、分析等活动。如果信息需求的结果得到了确认，那么信息需求分析工作就结束了。下面就可以开始对信源的分析工作。

5.3 信源分析

信息需求分析阶段结束之后，需要什么样的信息已经非常明确了，那么这些信息是如何得到的呢？这些信息的来源是什么呢？信源分析阶段的工作目的就是为了回答这些问题。信源即信息的来源，信源分析就是基于信息需求分析的结果对信息的来源进行系统分析的过程，其目的是为后面的信息分类和信息采集指定方向和明确对象。

在管理信息系统领域中，信源具有下面的一些特征：

(1) 信源是组织经营管理过程中管理活动的反映，是管理信息和知识的有形载体。

(2) 信源是管理信息系统获取信息的来源，是保持管理信息系统正常运行的基础。

(3) 信源不仅为信息管理工作提供源源不断的原始信息，而且受到信息管理工作的周而复始的反馈和作用，从而使得信源提供的信息更加符合管理信息系统的要求。

(4) 信源是共享的，但是这种共享性受到管理信息系统安全政策的影响。

(5) 信源提供的信息量是巨大的、信息形式是多种多样的。

在进行信源分析过程中，要时刻注意信息分布的马太效应。一方面，某一类管理信息会自然集中在某一个领域、部门、管理人员中，例如财务信息集中在财务部门。另一方面，某一类管理信息也会分散在各个领域、部门、管理人员中，例如生产部门、质量部门、设备部门等会存在或多或少的财务信息。因此，针对这种信息分布的集中和分散的规律性，信源分析既要考虑信息集中的信源，也要考虑信息分散的信源。

背景知识：马太效应

圣经《新约全书·马太福音》中有一段话："凡有的，还要加给他，叫他有余；凡没有的，连他所有的也要夺去。"美国学者默顿首先使用这句话描述人类社会生活的惯性，揭示了优势和劣势的积累过程的规律：一经存在有优势，这种优势就会不断地加强；反之，则处于劣势，则这种劣势也会不断地加剧。默顿把这种现象称为马太效应。人们在研究信息分布的规律中发现，马太效应现象十分显著。

在信源分析过程中，为了更加清晰、准确、有针对性地获取有价值的信息，应该在对信源进行合理分类的基础上进行分析。一般地，可以按照这几种分类方式对组织中的信源进行分类，例如按照组织边界划分、按照信息的业务性质划分、按照信息的载体划分、按照信息的运动状态划分等。

按照组织边界划分，可以把信源分为内部信源和外部信源。内部信源是指组织内部生成的有价值的管理信息，这些管理信息是各个层次管理人员从事业务、管理、决策等工作的依据。例如，北京卡尔巴氏汽车制造有限公司 A102 汽车总装装配线的日统计报表就是一个典型的内部管理信息。外部信源是指组织外部为组织的经营管理活动提供信息的信源，这些外部信息通常也是企业经营管理活动不可缺少的有价值的管理信息。例如,北京卡尔巴氏汽车制造有限公司从金融部门获得信贷政策就是一个典型的外部管理信息。这种划分形式的目的是在分析管理信息系统的信息来源时,不能仅仅考虑组织内部的管理信息,而且应该考虑与组织相关的外部管理信息。

按照信息的业务性质划分,可以把信源划分为市场信源、技术信源、物料信源、生产信源、质量信源、财务信源、人力资源信源等。这种划分形式的依据是组织的业务性质。这种划分有两个目的。第一,明确不同业务性质的信源是提供不同业务性质信息的主要来源。例如,市场信源主要提供市场需求、竞争对手、客户、销售等管理信息,质量信源则提供产品合格、报废、质量标准、质量手段等管理信息。第二,明确不同业务性质的信源之间具有交叉性。例如,生产信源提供的实际加工工时既是生产作业信息,也是财务成本核算的重要信息来源。这种划分方式要求我们在分析信源时一定要考虑信息的交叉性。

按照信息的载体划分,可以把信源划分为印刷类载体信源、数字文档类载体信源、电信号类载体信源等。印刷类载体是指印刷有相关表格、文字的纸张,这些纸张上面的内容通常是管理信息的主要来源。例如,合同文本是合同信息的主要来源,员工考勤表是员工考勤信息的主要来源。数字文档类载体是指存储在计算机系统中的各种电子文档,这些电子文档也是管理信息的重要来源。例如,CAD 文档中包含了有关产品结构的重要信息,Word 版的会议纪要可以作为会议信息的重要附件出现在管理信息系统中。电信号类载体是指自动控制设备、仪器通过传感器的信号表示出来的管理信息。例如,北京卡尔巴氏汽车制造有限公司 A102 汽车总装装配线上的性能自动检测器可以把汽车的性能信息作为质量管理信息的一部分传输到管理信息系统中。这种划分方式要求在分析信源时,一定要考虑信息载体的多样性。

按照信息的运动状态划分,可以把信源划分为静态信源和动态信源。静态信源提供的信息在一定的时期内不随时间的变化而变化,具有相对的静态特性。例如,制造企业中的组织结构信息、工时信息、生产能力信息、产品结构信息等往往具有相对的静态特性。动态信源提供的信息总是随着时间的变化而变化,具有动态特性。例如,库存物料的数量信息、生产质量信息等往往具有动态性。需要注意的是,静态信源往往是相对的,它提供的信息不是一成不变的。这种划分方式要求对具有不同运动状态的信源采取不同的分类编码、采集、加工等方式。

5.4 信息编码

通过对信息需求和信源深入地分析,已经对信息的用途和信息的来源有了更深的理解,这时是否就可以立即对信息进行采集以便把这些加载到管理信息系统中呢？不行。管理信息应该以规范的、整齐的形式进入到管理信息系统中,这样管理信息系统才能做到对这些管理信息进行有序的加工和有效的识别及使用。那么管理信息如何以规范的、整齐的形式进入到管理信息系统中呢？答案是信息编码。

本节将全面研究有关信息编码的内容。首先,引入信息编码的基本概念和特点。其次,分析信息编码的基本原则。第三,研究信息分类的基本方法。最后,讲述常用的信息编码技术和这些技术的特点。

5.4.1 信息编码的概念和特点

在管理信息系统领域中,信息编码是指对管理信息进行科学的分类并编制代码的过程。也就是说,信息编码就是将具有某种共同特征的管理信息归并在一起,同不具有这些共同特征的管理信息区分开来,然后设定某种符号体系进行编码,使得计算机系统或人能有效地管理这些信息。标准化的信息编码有助于实现管理信息共享和不同管理信息系统之间的互操作。

在管理信息的编码实践中,信息编码通常是通过信息分类的形式进行的。管理信息分类是认识管理信息的基础,是知识的一种重要表现形式,是描述管理信息特征的重要手段,是有效管理信息的途径。

管理信息分类是人们认识管理信息的基础。例如,在一个组织中,管理信息无处不在、无时不有,通过按照市场、生产、质量、物料、财务等职能分类形式认识管理信息,也可以通过物料、工具、人员、制度、环境等依据对象功能的分类形式认识组织中的管理信息。

管理信息分类是知识的一种重要表现形式。例如,在制造企业中,物料可以分为金属和非金属,金属又可以分为黑色金属和有色金属,有色金属又可以继续分为铝、铜、锌、锰等金属,铝又可以分为铝箔、铝板、铝管、铝棒、铝线等形状。通过这种分类形式,一方面对物料信息进行了分类管理,另一方面也很方便地了解和掌握了物料知识。

管理信息分类是描述管理信息特征的重要手段。信息分类的依据是特征,反过来特征又是通过分类表现出来,例如,"金属"、"非金属"分类信息是描述物料材质特征的重要手段。

有些人把信息分类和编码称为资源分类和编码。这种提法也得到了很多人的认可。但是,这种提法有许多值得商榷的地方。第一,信息和资源是对分类和编码对象站在不同角度理解的结果。如果从分类和编码对象的可视性角度来看,这些对象可以称为资源。但是,如果从分类和编码对象的内涵来看,这些分类和编码对象可以广义地称为信息对象。第二,在管理信息系统领域中,其管理对象是管理信息。因此,把管理信息系统中的分类和编码对象称为信息也是顺理成章的事情。但是由于这些管理信息的载体往往被称为资源,因此,把管理信息系统中的分类和编码对象称为资源也是可以的。

观点争鸣:如何规划信息编码?

在一个组织中,信息编码是否应该有一个统一的编码体系,有两种截然不同的观点。赞成者认为,信息是由组织统一管理的重要资源,因此应该在信息编码方面采用统一的编码体系。反对者认为,由于各种管理信息之间差别很大,在信息编码方面采用多种不同的编码体系有助于提高信息的管理效率。

对于信息编码是否应该体现出信息的特征,也有两种不同的观点。赞成者认为,信息编码应该尽可能体现信息的特征,这样有利于通过编码对信息进行识别和使用。反对者认为,信息编码的目的是便于管理信息系统的管理,唯一性是影响信息编码的最重要的因素,信息的特征可以通过信息的属性表示出来,如果在信息编码中体现出信息特征,那么会造成信息编码与信息属性之间出现冗余。

5.4.2 信息编码的基本原则

信息编码的基本原则是进行信息编码工作的最基本的要求，是确保信息编码科学、有效的重要手段。一般地认为，信息编码需要遵循 8 个基本原则，即唯一性原则、正确性原则、分类性原则、扩展性原则、统一性原则、不可更改性原则、重用性原则和简单性原则。

信息编码的第一个基本原则是唯一性原则。一种信息只能有一个信息编码，不同的信息有不同的信息编码，不同的信息编码表示不同的信息。这是信息编码的最本质的属性，也是信息编码必须遵循的原则。例如，为了有效地管理公司订单信息，每一个订单只能有一个订单编码。如果不同的订单有相同的订单编码，那么对订单信息的管理就会出现混乱。

正确性原则表示信息编码应当科学、合理，既遵循信息编码的基本原理，又符合组织的实际情况；既能满足组织自身的需要，又能满足组织合作伙伴的特殊要求；既要符合国家的标准或规定，又应该尽可能地遵守国际标准或惯例；信息编码既不宜过长，也不宜过短。在许多情况下，信息编码应当采用折中的方式。

分类是认识和描述信息的基本方式，信息编码应该遵循分类性原则。该原则要求信息应该按照合理的规则划分成不同的类别，使得同一类信息的编码在某一方面具有相同或相近的性质，这样便于管理信息系统的管理和使用。例如，为了对物料进行分类管理，采取了这样的编码方式：10 表示原材料，101 表示黑色金属原材料，102 表示有色金属原材料，1023 表示铝金属，10232 表示铝棒。

随着组织的发展变化，组织中的管理信息也会随之发生变化。信息编码不能仅仅考虑组织当前的信息状况，而且应该考虑组织未来的发展状况和需要。信息编码应该有足够的编码资源，以便满足组织不断增长的对信息编码的需求。这是信息编码的扩展性原则。

统一性原则的含义是，组织中的信息无论是否采取统一的编码体系，只要有了唯一性的编码，那么组织中的所有部门都应该使用这种唯一性的编码，不能出现各自为政、一码多用的现象，同一种信息只能有一种信息编码。只有这样才能准确地识别信息和充分地实现信息共享。

信息编码是组织实现数字化管理的基础，是管理信息系统中各种信息最主要的标识和特征，也是组织最基础、最重要的规章制度之一。鉴于信息编码的重要性，信息编码规则确定并且信息编码使用之后，一般不允许改变。如果频繁地修改信息编码规则，那么有可能引起管理信息系统无法正确地识别信息和无法有效地执行管理功能，最终可能导致整个组织处于无序状态。这是信息编码不可更改性原则的要求。

为了避免同一种信息有不同的编码，信息编码应当包含信息特征。例如，在编码产品零部件和工装夹具时，不宜使用自然序号、产品所属号等方式，而应该依据零部件结构特征、工装夹具结构特征来编码，这样容易做到相同结构的零部件、工装夹具自然有相同的编码，类似结构的零部件、工装夹具有类似的编码，不同结构的零部件、工装夹具有不同的编码。在这种方式下，当为某个新零部件、工装夹具编写编码时，就可以很容易地发现具有这种结构特征的零部件、工装夹具是否存在，从根本上解决一物多码现象。这种有效地重用以前的知识、经验、成果的编码思想称为重用性原则。

信息编码的最终目的是为了更好地管理组织信息。即使是使用基于计算机技术的管理信息系统来管理各种信息，但是这种管理方式仍然不可缺少人工的参与。因此，信息编码不宜过于复杂，应该在满足其他原则的基础上，尽可能地简单明了、容易识别、学习和使用，这样可以避免组织采用新的信息编码时，组织中的各级管理人员由于不习惯、不方便等原因拒绝使用新的信息编码或者消极抵抗新的信息编码的使用，从而最终可能导致新的信息编码被放弃的命运。这是信息编码简单性原则的要求。

5.4.3 信息分类方法

本节研究信息分类方法。信息分类方法是指划分信息类型的方式。常用的信息分类包括线分类法和面分类法。

线分类法是根据编码对象的特征把编码对象划分成若干个科目，然后把每一个科目再继续划分成若干个子科目，对子科目再继续划分，这种分类方式持续进行，直到用户满意为止。当管理信息作为编码对象时，由于不同种类的管理信息之间的特征差别很大，每一种管理信息类型的划分深度也不同。物料信息是组织中的非常重要的一种管理信息。图 5-3 是北京卡尔巴氏汽车制造有限公司中的物料按照线分类法表示的结果。从图中可以看到，线分类法的结果类似于倒立的树结构，其中，“物料”表示树根，物料按照物料性质可以分为“金属类”和“非金属类”，每一种类型又可以继续分类下去，直到满足用户需求为止。

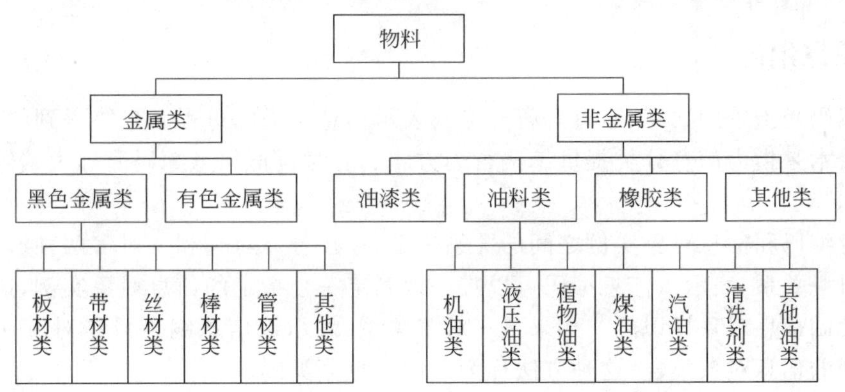

图 5-3　物料信息按照线分类法表示的结果

线分类法是按照特征逐层划分的，因此也称为逐层分类法。这种方法符合人们的思维习惯，因此得到了广泛的应用。但是，这种方法也存在诸多的缺点。例如，线分类法的层次比较多，结构复杂，且分类层次不一致，使用起来比较繁琐、不方便。另外，由于这种方法逐层采取某种指定特征进行分类，因此不能满足任意根据不同角度进行检索的需要。而且，线分类法的扩展性比较差，不能很好地容纳新增加的企业资源类型。

面分类法是把编码对象的若干个特征作为面，在每一个特征面上再进行逐层分类的方法。这种方法与线分类法的主要区别在于，线分类法强调单维特征，面分类法使用了双维特征。从本质上来看，面分类法是一种复合的线分类法。例如，如果按照面分类法进行分类——北京卡尔巴氏汽车制造有限公司中的物料信息，那么可以采取如表 5-1 所示的基于面分类法的物料分类表。

表 5-1　基于面分类法的物料分类表

物料性质面	物料结构面	物料用途面
	板材类	
黑色金属类	带材类	
有色金属类	丝材类	生产主料类
油漆类	棒材类	生产辅料类
油料类	管材类	办公用品类
橡胶类	型材类	劳保用品类
其他类	液体类	其他类
	气体类	
	其他类	

面分类的优点在于可以从多个角度方便地分类和检索分类对象。例如，黑色金属包括棒材，橡胶制品中也有棒材。我们既可以方便地从黑色金属、有色金属等角度使用物料，也可以方便地从棒材、板材、气体等角度分析物料，还可以从生产主料、生产辅料等生产角度研究物料。但是，这种方法也同样存在一些缺点，例如，与人们的正常思维习惯不一致，分类起来比较复杂，等等。

5.4.4　信息编码技术

信息编码是指采用数字、字母等符号形式表示信息分类的过程和最终得到的编码结果。信息编码技术是指为信息分类提供编码行为方式。有时也把信息编码简称为编码、编号、代码、代号等。

从信息编码和信息对象实例之间的关系来看，存在着一对一和一对多两种形式的关系。如果是一对一关系，表示该信息编码可以唯一地确定一个指定的信息对象实例，这种信息编码也称为编制信息对象标识码。如果是一对多关系，表示该信息编码只是对应一个具有某些共同特征的信息对象集合，这种方法称为编制信息分类码。

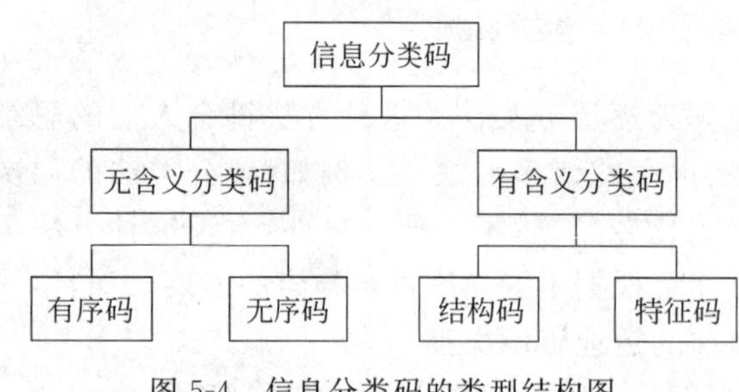

图 5-4　信息分类码的类型结构图

一般地，信息分类码可以分为无含义分类码和有含义分类码两种。无含义分类码又可以继续分为有序码和无序码，有含义分类码可以分为结构码、特征码等。信息分类码的类型结构图如图 5-4 所示。

无含义分类码是指信息分类码本身并不描述信息本身的特征，只是用来代表信息对象而已。这类分类码根据顺序性可以分为有序码和无序码。

无含义的有序分类码是指采取有序符号表示信息分类码的方式。例如，按照 GB/T4766—1984 规定，婚姻状况代码为 1、2、3、4、9，分别表示未婚、已婚、丧偶、离婚、其他等。这里的 1、2、3、4、9 仅仅是序数而已，没有任何的含义。实际上，这是一种最简单的编码方式,其序数仅仅是为了方便记忆而已。这种方式是无含义分类码中最常用的编码方式。

无含义的无序分类码是指采取无序符号表示信息分类码的方式,这种无序方式常常是由计算机系统自动生成。例如,可以使用随机数自动生成器为物料分配唯一性编码,且这种编码是没有规律的。这种编码的主要目的是用于计算机识别物料,缺点是人工记忆不方便。

有含义分类码是指可以描述信息本身特征的分类码,其特点是不仅仅可以唯一标识信息类别,而且可以描述信息类别的关键特征。最常用的这类分类码包括结构码、特征码。

结构码是指对编码对象按照其所处的分类层次进行编码。有时,也把结构码称为隶属码。一般地,结构码分成若干个码段,每一个码段表示特定结构的含义。例如,在北京卡尔巴氏汽车制造有限公司,CBT16-103 表示 CBT 系列 16 型号汽车中 100 驱动系统中的轴承零件 103。这类编码的特点是,看见编码,立即可以得到该类编码所处的编码位置。但是,这类编码的缺点是没有包含特征值,其他型号的产品不能有效地重用结构码的零部件。

特征码是指将编码对象的多个特征组合起来进行编码。在这种编码中,同样也包含多个码段,但是每一个码段表示特定的编码对象特征。看到这种编码,立即可以得到该类编码的主要属性特征。例如,基于 OPITZ 零件分类编码系统的 013124279 零件的结构特征是回转体零件、L/D<0.5,外部形状是单向台阶、无形状要素,内部形状是光滑或单向台阶带功能槽,平面加工是外平面,辅助加工是由分布要求的轴向空,最大直径介于 160mm 至 250mm 之间,钢材、锻件等。与结构码相比,特征码的最大优势是便于计算机识别和处理,并且可以有效的重用。例如,如果采用结构码设计 CBA-218 零件,这种零件很难与 CBT16-103 发生关联。但是,如果采用 OPITZ 特征码设计零件且零件的分类码是 013124278,那么立即可以想到如何重用 013124279 零件的内容。

背景知识:OPITZ 零件分类编码系统

OPITZ 零件分类编码系统是前联邦德国 Aachen 工业大学 Opitz 教授领导的机床和生产工程实验室于 20 世纪 60 年代开发的,它是一个十进制、9 位代码组合而成的混合结构分类编码系统。

OPITZ 零件分类编码系统的前五位代码主要用来描述零件的基本形状要素。其中,第一位代码表示零件类编码,第二至第五位代码用于描述零件形状和加工方式。后 4 位代码是辅助码,分别用于描述尺寸、材料、毛坯形状、加工精度等信息。OPITZ 零件分类编码系统结构的优点是比较简单、容易记忆,既包含了结构特征,又包含了工艺特征。但是这种方法也存在着分类标准欠准确、环节之间关联过多的缺点。OPITZ 零件分类编码系统是其他许多零件分类编码系统的基础。

5.5 信息采集

信息采集是信息进入管理信息系统中的关键阶段,是管理信息系统有效运行的开始。本节将对信息采集阶段进行全面的研究。首先,给出信息采集的概念和特点。然后,研究信息采集需要遵循的基本原则。最后,详细分析信息采集的过程和方法。

5.5.1 信息采集的概念和特点

信息采集阶段在整个信息生命期中具有关键地位，为了全面理解和把握信息采集的概念和特点，需要从广义的角度和狭义的角度两方面来研究。

从广义上来看，信息采集研究所有与获取信息、汇聚信息活动相关的过程和方法涉及整个人类社会，并不反映管理领域和管理信息系统的信息采集特点。例如，图书馆新进了一批图书，图书馆增加了藏书量和图书馆的信息量，这是一种广义的信息采集行为。广义的信息采集是指信息采集人员按照一定的方法捕捉信源发生的信息并且将这些信息汇聚起来以便满足特定目的的过程。这种信息采集现象发生在人类社会的各个领域。但是，这种信息采集不是本书研究的对象。本书的研究领域是管理信息系统，因此需要从管理信息系统角度考虑信息采集行为。

从狭义的角度来看，信息采集的领域是管理领域，采集到的信息对象与管理信息系统密切关联。例如，从狭义的角度来看，图书馆购进新书本身不是信息采集行为，但是如果购书的行为量化为购书日期、书名、单价、数量、出版单位、出版日期、作者、内容提要等信息并且把这些管理信息输入到图书馆的图书管理信息系统中，那么这种采集和输入管理信息的过程是一种信息采集行为。因此，我们给出信息采集的概念，在管理信息系统领域中，信息采集是指信息采集人员按照一定的方法捕捉信源发生的管理信息并且将这些管理信息输入到管理信息系统中的过程。

狭义的信息采集概念与广义的信息采集概念相比，两者既有相同之处，又有许多不同点。从相同点来看，这两个概念都需要回答这些问题：谁来做这些采集工作？何时做这些采集工作？如何做这些采集工作？但是，从不同点来看，不同的概念有不同的答案。例如，在广义的信息采集中采集到的信息可以不输入到某个基于计算机的系统中，但是在狭义的信息采集中采集到的信息只有输入到管理信息系统中才能算结束。在下面的叙述中，如果不是特别声明，信息采集都是指狭义的信息采集概念。

从本质上来看，信息采集是把信源发生的信息转换成管理信息系统可处理的信息的过程。管理信息系统的优势在于处理可量化的数据，信源发生的信息是各种各样的，为了使得信源发生的信息能够转换到管理信息系统中，应该采取合适的方法和工具将信源发生的各种形式的信息规范化和量化，然后捕捉这些信息并且把它们输入到管理信息系统中。

案例研究：采集员工的考勤信息

赵东是北京卡尔巴氏汽车制造有限公司生产部的一名工程师。每天，他早晨 7 点准时从家里出来，先乘坐一段公共汽车，然后乘坐地铁，最后再乘坐一段公共汽车才能到达公司。今天路上有点塞车，8 点 51 分他才到达公司门口，平时都是 8 点半左右到达。在公司门口，他掏出自己的门卡，在读卡器上晃了一下，读卡器上显示的考勤时间是 08:51:36。这时，公司大门自动打开了，他快步走进了公司大楼。从这个时刻开始，赵东开始了自己这一天紧张的工作。

5.5.2 信息采集原则

信息采集原则是做好信息采集工作的行为规范，是提高采集效率、确保信息质量的指导思想。一般地认为，信息采集原则包括目的性原则、真实性原则、正确性原则、完整性原则、实时性原则、可量化原则等。

1. 目的性原则

目的性原则是指只采集那些需要的信息，不采集那些与管理信息需求无关的信息。信息采集是一项频率很高的日常业务工作。对于日常业务工作来说，应该就事论事和尽可能地规范和简单，不应该为其增加过多的负担。信源的信息量往往过大，很难面面俱到。如果信息采集时采集那些不需要的信息，那么可能会陷于不知所措的地步。如果采集的信息太多，那么信息采集人员的工作负荷比较大，采集过程比较复杂，最后影响信息采集的效率。如果采集的信息太多，但是由于这些信息闲置，那么就会造成信息采集工作和信息资源的浪费，也会过多占用计算机的存储资源。如果采集的信息太多，那么将会为今后的信息加工带来很大的不方便。例如，在人力资源管理信息系统中，有关人员信息的描述应该尽可能地详尽、完整，这样才能满足人力资源管理的需要。但是，在独立的库存管理信息系统中，系统的主要目的是提供各种库存物料的详尽信息，有关人员的信息应该尽可能地简单，只要满足库存管理需要即可。

需要说明的是，不采集那些与当前信息需求无关的信息，不是说不考虑这些与当前信息需求无关的信息。对于一个管理信息系统来说，不仅考虑当前的信息需求，而且应该考虑今后功能扩充的需求。但是，这种扩充性的考虑是体系架构设计时需要考虑的事情，不是采集信息时考虑的内容。

2. 真实性原则

真实性原则是指在信息采集过程中，只采集真正发生的信息，不采集那些没有发生的信息。如果失去了信息采集的真实性原则，那么管理信息系统生成的各种管理信息都失去了使用的价值。为了确保信息的真实性，应该做好下列一些工作。第一，严格从指定的信源采集数据，确保信息来源的真实性。没有指定的信源不能作为信息采集的位置。例如，在人力资源管理信息系统中，要求从自动读卡器上读取员工的考勤信息，不能从其他位置随意输入员工的考勤信息。第二，业务发生时就是生成业务信息时，应该尽可能快地采集这些业务信息。不论生成的信息结果是什么样的信息，都应该按照信息采集的要求采集，不能对产生的信息随意夸大、缩小、修改、捏造等。例如，车间生产线上的数据应该尽可能快地、最好是实时地采集到生产作业管理信息系统中，这样才可以确保生产作业数据的真实。第三，明确采集信息的责任人员，并且规定只能由信息采集人员将信息采集到管理信息系统中，其他人员不能随意执行采集信息的操作。

3. 正确性原则

正确性原则是指采集到的信息与发生的信息之间是没有差别的。也就是说，采集到的信息应该是业务发生状态的准确描述。正确性原则与真实性原则是有差别的，例如，真实性原则侧重于信息的有无，而正确性原则关注描述的程度。一般地，正确性原则的要求是在真实性原则要求的更进一步。例如，今天汽车生产线上装配了851辆汽车，其中AT18型号的汽车是269辆，而BX20型号的汽车是582辆。如果管理信息系统只是记录了今天生产851辆汽车，那么虽然这种生产信息是真实的，但是这种管理信息是不准确的，应该准确地记录AT18型号和BX20型号的数量。

4. 完整性原则

完整性原则是指所有发生的需要捕捉的信息都应该捕捉到管理信息系统中。需要捕捉的信息是根据信息需求确定的，但是需要捕捉的信息与信息需求是不同的。第一，信息需求是信息的最终目的，其信源可能是多种渠道的，其形式可能是多种样式的。但是，信息采集是针对当前信源产生的信息，当前信源可能只满足信息需求的一部分。第二，信息需求既包括对源信息的需求，也包括对加工后的信息的需求，但是信息采集只是采集源信息，不是采集那些加工后的信息。

从采集信息过程的本身来看，完整性原则是指应该按照采集的方法、工具将所有应该采集的信息都采集完毕，既不能遗漏，也不能增加。需要注意的是，有些信息遗漏是显式的，容易判断是否完整，但是有些信息遗漏是隐式的，不太容易发现信息的不完整性。例如，在产品订单中，“产品编码”、“产品数量”、“产品价格”等都是显式信息，缺一不可。但是，“产品单位”信息有可能被遗漏。为了确保完整性原则，一定要严格按照采集信息的规范步骤和手段进行。

5. 实时性原则

实时性原则的含义是在采集信息时，应该把信息产生、信息捕捉和信息输入到管理信息系统中等几个活动集成为一个活动，这样才能从根本上保证信息的真实性。例如，超市购物在付款的同时也将购物清单输入到购物管理信息系统中，这种实时性的信息采集既确保了管理信息的正确性，又减少了中间过程，降低了收银员的劳动负荷。很多人认为信息采集应该及时进行，这种说法是不合适的，这也是造成许多管理信息系统失真、不完整、错误、遗漏的状况的主要原因。

6. 可量化原则

可量化原则是指采集到的管理信息应该尽可能地按照指定的数据格式存储到数据库系统中。衡量信息量化程度的一种方式是判断是否可以方便、灵活地从各种角度对这些信息进行检索。例如，在采集会议纪要信息时，如果只是将会议纪要文档作为某种附件采集到管理信息系统中，那么由于不能方便对会议纪要的各种信息进行检索，可以说这种采集到的信息是非量化的。如果将会议纪要的信息分解成会议日期、会议地点、会议主题、会议内容关键字、会议主持人、会议议程、会议参加人员、会议结果、会议记录人等明细信息，那么这种信息是量化信息。

5.5.3　信息采集的过程

在管理信息系统领域中，信息采集过程是指从信息产生开始到信息输入到管理信息系统中的详细步骤。一般地，信息采集的过程如图 5-5 所示。

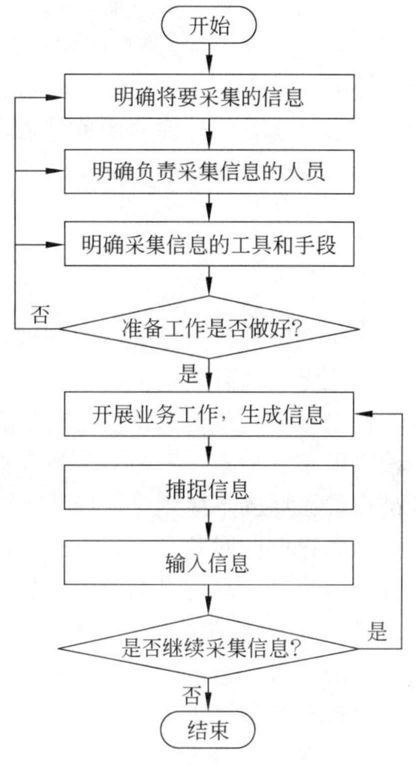

图 5-5　信息采集的一般过程

信息采集过程开始后，应该完成一些准备工作。这些准备工作主要解决这些问题：将要采集哪些管理信息？信源是什么？这些信息大致是怎样产生的？这些信息是何时产生的？谁负责采集这些信息？准备使用什么样的工具采集这些信息？何时采集这些信息？具体地说，这些准备工作包括明确将要采集的信息、明确负责采集信息的人员、明确采集信息的工具和手段等。

明确采集的信息是明确信息采集工作的对象和这些信息对象产生的机制。为了做好信息采集工作，只是明确采集哪些信息是不够的，还应该对这些管理信息产生的业务逻辑、产生频率、产生数量以及信息的可视程度的信息产生机制有一个深刻的分析和理解过程。不仅要"知其然"，而且要"知其所以然"。

明确负责采集信息的人员是确定信息采集工作的责任人，他负责信息的捕捉和输入。在很多情况下，从事业务并且生成信息的业务人员同时也是信息采集人，例如，超市收银员既从事收银业务，也负责将商品销售信息采集到管理信息系统中。但是，在某些情况下，这两种角色可能是分开的。例如，在北京卡尔巴氏汽车制造有限公司销售部门，销售合同签订人员和采集销售合同信息的人员是分离的。在信息采集过程中，为了确保信息的质量，一般应该遵循这样一个原则，只有采集人员才能采集信息，非采集人员即使生成信息也不能执行采集信息的操作。为了使得这种原则更加适应实际情况，信息生成人、信息捕捉人、信息输入人最好是同一个人。

明确采集信息的工具和手段是规范化信息采集工作、提高信息采集效率的必要条件。为了做好这项工作，应该按照这些要求进行检查。首先，应该有采集信息的工具和手段。其次，这些工具和手段应该满足采集信息工作本身的需要，确保信息的完整性和采集工作的高效率。第三，这些工具和手段应该符合采集人员的工作习惯，尽可能地人性化。第四，应该在业务现场准备好这些工具和手段。例如，作为一种常见的采集信息的工具，入库单用于捕捉物料入库信息。因此，入库单的设计应该遵循这些基本要求：满足入库业务的需要、符合库管人员的工作习惯、入库现场备有入库单等。一般地，把捕捉源数据的文档称为源文档。

这些工作准备好了之后，就可以开始下面的工作了。开展业务工作并且生成信息活动是一项与业务工作紧密关联的自然活动。在该活动中，需要注意的是业务工作和生成业务信息往往是同一件事情的两个方面。执行业务工作的结果表现形式是生成业务信息，生成业务信息的载体是执行业务工作。

信息捕捉是指借助信息采集工具和手段准确记录业务信息的活动。一方面，这项活动需要一定的工具和手段才能完成。常用的信息采集工具和手段包括：键盘、鼠标、触摸屏、POS 终端、声音、光笔、磁性墨水以及工业控制领域中的传感器、电信号等。另一方面，这项活动的最终目的是将发生的管理信息准确复制。

输入信息是将捕捉的业务信息输入到管理信息系统中的活动。首先，这项活动的业务对象是捕捉到的各种业务信息。其次，这些信息必须输入到管理信息系统中。

5.6 信息存储

采集到管理信息系统中的信息是如何存储的？这些信息的存储形式是什么？这些存储的信息是否可以有效地被加工、检索？信息存储阶段的工作主要是为了回答这些问题。信息存储是指对管理信息系统中的信息进行有序、有效地存储和保管，其目的是为了便于今后的信息加工和检索。下面对信息存储工作进行深入的分析，并且给出做好信息存储工作需要遵循的一些基本原则。

信息存储的对象是管理信息系统中的信息，不是广义上的信息。因此，对于信息存储的研究不能离开管理信息系统。从这个意义上来看，管理信息系统中的信息可以有 3 种存储形式，即存储在数据库表中的各种数据项信息、存储在文件结构中的文档信息、隐藏在程序代码中的参数信息等。

存储在数据库表中的各种数据项信息是管理信息系统中信息的主要表现形式，如这种信息的存储方式是否有序、有效的衡量标准是数据库文件的规划是否合理、数据表的设计是否满足范式要求等。例如，会议日期、会议地点、会议主持人、会议主题等信息都是存储在数据库表中的数据项，是描述会议纪要的主要信息。

在管理信息系统中，有部分信息不能或不宜存储在数据库表中，只能以文件的形式存储在管理信息系统中。例如，会议纪要的现场照片和视频信息、会议声明的电子文档、员工的照片音频视频信息等，经常以文件的形式存储在系统中。由于这些文档本身的字节量比较大、文档的数量繁多、文档更新换代频繁等原因，如果存储在数据库表中，那么会大大降低整个数据库系统的运行性能。需要强调的是，由于文档信息不宜被检索，因此应该为存储的文档附加足够的、必需的存储在数据库表中的数据项信息。

在管理信息系统的程序代码中，经常隐藏着这样的信息，例如，员工性别只能是“男”、“女”、“未知”3 个选项中的一个。这种信息由于数量小、取值固定不变，为了提高这些信息的管理效率，经常把它们隐藏在代码逻辑中。

在管理信息系统中，为了做好信息存储工作，确保信息存储合理、有效，在信息存储工作的整体规划中应该遵循一些基本原则，这些原则包括安全性原则、一致性原则、有序性原则、效率性原则、便利性原则、节约性原则等。

安全性原则是指存储在管理信息系统中的信息只能被有相应许可的人操作和使用，没有许可的人是不能随意执行操作和使用信息。在管理信息系统领域中，安全性有两个方面的要求，第一是管理制度方面的安全建设，第二是系统操作方面的安全机制，两者缺一不可。

一致性原则是指存储在管理信息系统中的信息无论是在何时使用、无论是被谁使用，这些信息都是不变的，信息之间的关系也是不变的。例如，作为北京卡尔巴氏汽车制造有限公司的销售人员，钱峰在2005年完成了3000万元的销售额。这里的3000万元，无论是在销售管理中，还是在人力资源管理中，或者在生产管理中，只要出现有关钱峰2005年的销售业绩信息，那么这些数据都是一致的。

有序性原则是指存储在管理信息系统中的各种信息，无论是数据项信息还是文件信息，都应该是按照某种方式排列的，其先后次序是有着某种规律的，其目的是提高这些信息的使用效率。这就要求信息存储应该按照某种规则排序，不能随心所欲地排列这些信息。

效率性原则是指信息存储应该满足信息使用者的效率要求，这些要求包括响应时间和吞吐量的要求。响应时间指执行单位操作耗费的时间，常常使用秒或毫秒来计量。吞吐量指单位时间内执行操作的数量。响应时间愈短、吞吐量愈高，信息存储的效率愈高。实际上，信息存储效率和信息使用效率是两个不同的概念，但是这里讨论的效率性原则着重强调信息存储对信息使用效率方面的影响。

管理信息系统中的信息如何才能方便信息的加工和用户的使用呢？这是一项难度很大的艰巨工作。从信息的加工和用户的使用角度来看，对信息存储形式的要求很多并且这些要求经常是不统一的，甚至这些要求经常是矛盾的。例如，检索数据库表中信息的要求与更新这些信息的要求往往是矛盾的。虽然这是一项困难的工作，但也是必须做好的一项工作，这项工作的好坏往往影响整个信息的有效使用。这就是便利性原则的要求。

可以从两个方面理解节约性原则的含义。从存储空间方面来看，存储空间资源总是有限的，耗费的存储空间越少存储效率越高。从存储成本方面来看，不同的存储形式对存储成本的要求是不一样的。例如，如果必须采用磁盘阵列的形式存储业务信息，那么这种信息存储要求是非常高的。从性能成本比较方面看，应该在满足性能要求的基础上遵循节约性原则的要求。

5.7 信息加工

前面讨论过了信源产生的信息是用户需求的信息的来源，但是用户需求的信息往往与信源产生的信息不总是一致的，信源产生的信息经常需要经过一定的加工处理方式才能满足用户的需求。这就提出了一个问题，采集到管理信息系统中的信息是如何被加工来满足用户需求的？作为一种把信源信息转变为用户需求的信息的转换器，管理信息系统的加工机制是如何运行的？本节试图对这些问题进行深入讨论，并且给出答案。

5.7.1 信息加工的概念和原则

信息加工是指为了保证管理信息系统提供的信息能够满足用户的计划、管理、决策、控制等需求而对源信息进行管理的、数学的优化处理的过程。

管理人员的首要任务是监视组织的运行过程，尽可能及时地发现管理中出现的各种各样的问题，然后针对这些问题提出相应的解决方案。例如，在北京卡尔巴氏汽车制造有限公司中常见的管理问题包括，由于零件废品率增加造成生产作业计划没有按期完成、由于设备故障造成生产能力不足、由于某种物料不能按期到货而造成生产线上缺料、由于产品设计不合理而造成工装报废。在这些问题中，有些只能在问题出现之后才可以发现，但是也有许多问题在发生之前会出现症候。管理人员的任务就是尽量发现这些症候，从而采取及时有效的措施，确保问题不发生或把问题发生造成的损失降低到最低程度。信息加工就是管理人员发现问题症候的重要工具。

在信息加工过程中，优化处理则表示可以对源信息采取多种不同的满足用户需求的处理方式。例如，既可以对源信息进行简单的加工，例如排序、统计，也可以对这些信息进行深度加工，例如采取单纯性算法进行优化等；既可以多种形式展示这些信息，例如甘特图、折线图、视频，也可以从多个角度对这些信息进行分析，例如多维分析等。

为了做好信息加工工作，应该在信息加工过程中遵循一些基本原则，这些基本原则包括优化原则、效果和成本平衡原则等。

优化原则的主要目的是要求管理信息系统提供的信息是组织运行规律的描述、是有价值的。采集到管理信息系统中的源信息常常存在数据量巨大的、彼此孤立的、规律性不显著等问题。为了更好地利用这些信息，从这些信息中发现组织运行过程中存在的各种问题，以便及时地解决这些问题，需要对这些信息进行统计分析、关联分析，发现隐藏在这些信息后面的规律。

一般地，对管理信息处理的方式愈多，愈能满足管理者的各种需求，管理信息愈能起到好的效果，但是耗费的信息处理成本也愈大。从成本的角度来看，不宜对管理信息的处理效果有过多的要求。因此，对于信息加工来说，应该在满足管理者使用的条件下，将处理成本控制在最小的范围内。这就是信息加工的效果和成本平衡原则。

5.7.2 信息加工方式分类

信息加工方式是指用于加工源信息的各种方法和技术的统称。从加工后的信息内容来看，可以把信息加工方式分成两大类，即不改变信息内容的信息加工方式和改变信息内容的信息加工方式。不改变信息内容的信息加工方式是指源信息内容没有改变但是其序列方式可能发生了某种变化，例如按照薪水从高到低排列员工名单、将库存物料按照价值进行ABC分类等。改变信息内容的信息加工方式是指源信息内容经过某种形式的变化形成了新的管理信息，例如计算部门员工的平均薪水、计算库存ABC各类物料的价值百分比等。信息加工过程和加工方式分类示意图如图5-6所示。

从图5-6可以看到，不改变信息内容的信息加工方式可以分为信息投影、信息分类、信息排序、信息比较、信息显示、信息审批、信息沟通、多维分析等多种类型，每一种类型的共同特点是不改变源信息的内容，但是这些加工方式各有特点，并且可以满足用户的特种管理需求。

改变信息内容的信息加工方式可以进一步分为统计技术、优化技术、决策技术、预测技术、数据挖掘技术、推理技术、综合技术等。这些类型的共同特点是可以在源信息的基础上生成新的管理信息，可以满足用户的特种管理需求。当然，不同类型的加工方式提供的管理信息类型是不同的。

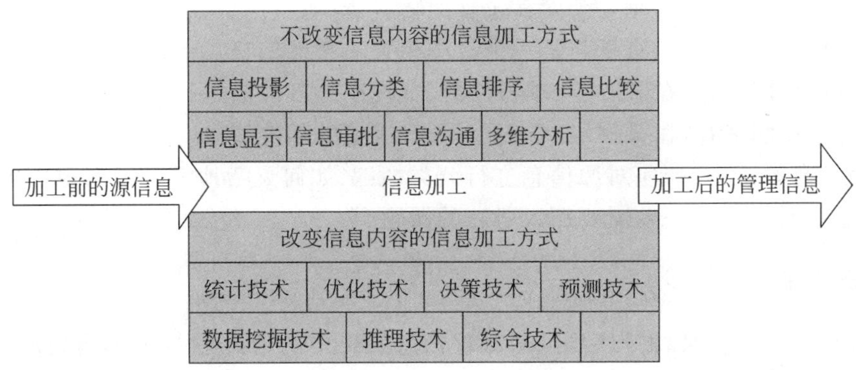

图 5-6　信息加工过程和加工方式分类示意图

下面简要介绍每一种加工方式的特点。

1. 信息投影

这种不改变源信息内容的加工方式是最简单的加工类型，这种方式只是将管理信息系统中的信息原样显示出来。虽然这种加工方式比较简单，但是这是一种最经常使用的加工方式，几乎所有的管理信息系统都提供这种信息投影加工方式。

信息投影方式既可以在一次操作中把所有的信息项都显示出来，也可以只是显示部分信息项。在这种方式中，信息项之间的排列顺序可以与存储在管理信息系统中的信息项的顺序不同，但是每一个信息项本身的信息内容是不变的。

例如，在北京卡尔巴氏汽车制造有限公司的人力资源管理信息系统中存储了公司员工的人事信息，这些信息的存储顺序是员工编码、姓名、性别、出生日期、联系方式等。无论是将这些信息全部检索出来，还是按照姓名、员工编码、联系方式顺序检索，都是典型的信息投影加工方式。

2. 信息分类

本章前面讲述信息编码时，提到过信息分类的概念和特点。实际上，管理信息存在于组织中的各个方面，管理信息之间存在着广泛的联系。信息编码是基于某种信息分类方式进行的编码活动，是信息分类的一种表现形式。但是，信息编码又不能完整地、方便地表现出信息的各种分类特点。

在管理信息系统中，为了满足用户从多个角度看待事物和分析事物的需求，应该增加信息分类功能。例如，在北京卡尔巴氏汽车制造有限公司的物料管理中，物料编码 25916 可以表示出这是垫片零件，但是仅仅提供这种分类功能是远远不够的，还应该提供更多的信息分类功能，这些信息分类要求部分示例如下：

- 从产品的角度出发，查看某个型号的产品包括的所有零部件；
- 从某种型号的零件出发，查看应用该零件的所有产品型号；
- 从财务的角度来看，该零件的原材料价格、加工工时；
- 从质量的角度来看，该零件是合格品还是不合格品；

- 从库存的角度来看，每一个库存包含的物料清单；
- 从销售的角度来看，查看与每一个订单相关的零件信息；
- 从投产日期来看，在某一年、季、月、周、日投产的零件清单；
- 从完工日期来看，在某一年、季、月、周、日完工的零件清单。

在管理信息系统中，如何对源信息进行分类加工、如何灵活地满足不同用户从各种管理角度管理信息的需求，是一项需要深入研究的课题。

3. 信息排序

信息排序是指按照某种排序规则对管理信息系统中的信息进行重新排列的加工方式。常见的信息排序方式可以分为简单排序和复杂排序。

简单排序是指简单地升序或降序，涉及的信息项可以是一个也可以是多个。例如，在人力资源管理信息系统中，可以按照员工的出生日期升序排列、按照员工薪水降序排列，也可以要求出生日期相同的员工按照薪水降序排列，这些都是典型的简单排序加工方式。

复杂排序是指不能简单通过升序或降序完成排序操作的信息排序加工方式。例如，在一个信息项的排序中，如果有多种不同的排序要求，那么就是一个典型的复杂排序方式。在北京卡尔巴氏汽车制造有限公司的物料管理中，由于历史原因，物料编码非常混乱，有些编码符号全是数字，有些编码符号全是字母，有些编码符号全部是汉字，还有许多编码符号是数字、字母、汉字和其他符号的混合形式。现在希望对这些物料编码进行排序，具体的排序要求如下：

- 汉字编码排在前面，不同的汉字之间按照升序排列；
- 数字编码排在汉字编码之后，数字之间降序排列；
- 字母编码排在数字编码之后，字母之间升序排列；
- 混合编码中汉字优先，其次是数字和字母，统一按照升序排列。

当然，这种排序要求比较复杂。有多种方法可以解决这个排序难题。这里介绍一种方法。可以在存储物料信息的表中增加一个专门用于排序的信息项，编写一个按照所要求的排序规则生成数字值的排序程序，运行这个排序程序并且把结果值存储在新增的排序信息项中。实际使用物料信息时，按照专门的排序信息项进行排序。需要说明一下，这种复杂排序解决方案增加了一个排序信息值，似乎与不改变信息内容的排序方式的分类形式相矛盾，但是这里强调的是源信息本身没有改变，新增的排序信息仅仅是一个辅助的信息项。

4. 信息比较

信息比较是管理人员常见的一种管理方式，这种方式容易发现管理中存在的问题或规律，有助于提高管理人员的管理水平。在管理信息系统中提供信息比较功能，可以满足管理人员的比较管理需求。

例如，在北京卡尔巴氏汽车制造有限公司的汽车销售管理信息系统中，不同销售人员之间的销售和货款状况之间的比较、不同销售地区不同时间段销售业绩之间的比较等都是销售管理人员希望了解和掌握的关键商务信息。管理人员可以从这些比较中发现销售过程中存在的问题，可以及时地采取有针对性的管理措施。

在管理信息系统的信息比较加工方式中，往往需要回答或解决这类问题：哪些信息需要进行比较？这些信息比较的意义何在？应该采取什么样的比较形式来比较这些信息才更加有效？

信息比较经常是与信息评价关联的。如果需要对某些管理工作的绩效进行评价，那么比较这些管理工作的信息就是一种简单有效的评价方式。

5. 信息显示

信息显示是指将存储在管理信息系统中的信息以多种不同的表现形式提供给需要的管理用户的信息加工方式。常见的信息显示形式包括文字描述信息、表格信息、图形信息（例如甘特图、饼图、柱状图、折线图、曲线图、三维图等）、图像信息、音频信息、视频信息以及电信号控制信息等。

需要注意的是，信息显示的形式应该满足用户的管理需求，不同的管理需求往往需要不同的信息表现形式。例如，在分析销售订单完成状况时，由已完成的销售订单完成率和未完成的销售订单完成率构成的饼图很具有直观性的；在零件加工过程中，零件尺寸测量结果的正态分布曲线图是很有管理价值的；在项目管理中，甘特图是非常重要的信息表现形式，等等。

在表 5-2 所示的汽车销售数据中，列出了北京卡尔巴氏汽车制造有限公司 2005 年月汽车销售数量。从表中可以找到 9 月份的汽车销售量最高为 15 001 辆。图 5-7 是同样的销售数据，但是这些数据以折线的形式显示出来了。从图中可以非常直观地看到，9 月份的销售量最高，2 月份的销售量最低。

表 5-2　卡尔巴氏公司 2005 年汽车销售数量（表格信息）

月份	1	2	3	4	5	6	7	8	9	10	11	12
销售量/辆	8216	5638	10 127	12 482	8902	10 851	9986	11 035	15 001	9175	11 018	13 702

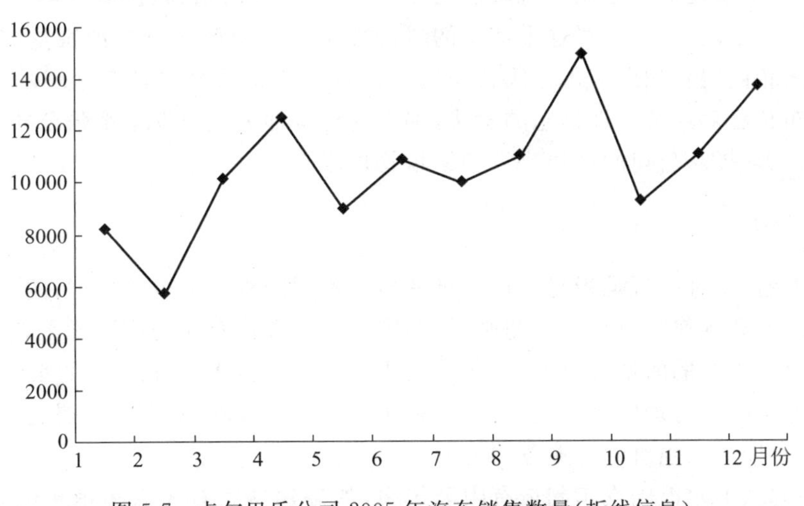

图 5-7　卡尔巴氏公司 2005 年汽车销售数量（折线信息）

6. 信息审批

审批是审查、批示的简称。在管理中，为了加强业务控制，上级对下级递交的计划和方案经常需要审批。审批通过的计划和方案才能真正执行，否则不能执行。在管理信息系统领域中，信息审批泛指按照组织的规章制度，下级递交的各种计划和方案，上级需要对这些计划和方案提出自己的看法，并且明确给出"同意"或"不同意"的结论。一般地，完成审批手续的信息才能真正去执行或对外发布。工作流软件常常辅助信息审批工作的执行。作为一种信息加工方式，信息审批实际上就是给出对某些源信息的意见。

例如，在北京卡尔巴氏汽车制造有限公司，销售人员给出了 2007 年的汽车销售预测，这些预测数据经过采集输入到了管理信息系统中。接下来，这些预测信息经过部门经理、销售总监、总经理的层层审批，最终变成了公司对 2007 年汽车市场的销售预测。

实际上，信息审批加工方式为管理信息系统提出了两个问题：谁负责管理信息系统中的信息质量？管理信息系统中哪些类型的信息必须经过审批？限于篇幅，这里不详细讨论这些问题了。对这些问题感兴趣的读者，可以自己思考和讨论。

7. 信息沟通

沟通对于管理人员来说是非常重要的，管理人员所做的所有事情都离不开沟通。从某种意义上来说，管理信息系统本身就是一个沟通工具，通过共享其中的各种管理信息，管理人员之间实现了有关管理信息的沟通。但是，这种沟通方式并没有传递管理人员对这些信息的各种态度和意见。

从信息加工的角度来看，信息沟通是指管理人员对管理信息系统中的信息表示自己意见并且将这种意见与其他管理人员进行交流的活动。就像信息审批一样，信息沟通不改变信息本身的内容，只是在这些信息上面附加相关的信息。这些意见信息对于正确理解管理信息系统中的信息有辅助作用，并且有助于解决公司中存在的各种冲突。

例如，北京卡尔巴氏汽车制造有限公司 2005 年全年销售量超过 12 万辆，这是一个基本的管理信息。但是，公司员工对这个信息的看法如何呢？销售人员对销售量的看法与公司总经理的看法相同吗？如果卡尔巴氏公司的销售管理信息系统中具有论坛功能，很多人员可以在此发布自己对某些管理信息的看法，那么这种沟通方式有助于增强公司员工的沟通，解决公司的冲突，提高公司的销售决策和销售管理水平。

8. 多维分析

从字面上看，多维分析是指对管理信息从多个不同的视角进行分析，目的是发现组织管理中存在的问题和规律。由于历史的原因，多维分析与数据仓库的应用紧密地关联在一起。数据仓库存储了组织的海量历史信息，多维分析提供了对这些历史信息的细节和综合进行多个维度的分析。在管理信息系统领域中，采用多维分析技术，对源信息进行多个不同方面钻取和综合，有助于加强对管理业务的理解。

例如，在北京卡尔巴氏汽车制造有限公司中，如果建立了有关汽车销售的数据仓库，那么可以从销售日期和时间、销售区域、销售人员、促销策略、销售型号、客户类型等多个维度对汽车销售进行多维分析。

9. 统计技术

作为一种改变信息内容的信息加工方式，统计技术在管理信息系统中的应用是非常广泛的。在管理信息系统领域中，统计技术是指采用一般的统计方法对管理信息系统中的信息进行加工以求得满足管理人员特定需求的管理信息的信息加工方式。常见的统计技术包括汇总、最大值、最小值、平均值、统计数量以及计算各种比率、概率。在实际应用中，统计技术往往与信息分类、比较等加工方式结合起来使用。

例如，在北京卡尔巴氏汽车制造有限公司，为了分析销售人员在2005年的销售业绩，需要计算相关的统计信息，这些信息包括销售量排在前3位的销售人员姓名、销售量排在后3位的销售人员姓名、所有销售人员的任务完成百分比、不同销售区域销售人员销售任务完成百分比等。这些统计信息有助于公司高层领导分析销售中存在的问题，为2006年的销售计划制定提供支持。

10. 优化技术

优化技术也是一种常用的改变信息内容的信息加工方式。在管理信息系统领域中，优化技术是指采用一般的运筹学方法对管理信息系统中的信息进行加工并且给出一个明确的、优化的解决方案信息，从而满足管理人员特定需求的信息加工方式。优化技术有两个显著特点，第一，采用运筹学方法，这是与统计技术不同之处，从复杂性角度来看，一般地认为，运筹学方法比统计方法复杂。第二，其输出是明确的和优化的解决方案信息，这种信息有助于提高管理人员的决策水平。但是，这里提到的解决方案信息是一个可以得到最优方案的信息，这是与决策技术有差别的地方。

在管理信息系统中，优化技术经常用于解决资源分配问题、运输与指派问题、库存控制问题、网络与工程计划问题等，常用的优化技术包括规划技术、图与网络技术等。例如，规划技术主要解决在一定的约束条件下寻求使目标最大化或最小化的最优解，这些技术又可以进一步地分为线性规划、非线性规划、整数规划、多目标规划等。

例如，在北京卡尔巴氏汽车制造有限公司中的生产计划管理信息系统中，编制生产计划就是一个使用优化技术在约束条件下进行资源分配、达到目标最大化的典型示例。

背景知识：Dijkstra 方法

最短路径问题是在一个赋权有向图或网络中寻找从起点到某个节点之间的一条最短路线。Dijkstra方法是求解最短路径问题的有效方法之一，其基本思想是：从起点开始逐步计算起点到网络中各节点的最短路径，逐步外推直至算出起点至终点的最短路线。这种方法不仅可以解决网络中的最短距离问题，而且可以有效地解决诸如计划安排、设备更新、投资评价等问题。

11. 决策技术

决策是对未来的行动方向、目标、方案、原则和方法所做的决定。决策技术是指决策时采用的方法和手段的总称。决策技术与优化技术是不同的。优化技术可以为管理人员提供一个明确的优化方案，决策技术则向管理人员提供多个可行方案并且辅助管理人员选择一个满意的方案。在管理信息系统领域中，作为一种信息加工方式，决策技术是指采用恰当的决策方法对信息进行加工并且输出两个或两个以上的解决方案信息以供管理人员选择的信息加工方式。常见的决策技术包括动态规划决策技术、多目标决策技术、随机型决策技术、模糊决策技术等。

例如，北京卡尔巴氏汽车制造有限公司希望进一步扩大生产能力，并且提出了3个方案：新增一条年产5万辆汽车的生产线、新增一条年产50万辆汽车的生产线、收购一个年生产能力为20万辆的汽车制造厂。第一种方案比较稳健但是收益比较低，第二种方案的市场风险比较大但是成功后的收益最大，第三种方案可以见效最快但是收购风险很大，因此这3种方案各有优缺点。那么到底选择哪一种方案呢？可以借助管理信息系统和层次分析法、德尔菲法等决策技术来解决这个问题。

背景知识：AHP方法

AHP是analytic hierarchy process的简称，中文翻译为层次分析法。AHP方法是由美国匹茨堡大学Saaty教授于20世纪70年代中期提出来的，其基本思想是把一个复杂的问题分解成各个组成因素，并将这些因素按支配关系分组，从而形成一个有序的递阶层次结构。通过采用两两比较的方式确定层次中诸因素的相对重要性，然后综合人的判断以确定决策诸因素相对重要性的总排序。

AHP方法为解决那些难以定量描述的决策问题提供了一种有效的方式。

12. 预测技术

预测是利用一定的数据和方法对事物的发展趋势进行科学的推断，预测的方法和手段被称作预测技术。实际上，预测过程就是一个推理过程。在管理信息系统领域中，作为一种信息加工方式，预测技术是指在当前管理信息系统提供的信息基础上科学推断未来某些业务信息的信息加工方式。例如，可以根据汽车以前的月销售量预测今后3个月的销售信息。常用的预测方法包括调查预测方法、主观判断预测方法、客观计量预测方法、概率预测方法、模糊评判预测方法等多种类型。不同的组织环境，应该选择不同的预测方法。

在管理信息系统中，预测技术是一种常用的信息加工方式，例如预测今年生产计划完成状况、预测明年汽车市场的需求量、预测工程项目的完工日期。

背景知识：常用的预测方法

调查预测方法可以分为全面调查法、典型调查推断法、抽样调查推断法。主观判断预测法可以分为集合意见法、德尔菲法、主观概率法、交叉影响法等。

客观计量预测方法可以分为时间序列预测方法和因果关系预测法。时间序列预测方法可以进一步分为平均数法、指数平滑法、季度变动法、线性与非线性趋势回归法、产品寿命周期法、鲍克斯-詹金斯法等。因果关系预测法又可以进一步分为回归分析预测法和自回归预测法、相关系数法、弹性系数法、投入产出法、经济计量模型法、引申需求法、拉格朗日插值法等。

概率预测方法可以分为置信区间与可靠度预测法、马尔可夫分析预测法、贝叶斯概率预测法、蒙特卡罗模拟法。

13. 数据挖掘技术

数据挖掘技术是指充分利用计算机的技术和方法在大量信息中发现以前未曾发现过的信息或知识的过程。从这个定义中可以看出,数据挖掘技术是对当前信息进行加工的一种方式,其输出是"以前未曾发现过的信息或知识"。之所以说,数据挖掘技术的输出是以前未曾发现过的,这主要是与传统统计技术相比较而言的。数据挖掘技术的基本任务包括:分类、回归、聚类、关联等。在当前的管理信息系统领域中,数据挖掘技术的应用刚刚起步。

例如,在北京卡尔巴氏汽车制造有限公司的销售管理信息系统中,经过应用数据挖掘技术,发现了许多以前没有发现过的有趣信息,这些信息包括购买小排量汽车的用户主要在星期二下午打电话、星期三打电话的用户一般再过 1 个月买汽车、星期五上午打电话的人一般不会购买汽车等。根据这些新发现的信息,卡尔巴氏公司决定对不同时间段打电话的用户采取不同的营销手段。

14. 推理技术

在管理信息系统领域中,作为一种信息加工方式,推理技术是指基于已经拥有的经验和知识,采取科学的逻辑演算方法,得到新的信息迭代和学习的过程。这里提到的推理技术是指除了预测技术、数据挖掘技术等隐含的推理方法。推理技术是一种迭代和学习的过程,其推理结果往往作为系统的新的经验和知识并且作为下一次推理的依据。

例如,作为管理信息系统的一种典型形式的专家系统,往往基于大量的推理规则通过某种推理机制最后得到新的有价值的参考信息。

15. 综合技术

在实际的管理信息系统中,由于管理环境、管理经验的不同,管理人员对管理信息的需求是多样的,某一种信息加工方式并不能满足管理人员的长期的、多样化的需求。例如,在北京卡尔巴氏汽车制造有限公司中,公司高层领导有时需要简单的统计信息,有时需要复杂的推理信息,有时需要对信息进行简单分类,有时需要对信息进行挖掘运算。因此,为了满足管理人员的多样化需求,在信息加工过程中,经常需要将多种加工方式结合起来使用。这种信息加工方式称为综合技术。

5.8 信息传输

管理信息系统中的信息是如何流向用户的?管理信息系统中的信息是以何种形式流向用户的?如何确保信息在流动过程中保持信息的正确性和一致性呢?这些问题可以在信息传输阶段中寻找答案。

从广义上来看,信息传输是指信息从信源经信道流向信宿的过程。但是,这种定义是不准确的，这是因为信息采集、信息存储、信息加工等阶段也包括从信源经信道流向信宿的过程中。从狭义上来看，在管理信息系统领域中，信息传输是指存储的信息或加工的信息经信道流向信宿的过程。这种定义比较好地描述了信息传输的内容和特点。

在管理信息系统领域中，由于广泛采用了数据库技术，用户可以高效率地共享系统中的信息，从而使得信息传输的作用大为削弱。但是，信息共享技术并不能解决信息传输中的所有问题，例如异构信息问题、分布式信息的一致性问题、内部用户和外部用户使用信息的问题等。

异构信息是指由于信息的存储格式或使用格式不同而带来的问题。例如，存储在 Oracle 数据库系统中的信息和存储在 Microsoft SQL Server 数据库系统中的信息是典型的异构信息，存储在数据库系统中的信息与以 Excel 格式存储的信息也是典型的异构信息。在当前的管理信息系统应用中，由于环境差异、需求差异等原因，异构现象是普遍存在的事实。在处理信息时，希望把某些异构信息转变成同一种类型的信息，在信息使用时，又希望把一种格式的信息转变成另外一种格式。例如，在北京卡尔巴氏汽车制造有限公司中，经常需要把 Oracle 系统中的信息转变成 Excel 信息以便使用，也经常需要把 Excel 信息转变到 Oracle 系统中。因此，在管理信息系统中，必须妥善地解决异构信息问题。

分布式信息的一致性问题是指在分布式应用环境中，由于安全和效率等原因，导致出现的信息集中存储和信息分布存储现象，这种现象有可能导致信息不一致的问题。例如，在北京卡尔巴氏汽车制造有限公司的销售管理信息系统中，公司总部存储了所有的销售信息，分布在全国各地的销售机构的销售信息也存储在本地。如何解决公司总部信息和销售机构信息之间的不一致现象，是信息传输阶段必须解决的问题。

一般地，可以把管理信息系统的用户分成两大类，即组织内部的用户和组织外部的用户。从信息传输角度来看，管理信息系统中的信息不仅向组织内部的用户传输，而且向组织外部的用户传输。这里需要重点研究的是为何向组织外部的用户传输信息、如何向组织外部的用户传输信息等问题。按照国家的法律法规，组织的管理信息有可能向行政管理部门、工商管理部门、税务管理部门、金融机构、新闻机构、社会公众等传输。由于管理信息系统中管理信息经常是组织的商业机密，因此向组织外部的用户传输信息时必须严格遵照制度和程序。例如，北京卡尔巴氏汽车制造有限公司规定，凡是向公司外部用户上报或发布的所有信息必须经公司总经理批准后才能执行。因此，在管理信息系统中，必须确保这种规定得到切实的执行。

总之，妥善地解决好信息传输问题，是信息生命期中的重要阶段，也是充分发挥管理信息系统中信息使用价值的关键环节。

5.9 信息使用

管理信息系统中的管理信息的最终目的是什么？用户为何使用管理信息系统中的信息？用户是如何使用管理信息系统中的各种信息的？这些问题正是信息使用阶段研究的内容。在管理信息系统中，信息使用是指管理人员利用管理信息解决组织运行过程中存在的管理问题的过程，是实现管理信息系统目的的主要环节。从这个概念可以看出，管理信息系统中的管理信息的最终目的是满足用户的需求，用户使用管理信息系统中的信息的原因是为了寻求管理问题的解决方案。下面从信息检索、信息分析报告、信息打印、信息门户等方面分析用户使用管理信息系统的形式特点。

信息检索是用户使用管理信息系统的最主要的形式。在管理信息系统中，信息检索是指用户通过指定规定格式的检索条件从管理信息系统中检索到满足条件的信息的过程。为了理解信息检索的概念，需要从信息检索形式、信息检索效率、信息检索效果等多个角度来分析。从检索形式来看，信息检索可以分为目录检索、关键字检索和全文检索。目录检索是指按照信息分类目录逐渐搜索所需信息的方式。关键字检索又可以继续分为准确检索和模糊检索。准确检索是指通过输入关键字搜索完全匹配关键字信息的方式，模糊检索是指通过输入关键字搜索与关键字有某种匹配程度的信息的方式。全文检索是指检索句子、段落、文章的检索方式。不同类型的管理信息系统提供的信息检索形式往往不同。例如，在北京卡尔巴氏汽车制造有限公司的销售管理信息系统中，主要是提供了关键字检索功能。信息检索效率是通过检索操作的响应时间来衡量的，响应时间愈短，信息检索效率愈高。信息检索效果是指检索结果满足检索条件的程度。

信息分析报告也是用户使用管理信息系统的主要形式。信息分析报告与信息检索不同，信息检索是将管理信息系统中的信息原封不动地显示给用户，这种操作往往是随机的。但是，信息分析报告往往具有内容综合的、形式多样化的、格式规范的特点，具有更大的管理价值。例如，在北京卡尔巴氏汽车制造有限公司的销售管理信息系统中，只是提供检索2005年销售业绩最高的销售人员的姓名的信息检索功能往往是不够的，还应该提供诸如对2005年汽车销售进行全面分析的报告的功能才有助于提高管理人员的销售管理水平。

毋庸置疑，信息打印是每一个管理信息系统都不可缺少的功能。管理信息系统应该遵循这样一个原则，可以浏览的信息都可以通过打印方式打印出来。这里需要重点提出的要求是打印的格式和打印的灵活程度。第一，打印的格式应该规范，尽可能与印刷品的格式一致，打印的内容应该尽可能地少。例如，现金支票的打印应该打印在印刷好的支票上。第二，打印的设置应该有足够的灵活性，例如用户可以适当改变打印内容的布局和增删打印的内容。需要说明的是，不同的打印内容应该有不同的灵活程度。例如，现金支票的打印不应该有打印内容布局的灵活性，销售统计报表的打印应该有布局和增删内容的灵活性。

信息门户是指用户访问管理信息系统时的统一入口方式。由于历史上、管理上的原因，一个组织往往拥有多个不同的管理信息系统，每一个管理信息系统都有自己的入口和风格。解决这种问题的一种有效措施就是建立组织的信息门户，这就要求所有的管理信息系统有统一的用户操作界面、统一的权限管理、统一的表示风格，更进一步的要求是具有统一的、一致的、没有冗余的管理信息。

在管理信息系统领域中，信息使用的形式和内容应该是一致的，不同的内容应该通过最合适的使用形式表现出来。

5.10 信息反馈

控制是监督活动的过程，是管理的一项重要职能。有效的控制有助于活动的完成促进组织目标的实现。反馈是实现控制职能的主要措施之一。在管理信息系统中，如何体现出管理的控制职能呢？这就是信息反馈。

管理活动在信源产生了管理信息，这些管理信息是管理活动的准确反映。管理活动的有效性是衡量管理活动促进组织目标实现的程度。如果管理信息系统中的这些管理信息没有达到预期的管理信息要求，那么表示管理活动没有达到有效性，管理人员应该对管理活动进行调整和改进。如果管理信息系统中的这些管理信息达到了预期的管理信息质量要求，那么表示这些管理活动达到了有效性，应该继续保持下去。由此可见，信息反馈是促使管理活动自动调节的一种重要手段。

在管理信息系统领域中，信息反馈是指管理人员调整管理活动确保组织目标实现的主要途径，是提高管理信息质量确保管理信息系统有效运行的关键手段，是促使管理活动形成闭环的不可缺少的环节。

在管理信息系统领域中，信息反馈可以起到两个方面的影响：第一，通过管理人员对管理活动的调整，对信源产生了影响，信源产生的源信息中会体现出这种影响，从而有助于提高管理活动和源信息的有效性。第二，对信息需求产生了影响，对信息需求的内容和形式都可能提出更高的或更低的要求。

例如，在北京卡尔巴氏汽车制造有限公司的销售管理信息系统中，经过对大量销售信息的分析发现2005年本公司生产的汽车占到全国市场的5.6%的份额。但是，公司的销售目标是7.2%。由于实际销售数据与销售目标之间存在比较大的差距，因此产生了信息反馈活动：要么采取新的市场营销策略，提高本公司在汽车市场的份额；要么降低自己的市场销售目标，使得新目标更加切合公司当前的实际情况。这种信息反馈机制使得管理人员对销售活动的有效性有了更加清晰的认识，对公司销售管理存在的问题有了更深的理解，为公司销售工作的发展指明了努力的方向。

本章案例　数据仓库系统应该保存客户哪些信息

当前，许多商业银行都已经建设或者开始建设各自的数据仓库系统，期望能够将分散在已有各种会计系统、国际结算系统、资金系统、信贷系统和信用卡等系统中大量、完整的数据进行有效的整合，建立全行范围内数据的单一视图，实现客户关系管理、绩效考核分析、风险管理等应用，真正发挥数据的作用，为银行创造新的价值。

一般地，数据仓库中保存的客户信息包括基本信息、信用状况信息、往来信息和其他信息。下面分别介绍这些信息。

1. 基本信息

基本信息主要记录客户的一些静态信息，能够为银行提供最基本的客户轮廓分析，是实现客户细分的重要基础，同时也为后续进行的各种复杂分析提供数据支持(如风险管理、目标营销等)。这部分信息又主要分为：

(1) 人口统计学信息。银行的客户主要包括个人客户和企业客户两类，他们之间可能有一些共同的属性，包括名称、状态、创建机构、创建时间等，但是由于各自的性质不同，个人客户还需要记录性别、出生年月、婚姻状况、学历、职业等信息，企业客户则需要存储行业、经济性质、法律类型、企业规模等重要信息。

(2) 接触联系信息。银行要和客户进行各种往来，就需要采集客户的各种联络信息，比如住址(家庭地址、通信地址、单位地址等)、电话(住宅电话、办公电话、BP 号、手机、紧急联络电话等)、电子邮箱、网址等。这些信息从某种程度上也是进行客户细分的一种途径(如居住地是富人区的客户通常具有同类的喜好，具有同样住宅电话的几个客户之间可能存在家庭关系)，同时也是将来银行提供客户个性化服务的必要支持(如通过发送手机短信提供余额变动提醒服务)，尽管目前各银行这部分数据的采集比较困难而且质量不一定很好，但的确是客户基本信息中不可或缺的一部分。

(3) 注册、鉴别信息。银行在为客户开立客户号的过程中，一个很重要的处理流程就是利用一些可以唯一标识客户的鉴别信息来识别客户，并为其分配唯一客户号。对于个人客户来说，可能是身份证、护照、军官证、士兵证、回乡证、户口簿、个人驾驶证等，而企业客户则需要记录营业执照、税务登记证、技术监督局代码、企业法人证书代码等重要信息。在数据仓库系统中保留此类信息，可以帮助银行很方便地识别客户，同时便于快速识别有过“黑名单”和其他不良记录的客户，有效控制风险。

2. 信用状况信息

银行要实现对客户的全面分析，除了静态的基本信息以外，很重要的还应该包括和客户信用相关的信息，这些信息包括：

(1) 信用评分/评级。每家银行可能都会根据一定的规则，对和本行有信贷往来的客户进行评分/评级，同时会指定相关人员和部门在指定的周期内进行回顾，最大程度地保证信贷资产的质量，降低不良资产的比例。因此数据仓库中应该把这类重要的、数据质量好的信息保存下来。此外，银行可能为实现全面的客户评价，会利用不同的渠道采集到客户的一些外部评级信息，比如一些上市公司在权威评级机构(如穆迪、标准普尔)的信用记录。将来随着社会征信体系的建立和完善，银行还可能会采集到一些来自社会评估机构的信用信息，这些也都应该保存在数据仓库系统中。

(2) 财务信息。进行客户(尤其是企业客户)评价时，很重要的一个方面就是对客户的财务状况进行评价，因为这是一个能够直接影响客户偿还能力，从而导致银行资金流和资产质量变化的重要指标。基于财务信息进行计算和分析的方法有很多，但是数据仓库系统应该采用一种灵活的方式存放可能采集到的各种不同的财务信息。

(3) 资产信息。客户申请抵押贷款时，银行往往要求客户提供一些拥有资产的证明，同时在发放贷款时加大抵押的力度，最大程度地保证在贷款发生违约时能够尽可能多地挽回损失。这些客户的资产信息包括所拥有的不动产(住宅、厂房、物业等)、流动资产(现金、证券等)、库存品、珠宝等各种高价值的资产。银行如果能够及时监控这些资产的价值变动，适当配合贷款利率的调整，不失为一种进行风险规避的有效手段。

(4) 宏观信息。除了客户级别的这些和信用相关的信息以外，要实现全面分析，数据仓库系统中可能还需要根据一些特别的要求存放相关的宏观信息，比如“企业所属行业的发展状况"、"境内有分公司的外商所在国家的经济情况"等，这些在商业银行经营管理中都是必要而且重要的参考信息。

3. 往来信息

如果说客户的静态基本信息采集是在某个时点或者某些时点就可以完成的，那对于银行来说更为重要、发生更为频繁的也是采集难度最大的就是客户和银行的各种往来信息了，这些信息包括：

(1) 购买产品、享受服务。客户会通过各种渠道或者基于自己的某种特殊需要，了解并购买银行的某种金融产品或者使用某种服务，如在银行开立活期存款，有需要时进行支取；或者将短期暂时不会动用的大额资金存成定期获取高收益；在有大额支出需求时通过银行进行融资。同时还可以利用银行提供的各种服务手段和渠道进行股票、债券的买卖、各种费用的代缴等。整个过程中，客户可能会向银行进行申请，然后双方讨价还价，就各种条款达成协议之后，签订一个正式的合同/协议(标明期限、利率、计息周期等)，开立一个核算账户(记录开立日期、币种、余额、利息等)。数据仓库系统保存这些信息可以更清晰地了解客户对银行提供金融产品和服务的满意度和使用度，如什么产品通常都被具有什么特征的客户所持有？持有A产品的客户往往还持有其他什么产品？下个月到期的人民币1年期定期存款有多少？具有什么特征的客户通常容易转成不动户？

(2) 交易信息。客户开立了账户之后，就可以利用银行的各种渠道以及营业网点进行各种交易了，这种交易是多样化的，可以是在自助设备上进行普通的存取款交易(和账户有关，和钱有关)，也可以是通过call center进行简单的咨询和投诉(和账户无关，和钱无关)，客户还可以通过网上银行对某个账户的余额、交易进行查询(和账户有关，和钱无关)，当然，客户拿着现金在柜台进行的外汇买卖也属于(和账户无关，和钱有关)要记录的交易信息的一部分。

(3) 市场营销。银行和客户往来最为密切的交易要属市场营销行为。银行是如何定义和规划一个营销事件？客户是否参与某个市场营销活动中？他在整个活动周期内的表现如何？传统的营销模式都是进行"大众营销"，现在的市场部分就可以综合利用数据仓库系统记录的各种信息为营销活动提供一个相对比较清晰的"目标营销"的客户清单，有效提高市场营销的反馈率，降低营销成本。

4. 其他信息

(1) 客户关联。客户之间的各种复杂关系对于银行来说，是进行风险控制和管理非常必要和重要的信息，比如信用卡附属卡的申请人和持卡人，贷款的联合申请人、大额贷款的担保人等。对于企业来说，集团客户、业务往来频繁的企业(经常有转账交易发生的两个企业客户)以及主管企业和下属企业之间的这些信息都可以帮助银行进行各种复杂的关联分析，也可以在某企业信用状况恶化或发生违约的概率变大时及时监控与其相关的其他企业，减少银行的各种损失。这些信息同时还可以帮助银行利用交易数据进行反洗钱的侦测。

(2) 分组/分类。银行出于内部管理的各种需要，如市场营销、风险管理等，总是希望能够基于各种不同的标准对客户进行分组和分类，当然在不同时期这些标准和客户所属的分组都会不一样，数据仓库系统应该保存这些分组/分类的历史信息，了解客户的发展趋势。

(3) 总账/财务数据。银行的总账/财务数据虽然不是和客户直接相关，但进行客户盈利分析时，必然会需要一些相关的财务信息，如“成本分摊”等计算就需要总账中相关的成本数据。因此数据仓库系统为实现全面的客户分析，应保存此类数据。需要注意的是，此类信息的保存应尽量简单，不要期望能够替代或者覆盖功能丰富的财务分析系统，需要明确的是，财务/总账数据的选择和存储是为了在数据仓库系统中进行客户分析、风险管理和绩效考核。

本章案例思考题

1. 这些数据的作用分别是什么？如何对这些数据进行存储和处理？
2. 分组讨论，这些数据是如何采集的？分析采集这些数据的时间、地点和方式。
3. 你认为这些数据应该足够吗？还需要存储客户的其他数据吗？

本 章 小 结

本章对信息生命期和信息管理内容进行了全面研究，这些研究内容有助于提高对管理信息系统功能的认识。首先，分析了信息生命期的概念和包括的主要阶段。接下来，结合管理信息系统领域的特点，对信息生命期的 9 个阶段进行了详细的研究。这些阶段包括信息需求分析、信源分析、信息编码、信息采集、信息存储、信息加工、信息传输、信息使用和信息反馈等。在这些阶段中，尤其着重讲述了信息编码、信息采集、信息加工等阶段的概念、原则、方法等内容。

思考和练习题

1. 什么是信息生命期？为什么要研究信息生命期？
2. 结合管理信息系统的概念和特点，分析比较信息生命期 6 阶段和 9 阶段哪一个更加合理？
3. 信息需求分析的特点和原则是什么？
4. 如何理解信息需求分析的适用性原则？
5. 分析信息需求分析的步骤和特点。
6. 信源分析的特点是什么？
7. 什么是信息编码？信息编码的作用是什么？
8. 信息编码的常用原则是什么？如何理解这些原则？
9. 比较线分类法和面分类法。
10. 比较无含义分类码和有含义分类码。
11. 信息采集的原则和过程是什么？
12. 如何理解信息存储的概念？

13. 为什么要对信息进行加工？常见的信息加工方式是什么？
14. 怎样理解信息显示是信息加工的一种方式？
15. 比较优化技术和统计技术在信息加工中的特点。
16. 在管理信息系统领域中，信息传输主要解决哪些方面的问题？
17. 如何理解信息使用的概念和特点？
18. 什么是信息反馈？

第6章 企业资源计划系统

【场景】 ERP系统如何体现了管理思想?

在张总办公室,张总、几位副总和李主任在讨论公司的信息化建设事宜。张总问道:"我看了许多报道,也听了许多专家的演讲,都说ERP系统体现了管理思想。今天,我想听听李主任的看法。"

大家的目光都投到了李主任身上,李主任不慌不忙地说:"ERP系统确实体现了管理思想,可以从8个方面理解这个论断。"

"8个方面!"几个副总不由自主地感叹。

"如果公司的生产完全按照自己的生产能力安排,生产出多少产品,就向外销售多少产品,这是一种以产品为中心的管理思想。如果公司的生产按照客户订单来安排,有多少订单,就安排生产多少产品,那么这是一种以客户订单为中心的管理思想。如果公司的生产按照市场预测进行安排,显然,这是一种以市场预测为中心的管理思想。"李主任看看大家都在认真听,继续说,"以市场预测为中心和以客户订单为中心是两种不同的管理思想。ERP系统体现了这些思想,既可以按照以市场预测为中心组织生产,也可以按照以客户订单为中心组织生产。这是一个方面。"

"ERP系统体现了以计划为龙头的管理思想。大家想想,生产多少产品是一个容易确定的目标,但是如何确定与此目标相关的生产活动呢?这显然是一个复杂的问题。如何计划采购部的采购活动,如何计划设备部的设备、工装管理活动,如何合理安排生产部的员工,人力资源部如何调度和考核员工等,这些活动之间如何有序地开展和协调,都需要一步步地准确地计算出来。ERP系统体现了按照计划组织和协调整个经营管理活动的思想,此乃二也。"

李主任继续说:"在计算物料时,会遇到许多问题,例如如果需要5公斤的某种规格型号的钢材,那么如何合理地采购这5公斤的钢材呢?是买5公斤好呢,还是买10公斤好呢?使用现有的其他规格型号的钢材代替是否可行等,这些问题需要按照公司的规章制度、物料政策等约束条件来解决。这些约束条件往往是管理思想的表现形式,ERP系统体现了管理思想,此乃三也。"

李主任喝了一口水,看了看大家,又继续说了下去。

在前几章详细研究了各种类型的管理信息系统的特点,可能有人会问,是否有一种可以满足组织内部全部管理需要的管理信息系统类型?这个问题很大,很难准确地回答,因为虽然现在还没有一种可以完全满足组织内部管理的管理信息系统类型,但是也出现了一些可以解决这种问题的管理信息系统,企业资源计划系统就是这样一种典型的管理信息系统类型。本章将对企业资源计划系统的基本原理和在企业领域中的应用进行详细研究。

本章目标：

- 理解传统的生产方式面临的困境；
- 理解和掌握 ERP 系统的演变规律；
- 理解和掌握 ERP 系统各阶段的特点；
- 理解和掌握 ERP 系统的基本概念和特点；
- 理解 ERP 系统的集成管理模式特征；
- 理解和掌握基础数据的作用和类型；
- 理解和掌握 MPS 的特点和计算过程；
- 理解 MRP 的特点和计算过程；
- 了解 ERP 的发展趋势。

6.1 ERP 系统的演变过程

ERP 是英文 enterprise resource planning 的简称，中文名称是企业资源计划，有些人也翻译成企业资源规划。为了彻底解决传统生产方式中的管理困境，随着信息技术在管理领域中的应用不断深入、信息系统不断完善和成熟，ERP 系统应运而生。一般地认为，ERP 系统的演变过程包括了订货点法阶段、开环 MRP 阶段、闭环 MRP 阶段、MRP Ⅱ阶段和 ERP 阶段。下面首先分析传统生产方式中的管理困境，然后介绍 ERP 系统的主要阶段的特点。

6.1.1 传统生产方式中的管理困境

在传统的生产方式中，困扰管理人员的两大难题是：如何制定和维护合理的生产计划？如何有效地控制物料库存量？

生产计划是指导生产过程正常进行的管理手段。在传统的生产方式中，手工编制合理、有效的生产计划是一项挑战性的工作。由于现代工业产品的结构极其复杂，一个产品常常由成千上万种零件和部件构成，用手工方法很难在短期内确定如此众多的零部件及相应的制造资源的需要数量和需要时间。例如，美国波音公司用手工计算各种飞机零部件需要的数量和时间时，一般需要 10 周以上的时间。人们戏称这种编制生产作业计划的方式为“季度订货系统”。由于按照这种编制方式编制的生产计划只能按季度来更新，所以计划不可能很细、很准，而且计划的应变性很差。

但是，企业处于不断变化的环境中，经常有很多原因造成生产实际情况与计划不相符。其中一些原因包括：对产品的需求预测不准确，引起产品的交货时间和交货数量改变；外协件、外购件和原材料的供应不及时；一些偶然性因素，例如废品率比较高、设备临时故障、工人缺勤等，从而使得生产不能按照正常的计划进行。

当计划与实际执行情况出现较大误差时，通过努力已不可能达到计划的要求，或者计划本身不能完全反映市场需求时，必须对计划进行修改。但是，修改计划和制定计划一样费时，计划越细致，修改计划的工作量也就越大、越困难。而且客观上要求修改计划应该在很短的时间内完成，否则修改后的计划又跟不上变化了。显然，不使用信息技术，单靠手工方式是无法及时对计划作出修改和调整的。因此，客观上要求信息技术解决生产管理上的这种问题。

在生产过程中，物料不断地改变其形态和性质。从原材料逐步转变为产品，企业很大一部分流动资金被物料占用。物料过多，会给企业造成流动资金积压、挤占库房位置、保管支出增加、物料浪费等不合理现象。物料过少，则可能会因为物料缺乏影响到正常的生产秩序。如何有效地控制物料库存，也是摆在管理人员面前的一个难题。

以物料为中心组织生产体现了为顾客服务的宗旨。物料的最终形态是产品，它是顾客所需要的东西，物料的转化最终是为了提供使顾客满意的产品。因此，围绕物料转化组织生产是按需定产思想的体现。既然最终是要按期给顾客提供合格的产品，在围绕物料转化组织生产的过程中，上道工序应该按照下道工序的要求进行生产，前一生产阶段应该为后一生产阶段服务，而不是相反。为什么要按后一生产阶段、后一道工序的要求组织准时生产呢？因为准时生产是最经济的，它既消除了延期完工，又消除了提前完工。

显然，延期完工影响生产进度，这是容易理解的。那么，提前完工好不好呢？很多人认为，提前完工好，是应该支持与鼓励的。其实，提前完工与延期完工一样，既浪费了资源，又影响了生产，也是应该否定的。

现在举个例子说明零件提前完工造成的后果。假设一个产品由 A、B、C、D 这 4 个零件构成，其中零件 A 和 B 是自制件，零件 C 和 D 分别是外协件和外购件。按照现有的生产能力，零件 A 和 B 件都可以在计划完成日期前加工出来。但是，由于没有按生产作业计划的要求进行，造成零件 A 提前完工了，零件 B 还没有加工完成。这时，产品不能开始装配，已完工的零件 A 必须库存一段时间，造成资金积压和一连串的浪费，例如增加库房位置、安排保管员等。即使外协件、外构件也都按照计划完成日期到达，也需要库存一段时间才能用于装配。不仅如此，由于零件 A 提前完工，占用了过多的设备和人工，致使加工零件 B 的生产能力不足。如果不加班，则零件 B 就会延期完工，这样零件 A 以及 C、D 等还需要增加一段库存时间。如果针对零件 B 安排加班生产，保证按照预定完工期完工，则需要支付额外的加班费。这种提前完工造成的后果可以使用图 6-1 的示意图说明，其中双线部分都是由于提前完工造成的浪费。

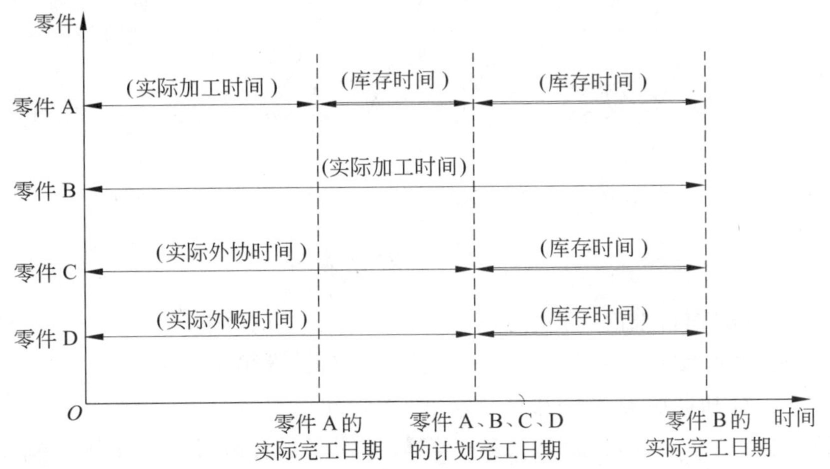

图 6-1　提前完工造成的后果示意图

由此可知，过量生产是更加有害的。过量生产不仅长期积压某些零件，而且影响了急需零件的生产。许多企业只注意考核工人完成的工作量，鼓励超额完成任务，但是不注意他们是否按计划完成任务，造成严重的过量生产，也造成了严重的零件短缺。企业经常陷入这种境地，不该加工的加工出来了，该加工的却没有加工出来，零件积压与短缺并存。

部分零件提前完工不好，那么全部零件提前完工好不好呢？同样不好，提前完工如果不能提前交货，则要放入成品库存放起来，成品积压也是很大的浪费。

6.1.2 订货点法阶段

从 20 世纪 30 年代开始，一些管理专家提出了用于解决物料库存控制问题的订货点法，可以采取经济批量公式计算出物料的订货点。订货点法的目标是非常明确的，它要解决物料管理中必须回答的需要什么、何时需要、需要多少 3 个基本问题。20 世纪 60 年代初，计算机开始进入管理领域后，管理人员借助计算机计算订货点。

按照订货点法，企业通常采用控制库存物料数量的办法控制物料的需求，为需求的每一种物料设置一个最大库存量和安全库存量。最大库存量受到库存容量、库存占用资金等因素的限制。安全库存量也称为最小库存量，意思是说物料的消耗不能低于安全库存量。由于物料的供应需要一定的时间(即供应提前期，例如物料的采购提前期、零部件的加工提前期等)，因此不能等到物料的库存量消耗到安全库存量时才补充库存，而必须有一定的时间提前量，即必须在安全库存量的基础上增加一定数量的库存。这个库存量作为物料订货期间的供应量，即应该满足这样的条件：当物料的供应到货时，物料的消耗刚好到了安全库存量。这种控制模型必须确定两个参数，即订货点和订货批量。订货点法示意图如图 6-2 所示。

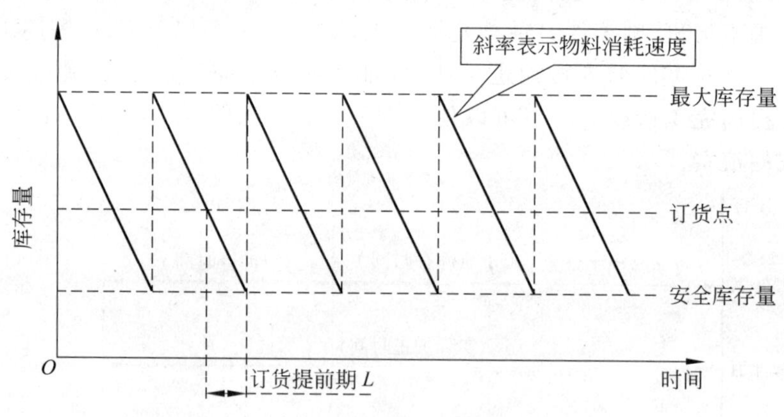

图 6-2 订货点法示意图

对于需求稳定的物料来说，订货点法是一种比较有效的物料管理方法。但是，由于客户需求的不断变化、产品结构日益复杂，这种方法也逐渐暴露出了一些问题。这些问题包括需求不明确、高库存量和低服务水平并存、“块状”需求现象等。

如果对物料需求不了解，盲目地维持一定数量的库存会造成资金积压。例如，对某种零件需求可能出现如表 6-1 所示的 3 种情况。如果按照经济批量公式，可以计算出该物料的经济订货批量，假设是 80 件。

表 6-1　对某种零件的需求

周次	1	2	3	4	5	6	7	8	9	10
情况 A/件	30			30				50		
情况 B/件	30		60							
情况 C/件	30									80

对于情况 A，第 1 周仅需要 30 件，若一次订 80 件，则余下的 50 件还需要存放 3 周。到第 4 周再消耗 30 件，余下的 20 件还需要存放 4 周，而且还满足不了第 8 周的需要。因此，在第 8 周前还需要提出数量为 80 件的订货需求。对于情况 B，订货量不足以满足前 3 周的 90 件需要。对于情况 C，第 1 周之后，剩余的 50 件白白地存放了 8 周，但是还不满足第 10 周的 80 件需要。

依靠经常维持库存来保证需要的根本原因是对物料需求的数量和时间不了解所致。因此，盲目地确定订货点会造成浪费。

使用订货点法会造成高库存与低服务水平并存。服务水平是衡量库存系统的一个重要指标，它关系到库存系统的竞争能力。常用的衡量服务水平的方法包括：整个周期内供货的数量/整个周期的需求量；提前期内供货的数量/提前期的需求量；顾客订货得到完全满足的次数/订货发生的总次数；不发生缺货的补充周期数/总补充周期数；手头有货可供的时间/总服务时间。一般地，服务水平越高，安全库存量越大。由于对需求的情况不了解，只有依靠维持高库存来提高服务水平。这样会造成很大的浪费。订货点法使得低库存与高服务水平两者不可兼得。

例如，如果装配一个部件，需要 5 种零件，当以 95%的服务水平供给每种零件时，每种零件的库存水平会很高。即使如此，装配这个部件时，5 种零件都不发生缺货的概率仅为 $0.95^5 \approx 0.77378$。也就是说，当装配这种部件时，几乎 4 次中就有一次碰到零件配不齐的情况。如果一台产品常常包含上千种零部件，装配产品时不发生缺件的概率非常低。这就是为什么订货点法造成零件积压与零件短缺共存局面的原因。

采用订货点法的前提是需求均匀。但是，在制造过程中形成的需求一般都是不均匀的：不需要的时候是零，一旦需要就是一批。采用订货点法加剧了这种需求的不均匀性。这种状况如图 6-3 所示。

在如图 6-3 所示的示例中，产品、零件和原材料的库存都采用订货点法控制。对于产品的需求来说，它是由企业外部用户的需求决定的。由于每个用户的需求相差不是很大，综合起来，对产品的需求比较均匀，库存水平变化的总轮廓呈锯齿状。当产品的库存量下降到订货点以下时，要组织该产品的装配作业。这时，需要从零件库中取出各种零件。因此，零件的库存水平陡然下降一块。而在此之前，尽管产品库存水平在不断下降，但是由于没有下降到订货点，没有提出订货，因此零件的库存水平维持不变。类似地，当零件的库存水平未降到订货点以下时，也不必提出订货。于是，原材料的库存水平维持不变。随着时间的推移，产品的库存逐渐消耗，当库存水平再次降到订货点以下时，又开始组织产品装配，这时又消耗一部分零件库存。如果这时零件的库存水平降到零件的订货点以下，就要组织零件加工。

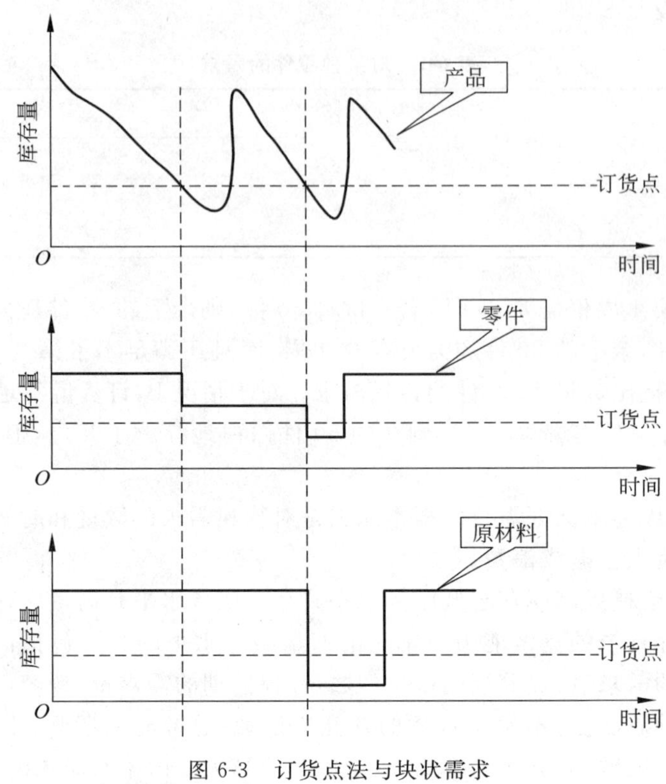

图 6-3　订货点法与块状需求

这样，就要消耗一部分原材料库存。

由此可见，在产品需求均匀的条件下，采用订货点法仍然会造成对零件和原材料的需求率不均匀，呈“块状”。块状需求与锯齿状需求相比，平均库存水平几乎提高一倍，因而占用更多的资金。

订货点法适合于处理独立物料需求问题，不能有效地解决生产系统内发生的相关物料需求。这时，MRP 思想出现了。使用 MRP 可以精确地确定对零部件、毛坯和原材料的需求数量与时间，消除了盲目性，实现了低库存水平与高服务水平并存。

6.1.3　开环 MRP 阶段

由于订货点法存在许多问题，所以许多专家一直在致力于物料管理和控制方法的研究。20 世纪 60 年代末，计算机的体积变得越来越小、价格越来越低、功能越来越强大时，企业已经有能力配置足够多的计算机，为在库存方面采用计算机辅助物料的管理奠定了物质基础。通过采用计算机来管理，企业现在只订购自己需要的物料，而不是订购“所有的物料”。这些需要的物料是基于企业将要销售的产品、库存中已经存在的物料以及那些已经订购但是还没有到货、正在生产但还没有完成的物料等数据计算出来的。这时，被称为物料需求计划(material requirements planning，MRP)的计算机应用系统开发出来了，并且提出了主生产计划(master production schedule，MPS)的概念。MPS 就是指企业最终完成的产品或组件的计划。企业通过采用 MRP 系统,可以真正地实现在正确的时间、正确的地点得到正确数量的、正确物料的管理目标。这种思想是由美国 IBM 公司的约瑟夫·奥利基博士在 20 世纪 60 年代末最早提出来的。

在 MRP 的概念中,把物料需求分成了独立需求和相关需求两种类型。企业生产的最终产品和某些维修使用的零部件的需求来自企业外部,是独立需求。对原材料、毛坯、零件、部件的需求,是企业制造过程中产生的需求,被称为相关需求。正是制造过程中的相关需求使得 MRP 能够围绕物料转化组织准时生产。对一种产品或零部件的需求,如果与其他产品或零部件的需求无关,则对这种产品或零部件的需求为独立需求。相反,如果对某些产品项目的需求取决于对另外一些产品项目的需求,则对这种产品项目的需求为相关需求。独立需求来自企业外部,需要通过预测和顾客订货来确定;相关需求发生在制造过程中,可以通过计算得到。

MRP 是计算机技术对物料计划和生产管理最初的影响形式。无论是手工制定生产计划,还是使用台账、卡片管理物料,新的计算机系统可以实现这些计划、物料管理的自动化,基于将要完成的产品、当前的库存状况、已经分配出去的物料和在途物料等信息,可以快捷、准确地生成物料采购作业计划和生产作业计划。物料的库存和计划的可视性大大提高了,只要能访问该系统,就可以随时查看到最新的库存状态。物料管理和计划管理中的错误大大减少了,管理效率大大提高了。MRP 的出现,使得计划人员可以准确地回答这些问题:需要什么?何时需要?需要多少?而不是像以前那样,管理人员坐在办公室里等待,直到发现生产线上缺少物料了,才能制定出缺件计划,然后才能开始订购这些缺件。这个阶段称为开环的 MRP 阶段或小 MRP 阶段。开环 MRP 的结构原理图如图 6-4 所示。

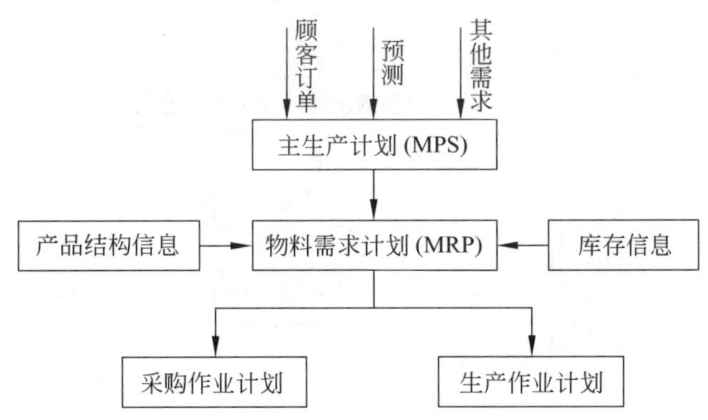

图 6-4 开环 MRP 的结构原理图

在如图 6-4 的结构原理图中,可以基于顾客订单、预测以及其他需求来得到 MPS,然后根据产品结构信息和库存信息计算 MRP。产品结构信息也称为物料清单(bill of material, BOM),是根据独立需求计算相关需求的基础数据。然后根据物料的采购或加工属性,计算得到采购作业计划和生产作业计划。在开环 MRP 的计算过程中,隐含着 MPS 可行以及采购作业计划、生产作业计划可行,都可以正常地执行。从本质上来看,开环 MRP 是一个理想情况下的生产计划和执行系统。

6.1.4 闭环 MRP 阶段

前面说过，开环 MRP 隐含着一些前提条件，例如 MPS 存在且可行、采购作业计划可行且执行过程顺利以及生产作业计划可行且生产过程不受其他外界因素的影响。然而，这种前提往往是不现实的。例如，采购作业计划可能因为供货能力或运输能力不足而不能按期或者按量执行，生产作业可能会受到加工设备能力不足、人力资源缺乏和废品率过大的影响而不能按期、按量完成计划的生产作业。

怎样解决这种 MRP 计算方式存在的这些问题呢？可以基于控制原理采取一些适当的措施，例如，在 MRP 计算过程中考虑企业的生产加工能力问题、供货企业的供货能力问题，确保制定的物料需求计划(包括采购作业计划、生产作业计划)是可行的；在采购作业计划、生产作业计划的执行过程中，通过增加采购管理和车间管理功能而增强计划跟踪和反馈功能，确保物料需求计划可以及时地得到更新。采取这些措施之后得到的 MRP 称为闭环 MRP 或大 MRP。作为权威机构，美国生产与库存管理协会(America Production and Inventory Control Society，APICS)发表的闭环 MRP 的结构原理图如图 6-5 所示。

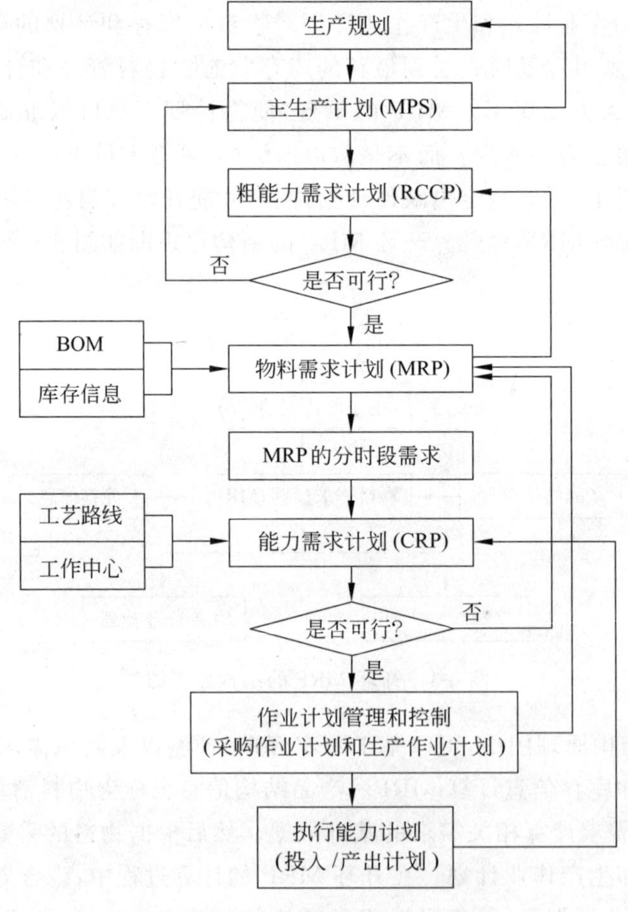

图 6-5 闭环 MRP 的结构原理图

在图 6-5 所示的结构原理图中，MPS 来自于企业的生产规划，MPS 是否可行在经过被称为粗能力需求计划(rough cut capacity planning，RCCP)的产能负荷分析之后，如果可行则可以作为下一个阶段制定 MRP 的依据，如果不可行，则需要调整 MPS。依据可行的 MPS 制定的 MRP 是在 BOM 和库存数据的支持下完成的，并且可以进一步分解为分时段的需求。MRP 的分时段需求可以把未来物料短缺问题的解决方案提前到当前的作为优先计划的 MRP 中。但是，如果这个 MRP 超越了企业现有的生产加工能力和采购运输能力，它也就失去了指导车间作业的权威意义。但是，如果 MRP 经过能力需求计划平衡被认为不可行，则可以及时调整 MPS，甚至可以调整企业的生产规划。因此，增加能力需求计划(capacity requirements planning，CRP)以便检验 MRP 在当前生产环境中是否可行，增加作业计划管理和控制功能的目的是便于将生产环境的变化和作业计划与实际作业的差异及时地反映到 MRP 中，以实现对今后 MRP 的执行进行适当的平衡和调整，增加执行能力计划功能可以根据作业需要对生产能力进行进一步的调整，以便 CRP 在变化的生产环境中总可以顺利地保证 MRP 的可行性。

闭环 MRP 很好地解决了物料管理和控制问题，得到了广泛的应用。闭环 MRP 的产生和广泛应用是生产计划管理理论发展的一个里程碑。

6.1.5 MRP Ⅱ阶段

生产管理实践不断对生产管理方式提出了更高的要求，信息技术和信息系统的发展为更加先进的生产管理方式的提出和应用奠定了坚实的物质基础。虽然闭环 MRP 有许多优点，但是它并没有解决资金资源、人力资源等生产环境中的约束问题。人们在使用闭环 MRP 时，不断地提出了新的疑问和需求。这些疑问和需求包括：既然库存记录足够精确，为什么不可以根据它来计算费用呢？既然 MRP 得出的是真正要制造和购买的元件，为什么不能依据它作采购方面的预算呢？既然生产计划已经被分解成确定要实现的零部件的投入产出计划，为什么不可以把它转化为货币单位，使经营计划和生产计划保持一致呢？

下面通过一个示例来讲述这个问题。如果企业采购的一种物料到货了，进入了仓库，那么不仅仅是库存的物料数量增加了，从财务账簿上来讲，企业的原材料库存资产也增加了。原材料库存资产增加可以通过负债科目中的应付账户反映出来。当原材料从仓库送到车间加工后，库存原材料资产降低了，但是在制品资产增加了。同时，工人的劳动工资和车间管理费用也通过在制品资产账户转移了。随着物料在生产线上加工的流动，在制品资产账户不断增大。最终，当企业制造出来的产品销售出去之后，那么库存资产账户减少而应收账户资产增加。由此可以看出，物料的移动和资金的移动是同步的。在 MRP 系统中，仅考虑物料是不完整的，因为从管理的角度来看，仅考虑物料很难向管理人员提供准确的管理信息，管理人员也很难准确地监督生产的运行过程。为了提高企业的管理水平，应该考虑把财务信息添加到 MRP 系统中。

20 世纪 70 年代后期，随着信息技术和信息系统的不断发展，可以使用计算机同时管理物料和管理财务活动了。为了集成这些操作，通过采用共享的数据库系统把制造、财务集成起来，形成了所谓的制造资源计划(manufacturing resource planning，MRPⅡ)系统。由于制造资源计划的英文简称是 MRP，与物料需求计划的简称相同，为了区别起见，将制造资源计划的简称改写为 MRP Ⅱ。

MRP Ⅱ的出现并不是说 MRP 是错误的，而是在集成企业更多资源方面和更大范围的监控制定的作业计划与实际的执行结果等方面有了重大突破。APICS 对 MRP Ⅱ的定义如下：MRP Ⅱ是一种有效的计划制造企业所有资源的方法。它可以用来解决生产单位的经营计划、以货币形式表示的财务计划，并且可以通过能力仿真来回答诸如"what if"这类问题。它包括了很多相互链接的功能，例如企业规划、销售和经营规划、生产规划以及能力和物料的执行支持系统。这些系统的输出通过财务报表的形式表现出来。MRP Ⅱ是由闭环 MRP 直接演变过来的。APICS 发布的 MRP Ⅱ结构原理图如图 6-6 所示。

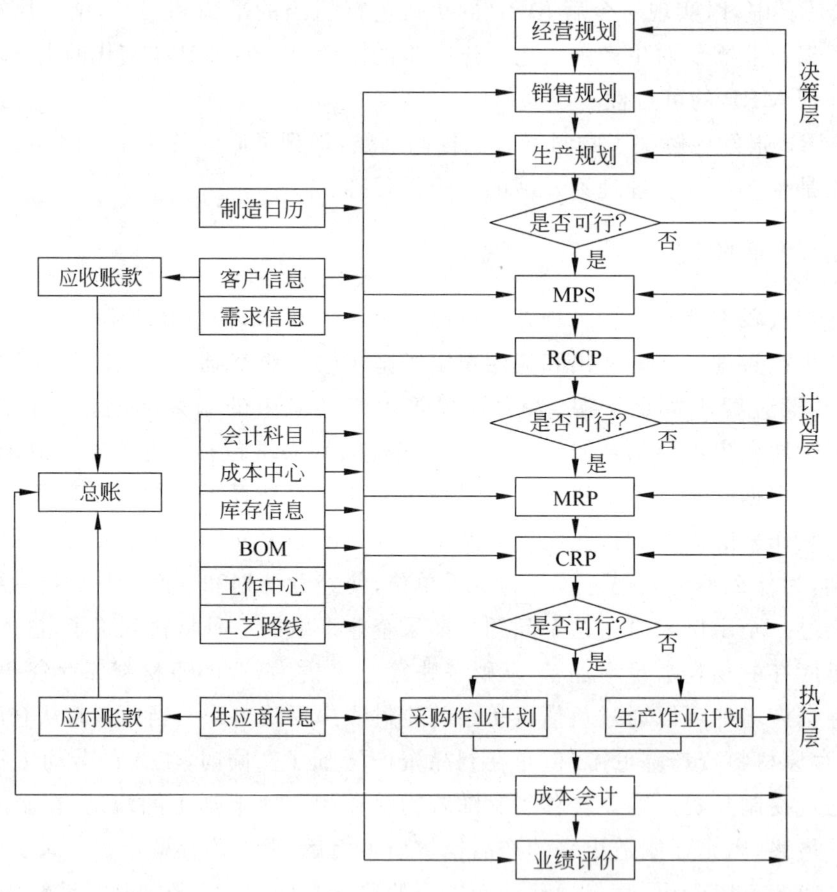

图 6-6　MRP Ⅱ结构原理图

把生产活动与财务会计活动紧密地集成起来，是从闭环 MRP 向 MRP Ⅱ迈出的关键一步。MRP Ⅱ是对企业的所有制造资源进行计划和控制的信息系统，作用范围包括整个企业生产经营活动。这时，企业第一次有了一个集成的信息系统。这种集成的、闭环的信息系统为企业管理带来了深远的影响。

6.1.6　ERP 阶段

进入 20 世纪 90 年代以后，企业的经营环境出现了新的特点。一方面，企业规模的集团化趋势和企业形态在发生深刻的变化，跨国企业、虚拟企业、动态联盟等形式不断涌出。企业资源的概念由企业内部制造资源向市场资源、分销资源扩展，企业组织结构和工作流程始终处于动态的变化过程中，单赢经营模式向双赢、多赢经营模式发展，客观上要求有更加先进的管理模式满足这种管理实践的需求。另一方面，在信息技术和信息系统继续飞速发展的同时，以 Internet 为基础的电子商务开始迅速蔓延起来，新的管理手段为新的管理思想奠定了物质基础。许多专家、学者开始思考如何在生产管理领域更好地发挥信息技术和信息系统的作用。

从 1990 年开始，美国 Gartner 公司连续发表一系列有关 ERP 的文章，《ERP：下一代 MRP Ⅱ的远景设想》、《ERP 的功能性》、《实现 MRP Ⅱ到 ERP 的跨越》、《ERP：远景设想的定量化》等，这些文章奠定了 ERP 思想和系统的基础。Gartner 公司认为，ERP 是 MRP Ⅱ的下一代，其主要内容是打破企业的四壁，把信息集成的范围扩大到企业的上下游，管理整个供需链，实现供需链制造。Gartner 公司设想 ERP 应该包括两个方面的内容，在企业内部实现产品设计、管理、监控方面的集成，在企业外部实现供需链上所有合作伙伴的集成。虽然 Gartner 公司最初的 ERP 思想在 ERP 的实践中并没有得到完全的实现，这种思想对企业的管理实践产生了巨大的影响。ERP 概念最早是作为一种管理思想提出来的。基于这种思想开发出来的管理信息系统产品称为 ERP 软件，这种产品在企业中应用之后称为 ERP 系统。许多 ERP 产品在市场上出现了，许多企业开始实施和应用 ERP 系统。

企业为什么采用 ERP 系统？不同的企业往往有不同的原因。一项“企业采用 ERP 系统的最主要的原因是什么”的全球性调查结果显示：36％的企业认为是技术原因，例如“千年虫”问题、传统信息系统的维护问题等；30％的企业认为是业务原因，例如经济全球化决策、市场竞争激烈等；18％的企业认为是职能原因，例如流程自动化、流程重新设计等；16％的企业认为是成本原因，例如降低成本、财务问题等。

6.2　什么是 ERP 系统

虽然 Gartner 公司提出了 ERP 思想，但是在这种思想基础上形成的各种各样的 ERP 系统各不相同。从当前的理论研究和应用实践来看，有关 ERP 系统的定义有许多不同的版本。下面给出一些比较典型的定义。

1. ERP 系统的典型定义

(1) ERP 系统是用于改善企业业务流程性能的一系列活动的集合，有基于模块的应用程序支持，它集成了从产品计划、零件采购、库存控制、车间作业、产品分销和订单跟踪等多个职能部门的活动。在 ERP 系统中，还可以包括企业的财务管理和人力资源管理模块。

(2) ERP 系统是一个工业术语，它是由多个模块的应用程序支持的一系列活动组成的。ERP 系统可以帮助制造企业或者其他类型的企业管理主要的业务，包括产品计划、零件采购、库存维护、与供应商沟通交流、提供客户服务和跟踪客户订单等。

(3) ERP 系统是一种集成了所有制造应用程序和与制造应用程序相关的其他应用程序、用于整个企业的信息系统。该定义强调 ERP 系统实际上是信息系统的一种类型。该定义没有提到在企业中具体的应用范围,而是突出信息技术的作用。

(4) ERP 系统是一种商业软件包,允许企业自动化和集成主要的业务流程、共享通用的数据且分布在整个企业范围内,并且提供了生成和访问业务信息的实时环境。

(5) ERP 系统是一种商业战略,它集成了制造、财务和分销职能以便实现动态的平衡和优化企业的资源。ERP 系统是一种集成的应用软件包,可以用于平衡制造、分销和财务功能。ERP 系统是通过利用关系型数据库管理系统、计算机辅助软件工程、第四代语言开发工具和客户机/服务器体系架构而从制造资源计划演变过来的。当成功地实施了完整的 ERP 系统之后,ERP 系统允许企业优化业务流程、执行各项必要的管理分析以及快速有效地提供决策支持。随着技术的不断进步,ERP 系统不断增强了应对市场变化的能力。

(6) ERP 是一个信息技术工业术语,它是集成的、基于多模块的应用软件包,为企业的各种相关业务职能提供服务。ERP 系统是一个战略工具,它通过集成业务流程帮助企业提高经营和管理水平,有助于企业优化可以利用的资源。ERP 系统有助于企业更好地理解其业务、指导资源的利用和制定未来的计划。ERP 系统允许企业根据当前行业的最佳管理实践标准化其业务流程。

2. ERP 系统的目标及组成结构

从系统分析的视角来看,ERP 系统是一个有着自己的目标、组成部分和边界的有机统一的系统。只有在 ERP 系统的各个组成部分的运行达到协调一致时,ERP 系统才能真正地发挥出自己的效能。

(1) ERP 系统的目标。ERP 系统的目标是改进和流线化企业的内部业务流程,然后在此基础上提高企业的管理水平、降低经营成本以及提高收益水平。

(2) ERP 系统的组成部分和层次结构。ERP 系统可以分成 3 个层次:以计划为主导的 ERP 管理思想、ERP 软件和 ERP 系统,这种层次结构示意图如图 6-7 所示。ERP 系统蕴涵了以计划为主导的 ERP 管理思想,它以企业战略为最终目标,以主生产计划为计算起点,通过物料需求计划、能力需求计划、采购作业计划、生产作业计划,全面有序地、合理地利用企业的主要资源,从而提高企业管理水平。ERP 系统的主要表现形式是 ERP 软件。ERP 软件是一种基于模块的应用程序。每一个软件模块都自动化企业内部的某个职能领域的业务活动。一般情况下,ERP 软件涉及产品计划、零部件采购、库存管理、产品分销、订单跟踪以及财务管理和人力资源管理等职能。除此之外,ERP 系统还包括流线化的业务流程、终端用户以及支持 ERP 软件的硬件和操作系统。ERP 软件作为一种企业级的管理解决方案,应该支持企业各个层次业务流程的流线化。ERP 系统的终端用户是企业中各个层次上的员工,既包括企业底层的业务人员,也包括企业高层的决策人员和中层的管理人员。据统计,UNIX 操作系统由于具有高的安全性、可靠的稳定性和强大的网络功能而成为当前运行 ERP 软件的主要操作系统。除此之外,Windows 和 Linux 也是运行 ERP 软件的流行的操作系统。

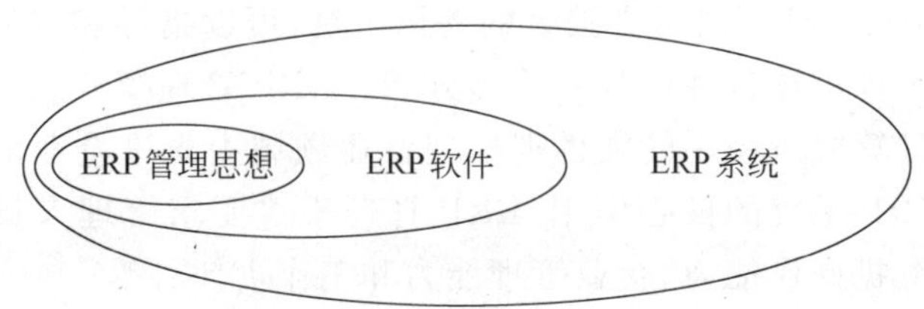

图 6-7 ERP 系统的层次结构示意图

(3) ERP 系统的边界。一般认为,ERP 系统的边界小于实施该 ERP 系统的企业的边界。相对来说,供应链管理系统、客户关系管理系统和电子商务系统的边界扩展到实施了这些系统的企业的供应商、合作伙伴和客户。

3. ERP 的层次

一般地,ERP 系统可以在企业的战略计划层、管理控制层和业务操作层这 3 个层次上都提供支持和流线化业务流程。

(1) 在业务控制层,ERP 系统可以降低业务成本。ERP 系统是一个企图将企业跨各业务部门的业务流程集成到一个企业级业务流程的信息系统。ERP 系统的主要优点在于可以协调各个业务部门,提高业务流程的整体效率。ERP 系统实施之后,即刻得到的好处是降低业务成本,例如降低库存控制成本、降低生产成本、降低市场营销成本和降低客户服务成本等。

(2) 在管理控制层,ERP 系统可以促进实时管理的实施。ERP 系统提供了对数据的更有效的访问,管理人员可以分钟级的间隔实时访问用于管理和决策的信息。ERP 系统提供了跟踪各项活动成本的功能,有助于企业实行作业成本法。管理工作实际上就是及时发现问题和及时解决问题的过程,ERP 系统的应用可以大大提高管理人员及时发现问题和及时解决问题的能力。

(3) 在战略计划层,ERP 系统可以支持战略计划。不过,在许多实际的 ERP 产品中,由于战略计划的复杂性和缺乏与决策支持系统的充分集成等原因,战略计划的功能被大大地削弱了,而只是强调具体的业务执行计划。如何更好地提高 ERP 系统的战略计划功能,是 ERP 系统今后发展的一个重要方向。

4. ERP 系统的核心

ERP 系统的核心是 ERP 管理思想,这是业界的共识。还有一些专家进一步认为,ERP 系统是一种集成管理模式。计算机技术作为一种管理工具和手段在管理上的广泛应用,为管理创新提出了新的要求和技术保障,客观上要求管理理论产生一种与计算机广泛应用相适应的管理理念和方式。这时,以 ERP 系统为核心的集成管理模式出现了。ERP 系统作为一种计算机辅助管理信息系统,它既体现了计算机工具的特点,又蕴涵了新的管理思想、方法和手段。因此,从本质上来讲,ERP 系统是一种集成管理模式,这种集成管理模式要求 ERP 系统作为其核心的支撑技术而出现。这种集成管理模式有时也称为 ERP 管理模式。

作为一种管理模式,ERP 系统是一种要求企业按照既定的计划准确运行的管理方法和管理手段的总和。ERP管理模式具有强大的支撑工具,可以指导和强制员工按照规定的业务流程工作,因此是一种可操作性极强的管理方式。ERP管理模式还是一种可以复制的管理方式,可以像复制计算机系统中的文件那样把行业领域中先进企业的管理方式复制到自己的企业中。由于ERP系统的核心作用,ERP管理模式要求管理人员必须具备相应的素质,这些素质包括计算机操作能力、企业管理能力和工作责任心等。

5. ERP系统的特征

这种集成管理模式具有自动化、理性化、精细化、规范化、标准化、知识化和集成化等特征。

(1) 自动化是ERP管理模式最基本的特征。ERP管理模式的核心是ERP系统,ERP系统是基于计算机技术的管理信息系统。通过ERP系统,ERP管理模式实现了自动化的工作流程、自动化的数据加工和处理以及自动化的管理警报等。正是这种自动化的特征,大大降低了企业管理人员的工作负荷,提高了工作效率。

(2) 理性化是ERP管理模式又一个非常重要的基本特征。从客户订单、需求预测到物料需求计划、能力需求计划、物料采购计划、零件加工作业计划和产品装配计划等整个过程,正确、合理、优化、均衡和完整等理性思想始终贯彻其中。ERP管理模式是一种真正实现管理科学和优化的方式。ERP管理模式不是管理艺术,强调的是理性的科学,它认为企业的正常经营应该像走时准确的钟表一样准确无误。

(3) 企业管理正在由传统的粗放式管理方式向精细化管理方式发展。ERP管理模式充分体现了管理精细化的特点。例如,在粗放式的管理阶段,对物料的管理采取了ABC管理方式,并且这种管理方式一直作为一种优化的管理手段来宣传。但是,在ERP管理模式下,企业已经具备了对物料进行逐个管理的能力,可以对每一种物料采取与其他物料不同的管理方式,从而可以最大限度地提高物料管理的质量和效率。在传统的管理模式下,对生产作业计划的管理一般是采取对班组的月、周管理粒度,有些企业可能采取了日管理粒度,但是更细的管理粒度仅仅依靠人的手工操作是无法实现的。但是,在ERP管理模式下,作业计划的控制可以达到实时的状态,这种实时粒度可以是每日、每小时、每分钟,不仅仅可以对班组进行控制,甚至可以实现对班组中的每一个操作人员、每一台设备进行准确的控制。在传统的管理阶段,只能对某个报表进行管理,但是在精细化管理阶段,可以达到对报表中每一个数据项的来源、特征、去向和作用进行更精细的管理和控制。

(4) 规范化管理显示了ERP管理模式的又一个重要的特征。在传统的管理模式下,管理工作由于可伸缩性大、无法精确度量,经常陷于难以控制的地步。即使有规章制度,但是在人为的干涉下,这些规章制度经常是形同虚设。例如,文件单据的审批制度、管理报告提供的内容和时间以及供应商的确定和监控等,经常出现实际状况与规章制度相违背的情景。但是,在ERP管理模式下,基于工作流的系统、基于数据库的共享数据可以自动地按照规定的流程、规定的时间、规定的方向和规定的内容,向规定的人员提供数据、报告和文件审批等信息,整个过程的时间、费用及效果都可以准确地度量。操作人员即使想随心所欲,也受到了极大的约束和控制。

(5) 在国内的许多企业中,有这样一个奇怪的现象:企业的技术标准可以做得很多、很细，但是管理标准和工作标准却经常是空白或者只是泛泛的规定。例如，在某个制造企业中，物料选择标准可以准确地提供物料的牌号、型号、规格、技术状态和单价等，但是有关技术图纸的校对、审定和审批等工作标准却只是一个非常模糊、笼统的定义。在实际中，往往是工作中出现了问题，即使找到了问题的原因，但是由于缺乏工作标准，因此很难界定工作的责任。管理标准，就是以事务为标准化对象，规定和衡量事务的过程及有序程度的标准。工作标准是根据技术标准的要求，以各项工作的范围、构成、要求、方法和程序等工作内容所做的有关规定。一方面，标准化管理的客观需求推动了以 ERP 系统为核心的集成管理模式的产生和应用；另一方面，以 ERP 系统为核心的集成管理模式的出现又推动了企业标准化管理的深化和发展。

(6) 当前，“知识就是力量”，“知识改变命运”等，这些表示知识作用的论断早已深入人心。在企业管理中，ERP 管理模式拥有的知识性特征可以有效地发挥知识的巨大作用。由于计算机技术的特征，ERP 管理模式可以实现方便地重用前人的劳动成果、积累的经验和知识。由于数据的集中存储和共享，ERP 管理模式可以通过数据挖掘技术、OLAP 系统等手段实现数据挖掘、知识发现以及知识共享和利用的功能，真正发挥知识在企业管理中的作用。例如，可以从大量的销售数据中，发现客户的一些规律和特征，从而采取有针对性的营销措施。可以从与产品质量相关的大量数据中找到一些关键的质量特征，从而有效地解决产品质量问题。

(7) 毋庸置疑，集成性是 ERP 管理模式最重要的特征之一。集成性特征要求 ERP 管理模式不仅仅考虑一个职能部门，而应该从企业的整体角度出发来看待问题，不仅仅从管理角度或技术角度来考虑问题，而是应该从管理和技术相结合的角度来分析整个问题。集成性是 ERP 管理模式与以往的管理模式最大的不同之处，它不是一种领域的、职能的或局部的管理模式，而是一种涉及所有领域、企业整体和全局的管理模式。集成性特征使得 ERP 管理模式真正实现企业整体资源最充分的利用。

集成化管理模式的自动化、理性化、精细化、规范化、标准化、知识化和集成化等特征推动了 ERP 系统的发展。需要强调的是，当前许多 ERP 系统产品并不完全具备这些特征，这是因为这些 ERP 系统产品并没有真正成熟，仍处于发展变化中，需要进一步的完善。

6.3 ERP 系统的基础数据

基础数据是企业资源在 ERP 系统中的表现形式，基础数据的确定和 ERP 管理模式的制定紧密关联。本节主要分析基础数据的概念、特点和分类。

6.3.1 基础数据的特点和类型

企业资源是企业进行正常生产经营活动所必不可少的物质因素。企业管理理念的核心是优化和合理配置企业资源。ERP 系统作为一种管理工具，其实质是按照数字化的方式，借助于计算机技术，利用各种数学优化模型，对企业资源进行全面、快捷和精确的优化与合理配置。从管理范围的角度来看，ERP 系统有足够的能力实现对整个企业资源的全面优化及合理配置，而手工管理方式仅仅对一些典型的、重要的企业资源进行优化和合理配置。从管理效率的角度来看，手工管理方式中对生产经营过程中出现的资源浪费和资源过载问题的反应速度要远远落后于ERP系统对这些资源管理问题的反应速度，基于先进计算机技术的ERP系统有可能实现对资源管理问题的实时反应。从最终的管理效果来看，ERP系统中内置的各种管理优化数学模型可以对企业资源进行精细准确的优化和合理配置，而手工管理方式往往采用经验式的管理措施，其管理效果总是有限的。

在ERP系统中，企业资源和基础数据的关系是非常密切的，甚至可以认为它们是一件事情的两个方面。企业资源通过基础数据的形式表现在ERP系统中，ERP系统对基础数据的各种加工处理过程实际上就是对相应的企业资源管理和配置的过程。

在企业的经营管理过程中，为了提高企业的管理水平，需要对企业资源的结构、属性进行精细和准确的描述，以便实现企业资源的优化配置和合理调度。这项工作在ERP系统的实施和应用中，表现为基础数据类型的合理划分和定义、编码、管理方式的认定和量化以及属性的设置和属性值的采集等。

基础数据类型的合理划分和定义的目的是明确基础数据的特点和作用，理解基础数据之间的关系，认清基础数据在ERP系统中是处于核心位置还是处于从属位置，达到正确、充分且有效地利用这些基础数据以便实现管理的效果。例如，有关毛坯件的描述是ERP系统中重要的基础数据，其管理方式、计划方式和成本核算方式等对整个ERP系统的运行有重要的影响。比较而言，有关辅助材料的描述虽然也是ERP系统中的基础数据，但是其作用和影响远远不如描述毛坯件的基础数据。一般情况下，ERP系统中的基础数据类型主要包括物料、BOM、工作中心、提前期、工艺路线、制造日历等。

基础数据的编码是ERP系统唯一标识基础数据的方式，是识别、检索、使用和统计基础数据的依据，是一种基础数据区别于另外一种基础数据的手段。

在ERP系统的实施过程中，基础数据的认定、属性的设置和量化不仅仅是为了将基础数据录入ERP系统中，更重要的是确定对这种基础数据的管理方式。例如，为了达到精细管理的目的，某些企业可能对所有的原材料采用月加权移动平均成本核算的管理方式。但是，为了简化管理，有些企业可能对原材料采取标准成本核算的管理方式。甚至有些企业可能会根据自己企业的特点对原材料采用月加权移动平均成本核算和标准成本核算的混合管理模式。

6.3.2 物料和物料属性

物料，对应的英文术语是material、item或part。物料是企业一切有形的采购、制造和销售对象的总称，如原材料、外购件、外协件、毛坯、零件、组合件、装配件、部件和产品等。物料通过它的基本属性、成本属性、计划属性和库存属性等来描述，通常用物料编码来唯一标识物料。

物料属性描述物料的主要特征，也是采用量化方式管理物料的手段。物料属性值的设置，不仅仅是基础数据采集的工作，而且还是确定或明确企业管理方式的方式。在ERP系统中，物料属性的数量过少或过多都不好。如果物料属性的数量过少，那么该系统很难完整准确地描述物料的参数、属性和管理方式等。如果物料属性数量过多，那么该ERP系统的适用范围比较广，但是会增加某个具体企业数据采集的难度，影响该ERP系统的推广。

在 ERP 系统中，一般地，物料属性可以分为基本属性、采购和库存属性、计划属性、成本属性、财务属性、销售属性以及质量属性等大类。

物料的基本属性用于描述物料的设计特征，这些属性主要包括物料编码、物料名称、物料类型编码、物料类型名称、设计图号、设计版次、生效日期、失效日期、品种规格、默认计量单位、单位重量、重量单位、单位体积和体积单位等。例如，物料的计量单位也是一个比较复杂的问题。第一，一个企业往往使用许多不同的计量单位，例如吨、米、桶、卷、盒、箱、个、本、件、台和架等。第二，为了管理上的便利，同一种物料也往往采用多个不同的计量单位，例如食品企业中的箱和袋、制造企业中钢材的吨和公斤等。当同一种物料使用不同的计量单位时，这些计量单位之间应该有换算关系。在 ERP 系统中，默认计量单位、库存计量单位、采购计量单位和销售计量单位等属性反映了这种管理状况。

物料的采购和库存属性主要描述与采购、库存管理有关的信息，这些属性包括物料制购类型、默认仓库、默认库位、物料条形码、是否可用、ABC 码、盘点方式、循环盘点编码、盘点周期、盘点日期、是否批次管理、批次号、批次有效天数、批次检测周期、最新入库日期、最新入库量、最后出库日期、最新出库量、最新检测日期、最新检测结果、是否单件管理、是否限额领料、是否允许超采购订单入库、现有库存量、最大库存量、安全库存量、物料平均日耗量、库存金额、是否进价控制、物料计划单价、进价上限率、默认供应商和在供方使用的编码等。例如，物料制购类型包括自制件和采购件。自制件类型的零部件等物料由企业自己加工生产，纳入生产作业计划。采购件类型的零部件等物料通过对外采购的方式获得，纳入采购作业计划。物料制购类型是一个非常重要的属性，该属性值将对企业的生产安排产生巨大的影响。

物料的计划类属性主要描述与生产计划管理相关的信息，这些信息包括确定物料需求的方式和物料需求的各种期量数据。例如，是否独立需求、补货政策、补货周期、订货点、订货批量、采购或加工提前期、生产已分配量、销售已分配量、不可用量、库存可用量、批量政策、批量周期、默认工艺路线编码、默认工艺路线名称、是否可以替换、可替换物料编码以及是否虚拟件等。例如，补货政策表示补充物料的方法。在 ERP 系统中，常用的两种补货政策是按订货点补货和按需求补货。按订货点补货政策的含义是，这种物料的采购需求可直接由库存存货量来判定。当库存存货量小于补货点时就必须发出请购单或执行采购行为，采购量应等于经济批量与补货倍量的最小联集。按需求补货政策的含义是，此类物料的生产及采购来自订单需求（或计划生产订单）。有订单时，先检查物料的库存数量及在途各种有效的可用量，确实无法在指定的时间点满足需求时，才通过 MRP 来生成补货计划。

物料的销售类属性主要描述与物料销售有关的信息，包括销售价格、销售人员和销售类型等内容。例如，销售计划价格、计价货币、折扣率、是否售价控制、销价下限率、销售成本科目、佣金、销售人员编码、默认的客户编码以及物料在买方使用的编码等。

物料的质量信息由质量属性来描述，这些属性主要包括是否检验标志、检验标准文件、检验方式、检验水准分类、检验水准等级、检验程度、是否设置存储期限、存储期限和检验工时等。例如，是否检验标志的设置应该根据企业的具体情况而定。一般情况下，应该对物料设置检验标志，确保该物料在整个生产过程中的质量。特殊情况下，如果零部件的整个加工、装配过程可以确保零部件的质量，那么可以设置不检验标志。

物料的财务属性是会计核算、成本分析、财务控制和经济效益评价的重要基础数据。在物料的财务属性中，除了财务类别、记账本位币、会计科目和增值税代码等通用属性之外，更重要的是确定企业的成本费用结构、存货计价方法、成本计算方法以及成本计算体系等。例如，存货计价方法是计算库存物料成本的方法。常用的存货计价方法包括实际成本计价法和标准成本计价法。实际成本计价法包括先进先出法、后进先出法、月加权平均法和移动加权平均法等。标准成本计价法则表示无论实际成本价格如何变化，都采用预定的标准成本价格计价，标准成本价格与实际成本价格之间的差异通过调整和分摊的方式解决。

6.3.3 BOM

BOM 是定义产品结构的技术文件，也称为产品结构表或产品明细表。因为 BOM 是一种树形结构，又称为产品结构树。BOM 描述了构成父项装配件的所有子装配件、零件和原材料之间的结构关系，是制造一个装配件所需每种零部件数量的清单。

从形状上来看，BOM 是一棵树根在上面、树杈在下面的倒长的树。图 6-8 是一个有关自行车产品的 BOM 结构图(为了简化起见，该图只显示了自行车产品 BOM 结构中的部分零部件)。从该 BOM 图中不仅可以得到构成自行车产品的各个零部件之间的结构关系，而且还可以得到它们之间的数量关系。例如，每一辆自行车都是由 1 个车架系统、1 个车把系统、1 个车轮系统和 1 个脚蹬系统共 4 部分组成。每一个车轮系统分别由 2 个车轮、1 个前轴和 1 个后轴组成。每一个前轴都是由 1 个前轴身、1 个前轴棍、2 个前轴碗、2 个前防尘盖、2 个前轴档、4 个垫圈、1 个前叉和 2 个螺母 8 种不同的零部件组成。每一个前轴身又是由 1 个前轴管、1 个前轴孔夹和 2 个前花盘 3 种不同的零件装配而成。

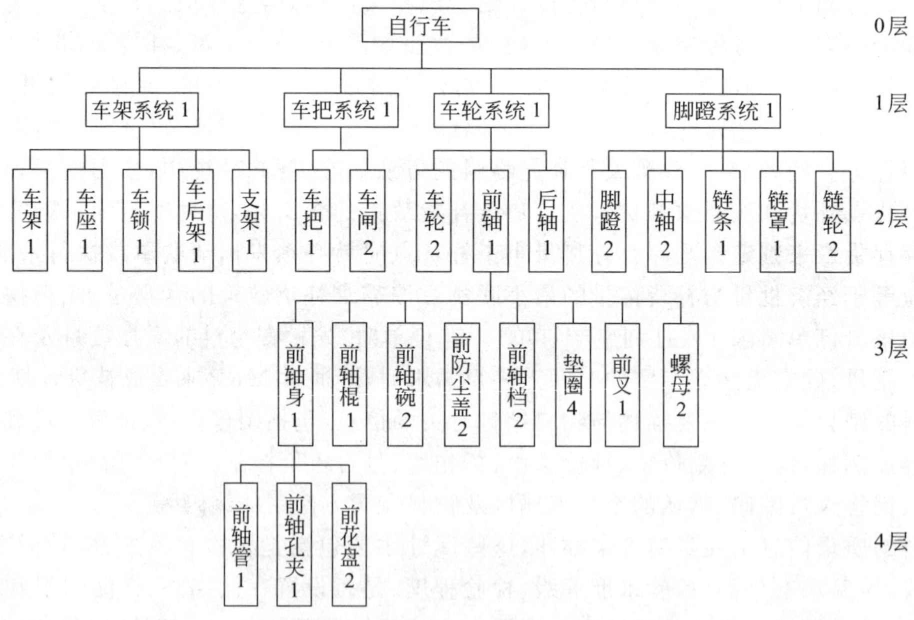

图 6-8 自行车的 BOM 结构图

在如图 6-8 所示的自行车 BOM 中，最右端的 0、1、2、3、4 是该 BOM 的阶层码。阶层码描述了 BOM 的层次，每一个层次表示最终产品项目制造过程中的一个阶段，某一个项目的阶层码反映了该项物料相对于最终项目的位置。层次的划分方式是：0 层是最高层，表示最终产品项目，第 1 层表示组成最终产品项目的子项，第 2 层表示组成第 2 层项目的子项，如此等等。

BOM 描述了组成最终产品项目的各个零件、组件、原材料之间的结构关系和用量关系，在 ERP 系统中居于核心地位。BOM 是连接产品、工艺设计等技术数据与生产计划、物料等管理数据的桥梁。最终产品物料的 BOM 的基本结构是设计人员设计的结果。工艺人员对该设计 BOM 进行了扩展，增加了每一个物料项目的用料定额、工时定额、工艺路线等工艺数据。计划管理人员根据带有各种工艺参数的 BOM 制定该项最终产品的生产作业计划和物料采购作业计划。采购人员依据采购作业计划执行物料采购。仓库管理人员依据 BOM 和作业计划进行物料配套、发放。生产人员依据生产作业计划进行加工、装配。财务人员根据带有材料、工时数据的 BOM 进行成本核算。

6.3.4 工作中心

工作中心，英文名称是 working center，是指直接改变物料形态或性质的生产作业单元。在 ERP 系统中，工作中心的数据是工艺路线的核心组成部分，是运算物料需求计划、能力需求计划的基础数据之一。

工作中心的表现形式是一台或多台功能基本相同的机器设备、一个或多个类型基本相同的生产作业人员、一个或多个作用基本相同的作业场地，也可能是这些设备、人员和场地的组合。在 ERP 系统中，工作中心既是一种基本的生产作业手段，也是一种基本的生产作业组织，还是一种生产作业的管理方式。

工作中心是一种基本的生产作业手段，也就是说是一种生产作业单元。这是工作中心的本质特点。在整个生产作业过程中，工作中心是改变或计量物料的物理形状、化学性质、空间位置的主要手段。从这个意义上来看，工作中心可以是由一台或多台机器设备、仪器仪表、运输工具组成。但是，基于工艺路线、作业计划、成本核算的要求，一个工作中心只能是一种功能基本相同的生产作业单元，不应该是多种不同功能的作业手段的混合物。

工作中心是一种基本的生产作业组织，也就是说是一种生产作业组织单元。一般地，生产作业是由人控制和操纵生产作业手段来完成的，工作中心也包括了生产作业人员。即使是高度自动化的流水加工或装配线、机器人、数控加工中心设备，也离不开编程人员、控制人员和操作人员。从组织的角度来看，工作中心既可以是一个作业人员，也可以是多个作业人员；既可以是生产作业班组，也可以是生产作业的工段、车间，甚至还可以是分厂。但是，生产作业组织单元过粗过细都是不合适的。如果生产作业组织单元过粗，势必包含多种功能不同的作业手段，这时很难充分发挥生产作业组织的能力，生产作业计划也很难达到准确和精细的程度。如果生产作业组织单元过细，则可能使得生产作业计划经常处于不稳定状态。生产作业组织单元的大小应该与企业的工艺布局相关，对于按照工艺布局的企业，由于功能相同的机器设备布置在相同的位置，这时生产作业组织单元应该大一些。对于那些按照产品布置工艺设备的企业，生产作业组织单元应该小一些。

工作中心是一种生产作业的管理方式。甚至可以说，工作中心是一种基于 ERP 系统的管理单元。工作中心在完成一项作业任务的同时,也产生了作业成本。从管理的角度来看,工作中心是生产作业计划任务的执行单元,是生产作业成本的核算单元,是生产作业数据的采集点。如果工作中心划分的越细,那么成本核算单元越精细。

工作中心能力是指工作中心可以完成生产作业任务的能力,可以使用单位时间内的产出量来度量。不同类型的企业往往使用不同的产出量单位来计量能力。例如,流程型的石化企业往往采用单位时间吨来表示能力,纺织行业采用单位时间米来表示能力,离散型的制造企业往往采用单位时间件数来表示能力。但是,对于某一个企业来说,基于单位时间的工时数量往往可以表示企业或企业内部的生产作业能力。因此,在 ERP 系统中,工作中心能力通常采用工时来衡量。前面讲过,工作中心既包括了机器设备,也包括了作业人员。工作中心的能力既可以使用机器设备工时表示,也可以使用作业人员工时表示。

6.3.5 提前期

提前期,英文是 lead time,简称 LT,是指作业开始到作业结束花费的时间,是设计工艺路线、制定生产计划的重要基础数据之一。例如,某个产品的交付提前期是指从作为开始时间的签订订单日期至作为结束时间的向客户交付产品的日期之间的时间。提前期的概念体现了对最终结束时间的重视。有时,也把提前期称为作业时间、作业工时。如果把提前期称为工时,那么体现了对作业开始至作业结束这一段时间长度的重视。从本质上来讲,提前期管理是对生产作业和管理作业的量化管理形式。

从生产过程视角来看,提前期可以分为产品设计提前期、生产准备提前期、采购提前期、生产加工提前期、装配提前期、试验和测试提前期,以及发货运输提前期等类型。产品设计提前期是指从接受订单开始至产品设计、工艺设计完成所需要的时间。生产准备提前期是指从生产计划开始到生产准备工作完成(可以投入生产)所需的时间。生产准备的内容包括硬件准备和软件准备。硬件准备包括工装夹具、原辅材料等准备。软件准备包括加工图纸、技术文档等内容。采购提前期是指从下达采购订单到所采购的物料入库的全部时间。生产加工提前期是指从生产加工投入开始至生产完工入库的全部时间。装配提前期是指从装配投入开始至装配完工的全部时间。试验和测试提前期是指产品装配完成之后进行试验、测试所需要划分的时间。发货运输提前期是指产品测试之后开始包装、出库、装箱、运输直到客户接收到产品所需要的时间。

有时,也把采购、加工、装配提前期的总和称为累计提前期。这是因为采购、加工、装配是 ERP 系统主要考虑的生产环节。把产品的整个生产周期称为总提前期。

6.3.6 工艺路线

工艺路线,英文是 routing,有时也翻译成工序。工艺路线是描述物料加工、零部件装配的操作顺序的技术文件,是多个工序的序列。工序是生产作业人员或机器设备为了完成指定的任务而做的一个动作或一连串动作,是加工物料、装配产品的最基本的加工作业方式,是与工作中心、外协供应商等位置信息直接关联的数据,是组成工艺路线的基本单位。

工艺路线是一种关联工作中心、提前期和物料消耗定额等基础数据的重要基础数据。在 MRP 中,可以根据产品、部件、零件的完工日期、工艺路线和工序提前期,计算得到部件、零件和物料的开工日期，并且得到子项的完工日期。在CRP中，可以基于工序和工艺路线，计算得到工作中心的负荷(消耗的工时)。因此，工艺路线也是计算工作中心能力需求的基础。根据在每一道工序采集到的实际完成数据，企业管理人员可以了解和监视生产进度完成情况。工艺路线提供的计算加工成本的标准工时数据是成本核算的基础和依据。

一般地，工艺路线数据主要包括：工艺路线编码、工艺路线名称、工艺路线类型、制造单位、物料编码、物料名称、工序编码、工序名称、加工中心编码、是否外协、时间单位、准备时间、加工时间、移动时间、等待时间、固定机时、变动机时、固定人时、变动人时、替换工作中编码、生效日期、失效日期和检验标志等。

编写工艺路线的过程包括：确定原材料、毛坯，基于产品设计资料，查阅企业库存材料标准目录，依据工艺要求确定原材料、毛坯的规格和型号。确定加工、装配顺序，即确定工序，根据企业现有的条件和将来可能有的条件、类似的工件、标准的工艺路线和类似的工艺路线以及经验，确定加工和装配的顺序。选定工作中心，根据企业现有的能力和将来可能有的条件，基于尺寸和精度的要求，确定各个作业的额定工时等。

工艺路线和工序不是一成不变的，而是随着生产类型、技术进步、产品发展和员工素质的不断提高而变化的。

6.3.7 制造日历

制造日历是一种表示上班日期、休息日期的日历，也称为工作日历。制造日历的作用是：作为考勤计算的依据；在MPS、MRP中基于提前期计算主生产计划、作业计划时用于确定开工日期、完工日期的依据；计算工作中心产能负荷时的日期基础；资金实现日期的认定，等等。

制造日历有两种类型，即单一制造日历和复杂制造日历。对于一个企业来说，无论是生产部门还是管理部门，无论是执行表面处理作业的工作中心还是完成产品装配作业的工作中心，都使用同一个制造日历，则这种企业的制造日历称为单一制造日历。在一个企业中，由于环境条件限制，例如能源消耗等、管理需要例如设备维修等，不同的部门、不同的工作中心有可能采用不同的生产日期和休息日期，从而具有不同的制造日历，则这种企业的制造日历称为复杂制造日历。

对于采用复杂制造日历的企业来说，不同组织层次的制造日历具有不同的优先级。位于组织层次最低的工作中心具有最高优先级的制造日历，位于组织层次最高的企业具有最低优先级的制造日历。也就是说，如果在某个工作中心上定义了制造日历，那么该工作中心使用自己的制造日历。如果某个工作中心没有定义自己的制造日历，那么采用所属部门的制造日历。如果所属部门也没有制造日历，那么该工作中心采用企业的制造日历。

6.3.8 其他基础数据

在ERP系统中，除了前面介绍的基础数据之外，还包括一些其他的基础数据。这些其他基础数据主要包括日期的标准格式、记账的本位币、单据审核日期设定、税额计算方式、库存账目的参数、会计年度和会计期间、币种与汇率、常用语、页脚和签核等。

最基础的数据包括日期的标准格式和账本记账的本位币。在中国市场上销售的ERP

系统中，默认情况下，日期的标准格式应该是 YYYYMMDD，账本记账的本位币应该是人民币(RMB)。

有关单据审核日期的认定基础可以按照企业的需要来设定，既可以设置为依照单据录入计算机时的系统日期，也可以设置为依照单据业务发生时的实际日期。

有关税额计算的方式可以依照企业的管理设定，既可以依照单据的总金额计税，也可以依照单据明细项记录的金额分别计税。

针对库存账目，可以设置库存结账年月、库存封账年月和账务冻结日期等，确保库存信息的安全。为了规避财务作账对业务操作的影响，应该使得财务作账所需的会计期间、结账和封账等活动不影响业务操作。

会计作账期别，既可以设置为 1 年 12 期，也可以根据需要设置为 1 年 13 期，甚至还可以设置为其他一些数据。在中国，会计年度和会计期间是固定的，自然年度是一个会计年度，12 个自然月则是会计期间。但是，在其他许多国家，会计年度和会计期间则是由企业自己灵活设置的。随着全球化经济的发展，中国企业与国际企业的交往越来越频繁，因此灵活地设置会计年度和会计期间是企业的一个现实需求。

币种与汇率数据主要包括币种简称、币种名称、银行买入汇率、银行卖出汇率、报关买入汇率和报关卖出汇率等，适用于从事生产和贸易。为了执行符合国家规定和国际惯例的小数后取位计算，系统应该具有单价可以定义小数位数、金额可以定义小数位数、成本单价可以定义小数位数以及成本金额可以定义小数位数等功能。

常用语数据主要包括企业生产经营过程中经常使用的语句信息，可以降低人工录入这些信息的拼字时间。常用语可以分为个人常用语和企业常用语两种类型。常用语的管理方式应该采用便于扩充的树状结构。

页脚、签核数据主要包括多组页脚注记信息、多组签核信息，可以用于报表和单据。页脚、签核数据的作用是：降低人工录入信息的拼字时间，提高录入信息的效率；标准化注记和签核信息，提高信息的质量，等等。

6.4 ERP 系统的基本原理

ERP 系统的核心是按照计划组织生产和优化配置资源。经营规划是企业开始进行经营过程的开始，因此从经营规划入手分析 ERP 系统的计划过程。从经营规划开始，经过 MPS、MRP，得到采购作业计划、生产作业计划以及其他相关的作业计划，这是一个从宏观到微观的过程，也是 ERP 系统的核心内容。本节沿着计划这条主线，讲解 ERP 系统的基本原理，主要内容包括经营规划、销售规划、生产规划、MPS、MRP、CRP、采购作业计划和生产作业计划等。

6.4.1 经营规划、销售规划和生产规划

经营规划，又称经营计划、中长期发展计划，是企业在经营战略的指导下制定的适应市场环境的对策计划，它主要说明企业的市场占有率、销售目标、利润目标等，通常用货币金额表示。经营规划的作用是协调市场需求和企业制造能力之间的差距。如果市场需求增大，

预计销售目标上升，那么企业应该扩大自己的制造能力。经营规划的展望期一般为5～10年，并且按年制定。经营规划对MPS的影响是间接的和指导性的。表6-2列出了飞龙自行车制造有限公司从2008年至2012年的经营规划。

表6-2 飞龙自行车制造有限公司2008年至2012年的经营规划

年 份	2008	2009	2010	2011	2012
市场占有率/%	6	8	10	11	12
销售目标/万元	15 000	18 000	20 000	30 000	50 000
利润目标/万元	1500	1800	2000	3000	5000

销售规划是根据经营规划的目标，预测企业的主要产品在未来1年或3年内每月的销售数量。销售规划的主要作用是企业确定资源需求和安排生产规划的基础。一般地，企业提供的产品数量往往与季节关联，不同月份的销售数量不相同，因此销售规划体现了季节特性。表6-3列出了飞龙自行车制造有限公司2008年的销售规划。从表中可以看出，该公司预测2008年共计销售自行车的数量是33万多辆。

表6-3 飞龙自行车制造有限公司2008年的销售规划

产品大类/辆	1月	2月	3月	4月	5月	6月	7月	8月	9月	10月	11月	12月	合计
普通自行车	10 000	10 000	10 000	15 000	15 000	15 000	15 000	20 000	20 000	15 000	12 000	12 000	169 000
电动自行车	8000	5000	5000	5000	5000	5000	5000	8000	8000	8000	8000	8000	78 000
普通三轮车	5000	5000	2000	2000	5000	5000	5000	5000	5000	5000	2000	2000	48 000
电动三轮车	3000	3000	1000	1000	5000	5000	5000	5000	3000	3000	1000	1000	36 000
合计	26 000	23 000	18 000	23 000	30 000	30 000	30 000	38 000	36 000	31 000	23 000	23 000	331 000

生产规划，也称生产计划大纲、年度生产计划等，是对销售规划的进一步细化，用以说明企业在可用资源的条件下，在计划展望期内主要类型产品月生产量以及每一种类型产品和所有类型产品的月汇总量和年汇总量。生产规划的计划展望期一般是1至3年，且按月分解。生产规划的主要作用是协调经营规划、销售规划对资源需求和企业可用资源之间的差距，并且为MPS提供数据来源。表6-4列出了飞龙自行车制造有限公司2008年的生产规划。从表中的数据可以看出，生产规划与销售规划相比，体现了生产规划的均衡性。

表6-4 飞龙自行车制造有限公司2008年的生产规划

产品大类/辆	1月	2月	3月	4月	5月	6月	7月	8月	9月	10月	11月	12月	合计
普通自行车	14 000	14 000	14 000	15 000	15 000	15 000	14 000	14 000	14 000	14 000	13 000	13 000	169 000
电动自行车	7000	7000	7000	7000	6000	6000	6000	6000	6000	6000	7000	7000	78 000
普通三轮车	4000	4000	4000	4000	4000	4000	4000	4000	4000	4000	4000	4000	48 000
电动三轮车	3000	3000	3000	3000	3000	3000	3000	3000	3000	3000	3000	3000	36 000
合计	28 000	28 000	28 000	29 000	28 000	28 000	27 000	27 000	27 000	27 000	27 000	27 000	331 000

需要说明的是，生产规划对MPS的影响是有条件的。第一，生产规划的计划展望期与

MPS 的计划展望期往往不同。第二，生产规划中的数据主要是通过预测得到的，MPS 的数据主要来自于订单和预测。

6.4.2 MPS

MPS 是描述企业生产什么、生产多少以及什么时段完成的生产计划，是把企业战略、经营规划、销售规划、生产规划等宏观计划转化为生产作业和采购作业等微观作业计划的工具，是企业物料需求计划的直接来源，是粗略平衡企业生产负荷和生产能力的方法，是联系市场销售和生产制造的纽带，是指导企业生产管理部门开展生产管理和调度活动的权威性文件。

有的人会问到这样一个问题：为什么必须根据 MPS 制定 MRP 呢？难道不能直接根据销售预测结果和客户订单来制定 MRP 吗？答案是，必须根据 MPS 制定 MRP 的目的是满足均衡生产的需要。如果直接根据销售预测结果和客户订单来制定 MRP，就会使得生产任务不平衡，生产任务时而多、时而少，造成一种不均衡的生产节奏。不均衡的生产节奏表现形式为：时而加班加点、设备日夜运转，时而员工无事可做、设备闲置。长期的不均衡生产节奏有可能造成生产无序的严重后果。由于预测结果和客户订单不稳定性的传导性，所以不宜将其作为 MRP 的直接来源。MPS 工具在这种转换过程中起到了 3 个作用：第一，屏蔽了需求来源的多样性和复杂性，使得 MPS 是 MRP 的唯一来源，从而大大简化了 MRP 处理多样性需求的算法；第二，作为一种缓冲器，大大降低了预测结果和客户订单不稳定性向 MRP 的传播，有助于保障生产过程的均衡性；第三，提高了 ERP 系统的柔性和扩展性，新增的 ERP 功能模块只要可以处理 MPS 的结果即可，无须考虑其他各种形式的需求方式。

由于企业经营的复杂性，影响 MPS 的因素非常多。一般来说，可以把影响 MPS 的因素分为 4 大类型，即生产类型因素、计划因素、预测因素和订单因素。这些因素各有其特点，且不同的因素对 MPS 的影响程度也不一样。毋庸置疑，订单因素是影响 MPS 的最主要因素。对于 MPS 来说，在某种程度上，其他影响因素都可以忽略，唯独不能缺少订单因素。订单因素是指销售部门签约的产品销售订单信息。销售订单详细描述了产品销售时的相关数据。

在 MPS、MRP 计算过程中，经常遇到的时间概念包括计划展望期、时段、时界、时区等。计划展望期是指 MPS 计划起作用的时间范围，一般是 3～18 个月。时段表示时间持续的一个长度单位。时段是描述计划的时间粒度单位。划分时段的目的是为了准确地说明计划在各个时段上的需求量、计划量和产出量。通常采用的时段粒度是天、周、旬、月、季和年等。时界表示时间界限，是一个时刻点，是 MPS 中的计划参考点。时界表明了修改计划的难易程度。在 MPS 中，有两个时界点，即需求时界（demand time fence，DTF）和计划时界（planned time fence，PTF）。DTF 常常与产品的总装提前期是一致的，也可以大于总装提前期。PTF 常常与产品的累计提前期是一致的。由于 DTF 和 PTF 都是与具体产品的提前期相关联，因此 DTF 和 PTF 都是动态的数据，随着产品的不同而不同。时区用于描述在某个时刻某个产品在其计划展望期中所处的位置。一般地，时区可以分为时区 1、时区 2 和时区 3。时区 1 等于产品的总装提前期，也称为需求时区，时区 1 中的订单是下达订单，该订单中的产品已经开始制造，这些产品的计划不能轻易地调整。时区 2 等于产品的累计提前期，时区 2 也称为计划时区，时区 2 中的订单是确认订单，表示时区 2 订单中的产品数量和时段不能由 ERP 系统自动调整，只有 MPS 计划员才可以修改。时区 3 等于总提前期或计划展望期，也称为预测时区，时区 3 中的订单是计划订单，这种订单中的数据在情况发生变化时可以由 ERP 系统自动调整。

时界和时区是 MPS 计划员管理和控制计划变动、确保计划稳定的重要手段。时界和时区之间的关系可以使用表 6-5 中的数据说明。在表 6-5 中，产品型号是 26AF-2 自行车，该产品的总装提前期是 3 个时段，累计提前期是 7 个时段（其中，采购提前期是 4 个时段），总提前期是 12 个时段。当前时段是 1 时段，这时，120 辆、110 辆和 130 辆 26AF-2 自行车的订单都处于生产总装阶段，位于时区 1。位于时区 1 的自行车订单一般不能调整。100 辆、150 辆、160 辆和 180 辆 26AF-2 自行车的订单处于原材料、毛坯件的采购阶段，这些订单不能由 ERP 系统自动调整，MPS 计划员可以根据需要手工调整。200 辆、220 辆、210 辆、250 辆和 280 辆 26AF-2 自行车的订单处于预测状态，这些订单的数据可以由 ERP 系统根据情况变化自动调整。

表 6-5　时界和时区关系示意表

时区	时区 1			时区 2				时区 3				
时段	1	2	3	4	5	6	7	8	9	10	11	12
26AF-2/辆	120	110	130	100	150	160	180	200	220	210	250	280
提前期	总装提前期											
	累计提前期（采购＋加工）											
	总提前期或计划展望期											
时界	当前		DTF				PTF					

在 MPS 计算过程中，经常用到 9 大基本数量的概念。这些数量概念分别是：预测量、订单量、毛需求量、计划接收量、预计可用库存量、净需求量、计划产出量、计划投入量和可供销售量。

预测量是企业生产计划部门根据企业的经营规划、采用合适的预测方法预测的最终产品项目将要生产的数量。订单量是企业已经明确得到的、将要为客户提供的最终产品的数量，是企业明确的生产目标。预测量和订单量是企业组织生产管理活动的核心目标。在不同类型的企业中，预测量和订单量所起的作用也不尽相同。

毛需求量（gross requirement）是根据预测量和订单量计算得到的初步需求量。可以根据表 6-6 计算毛需求量。毛需求量的计算与时区的确定、企业的生产政策有关。在 MPS 中，毛需求量是除了预测量和订单量之外的其他量的计算基础。

计划接收量（scheduled receipts）是指正在执行的订单量。在制定 MPS 计划时，往往把制定计划日期之前的已经发出的、将要在本计划期内到达的订单数量作为计划接收量来处理。如果希望手工修改 MPS，也可以把手工添加的接收量作为计划接收量处理。

预计可用库存量（projected available balance，PAB）是指现有库存中，扣除了预留给其他用途的已分配量之后可以用于需求计算的那部分库存量。PAB 的计算公式如下：

表 6-6 MPS 横式报表

时区	当期	需求时区		计划时区				预测时区			
时段		1	2	3	4	5	6	7	8	9	10
预测量		70	70	70	70	70	80	80	80	80	80
订单量		100	90	80	60	70	90	50	100	90	70
毛需求量		100	90	80	70	70	90	80	80	80	80
PAB 初值	120	20	−70	10	100	30	−60	20	−60	20	−60
净需求量			90	10			80		80		80
计划产出量			160	160			160		160		160
PAB		20	90	170	100	30	100	20	100	20	100
计划投入量		160	160			160		160		160	
ATP		20	70	−50			20		−30		90

PAB＝前一时段末的 PAB＋本时段计划接收量－本时段毛需求量＋本时段计划产出量

在 PAB 的计算公式中，如果前 3 项的计算结果是负值，表示如果不为库存补充，将会出现缺料。因此需要借助第 4 项，即本时段计划产出量，用于库存的补充。

净需求量(net requirement，NR)是根据毛需求量、安全库存量、本期计划产出量和期初结余计算得到的一个数量。净需求量的计算公式是：

净需求量＝本时段毛需求量－前一时段末的 PAB－本时段的计划接收量＋安全库存量

计划产出量(planned order receipts)是指在计算 PAB 时，如果出现负值，表示需求不能被满足，需要根据批量政策计算得到供应数量。计划产出量只是一个计算过程中的数据，并不是真正的计划投入数据。

计划投入量(planned order releases)是根据计划产出量、提前期等数据计算得到的计划投入数量。

可供销售量(available to promise，ATP)是指销售部门可以销售的产品数量。ATP 的计算公式如下：

ATP＝本时段计划产出量＋本时段计划接收量
－下一次出现计划产出量之前各时段订单量之和

MPS 的详细计算过程如图 6-9 所示。在该计算过程中，首先需要确定系统设置的内容。系统设置包括整个 MPS 计算需要的数据环境。例如，需要明确编制 MPS 的日期，需要划分时段、时区，需要确定需求时界、计划时界、生产批量、批量增量、安全库存量和提前期等。

系统设置之后，可以计算毛需求量。计算毛需求量的基础数据是预测量和订单量。如何根据预测量和订单量得到毛需求量，则依赖于企业的类型、时区和生产政策。例如，可以制定这样的政策，在时区 1，毛需求量等于订单量；在时区 2，毛需求量等于订单量和预测量中的较大者；在时区 3，毛需求量等于预测量。

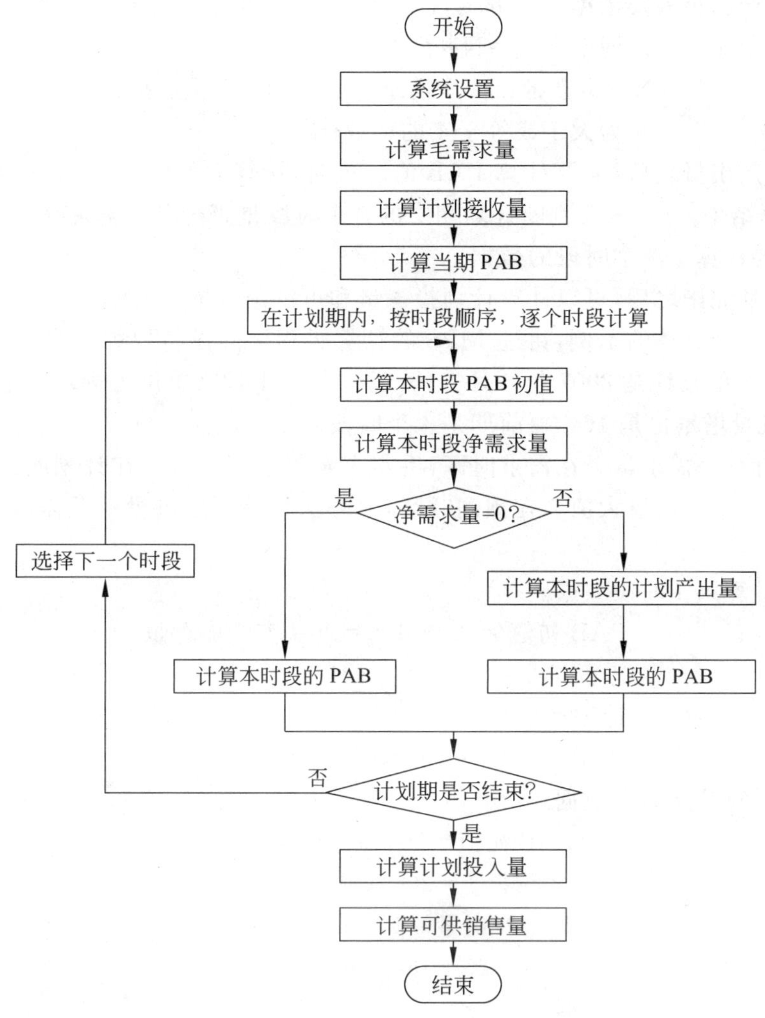

图 6-9　计算 MPS 过程示意图

计算计划接收量需要确认在编制计划日期之前已经下达的订单数量。在 ERP 系统中可以由系统自动确认。

计算当期 PAB 往往也是当前数据的一种确认。当期 PAB 是指编制计划日期时可用的库存量。

接下来，逐个时段进行计算。计算本时段 PAB 初值，在一个时段中，PAB 有两个值，一个是 PAB 初值，一个是 PAB 值。这是因为在计算 PAB 值时，如果计算结果是负值，需要借助计划产出量进行调整。

计算本时段的净需求量。如果 PAB 初值大于安全库存量，表示不需要补充，因此净需求量为 0。如果 PAB 初值小于安全库存量，则需要补充库存，这时净需求量由安全库存量减去 PAB 初值得到。

如果净需求量为 0，表示不需要补充物料，因此 PAB 等于 PAB 初值。如果净需求量不为 0，则需要计算计划产出量。

计算计划产出量需要依据企业的批量政策。计划产出量的计算条件如下：

$$\begin{cases}\text{计划产出量}=N\times\text{生产批量}\\ N\times\text{生产批量}\geqslant\text{净需求量}>(N-1)\times\text{生产批量}\\ N\text{ 为大于或等于 1 的整数}\end{cases}$$

计算计划产出量之后，需要计算 PAB 值。这时，计算 PAB 值要考虑计划产出量的影响。PAB 计算结果之后，需要判断计划期中的各个时段是否全部计算完毕。如果没有全部计算完毕，需要计算下一个时段的数据。

计划期循环完毕之后，可以计算计划投入量和可供销售量。

下面通过一个具体的示例，讲述 MPS 的计算过程。假设将要编写自行车 ZXCA-F 的 MPS，编写 MPS 的日期是 2007 年 6 月 1 日，现有库存量 120（单位为辆），安全库存量 20，生产批量 160，批量增量也是 160，提前期是 1 个时段。

第一步，计算毛需求量。在需求时区，毛需求量等于订单量。在计划时区，毛需求量等于预测量和订单量中的较大值。在预测时区，毛需求量等于预测量。毛需求量的计算结果如表 6-6 所示。

第二步，计算第 1 时段数据。

PAB 初值＝120－100＝20＝安全库存量

净需求量＝0

计划产出量＝0

PAB＝120－100＝20

第三步，计算第 2 时段数据。

PAB 初值＝20－90＝ －70＜20

净需求量＝20－（－70）＝90

计划产出量＝1×160＝160

PAB＝20＋160－90＝90

第四步，计算第 3 时段数据。

PAB 初值＝90－80＝10＜20

净需求量＝20－10＝10

计划产出量＝1×160＝160

PAB＝90＋160－80＝170

其他时段的 PAB 初值、净需求量、计划产出量和 PAB 值依此类推，这里不一一介绍了。下面讲述如何计算计划投入量和 ATP。

第五步，计算各时段的计划投入量。由于提前期是 1 个时段，因此将计划产出量的所有数据提前 1 个时段，即可以得到相应时段的计划投入量。

第六步，计算各时段的 ATP。可以通过各个时段的计划产出量、相应的订单量和提前期等数据计算 ATP。例如，在第 6 时段，ATP＝160－90－50＝20。

6.4.3 MRP

MRP 是一种物料管理和生产方式，是 ERP 系统的重要组件，它建立在 MPS 的基础上，根据产品的 BOM、工艺路线、批量政策和提前期等技术和管理特征，生成原材料、毛坯和外购件的采购作业计划和零部件生产加工、装配的生产作业计划，从而达到有效管理和控制企业物料流动的微观计划。

MRP 建立在 MPS 的基础上，但是与 MPS 有着本质的不同。MPS 回答了生产什么和何时生产的问题，其计划对象是最终交付用户的产品项目。但是，如何生产这些产品项目，如何合理、均衡地安排组成这些产品项目的零部件的生产、原材料和外购件的采购，如何考虑现有的库存状况并保持合理、优化的库存，如何在生产过程中考虑合理、有效的生产批量等，这些都是 MRP 需要回答的问题。

作为 ERP 系统的重要组件，MRP 要回答下面 5 个问题：

(1) 生产什么？生产多少？何时生产？

(2) 要用到什么？用到多少？何时用到？

(3) 已经有了什么？有多少？何时使用？

(4) 还缺少什么？缺少多少？何时需要？

(5) 何时安排？

这里需要介绍低层码。在基于 BOM 的 MRP 计算过程中，不可避免地会遇到同一种物料分散在同一个 BOM 的不同层次中或不同 BOM 的不同层次中的现象，处理好这种现象是合理安排作业计划、简化作业管理、降低库存量和减少企业流动资金积压的重要前提。实际上，可以采取低层码解决这个问题。低层码是指同一种物料项目由于位于同一个 BOM 的不同阶层中或不同的 BOM 的不同层次中而有多个阶层码时，取最低层码作为计算该项物料需求量的一种方法。这种方法的目的是确保时间上最先需求的物料在计划上最先得到库存量，避免最后需求的物料提前下达而在计划上占用有限的库存量。

MRP 的计算过程与 MPS 的计算过程非常类似，但又有所不同。例如，在 MRP 计算过程中，没有预测量、订单量和可供销售量等数据，因为 MRP 的计算量都是相关需求，不是可以销售的最终产品项目；在计算 MRP 时需要考虑 BOM 的分解和低层码等影响因素；MPS 只涉及最终产品项目，但是 MRP 涉及组成最终产品项目的所有层次的物料，MRP 的计算量和复杂程度远远大于 MPS 的计算量和复杂程度。

MRP 的计算过程示意图如图 6-10 所示。首先，基于 BOM 计算各个物料的低层码，然后按照逐层计算原则和低层码计算每个物料的毛需求量。接下来，考虑物料的库存状况，计算计划接收量和当期 PAB。之后，分时段计算。

在分时段计算过程中，首先计算本时段的 PAB 初值，然后计算净需求量，之后根据净需求量的值对 PAB(预计可用库存量)初值进行调整。需要注意的是，当需求量非 0 时，需要基于批量政策计算本时段的计划产出量。当分时段计算结束之后，基于提前期数据，在计划产出量的基础上计算计划投入量。

下面通过一个具体示例讲述 MRP 的计算过程。图 6-11 是两个产品的 BOM 示意图。这两个产品分别是自行车 ZXC 和三轮车 SLC。已知条件是 ZXC 和 SLC 的 MPS，以及所有物料的当前 PAB(预计可用库存量)、安全库存量、提前期、批量和已分配量等。现在需要计算零件 A 和零件 C 的物料需求计划。

ZXC 和 SLC 的 MPS 如表 6-7 和表 6-8 所示。这两个表中分别描述了最终产品项目

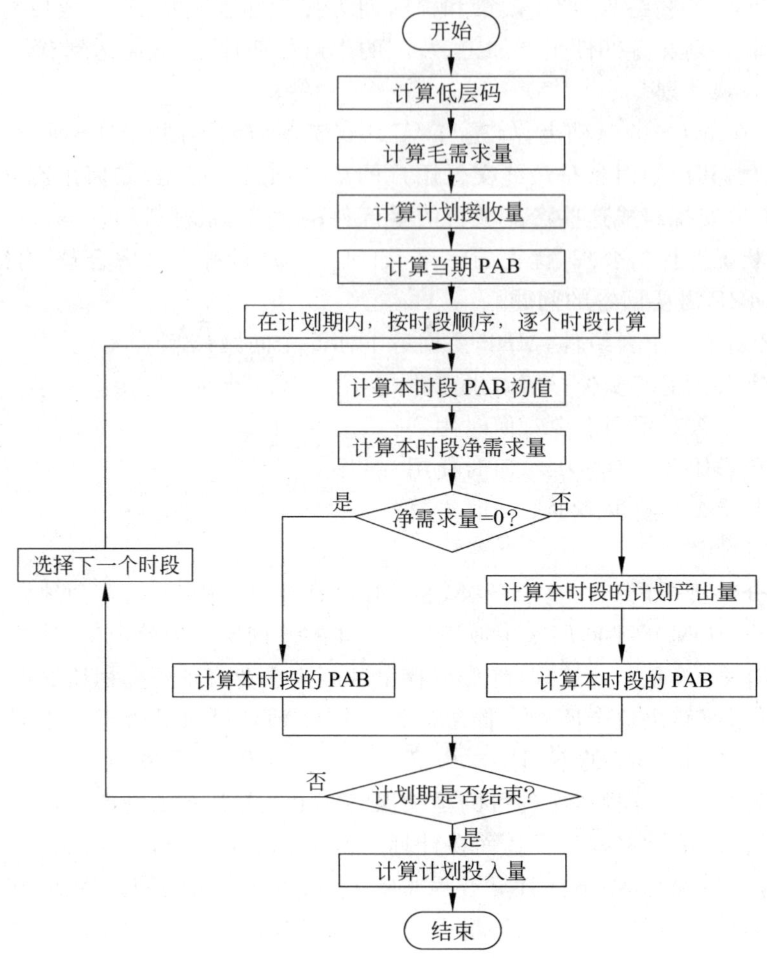

图 6-10　MRP 的计算过程示意图

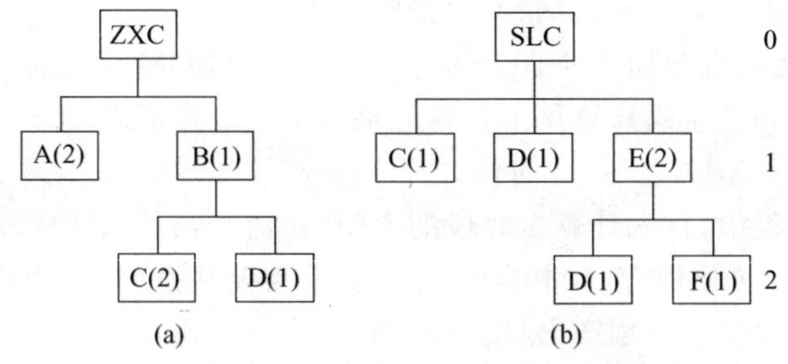

图 6-11　ZXC 和 SLC 的 BOM 示意图

ZXC 和 SLC 的物料名称、物料编码和物料的提前期。

现在，首先计算零件 A 的 MRP。因为零件 A 只出现在 ZXC 的 BOM 中，并且只出现一次，所以其阶层码与其低层码都是 1。零件 A 的毛需求量等于 ZXC 的计划投入量。假设在时段 1 的计划接收量为 80，当期 PAB 为 20，安全库存量为 20，批量是 100。计算过程如

表 6-9 所示。

表 6-7　ZXC 的 MPS

时段	当期	1	2	3	4	5	6	7	8	9	10
计划产出量			50	50	60	60	60	60	90	90	90
计划投入量		50	50	60	60	60	60	90	90	90	

注：物料名称：自行车　　　物料编码：ZXC　　　提前期：1

表 6-8　SLC 的 MPS

时段	当期	1	2	3	4	5	6	7	8	9	10
计划产出量			80	80	80	80	80	80	120	120	120
计划投入量		80	80	80	80	80	80	120	120	120	

注：物料名称：三轮车　　　物料编码：SXC　　　提前期：1

表 6-9　零件 A 的 MRP

时段	当期	1	2	3	4	5	6	7	8	9	10
毛需求量		50	50	60	60	60	60	90	90	90	
计划接收量		80									
PAB	20	50	100	40	80	20	60	70	80	90	90
净需求量			20		40		60	50	40	30	
计划产出量			100		100		100	100	100	100	
计划投入量		100		100		100	100	100	100		

注：物料名称：前轴档　　　物料编码：A　　　提前期：1　　　低层码：1
　　当期 PAB：20　　　安全库存量：20　　　批量：100　　　已分配量：0

在时段 1，PAB＝20＋80－50＝50。

在时段 2，PAB 初值＝50－50＝0＜20，净需求量＝20－0＝20，根据批量政策，满足净需求量要求的计划产出量为 100，于是 PAB＝50＋100－50＝100。

在时段 3，PAB 初值＝100－60＝40＞20，于是净需求量＝0。

在时段 4，PAB 初值＝40－60＝－20＜20，净需求量＝20－(－20)＝40，根据批量政策，满足净需求量要求的计划产出量为 100，于是 PAB＝40＋100－60＝80。

在时段 5，PAB 初值＝80－60＝20＝20，净需求量＝0。

在时段 6，PAB 初值＝20－60＝ －40＜20，净需求量＝20－(－40)＝60，根据批量政策，满足净需求量要求的计划产出量为 100，于是 PAB＝20＋100－60＝60。

在时段 7，PAB 初值＝60－90＝ －30＜20，净需求量＝20－(－30)＝50，根据批量政策，满足净需求量要求的计划产出量为 100，于是 PAB＝60＋100－90＝70。

在时段 8，PAB 初值＝70－90＝ －20＜20，净需求量＝20－(－20)＝40，根据批量政策，满足净需求量要求的计划产出量为 100，于是 PAB＝70＋100－90＝80。

在时段 9，PAB 初值＝80－90＝ －10＜20，净需求量＝20－(－10)＝30，根据批量政策，满足净需求量要求的计划产出量为 100，于是 PAB＝80＋100－90＝90。

在时段 10，PAB＝90。计算结果如表 6-10 所示。

现在计算零件 C 的 MRP。与零件 A 不同的是，零件 C 位于 ZXC 和 SLC 两个 BOM 中，且这两个零件的阶层也不相同，其低层码为 2。设零件 C 的提前期为 1，当期 PAB 为 25，安全库存量为 15，批量为 50。

计算思路是首先计算 ZXC 对物料 B 的毛需求量，然后计算物料 B 的计划投入量，根据物料 B 的计划投入量得到物料 C 的毛需求量。接下来，计算 SLC 对物料 C 的毛需求量。之后，合并两个产品对物料 C 的毛需求量。最后，依据合并后的对物料 C 的毛需求量推算出其计划投入量。

第一步，计算 ZXC 对物料 B 的毛需求量，计算过程和结果如表 6-10 所示。例如，在时段 1，ZXC 的计划投入量为 8，引起对物料 B 的毛需求量为 80。

表 6-10　ZXC 对 B 的毛需求量

物料	时段	当期	1	2	3	4	5	6	7	8	9	10
ZXC	计划产出量			50	50	60	60	60	60	90	90	90
	计划投入量		50	50	60	60	60	60	90	90	90	
B	毛需求量		50	50	60	60	60	60	90	90	90	

第二步，计算 B 的计划投入量实际上就是计算该物料的 MRP，计算过程如表 6-11 所示。这里假设当期 PAB 为 35，安全库存量为 25，批量为 50，提前期为 1。

表 6-11　物料 B 的 MRP

时段	当期	1	2	3	4	5	6	7	8	9	10
毛需求量		50	50	60	60	60	60	90	90	90	
计划接收量		100									
PAB	35	85	35	25	65	55	45	55	65	25	25
净需求量				45	55	15	25	65	55	45	
计划产出量				50	100	50	50	100	100	50	
计划投入量			50	100	50	50	100	100	50		

注：物料名称：车把　　物料编码：B　　提前期：1　　低层码：1

当期 PAB：35　　安全库存量：20　　批量：50　　已分配量：0

第三步，计算 ZXC 对物料 C 的毛需求量。根据物料 B 的计划投入量可以直接推算出物料 C 的毛需求量，推算过程如表 6-12 所示。需要注意的是，直接根据物料 B 的毛需求量推算出物料 C 的毛需求量和根据物料 B 的计划投入量计算出物料 C 的毛需求量，这两个毛需求量是不同的，其间的差别往往很大。

表 6-12　ZXC 对 C 的毛需求量

物料	时段	当期	1	2	3	4	5	6	7	8	9	10
B	计划投入量			50	100	50	50	100	100	50		
C	毛需求量			50	100	50	50	100	100	50		

第四步，计算 SLC 对物料 C 的毛需求量，计算过程如表 6-13 所示。例如，在时段 1，根据 SLC 的计划投入量直接推算出物料 C 的毛需求量为 80。

表 6-13　SLC 对 C 的毛需求量

物料	时段	当期	1	2	3	4	5	6	7	8	9	10
SLC	计划产出量			80	80	80	80	80	80	120	120	120
	计划投入量		80	80	80	80	80	80	120	120	120	
C	毛需求量		80	80	80	80	80	80	120	120	120	

第五步，合并物料 C 的毛需求量。根据表 6-11、表 6-12 和表 6-13 的数据合并物料 C 的毛需求量，得到物料 C 的总毛需求量，合并过程和结果如表 6-14 所示。有关物料 C 的数据已经添加了灰色背景。例如，在时段 3，ZXC 对物料 C 的毛需求量是 100，SLC 对物料 C 的毛需求量是 80，两者合并后在时段 3 对物料 C 的总毛需求量是 180。可以根据物料 C 的总毛需求量计算物料 C 的 MRP。需要说明的是，在不会引起混淆时，常常把物料 C 的总毛需求量简称为毛需求量。

表 6-14　ZXC 和 SLC 对物料 C 的总毛需求量

物料	时段	当期	1	2	3	4	5	6	7	8	9	10
ZXC	计划产出量			50	50	60	60	60	60	90	90	90
	计划投入量		50	50	60	60	60	60	90	90	90	
B	毛需求量		50	50	60	60	60	60	90	90	90	
	计划投入量			50	100	50	50	100	100	50		
C	毛需求量			50	100	50	50	100	100	50		
SLC	计划产出量			80	80	80	80	80	80	120	120	120
	计划投入量		80	80	80	80	80	80	120	120	120	
C	毛需求量		80	80	80	80	80	80	120	120	120	
C	总毛需求量		80	130	180	130	130	180	220	170	120	

第六步，计算物料 C 的 MRP。计算过程和结果如表 6-15 所示。这里假设当期 PAB 为 70，安全库存量为 60，批量为 100，提前期为 1。当计算出计划产出量之后，根据提前期为 1 倒排计划，推算出对应的计划投入量。

表 6-15　物料 C 的 MRP

时段	当期	1	2	3	4	5	6	7	8	9	10
毛需求量		80	130	180	130	130	180	220	170	120	
计划接收量		120									
PAB	70	110	80	100	70	140	60	140	70	150	150
净需求量			80	140	90	120	100	220	90	110	
计划产出量			100	200	100	200	100	300	100	200	
计划投入量		100	200	100	200	100	300	100	200		

注：物料名称：螺母　　物料编码：C　　提前期：1　　低层码：2
当期 PAB：70　　安全库存量：60　　批量：100　　已分配量：0

6.4.4 CRP

CRP是一种将MRP输出的对物料的分时段需求计划转变成对企业各个工作中心的分时段需求计划的管理工具，是一种协调能力需求与可用能力之间平衡管理的处理过程，是一种协调MRP的计划内容和确保MRP在现有生产环境中可行和有效的计划管理方法。

从工作内容来看，MRP的计划内容是物料，具体内容包括需要的物料编码、物料数量和需用时间等，而CRP的计划内容是能力，具体内容包括工作中心加工能力、员工工作时间、设备加工效率、员工出勤率和劳动生产率等。从工作内容角度来看，CRP起到一个计划转换器的作用，把MRP转换成CRP，实际上又起到了一个工作延伸扩散器的作用，把有关物料计划管理和控制工作向设备计划管理和控制工作、人力资源计划管理和控制工作方面延伸和扩散，从而使得整个ERP系统有可能把物料管理、设备管理和人力资源管理等多种职能工作作为一个整体系统对待。

从处理过程来看，CRP不仅把对物料的需求计划转变成对工作中心的能力需求计划，而且还要协调和处理有关这些能力的需求与可用能力之间的矛盾。能力需求来自于MRP，可用能力来自于现有的生产作业环境。从宏观角度来看，如果能力需求小于可用能力，那么除了引起可用能力的闲置和浪费之外，一般不会对MRP的正常实施运行带来什么负面影响和障碍。但是，经常遇到的情况是，能力需求大于可用能力，该怎么办呢？有3种不同的且各有优劣的解决方案。一是扩大企业现有的可用能力，二是通过减少MRP以降低能力需求，三是通过移峰填谷、加班加点和外部协作等临时性的管理调度手段来解决能力需求和可用能力之间的矛盾。第一种方案是最彻底的解决方案，但是这种方案是一种企业发展壮大的里程碑结果，这种方案很难用于需要随时解决的临时性问题。有人把这种解决方案称为决策性的解决方案。第二种方案是比较保守的一种解决方案。这种方案的最终实质就是通过拒绝过多的、自身无法承担的订单实现企业内部的生产平衡。这种方案的优点在于经营稳健，缺点在于可能错失发展壮大的良机。第三种方案体现了管理技术和管理艺术有效结合的效果。在这种方案中，需要采用最合适的管理手段、调度措施来尝试协调解决当前面临的问题。实际上，CRP往往采用这种方案来协调生产管理中的计划和实际中的矛盾。

从管理手段来看，CRP作为一种约束条件的测试工具，用于检验和确保MRP负荷生产环境现状。前面已经讲过，计算MRP的3个最基础的数据是MPS、BOM和库存状况，但是这种计算过程并没有完全回答诸如企业是否有能力完成这种计算结果之类的问题。从管理的完整性角度来看，CRP全面解决了MRP是否可行和有效的问题。

6.4.5 采购作业计划

采购作业是指为了向企业提供满足生产和管理所需要的各种物料而必须采取的各种管理性的和事务性的活动。这里需要解释的是，ERP系统中的物料概念不仅包括原材料、毛坯件、电子元器件和办公用品等，而且包含各种机器设备和运输工具等。但是，在采购作业计划中涉及的采购对象主要是指原材料、毛坯件、电子元器件和办公用品等。多个采购作业组成的有序活动称为采购作业流程。

采购作业计划是根据企业的内外环境的特点而制定的有关采购作业活动详细的时间安

排。笼统地讲，采购作业、采购作业流程和采购作业计划都是采购管理的内容。采购管理在整个企业管理中所处的地位和作用表现在，采购管理是企业生产经营管理的主要组成部分，是企业按照计划组织生产活动的始点，采取有效的采购管理方式是降低企业经营成本的重要环节。

采购作业计划的主要属性包括采购物料编码、名称、采购批次、采购数量、技术性能要求、采购作业开始日期、物料到货日期、审批人和审批日期等。采购作业计划应该遵循近期详细且确认、远期粗略且未确认的特点。这样做的好处是近期作业计划可以实施、远期作业有指导意义。

前面讲过，MRP是采购作业计划的主要来源。但是，这种说法并不十分准确。由于MRP计算物料的基础是BOM，因此那些没有包含在BOM中的物料则无法从MRP的计算中得到。例如，许多生产辅助材料往往没有包含在BOM中，例如生产过程中零星使用的油漆、汽油、冷却液和棉纱等，这些辅助材料的采购管理往往是按照订货点法。按照订货点法管理的物料的采购需求经常是通过请购单的形式表现出来。因此，严格地说，采购作业计划中的物料有两个不同的来源，即MRP和请购单。

对于没有包括在BOM结构中的生产辅料、办公用品、劳动保护用品等物料，由需求部门或者库管部门提出采购申请，经有关人员审核后才能进行采购。请购单则是这种采购申请的表现形式。请购单具有下列一些特点，需求的来源周期性地产生、经过审核后才能生效以及既可以由需求部门提出也可以由库管部门提出等。因为请购单是需求来源的一种形式，因此请购单上必须包含需求的物料编码和名称、需求的数量、需求的日期和需求数量的计算依据等。一般情况下，请购单上出现的物料是根据订货点法管理的，因此它的需求是周期性的。不同的物料有不同的需求周期，常用的需求周期是月和周。由于请购单上的物料需求数量不是根据MRP自动计算出来的，相对来说主观意愿比较强，因此需求的物料和数量应该经过更加严格的审核之后才能生效，以尽可能地使得请购单上的需求合理和准确。

6.4.6 生产作业计划

生产作业是指借助于工装、工具和设备等手段对物料进行加工、表面处理和装配等操作的活动，是改变物料形态和属性的过程，是实现产品设计、工艺设计以及向客户提交产成品的关键环节，是归集、分摊生产成本和实现价值转移的不可缺少的步骤，是生产管理、调度、协作、监控、分析和决策等管理活动的目标对象。

生产作业计划是多个生产作业步骤的合理序列。有些人把生产作业计划称为生产计划订单。生产作业计划的来源是MRP的运算结果。MRP的运算结果包括两部分，即用于指导采购管理工作的采购作业计划和用于指导生产作业管理工作的生产作业计划。在物料属性定义中，物料来源类型用于描述该物料是采购得到还是生产得到。在BOM结构中，如果某个物料的来源类型是生产，那么当MRP运算结束之后，该物料就出现在生产作业计划的详细安排中。

在生产作业计划中包括了计划编码、物料编码、物料数量、工艺路线编码、计划开始日期和计划完成日期等数据。其中，工艺路线编码由工序编码、工序名称、定额时间、工作中心编码和工作中心名称等数据组成。根据物料编码、物料数量和对应的工作中心编码，可以计算出该工作中心的工作负荷。

工序的定额时间通常由几个部分组成，即加工准备时间、加工时间、等待时间、移动时间、排队时间等。据统计，在工序定额时间的组成中，加工时间不超过10%。这种研究结果表明，物料在生产作业系统中的大多数时间是作为在制品在加工准备、排队和移动等过程中的消耗。

根据物料的最迟完成日期就可以推算出其最迟开始日期。如果已知该物料的最早完成日期，则可以计算出最迟完成日期。

生产作业计划是开展生产作业活动的依据。生产作业内容、数量、日期安排和需要的加工手段等为生产作业的各项活动提供了基础。

但是，生产作业计划必须经过确认之后才能真正有效地指导生产作业活动的开展，这是因为生产作业计划是基于各种定额数据计算得到的，这些定额数据是否与实际情况相符，必须经过确认。

6.5 ERP系统的发展趋势

从当前的ERP系统研究和应用状况来看，ERP系统在企业中的地位、行业领域、职能领域、业务流程、体系架构等都将发生深刻的变化。

从企业中的地位来看，ERP系统正在从最早的优化配置企业内部资源的目标向优化配置价值链上的资源发展，作为企业的战略工具全面支持和实现协同商务。

从行业领域来看，ERP系统最初是在制造领域产生的，其基本原理是支持制造资源的计划配置。现在，金融、商业、石化、钢铁、运输、政府等诸多领域都开始了或正在开始或准备开始ERP系统的应用，甚至在某种程度上有人认为企业的信息化建设就是ERP系统的全面应用。

从职能领域来看，ERP系统有两种发展趋势：广度发展和深度发展。广度发展是指其功能从制造、销售、财务向协同、特殊功能拓展，深度发展是指从主要的支持业务操作向支持管理控制、决策支持方向延伸。

从业务流程来看，ERP系统从支持企业内部的业务流程向开放的、与外部连接的业务流程发展，支持企业开展供应链管理、客户关系管理、企业间信息系统等活动。

从体系架构来看，ERP系统从最初的考虑Web技术正向以Web技术为基础的、采用组件化的、Web服务的开放式结构，支持ERP系统的快速部署、系统重用、流程再造、组织结构重组等。

本章案例　DEA的动力

DEA公司自1993年起进入中国，汽车零部件供应商DEA公司目前在上海和北京等地拥有11个工厂。超过200家中国供应商和约250个海外供应商支持DEA公司在中国的运营。同时，DEA公司也为国内最主要的汽车生产商供货，其中包括通用、大众等公司。美国DEA宣布其在华5家分公司多次获得上海通用汽车公司颁发的优秀供应商奖。出色的产品质量和快捷的产品交付周期是DEA受客户赞誉的主要原因，而这些成绩的取得离不开信息系统的支持。

从2002年开始，一年多以来DEA在中国遭遇了成长的烦恼。一方面，中国汽车产业的迅速成长带来了更多的市场机会。另一方面，公司原有的管理信息系统适应不了业务扩张的需求。唯一的办法是寻觅新系统，以便适应新的业务流程，成为DEA持续发展的动力。选择的焦点集中在SAP和QAD两家ERP供应商身上，因为DEA在海外的工厂大都是应用这两家的系统。

2003年4月，DEA权衡再三，最终作出了决定，选用操作更为简便、能够快速实施的QAD。随后，DEA与QAD签订了一个打包方案，具体是：先在上海DEA汽车排气控制系统有限公司和DEA(上海)动力推进系统有限公司同时实施ERP，成功之后再推广到北京DEA万源发动机管理系统有限公司等其他工厂。

之所以要同时在两家公司上ERP，是由于DEA生产排气系统与动力推进系统的两家子公司同在上海外高桥希雅路，而且两家公司有不少业务人员是共享的，比如IT部门只有一个，需要同时支持两家公司的管理信息系统。

拖得越久，对成本的压力越大。DEA公司希望ERP能够快速推行，他们对QAD的要求是在5个月内上线，一举替换原有的老系统。QAD公司自不可怠慢，委派其在中国的合作伙伴源讯信息技术(上海)有限公司实施，源讯公司派出汽车行业咨询顾问李目担任项目负责人。

接受这一任务的李目有些忐忑不安，因为他对5个月上线并没有十足的把握。尽管他以前已经成功地帮助延锋、江森、康明斯等企业实施了ERP项目，但是要在如此短的时间内帮助DEA理出头绪直至顺利上线无疑是一个巨大的挑战。而且这是一个只许成功不许失败的项目，因为谁都知道哪家供应商做砸了DEA项目的后果，这就意味着它今后在汽车行业的口碑就彻底完了。压力之下，李目唯有去面对。

2003年5月，在花了一个月时间深入DEA动力和排气两大公司的业务部门调研之后，李目的信心反而更足了。他发现，DEA管理非常完善，比如说DEA在看板管理和物流控制方面的经验尤为突出。他们需要的只是适合的系统去适应他们的管理模式，根本无须大动干戈地进行BPR。而且，通过与DEA业务人员的沟通，使得他对汽车行业有了更深层次的认识。

与此同时，DEA对于李目能够与他们用汽车行业的语言对话也倍感兴奋，DEA(上海)动力推进系统有限公司生产控制与物流部经理Steve认为，李目在多家汽车同行的实施经验也开阔了DEA的思路，带来了一些颇有价值的理念和管理方式。

6月初，李目根据调研的情况拿出了第一稿的实施方案，在和DEA相关部门主管商谈确认后又做了修改，把一些流程做得更为细化。同时，对于核心用户的第一轮培训也宣告开始。8月份，开始着手软件的前期安装和数据准备工作。

在整个实施周期中，Steve认为数据准备是最关键的阶段。Steve总结道："在实施后期数据准备非常关键，系统就是系统，精华进去，出来还是精华，垃圾进去，出来依然是垃圾。数据偏差对以后的业务运作会产生灾难性的打击。两家公司的静态数据准备前后花了一个多月的时间，然后利用国庆长假，做了最后一次存货盘点，将财务、销售、制造等历史数据导进去，长假之后开始试运行。起初，对每个月系统产生的存货盘点都要进行校验，逐步发现每个月的误差都已经在可以接受的范围之内，也就平滑上线了。再有就是，3个月之后，将原来财务部门和物流部门的老系统脱开，整个并入新的QAD系统。”

在总结实施经验时，Steve深有感触地说：“首先，要有一支非常好的队伍，其成员要对公司业务流程非常熟悉，而且需要全身心扑在项目上；其次，要有高层管理人员的支持，从上往下推行；再次，需要实施方有深厚的行业经验，能根据公司现有特征和未来需求制定相应的实施计划；最后，公司的每一个部门都应该相互配合。”

上海DEA动力推进系统公司IT主管认为，动力推进系统和排气系统两家工厂的业务模式相近，同时实施并没有太大的困难，而且目前系统数据置于同一台服务器上的两个不同的数据库内，而且上线以来运行一直比较平稳。

本章案例思考题

1. DEA为什么要实施ERP系统？
2. DEA为什么要选用QAD的ERP系统？
3. 结合案例，分析和总结ERP系统实施成功的关键因素。

本 章 小 结

本章全面研究了ERP系统的基本原理。首先，分析了企业未使用ERP系统之前面临的困境，然后讲述了ERP系统的发展过程以及每一个阶段的主要特点。第三，对ERP系统的基本概念进行了详细分析。第四，讨论和分析了ERP系统的基础数据的作用和类型。第五，对ERP系统的基本原理和主要的计划形式及内容进行了深入分析，重点是讲述了MPS和MRP，这是理解ERP系统基本原理的基础。最后，展望了ERP系统的发展趋势。

思考和练习题

1. 在未使用ERP系统之前，企业面临的两大管理困惑是什么？
2. ERP系统的发展和演变规律是什么？
3. 闭环ERP和开环ERP之间的主要区别是什么？
4. MRP Ⅱ和ERP系统有哪些不同之处？
5. 如何理解ERP系统的概念？搜集资料，分组讨论，给出一个合理的ERP系统的概念。
6. ERP系统中的基础数据的作用是什么？
7. 搜集资料，分组讨论，ERP系统的基础数据的类型和特点。
8. 经营规划、销售规划、生产规划在企业中的作用是什么？它们之间有哪些不同？
9. MPS的作用和特点是什么？
10. MRP的作用和特点是什么？

11. 如何理解 CRP 的作用?

12. 采购作业计划的内容是什么?

13. 如何理解请购单的作用?

14. 生产作业计划的关键是什么?

15. 如何理解计划展望期、时段、时界和时区的管理意义?

16. 解释下面 9 大基本数量的概念：预测量、订单量、毛需求量、计划接收量、预计可用库存量、净需求量、计划产出量、计划投入量、可供销售量。

17. 假设编写自行车 ZXCA-G 的 MPS，编写 MPS 的日期是 2008 年 10 月 12 日，现有库存量 150，安全库存量 50，生产批量 200，批量增量也是 200，提前期是 1 个时段，库存初值是 150。编写表格如表 6-16 所示。

表 6-16 MPS 报表

时　　区	当期	需求时区		计划时区			预测时区			
时　　段										
预测量										
订单量										
毛需求量										
PAB 初值										
净需求量										
计划产出量										
PAB										
计划投入量										
ATP										

第7章　ERP系统的主要功能

【场景】　如何选型 ERP 系统?

在卡尔巴氏公司的会议室,公司副总以上领导全部参加了,财务部、人力资源部、信息中心的主管也出席了会议。会议由张总亲自主持。

“今天咱们会议主题是如何选型 ERP 系统。希望大家畅所欲言,每一个人都要发表自己的意见。”张总的开场白很简单。

“我认为,选型 ERP 系统时应该选择功能最强大的产品,这样才可以满足咱们公司的需要。”主管行政的冯副总抢先发言。

“功能是次要的,价格是主要的,选型 ERP 系统时考虑的最主要因素是产品的价格。俗话说,一分钱价格一分货,应该选择价格最贵的 ERP 系统。”主管生产的陈副总说。

“我不同意陈总的意见,不能选择价格最贵的,应该选择价格最便宜的。”主管财务的钱副总发言,他总爱与陈总唱反调。

“价格不是最重要的,功能也不是最主要的,最重要的是 ERP 系统的质量。我建议购买国外公司的 ERP 系统。”主管设备的魏副总慢腾腾地说,环顾四周后,得意地说,“李主任来了吗? 我的意见如何?”

李主任还没有张口,心急的冯副总又说:“国内 ERP、国外 ERP 都无所谓,关键要看用户的应用情况如何?”

大家你一言,我一语,争论非常激烈。李主任一直没有发言。这时,张总看看大家发言差不多了,朝李主任看了看,说道:“李主任,说说你的意见。”

李主任看大家都盯着自己,说:“我的意见是望闻问切。”

“这不是中医看病的方法吗?”有人不解地问。

李主任继续说:“望,通过各种方式收集 ERP 系统的各种资料,对市场上的 ERP 系统进行全面的分析和研究。闻,筛选出一些比较好的 ERP 系统,邀请这些厂商的技术人员来咱们公司实地演示和讲解,咱们可以当场询问咱们关心的问题。问,公司应该组成 ERP 选型考察组,到使用 ERP 系统的企业,成功的和失败的都要去,实地了解这些用户使用 ERP 系统的切身感受。切,选出 2～3 个备选的 ERP 系统,在咱们公司安装试用,经过实际使用后,最终进行决策。”

李主任刚说完,会议室又开始热闹了。

ERP 系统的基本原理是明确的,但是 ERP 系统应该具备哪些功能则是不明确的,至少现在还没有一个得到大家公认的权威的说法。无论是国外的 ERP 产品,还是国产的 ERP 产品,在他们的宣传资料上标注的功能都是五花八门,各不相同。用户如何面对这种纷乱无绪的 ERP 系统功能状况呢? 为什么会出现这种混乱的局面呢? ERP 系统到底应该包括哪些功能呢？ERP系统的功能是越多越好吗？为了回答这些问题，本章从多个视角对ERP系统的主要功能进行全面的分析和研究。

本章目标：

- 理解影响ERP系统功能的主要原因；
- 了解ERP系统标准的功能特点；
- 了解权威机构的ERP系统的功能观点；
- 了解国外主要的ERP产品的功能和特点；
- 了解国内主要的ERP产品的功能和特点。

7.1 概　　述

虽然ERP系统的基本原理是非常明确的，但是在ERP系统的基本原理的基础上形成的ERP系统功能是模糊的，不同的ERP产品厂商提供的产品功能也不尽相同。ERP系统功能是为了解决企业中的各种业务问题而具备的能力。为什么会出现这种现象呢？下面对造成这种现象的原因进行分析。

从ERP系统应用的行业领域来看，ERP系统的应用领域十分广泛，不同的应用领域对ERP系统有不同的功能需求，客观上造成许多ERP系统的功能各不相同，所以没有办法统一ERP系统的功能。例如，在金融行业领域，储蓄、贷款、结算以及管理客户的信用档案等是主要业务，也是金融行业ERP系统应该具备的主要功能。在电力行业领域，确保电力设施的安全运行和对用电用户进行收费管理等是主要业务，电力行业的ERP系统应该着力解决这些方面的问题。即使在制造领域，生产电视机的厂商与生产汽车的厂商之间的业务也有很大的不同，他们使用的ERP系统也有很大的差别。

从ERP系统将要解决的业务问题的深度来看，由于ERP系统的目标问题过于复杂，造成ERP系统往往过于庞大，功能上很难做到面面俱到。ERP系统是一个集成的管理信息系统，它同时为企业中的高层、中层、业务人员提供服务，兼具TPS、MIS、DSS等系统的功能。TPS具备的功能往往是比较简明的，也是容易实现的。但是，MIS和DSS的功能则往往与企业经营环境、人员素质、管理风格相关。这种状况造成了很难明确到底具备了什么功能的ERP系统才是完整的ERP系统。

从ERP产品厂商视角来看，许多提供ERP产品的厂商从自己的能力和利益角度出发，为了别出心裁、标新立异、与众不同，不希望有一个统一的ERP系统功能规范，避免造成产品之间的无差异现象。

还有一种值得注意的现象，有些ERP产品宣称具有某种功能，但是经过认真研究其产品，发现这种功能仅仅是一个名称而已。例如，在一次ERP产品演示会上，某家ERP厂商宣称自己的ERP产品具有高层支持系统功能。会上有些专业人士希望看看这种功能，这家ERP厂商的技术人员爽快地答应并进行了演示。但是，通过演示看出，该ERP产品具备的高层支持系统的功能仅仅是将所有的统计报表集中起来显示而已。有些专业人士认为这不是高层支持系统，这家ERP厂商的技术人员极力地辩解，认为这就是高层支持系统应该具备的功能。

ERP 系统还未成熟，仍处在一个需要不断发展和完善的过程中，因此说不清楚 ERP 系统应该具备哪些功能。第一，ERP 系统的思想需要进一步的完善。虽然说 ERP 系统的核心思想是优化企业的资源配置，但是在有关什么是企业资源、企业资源是否包括内部资源和外部资源两个方面、如何进行企业资源的优化配置、如何合理评价企业资源的优化配置状态等问题方面，ERP 系统无法给出满意的解答。第二，ERP 产品不成熟。ERP 系统是按照 ERP 系统核心思想的表现形式，ERP 产品是不同厂商的 ERP 系统的实现。需要明确的是，ERP 系统与 ERP 产品是两个完全不同的概念。从当前的 ERP 系统实践来看，ERP 产品的成熟和完善仍然需要一个长期的过程。

虽然说 ERP 系统的功能是模糊的，但是这并不能妨碍人们对 ERP 系统功能的研究和 ERP 系统的实践。相反，正是由于 ERP 系统功能方面没有权威的观点，人们在 ERP 系统功能方面可以尽力地创新。

7.2 ERP 系统标准

2003 年 6 月 4 日，信息产业部发布了编码为 SJ/T11293—2003 的中华人民共和国电子行业标准《企业信息化技术规范第 1 部分：企业资源规划(ERP)规范》，该标准已于 2003 年 10 月 1 日起正式实施。该标准比较详细地规定了 ERP 系统的功能技术要求。在该标准中，给出了 20 个功能模块的功能描述、评比标准以及每个功能描述的重要程度。这 20 个功能模块如图 7-1 所示。

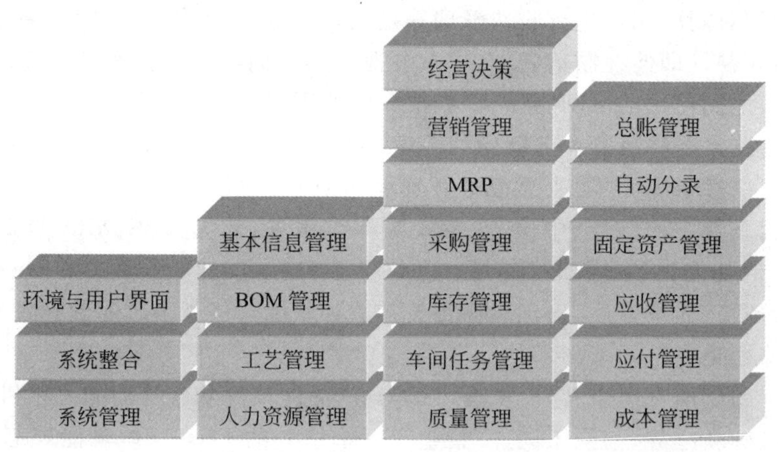

图 7-1　SJ/T11293—2003 标准中的 ERP 系统功能框架

环境与用户界面功能模块包括对系统运行环境的要求、系统提供的各种文档和用户界面的操作要求。系统整合功能模块可以进一步分为工作流管理、子系统关系、集成电子商务应用、分布式数据库整合和企业应用集成等类别的功能要求。系统管理功能模块包括系统安全管理、数据库管理和报表生成器等多个功能类别。

基本信息模块可以进一步分为基础参数设置、进销存参数设置、财务参数设置、币种与汇率管理、编码原则设置管理、职务类别管理、常用语管理、页脚/签核信息管理、假日表管理、付款条件管理和自定义信息等功能类别。

BOM 管理模块包括 BOM 类型、BOM 内容、BOM 的复制、BOM 的批处理、工程变更、替代料处理、材料承认和管理报表等功能。

工艺管理模块可以包括流转作业、管理状态、在制品盘点、工艺流程变更、矫正及预防、批号追踪、工装刀具辅料维护和工作中心维护等功能。

人力资源管理模块可以进一步分为人事管理、合同管理、考勤管理、薪资管理、招聘管理、员工自助管理和 ERP 接口、人力资源规划、职务职能管理、员工信息管理、招聘甄选管理、员工调配管理、员工离职管理、制度政策管理、劳动合同管理、培训开发管理、勤务管理系统、出差管理系统、休假管理系统、绩效管理系统、人事审批系统、总经理自助服务和直线经理自助服务等功能。

经营决策管理模块可以进一步细分为使用界面、财务分析、销售分析、存货分析、采购分析、制造分析和多维分析等功能类别。其中,财务分析功能又可以分为损益分析、资产负债分析、账款分析、偿债能力经营指标分析、营运能力经营指标分析、收益力经营指标分析、成长力经营指标分析、生产力经营指标分析等。其中,营运能力经营指标分析功能又可以继续分为应收款项周转率分析、销货净额/平均应收款项比率分析、平均收款日数分析、日数/应收款项周转率分析、流动资产周转率分析、存货周转率分析、销货成本/平均存货分析、存货维持日数分析、日数/存货周转率分析、流动资产占资产总额的比率分析、流动资产/资产总额分析、基金及长期投资占总资产的比率分析、固定资产占资产总额的比率分析、其他资产占资产总额的比率分析、现金占流动资产的比率分析、短期投资占流动资产的比率分析、应收款项占流动资产的比率分析、存货占流动资产的比率分析、预付款项占流动资产的比率分析、负债总额占资产总额的比率分析、所有者权益占资产总额的比率分析、固定资产占长期负债的比率分析和资产周转率分析等。

营销管理模块可以进一步分为价格管理、信用额度管理、销售预测、报价管理、接单管理、合同管理、订单变更、发货管理、税务整合、退货管理、出口文件、查询统计功能、销售管理、销售跟踪、存货核算、客户管理、计划管理、营销管理和分销管理等功能类别。

MRP 模块可以进一步分为参数设定与计划调整、基本资料管理、资料维护管理、MRP 批次作业、MRP 报表管理、批次生产计划生成管理、能力需求计划、车间作业计划和准时生产等功能。

采购管理模块可以进一步细分为供应商管理、价格管理、询价管理、请购管理、采购管理、合同管理、到货验收管理、退货管理、进口管理和管理性报表等功能类别。其中,请购管理又可以分为是否可按多企业请购、按部门请购、按 MRP 计划自动请购、按采购计划自动请购、按缺料状况自动请购、按订单自动请购和按订货点自动请购,可追溯请购来源、可转成采购单等。

库存管理模块可以进一步分为基础数据、物料库存定义、批号管理、库存事务处理、盘点管理、库存预警和库存报表管理等功能类别。其中,库存事务处理应该具备入库、销售出库、领用、转拨和调整等库存事务作业以及借出借入、库存调拨作业等。

车间任务管理模块可以进一步细分为生产任务管理、生产备料、领退料、生产完工管理、返工管理、委外加工和查询等功能类别。

质量管理模块可以进一步分为弹性参数设定、管制图表、品质检验与记录、与 ERP 其他模块的集成以及售后服务等功能类别。

总账管理模块可以进一步细分为账簿组织、外币管理、利润中心、核算项目、预算管理、会计凭证处理、期末处理、报表管理和网上银行等功能类别。

自动分录管理模块可以进一步细分为基础设置、自动分录和稽核管理等功能类别。在基础设置中,可生成会计凭证的单据类型,包括销货单、销退单、结账单、收款单、到货单、应付凭单、付款单、库存变动单、领料单、退料单、生产入库单、委外到货单、委外退货单、应收票据收票、应收票据兑现、应付票据开票、应付票据兑现、银行存提款、固定资产购入、固定资产改良、固定资产重估、固定资产报废、固定资产出售、固定资产折旧、员工薪资和外币汇率重估等。

固定资产管理模块可以进一步细分为资产购入、基本资料、资产变动、折旧管理、资产预算与计划、资产盘点和报表管理等多个功能类别。

应收管理模块可以进一步细分为结账方式、开账单及发票、发票管理、销货退回及折让、预收款、支持多种收款方式、冲账、催收账款和管理报表等功能类别。

应付管理模块可以进一步细分为应付票据、账款管理、付款冲账管理、台账管理、采购结算和报表管理等功能类别。

成本管理模块包括成本类型、标准成本、事中成本、实际成本、分批实际成本分摊、费用分摊、成本分析、模拟成本和项目成立等多个功能类别。

7.3 权威机构的 ERP 系统功能观点

除了 7.2 节讲述的 SJ/T11293—2003 标准之外,我国还有许多权威机构对 ERP 系统的功能提出了自己的看法。这些权威机构包括国家制造业信息化工程办公室、CIMS 主题和"863"计划等。这些机构从不同的角度提出了对 ERP 系统功能模块的要求。需要注意的是,不同观点的 ERP 系统功能有很大的不同,并且许多术语的用法也不尽相同。下面详细分析和研究这些机构提出的 ERP 系统功能观点。

7.3.1 5 功能域观点

国家制造业信息化工程办公室提出了制造业信息化建设的一些具体要求。在 ERP 系统方面,该办公室认为至少应该具有 5 个功能域、23 个功能模块,其功能框架如图 7-2 所示。这个观点是 ERP 系统应该具备的最低功能要求,因为它没有涉及 ERP 系统的环境要求和经营决策要求等。

生产管理功能域主要涉及生产基础数据、主生产计划和物料需求计划等内容,包括基础数据、MPS、MRP、生产订单管理、生产作业管理、生产工序管理 6 个功能模块,这些功能模块的详细描述如表 7-1 所示。

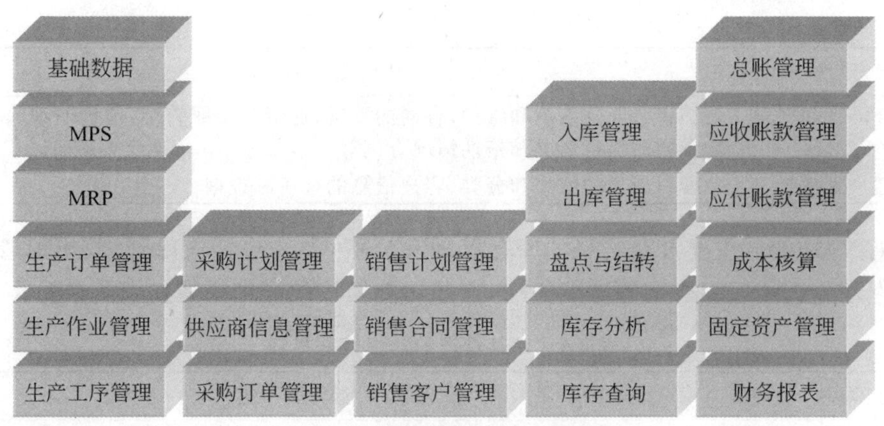

图 7-2　5 功能域观点的功能框架图

表 7-1　生产管理模块描述

功能模块	功能描述
基础数据	BOM 管理、工艺路线管理、工时数据管理、用户权限管理和数据备份与恢复
MPS	MPS 的编制和调整、能力需求计划的计算、能力负荷计算和粗能力资源平衡、MPS 的反馈与查询
MRP	MRP 自动生成、编制和调整(顺排或倒排 MRP),MRP 的可行性和平衡分析,MRP 和计划生产订单的查询,计划生产订单确认、计划请购单确认和拖期订单报告
生产订单管理	生产订单维护和查询、生产订单物料清单维护、生产订单缺料报告
生产作业管理	生产作业计划的编制和维护,调度计划的编制和维护,生产作业计划查询、调度计划查询和生产作业计划统计等
生产工序管理	工序转移、起停和完工处理,工序异常处理及报告,包括拖期报告、返工报告、废品报告和停工报告等

采购管理功能域涉及采购管理、供应商管理等内容,其主要的功能模块是采购计划管理、供应商信息管理和采购订单管理等,这些功能模块的详细描述如表 7-2 所示。

表 7-2　采购管理功能模块描述

功能模块	功能描述
采购计划管理	采购计划的编制和维护、请购单管理
供应商信息管理	供应商信息的定义、维护和查询
采购订单管理	供货信息管理,采购订单维护,到货、退货处理,采购订单的统计和查询

销售管理功能域主要包括的内容是销售计划管理、销售合同管理和销售客户管理等模块,这些模块的详细描述如表 7-3 所示。

表 7-3　销售管理功能模块描述

功能模块	功能描述
销售计划管理	销售计划的编制和维护(销售年计划、月计划),部门销售计划和推销员销售计划的编制和维护,销售报价管理,销售定价管理

续表

功能模块	功能描述
销售合同管理	销售合同的编制和维护，合同的发货、退货和结账管理，销售明细账查询、合同的执行情况和拖期情况查询等
销售客户管理	客户信息的收集和分类、客户信息的分析和查询

库存管理功能域主要涉及物料的库存管理和分析，具体包括入库管理、出库管理、盘点与结转、库存分析和库存查询等功能模块，这些功能模块的详细描述如表 7-4 所示。

表 7-4 库存管理的功能模块描述

功能模块	功能描述
入库管理	库存属性设置、采购入库管理、生产入库管理和其他入库管理
出库管理	生产出库管理、销售出库管理和其他出库管理
盘点与结转	库存盘点、库存结转
库存分析	库存变动情况分析和库存分类分析，库存预警包括库存超期报警、库存超限报警和库存进价超限报警等
库存查询	库存报表查询、出入库查询和库存情况查询

财务管理功能域主要涉及总账管理、应收账款管理、应付账款管理、成本核算、固定资产管理和财务报表等功能模块，其详细描述如表 7-5 所示。

表 7-5 财务管理功能模块描述

功能模块	功能描述
总账管理	记账凭证输入和登记、日记账、明细账、总分类账和其他报表编制
应收账款管理	应收款管理、欠款客户管理、发票管理
应付账款管理	应付款管理、发票管理、支票管理
成本核算	成本基础数据、成本计算、成本分析
固定资产管理	固定资产设置、固定资产科目、固定资产变动处理、固定资产折旧、固定资产查询
财务报表	损益表、资产负债表和现金流量表等

7.3.2 18 功能模块观点

CIM(计算机集成制造)是组织现代化生产的一种哲理和指导思想。CIMS(计算机集成制造系统)是这种哲理和指导思想的具体实现形式。经营管理系统是 CIMS 中的重要组成部分。在 CIMS 中，一般认为经营管理系统包括 18 个功能模块，这些功能模块之间的关系如图 7-3 所示。

在如图 7-3 所示的功能框架中，经营管理模块的作用是，根据外部市场数据、生产销售历史数据、同行业及相关行业的现状和发展数据以及企业内部的资源和生产技术数据等，确定企业的经营方针、目标和经营计划，制定生产计划大纲、进行产品报价等。

生产预测模块通过对企业内部、外部市场和社会等各种有关资料，选择适当的预测方法，进行数据处理和分析，对产品需求、生产能力和工厂消耗品需求量进行预测。

销售管理模块对销售计划、销售合同和售后服务等进行全过程管理。主要功能包括编

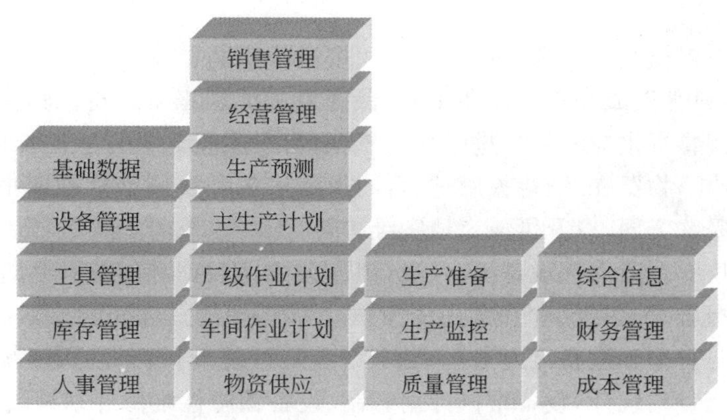

图 7-3　18 功能模块观点的功能框架

制销售计划、销售合同台账维护、销售合同统计和销售合同分类查询。销售合同监督执行包括合同执行情况检查、报告打印、合同拖期报告和客户拖欠款报告等。销售分析包括合同完成情况报告、客户订单统计报告、产品流向报告、销售成果报告、产品历年销售增长率和重点客户订货增长率等报告。客户档案管理包括客户基本情况、客户函件信息、客户档案资料、客户订单资料和售后服务情况等。

主生产计划模块根据企业的经营计划、生产计划大纲、销售计划以及生产预测编制，其主要功能包括主生产计划的编制和维护、生产资源计划的编制及平衡核算以及企业主要的经济指标核算，并且模拟不同的主生产计划对生产资源和经济指标的影响，以便选择最佳方案。厂级作业计划模块根据主生产计划、库存信息和生产技术数据编制，以便缩短生产周期、减少在制品库存和外购件的库存，在需要的时间，按需要的数量，供给需要的部门。该模块的主要功能包括生成各生产车间周生产作业计划、外购计划和外协计划，生成能力需求计划并进行能力平衡核算，产生计划例外信息，支持各种批量政策，具有原始需求追踪的功能，支持成组工艺、柔性制造和传统机群式的生产组织方式。

车间作业计划模块根据主生产计划和生产技术数据编制，并且按作业优先级合理地分配给每个工作中心或设备，具体功能包括车间作业计划编制和维护、短期能力平衡、车间任务下达并维护库存已分配量和可用库存、打印加工路线单以及打印装配分检单并进行成套缺件分析。

生产监控模块的作用是实现均衡生产，避免停工待料和任务拖期，实施车间数据的采集，进行生产统计。具体功能包括：监督车间在制品任务的执行、打印任务拖期报告，完工任务处理，工序进度报告、在线数据采集，车间作业统计等。

库存管理模块对各种库存物料进行管理，进行库存资金占用分析、超储积压分析，有效地控制库存资金，保证物料供应，为各级计划提供反馈信息。该模块的具体功能包括：建立与维护库存主文件和流水账文件，库存单位换算，产生库存收、支、存的日、月、季和年报表，对独立需求的物料产生采购计划，库存资金占用分析、成套缺件分析和超储积压分析，清仓盘库处理，出库入库操作，支持与自动化立体仓库的联机处理，支持同一物品在不同仓库、多货位存放等。

物资供应模块根据生产需求，按时、按质和按量组织物资供应，以最小的物资储备满足最佳的供货状态，避免造成物资积压和短缺，保证生产活动正常进行。具体地说，该模块的主要功能包括编制物资供应计划并进行平衡核算、物资供应合同的建立与维护、非生产用料维护、合同统计分析，物资在运、待检管理、合同执行监督和合同交货拖期报告，按各种分类方法查询并打印采购合同，以及供应商档案维护等。

设备管理模块对企业内部设备档案、运行状态、能力数据和维修计划进行维护，生成各种设备统计分析报告，为各级生产计划提供依据。该模块的具体功能包括：设备台账管理、分类设备的查询与打印和设备能力数据维护，设备运行统计、设备利用率统计、设备完好状况统计和设备维修费用统计，设备维修计划编制、设备预防性维修计划编制和设备备件库存管理等。

工具管理模块对生产中的通用工具、刀具和专用工装进行管理，包括计划、采购、管理和维修等。该模块的详细功能包括：工具库存管理、工装需求计划编制、工装消耗定额及工装寿命数据维护以及工装维修及报废处理等。

人事管理模块负责管理企业内部的全体员工，具体内容如下：员工基本信息、人事档案管理，进行人才结构分析与预测、制定培训计划，根据生产计划大纲编制全员劳动计划、员工人数计划和工资总额计划等，进行人力资源的日常维护，进行劳动统计、产生各种人员报表和产生劳动统计报表等。

质量管理模块负责对生产过程中各阶段产品的质量进行统计和分析，质量管理对象包括原材料、外协件、在制品和产成品等。具体内容包括建立质量统计台账、产生各种质量分析统计报表等。

财务管理模块以价值的形式对企业的生产经营活动进行连续、全面和系统的核算，并根据核算资料进行分析，快速、准确地反映企业的经营状况，具体功能包括：会计科目管理、财务管理、财务核算(包括固定资产核算、物料核算、销售核算、流动资金管理等)、固定资产管理和财务分析等。

成本管理模块负责及时、准确地计算产品计划成本与实际成本，进行成本分析，为制定销售价格提供可靠依据，找出降低成本的途径，提高企业的经济效益。具体的功能包括：基本成本数据维护(包括产品物料实用量、物料差异率、差异分摊、质量成本和实际间接费用及分摊等)、计划成本计算(包括产品物料定额成本计算、计划间接费用的分摊等)、实际成本核算和成本分析等。

基础数据模块负责对企业生产经营活动中的基础数据进行维护和集中管理，减少数据冗余，建立集中、统一和准确的企业技术与生产数据，支持各子系统的运行。该模块的详细功能包括：基本数据维护(包括项目定义数据、产品结构数据、工艺路线及工时定额数据、工作中心数据、工装数据、产品结构单级多级展开、产品结构单级多级反查和产品物料消耗定额汇总等)，数据合理性、完整性检查，产品结构复制和零部件成批替换功能，工程改变控制，工厂日常维护等。

综合信息模块以特定的模型和算法，将各子系统中的基本数据进行分析和处理，生成综合信息，以数字、文字、表格和图形等多种展示方式提供给各级管理人员，以便及时、准确地进行决策。该模块的主要功能包括企业基本情况查询、企业当前生产经营状况查询和生产过程中的各种问题查询等。

生产准备模块的主要任务是在新产品试制计划、主生产计划制定后，为保证这些计划的实现，需要对产品设计、工艺、工时、定额和工装等生产准备工作进行安排，并进行平衡核算、监督计划的执行。该模块主要采用网络计划方法，具体功能包括计算关键路径、生产技术准备计划的查询和打印以及生产技术准备计划进度的汇报等。

7.3.3 13功能模块观点

ERP系统的研究和开发曾经得到了我国"863"计划的支持。在"十五"期间，"863"计划认为新一代ERP软件研究、开发及应用应该是软件专项重大应用共性软件与示范的重要内容之一，应针对我国制造业信息化重点行业和典型区域应用为重点，在我国已有ERP工作及产业发展基础上，结合我国国情和先进管理模式，采用先进的软件技术和平台，掌握ERP核心技术，研发出具有自主版权和知名品牌的新一代ERP系统。该系统应该具有通用、开放的特点，可以满足制造业信息化整体解决方案的集成化要求，支持网络化应用，具有新的系统结构，支持企业定制和快速实施。要在制造业信息化及企业管理现代化等方面大力推广应用ERP系统，加速ERP应用软件产业发展，使我国自主版权的ERP软件产品在国内ERP市场上占据较大份额。通过ERP应用与我国操作系统、数据库和中间件等软件的捆绑和集成，拉动我国软件产业的迅速发展，促进我国ERP及相关软件产业、咨询服务业的跨越式发展。在上述思想指导下，"863"计划提出的新一代ERP系统应该至少具备13个功能模块，这些功能模块的框架如图7-4所示。

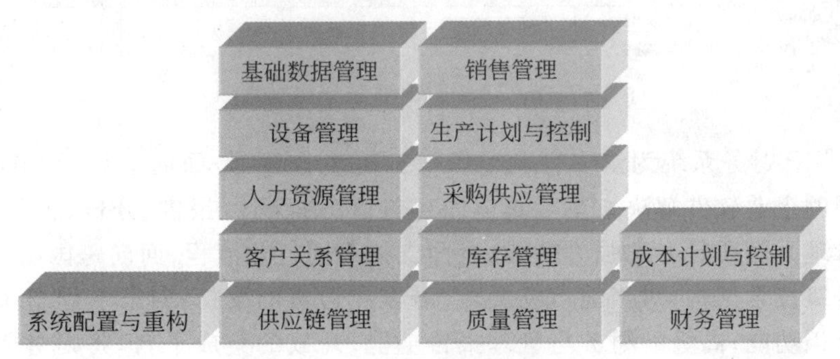

图7-4 13功能模块观点的功能框架

7.4 国外ERP产品的功能

当前，在ERP系统市场上，群雄并起，竞争激烈。从国外的EPR产品来看，SAP公司和Oracle公司依然在ERP系统市场上处于领先地位。下面主要介绍这两家公司的ERP产品的功能特点。

7.4.1 SAP 公司的 mySAP ERP 系统

2005 年，SAP 公司发布了用来替代 R/3 系统的 mySAP ERP 系统。mySAP ERP 系统是当前使用广泛的 ERP 系统。mySAP ERP 系统具有自助服务、分析、财务、人力资本管理、运营和企业服务功能。此外，还包括对诸如用户管理、配置管理、集中数据管理和 Web 服务管理等系统管理问题的支持。这些功能都是基于 SAP NetWeaver 技术平台开发的。一般地，mySAP ERP 系统由 4 个系统组成，即财务系统（分析、财务管理）、人力资本系统、运营管理系统（采购和物流支持、产品开发和制造、销售和服务）和公司服务系统，其系统架构示意图如图 7-5 所示。

分析	战略管理	财务分析	运作分析	工作分析	
财务管理	财务供应链管理	财务会计	管理会计	公司治理	
人力资本管理	人才管理	工作流管理	劳动力配置		
采购和物流支持	采购管理	供应商协同	库存与仓库管理	物流管理	运输管理
产品开发和制造	生产计划	企业资产管理	制造执行	产品开发	数据生命期管理
销售和服务	销售订单处理	专业服务配送	售后服务	全球贸易服务	奖金和佣金管理
公司服务	房地产管理	项目管理	差旅管理	环境健康安全	质量管理

图 7-5　mySAP ERP 系统架构示意图

mySAP ERP 财务系统为众多行业提供财务解决方案，是面向会计、财务报告、业绩管理和企业管理的企业软件解决方案。具体内容包括：在会计、报告、分析、企业管理、财务供应链和财产管理方面所具有的强大功能；全面支持不同行业流程；面向跨国组织或国际化公司设计的可升级技术架构；对当地市场要求、语言和通货的支持；对所有财务流程和交易的内部控制与存档功能；高级的财务与管理报告功能；开放的集成平台，将财务管理解决方案与当前业务系统或应用连接起来，等等。

使用 mySAP ERP 人力资本管理（human capital management，HCM），可以充分发挥每位员工的价值并将员工的技能、行为和激励与业务目标和战略看齐。mySAP ERP HCM 提供了对个人和团队贡献进行管理、衡量和奖励的工具，可以快速而轻松地对人力和 IT 投资进行调配。mySAP ERP HCM 支持整个招聘、部署、潜能开发、激励并最终留下有价值员工的过程，从头到尾对这些流程进行改善。具体内容包括：优化 HCM 流程并将它们在全球业务范围内无缝集成；提供实时信息访问，加快人力决策过程；支持合理的配置项目和人选；在员工任职周期内支持员工和管理人员；授权员工在合作环境下对流程进行管理，等等。

mySAP ERP 运作系统可以改善端到端物流作业，并通过对诸如订单到现金和采购到支付等完整业务循环的支持实现业务增值，保证业务流程或循环平滑运行、达到质量要求、符合相关规范与标准，从而改善物流业务运作。该系统帮助用户对整个产品生命周期进行管理并支持新产品的开发与推广。通过使用 mySAP ERP 运作系统，可以：将手动步骤转变为优化的、在线流程，从而改善整个企业的计划水平；支持资产规划与部署、在整个生命周期内对资产进行管理、减少订货周期时间和过量库存；优化仓库和配送机构的工作流程；有效地管理运输与配送；增进与客户和供应商的合作；营造良好的项目管理环境，使外部机构或人员同时参与简单和复杂的项目管理；提供个人化的接口、门户、移动应用和工具，进一步促进员工的工作效率；在整个企业范围内实现透明度、预测和业务绩效管理，缩短计划周期时间和交货周期，不断改善流程并对新出现的商机作出快速响应；改善客户服务质量并快速响应客户需求。

mySAP ERP 公司服务系统可以帮助用户管理并控制资源密集型企业，包括差旅管理、房地产管理、环境健康与安全以及激励与授权管理。在差旅管理方面，该系统可以帮助用户降低成本、优化管理过程并具有支持来自供应商、全球配送系统和旅行社在赔偿和定价模型方面的变化，为差旅管理人员提供控制功能，帮助员工选择合适的旅行社并对是否符合差旅政策进行监督。在环境、健康与安全方面，该系统可以帮助用户对复杂、快速变化的环境、健康与安全规章及其后续影响进行管理，它涵盖了公司的各个方面，包括新产品开发、采购、制造、销售、配送、维修与维护。在房地产管理方面，该公司服务系统支持对商、住两用房地产的管理，提供自动化与过程控制，帮助用户避免闲置并降低与房地产开发、租赁及财产管理相关的费用。在激励与授权管理方面，公司服务能够支付并管理可变赔偿，并具有对组织结构变化、销售渠道变化和产品上市的核心支持功能。

7.4.2 Oracle 公司的电子商务套件系统

Oracle 公司不仅是全球最大的数据库产品供应商，而且在陆续收购了 PeopleSoft、JD Edwards、Siebel 等公司之后，其电子商务套件系统在 ERP 系统市场上发展迅猛。2005 年发布的 Oracle 电子商务套件 11i. 10 延续了 Oracle 提供解决方案的传统，能提供以行业为核心的新功能并满足企业和政府部门的独特需求。Oracle 电子商务套件 11i. 10 还具有新商务智能，与传统商务智能方案相比，它能降低更多成本。为了确保 Oracle 应用产品满足各个垂直行业的独特需求，Oracle 公司与客户及主要行业用户组织紧密合作，推动基于行业需求及问题的新品开发。新版本针对的行业有：航空航天与国防、汽车、化工、通信、大众消费品、能源、医疗保健、高科技、工业制造、生命科学、政府部门、零售、旅游与交通运输以及公用事业。Oracle 电子商务套件的英文名称是 Oracle E-Business Suite 11i. 10。Oracle 公司的电子商务套件系统的功能架构示意图如图 7-6 所示。

合同管理系统包括了服务合同管理和销售合同管理两大部分内容。在服务合同中，可以提供合同编写与管理、定价与计费、担保和权利、合同变更管理、合同的续订、服务合同智能等功能。在销售合同中，包括了合同条款库、合同编写、合同打印、管理销售协议、在 Oracle 报价管理中编写合同、在 Oracle 订单管理中编写合同、管理合同文档等功能。

市场营销管理系统可以帮助用户计划、执行和分析市场营销活动以及复杂的推销活动，使整个企业的各个营销流程协调一致，促进成功的业务结果，通过追加销售和交叉销售活动

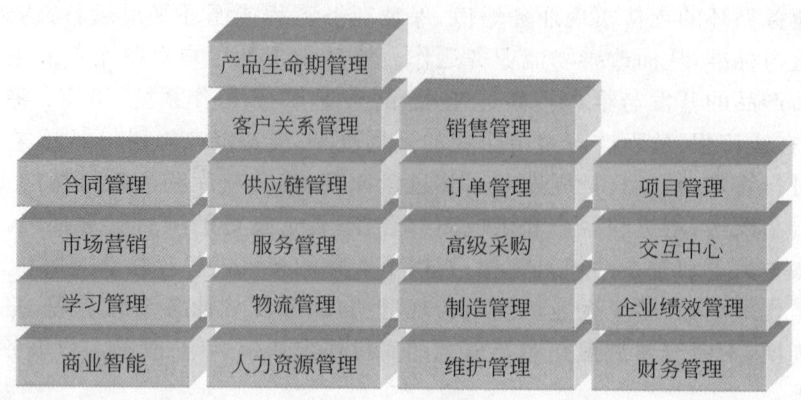

图 7-6 Oracle 公司的电子商务套件系统架构示意图

来增加收入。

学习管理系统是一个企业学习管理系统，它为企业提供了一个完善、可扩展而且开放的基础架构，用于在线环境和教室环境下培训活动的管理、交付和跟踪。学员能够按照自己的进度与学习内容、教员及学员进行交互，同时分布于诸多不同地点的学员能够更方便地获得一致的培训。管理人员能够实施自动化，从订单处理到培训支付、从绩效评定到培训评估的关键业务流。

电子商务套件能在同一系统中提供商务智能信息和交易信息，使客户能够以比采用传统商务智能方案低得多的成本实时了解自己的业务运作状况，从而极大地扩展了 Oracle 实时商务智能的功能，可以提供更多的企业报表、更多的关键衡量指标和更多的企业角色分析表。

产品生命期管理系统可以帮助企业协调管理从概念到淘汰整个产品生命周期中与产品相关的所有活动。该系统的统一的数据模型提供了准确的单一产品视图，使得企业能够快速推出新产品，提高整个生命周期的产品价值，并且计划未来投资。其主要功能包括高级产品目录、项目协作、CADView-3D、采购寻源、配置器、项目管理等。

客户关系管理系统由一组提供由信息驱动的销售、服务和市场营销等管理功能的应用程序构成。该系统构建在一开放的、基于标准的体系结构之上，它可以简化业务流程和改进数据质量，并使所有关键部门能够从同一个来源获取数据。从评测市场营销活动，到将现场工程师自动派遣到远程地点，客户关系管理系统都提供了支持。

供应链管理系统系列应用产品将所有关键的供应链活动（从设计、计划和采购到制造和实施）整合在一起并使之自动化，统一的数据模型提供了企业整个供应链准确的单一视图，使企业能够在日益复杂的全球供应链上实施精益原则。

服务管理系统提供信息驱动的客户服务，通过向客户提供一致、准确的行动信息使坐席和技术人员能够达到客户的期望值。通过全面集成网上自助服务、联系中心的坐席辅助服务和现场服务等服务渠道，服务管理系统提供了一个单一平台，用来管理与服务相关的信息和流程。其主要内容包括电话服务、网上支持、交互中心、现场服务、返厂维修、服务合同等。

物流管理系统提供了运输计划、运输执行、仓库管理、条码识别等功能，可以支持客户顺利开展物流活动。

人力资源管理系统自动化了从招聘到离职的整个过程，用户可以根据企业战略目标调整劳动力。统一的数据模型提供了与人力资源相关的活动的单一、准确的视图，包括招聘、绩效管理、学习、薪酬管理和实时分析。

销售管理系统方面提供了激励性报酬管理、项目建议书管理、销售管理、网上商店管理、报价管理、电话销售管理、合作伙伴管理、销售合同管理等功能。

订单管理系列简化并自动化了从订单承诺和订单受理直到运输和发货的整个销售订单管理流程。该系统可以捕获包括 EDI、XML、电话销售和 Web 店面在内的多种渠道的需求信息，可以帮助客户降低订单履行成本、缩减订单履行周期时间、提高订单准确性和按时交货率。

高级采购管理系统可以帮助用户自动化整个采购流程，可以提供的功能包括网上采购、网上供应商门户、采购寻源管理、采购智能、服务采购、采购合同管理、供应商网络等功能，可以大大降低客户的采购成本、提高采购效率。

生产制造管理系统支持离散制造、流程制造、混流制造等制造管理模式，并且在制造排程、车间管理方面提供支持。

维护管理系统适用于维护、维修、大修以及支持不动产、生产厂、运输队、公共基础设施和那些要求综合维护战略的长生命周期产品的服务部门。该系统在资产的整个生命周期的管理中提供支持：明确规格、购买、安装、维护、报废。该系统提供统一的企业数据模型和日常商务智能来测量从资产采购寻源到采购、试运转和资本化直至销账的资产负债表左方绩效。该系统集成实体资产和财务资产文档和目录，提供最佳的物料管理功能，实现多渠道和远程偶发事件处理，无缝地管理分包给第三方的工作和确保安全、有效的工作队伍的任务安排与监督。

项目管理系统借助与项目相关的所有活动的单一、准确的视图来支持整个项目管理生命周期。企业能够选择正确的项目、分配合适的资源、前瞻性地简化执行过程并通过精确的预算、预测和开票/退款来跟踪收益率。其具体功能包括项目开票、项目协作、项目合同管理、项目成本核算、项目管理日常商务智能、工时与人工管理、项目资源管理、项目团队、项目计划等。

交互中心管理系统是一个产品系列，它集成了所有客户交互渠道——从电子邮件到 Web、电话到语音 IP——从而将用户的联系中心转变成为一个功能强大的电子商务通信中心。交互中心管理系统与 Oracle 销售管理、服务管理、合同管理和市场营销管理等应用系统协同工作，为用户提供同步而又全面的客户视图和支持交叉销售、追加销售，并提供所有客户活动 360 度视图所需的商务智能。

企业绩效管理系统通过把正确的信息和资源与战略目标联系起来，使企业可以达到领先的绩效水平。该系统使管理人员能够制定可带来利润的战略，并把战略与运营计划相结合，从而有效地监控日常运营，并在整个企业内进行协作。统一的数据模型提供了整个企业范围内信息的单一、准确的视图，提高了透明度，并加强了行动分析和快速执行能力。企业绩效管理系统使管理人员能够通过个性化的信息显示板和警报来监控日常绩效。

借助企业范围的日常商务智能，财务管理系统可以自动化并简化企业的所有财务管理业务流程，使企业能够作出更合理的决策，改善业务运营，降低成本。其主要功能包括基于活动的管理、财务分析器、租赁管理、高级收款管理、企业计划和预算、财务智能、应付账款管理、资产管理、总账管理、物业管理器、平衡记分卡、内部控制管理器、应收账款管理、网上费用报销、销售分析器、现金管理、网上资产管理、理财管理等。

7.5 国内 ERP 产品的功能

目前，国内 ERP 系统市场上产品众多、良莠不齐，不同的产品之间的功能差距很大。下面主要介绍易飞 ERP 系统、EAS 系统、URP 系统的功能特点。需要注意的是，在深入了解 ERP 系统的功能时，不仅要看其名称，更重要的是要看其具体的内容和处理问题的广度和深度。

易飞 ERP 是神州数码公司推出的 ERP 系统，该系统面向中小企业。易飞 ERP 系统涵盖了中小企业的所有业务功能，这些模块可以单独运行也可以集成运行。易飞 ERP 系统的功能架构如图 7-7 所示。

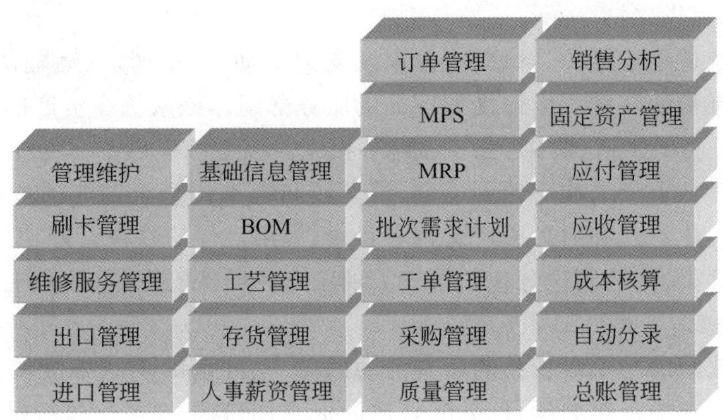

图 7-7 易飞 ERP 的功能架构

EAS 是企业应用套件(enterprise application suites)的简称，是金蝶公司开发的面向大中型企业的企业集成应用系统。EAS 的功能全面涵盖了企业管理的主要需求，这些功能模块既高度集成，又可独立应用。金蝶 EAS 提供了 16 个功能模块和作为实现技术的基础平台和企业门户，其功能架构示意图如图 7-8 所示。

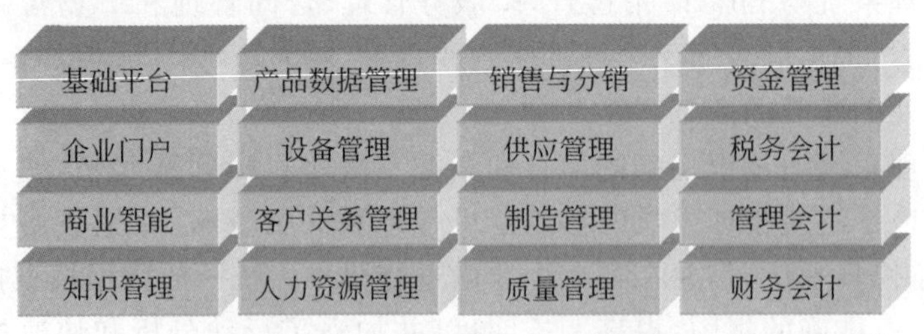

图 7-8 金蝶 EAS 的功能架构

URP 是联盟体资源计划(union resource planning)的简称，是新中大公司开发的面向企业联盟体的管理模式和应用系统。URP 以企业联盟体资源优化为目标，实施传递企业之间的信息，是经济资源联盟体协同工作。URP的功能架构如图7-9所示。

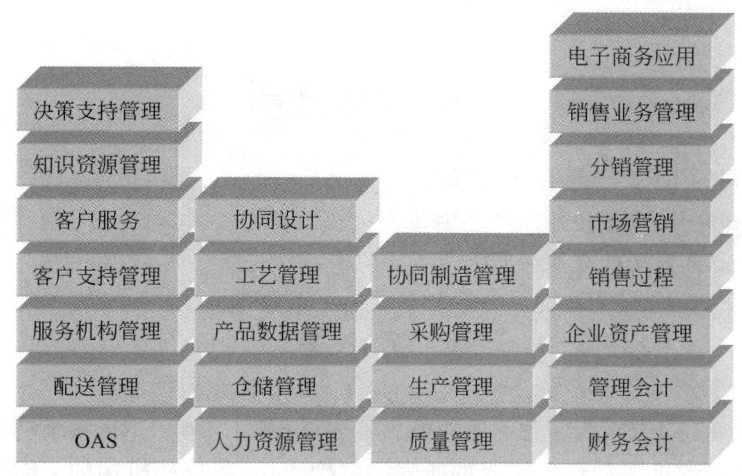

图7-9　新中大URP的功能架构

本章案例　德国SAP公司的业绩

成立于1972年、总部位于德国沃尔多夫市的SAP公司是全球最大的企业管理软件及协同商务解决方案供应商。

2006年1月26日，SAP正式发布了该公司2005年第四季度财报。SAP财报显示，在截至12月31日的第四季度中，SAP第四季度营业收入为85.1亿欧元，净利润为6.19亿欧元，同比增长14%。

2006年4月24日，SAP公司公布了第一季度的财报。报告显示，2006年截止到3月31日，实现总收入20.4亿欧元，与2005年同期的17.3亿欧元相比，增长了18%。实现净利润2.82亿欧元，与2005年的2.54亿欧元相比，同比增长了11%。SAP董事会主席兼首席执行官孔翰宁博士表示："公司一季度的软件和产品收入持续强劲增长，对此，我们可以愉快地说，2006年的开局不错。受毛收入增长的拉动，一季度的预计营收和预计每股盈利分别增长了20%和22%，这表明我们有望实现2006年的所有预期目标。"

2006年7月21日，SAP公司发布了2006年第二季度财报。财报显示，由于美国和欧洲企业客户订单的增加，SAP第二季度净利润同比增长43%。在截至6月30日的第二季度，SAP的净利润为4.14亿欧元(约合5.22亿美元)，每股收益1.35欧元。这一业绩好于去年同期，SAP第二季度营收为22亿欧元(约合27.5亿美元)，比去年同期的20亿欧元增长9%。SAP目前是全球第一大商用软件公司，但该公司面临着来自Oracle公司的强劲挑战。根据市场研究公司ARM研究公布的最新数据，截至2005年底，SAP在全球商用软件市场占据了21%的份额，领先于Oracle公司的10%。

2006年10月20日，SAP公司发布了第三季度财报。财报显示，由于对其产品的需求在全球范围内都有所增长，SAP期内利润同比增长了16%。在截至9月底的第三季度，SAP盈利3.88亿欧元(4.86亿美元)，较去年同期的3.34亿欧元增长16%，而且也高于市场分析师预期的3.81亿欧元。第三季度SAP总营收为22.4亿欧元，比去年同期的20亿欧元增长11%。

本章案例思考题

1. SAP公司的ERP产品有什么特点？

2. SAP公司在中国的主要客户是哪些公司？

3. 你认为SAP公司的未来发展趋势如何？

本 章 小 结

本章全面研究了ERP系统的主要功能。首先，分析了影响ERP系统功能的主要原因。接下来，对ERP系统标准进行了深入的研究。之后，对一些权威机构的ERP系统功能观点进行了研究。其后，对SAP公司和Oracle公司的ERP产品进行了分析。最后，简单介绍了国内ERP厂商提供的ERP系统功能状况。

思考和练习题

1. 为什么很难确定ERP系统的功能？

2. 你认为ERP系统应该具备什么样的功能？

3. 分组讨论：结合一个具体的企业，通过搜集资料，讨论该企业的ERP系统应该具备什么样的功能，并且绘制出该企业的ERP系统功能图。

4. 分组阅读和讨论SJ/T11293—2003标准。

5. 收集SAP公司的资料，分组讨论SAP R/3系统和mySAP ERP系统之间的差别。

6. 收集Oracle公司的资料，分组讨论Oracle电子商务套件11i.10的功能和应用状况。

7. 收集国内典型的ERP厂商的资料，分析国内ERP产品的特点。

第8章 供应链管理系统

【场景】 如何缩短汽车生产交付期?

卡尔巴氏公司的月生产调度会议正在进行。销售部的马经理说:“如果咱们公司能够在下个月的10日以前交货,用户有可能再继续追加200台巴士的合同。”

生产部的罗经理说:“不行,我们生产部已经认真考虑了这个问题,这个订单最快到20日才能完成。”

张总问:“老罗,你说说你们的考虑过程。”

“张总,我们认真计算了,毛坯件采购需要19天,电器件需要16天,这些物料到齐后的装配需要12天。这些数据都是经过反复计算得到的。”罗经理看看笔记本,认真地说。

“装配方面,咱们自己加班,可以缩短2天。”马经理说。

罗经理急了,说:“咱们可以缩短2天,可是毛坯件和电器件的采购周期不是咱们能决定的。我刚才提到的时间都是在签订了合同之后最快的供货时间,因为这些供应商自己也得进行生产准备。”

“能不能缩短供应商的生产准备时间呢?”有人问。

“据我们掌握的资料,不能再短了。”罗经理回答说。

马经理说:“如果丢失了这200台巴士的订单,那么咱们公司的损失可就太大了,今年的销售任务可能会无法完成。”

张总看看大家,说:“信息中心,说说你们的观点。”

李主任坐在会议室一个不起眼的角落,一直在认真听大家的发言。“我谈谈我的看法,我认为供应商的生产准备时间可以缩短。”李主任看到大家的关注焦点又落到了自己的身上,有把握地说,“下面,我从供应链的角度分析这个问题。”

大家安静下来,都想听听李主任的分析。

随着经济全球化和知识经济的发展,特别是Internet网络的迅猛扩展,人们的通信越来越方便,且通信成本也越来越低廉。对于一个企业来说,单单配置自己企业的资源已经满足不了日趋竞争激烈的环境。与自己的供应伙伴建立一种协调和控制机制,实现“多赢”经营,已经成为了企业取胜的法宝。作为一种“多赢”思想的体现,供应链在制造业管理中得到了普遍的应用。采用供应链思想,是企业面对市场竞争日趋激烈、用户需求的不确定性和个性化增加、高新技术发展迅猛、产品寿命周期缩短、产品结构日趋复杂的商务环境、适应新的竞争环境的强大武器。同时,供应链管理思想和理论也是理论界和实践界的热点。供应链管理和供应链管理系统是解决Internet环境下企业存在的各种问题的有效途径。本章全面研究供应链管理系统的原理和应用。

本章目标：

- 理解供应链管理产生的历史背景；
- 理解和掌握供应链的概念和特点；
- 理解和掌握供应链管理的概念和特点；
- 理解和掌握供应链管理系统的概念；
- 理解和掌握集成化供应链管理的特点；
- 理解供应链的设计原则和实现内容；
- 理解和掌握供应链管理系统的功能架构。

8.1 供应链管理产生的历史背景

供应链管理的产生有着深刻的历史背景，是管理实践发展到一定程度的产物。供应链管理系统的应用和发展标志着供应链管理思想的成熟。下面，分别从市场竞争、管理模式、信息系统应用、指导思想、技术基础等方面探讨供应链管理产生的历史背景。

从市场竞争角度来看，当前，激烈的市场竞争导致产品或服务价格大幅度降低，客观上要求经营成本也应该随之降低。如何降低企业的经营成本？如何降低库存成本？如何减少生产计划制定过程中的不确定性？如何提高生产计划的有效性？如何大幅度缩短产品或服务的研发和生产周期？如何为客户提供定制化的产品或服务？面对生产经营方面的诸多问题，管理人员不得不进行深入的思考和探索解决这些问题的措施。在不断的探索实践中，管理人员意识到在企业之间建立某种紧密关联的共同渠道是一种解决当前问题的非常有效的管理解决方案。

例如，在传统的管理实践中，供应链各个环节上的企业之间信息不能有效地共享、协调，造成生产预测不确定性增加。为了避免丧失市场机会，企业不得不采取加大预测力度的政策，经常导致需求信息被扭曲、预测失控。在这种情况下，用户的初始需求被供应链各个环节放大，最终导致需求失真，企业的库存盲目增加，资源闲置和浪费，生产经营处于混乱和无序状态。弗雷斯特(Forrester)最早发现了这种需求放大现象，因此这种现象也称为Forrester 现象，又形象地称为长鞭现象，如图 8-1 所示。

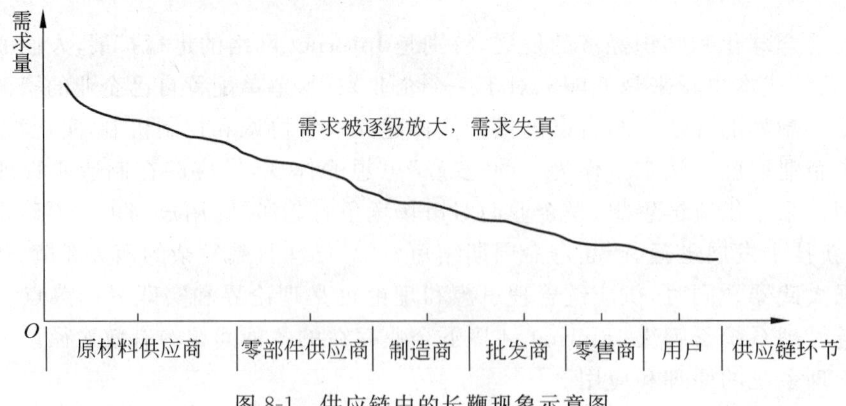

图 8-1 供应链中的长鞭现象示意图

从管理模式角度来看，传统的纵向一体化管理模式的弊端越来越凸现，许多研究人员和管理实践人员提出了横向一体化管理模式。纵向一体化管理模式的思想是企业为了对制造资源和生产过程进行紧密的控制，对为其提供原材料、零部件、半成品等供应链企业采取所有的关系，从而扩大自己的生产规模。这种扩大生产规模的方式是物理的，其本质是"大而全"、"小而全"。在生产环境比较稳定时，这种管理模式是有效的。但是，当企业的生产环境处于巨大变革时期，这种管理模式的缺陷越来越突出。这种管理模式增大了企业的长期投资负担，承担了丧失市场机会的风险，迫使企业不得不过多地从事自己不擅长的业务活动，不能发挥自己的优势，在每一个业务领域中都面临着众多的竞争对手，也使得整个企业的经营风险加大。横向一体化管理模式认为，在经济全球化迅速发展的今天，企业仅靠自己有限的资源，已经不能满足快速变化的市场对企业所提出的要求。企业必须放弃传统的基于纵向一体化的管理模式，朝着基于横向思维的横向一体化管理模式转变。供应链各环节企业应该横向集成外部相关企业的资源，形成"强强联合、优势互补"的战略联盟，结成利益共同体去参与市场竞争，以便在实现提高服务质量、降低经营成本、快速响应顾客需求等目的。

从信息系统的应用角度来看，随着企业内部信息化建设的发展特别是 ERP 系统的深入应用，在大幅度提高企业内部生产效率和降低企业内部经营成本的同时，人们对产品或服务供应链上的成本和效率的关注程度越来越高，对信息系统的应用仅仅局限于企业内部感到不满，有效的供应链管理和控制已经成为根本上提高生产管理水平的瓶颈，客观上要求采取先进的管理手段来降低供应链运营成本和提高供应链管理效率。

从指导思想角度来看，激烈的市场竞争迫使企业从单赢机制向多赢机制转变。单赢机制强调每一个企业都站在自己的立场看待问题和采取行动，不考虑其他企业的经营状况。这种单赢机制带来诸多的弊端，企业的竞争对手越来越多，企业的竞争成本也越来越高。随着社会的发展和管理思想的进步，多赢机制逐渐成为了许多企业的共识。多赢机制强调供应链各成员企业在共同利益的基础之上，采取协商、联合、合作的经营机制，每一个企业都充分发挥自己的优势，力争实现双赢和多赢。多赢机制可以大大降低供应链各个环节上企业的竞争成本，从而提高企业的竞争优势。

从技术角度来看，信息技术，其特点是网络技术、Internet、电子商务技术的飞速发展和不断完善，为供应链管理思想的发展和供应链管理系统的广泛应用奠定了坚实的技术基础。供应链管理思想是容易理解和接受的，但是如果没有相应的管理手段来支持这种管理思想的实践，那么这种思想是很难充分发挥作用的。

8.2 供应链管理的概念和特点

为了理解供应链管理的概念，必须首先理解供应链的概念和特点。本节从供应链的概念入手，研究供应链的概念和特点、供应链管理的概念和内容、供应链管理的运作机制等。

8.2.1 供应链的概念和特点

在编号为 GB/T18354—2001 的《物流术语》国家标准中，供应链(supply chain，SC)的定义是："生产及流通过程中，涉及将产品更新换代或服务提供给最终客户的上游或下游企业，所形成的网络结构。”

有些专家认为，供应链是围绕核心企业，通过对信息流、物流、资金流的控制，从采购原材料开始，制成中间产品以及最终产品，最后由销售网络把产品送到消费者手中的，将供应商、制造商、分销商、零售商、直到最终用户链成一个整体的功能网链结构模式。

根据这些定义，供应链是一个范围广泛的企业结构模式，它包含所有加盟的节点企业，从原材料的开始，经过链中不同企业的制造加工、组装、分销等过程直到最终用户。供应链不仅是一条连接供应商到用户的物料链、信息链、资金链，而且是一条增值链，物料在供应链上因加工、包装、运输等过程而增加其价值，给相关的企业带来收益。

根据供应链的定义，供应链的网状结构模型示意图如图 8-2 所示。在这种模型中，一般有一个核心企业，节点企业在需求信息的驱动下，通过供应链的职能分工与合作，以资金流、物流和服务流为媒介实现整个供应链的不断增值。

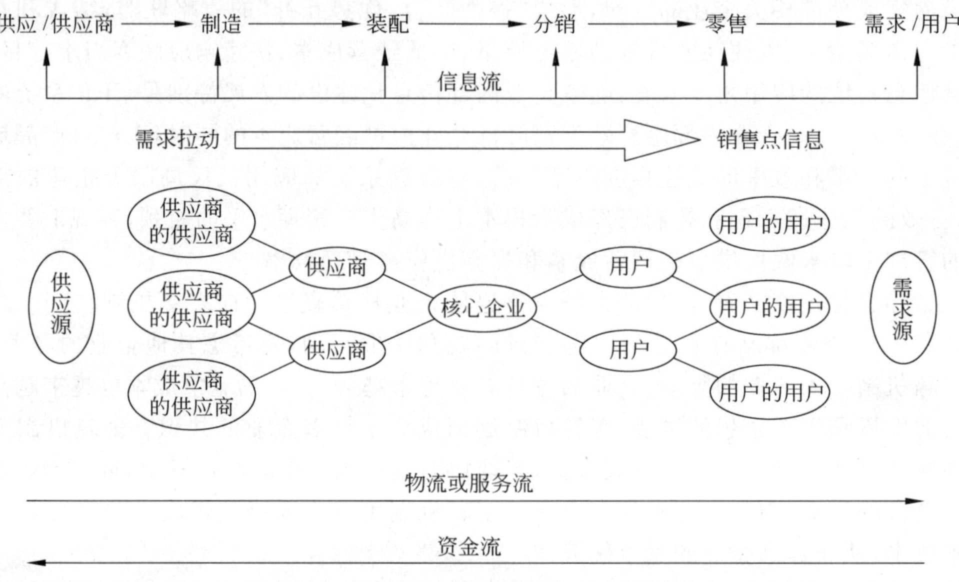

图 8-2　供应链的网状结构模型示意图

从表现形式来看，供应链具有复杂性、动态性、面向用户需求、交叉性等特征。因为供应链节点企业组成的跨度不同，供应链往往由多个、多类型甚至多地域企业构成，所以供应链结构模式比一般单个企业的结构模式更加复杂。在实践中，供应链管理经常由于企业战略和适应市场需求变化的需要，一些节点企业被去掉，另外的企业加入到节点中，使得节点企业动态地更新，因此供应链具有显著的动态性。供应链的形成、存在、重构，都是基于一定的市场需求而发生，并且在供应链的运作过程中，用户的需求拉动是供应链中信息流、产品和服务流、资金流的驱动力。在一个供应链中，某个节点企业可能同时在多个供应链中担当角色，造成供应链形成复杂的交叉结构。这种交叉特性，增加了供应链的协调管理的难度。

从运作机制来看，按照不同的划分标准，可以把供应链划分成这几种类型，即稳定的供应链和动态的供应链、平衡的供应链和倾斜的供应链、有效性供应链和反应性供应链等。

根据供应链存在的稳定性，可以把供应链划分成稳定的供应链和动态的供应链。基于相对稳定、单一的市场需求而组成的供应链稳定性强，称为稳定的供应链。相反，基于相对频繁变化的、复杂的需求而组成的供应链动态性强，这种供应链称为动态的供应链。

根据供应链容量和用户需求的关系，可以划分成平衡的供应链和倾斜的供应链。一般地，供应链具有相对稳定的设备容量和生产能力，但是用户需求处于不断的变化过程中，当供应链的容量可以满足用户的需求时，供应链处于平衡状态，称这种供应链为平衡的供应链。否则，由于市场变化加剧，造成供应链成本增加、库存量猛增等，企业处于非优下运行，则这时的供应链处于倾斜状态。

根据供应链的功能模式，可以把供应链划分成有效性供应链和反应性供应链。有效性供应链主要体现在供应链的物理功能上，即以最低的成本将原材料转化为零部件、半成品、产品、运输等。反应性供应链主要体现在供应链的市场中介的功能，即把产品分配到满足用户的市场、对未来预知的需求作出反应等。

8.2.2 供应链管理的概念和特点的综述

在 GB/T18354—2001 标准中，对供应链管理(supply chain management，SCM)的定义是："利用计算机网络技术全面规划供应链中的商流、物流、信息流、资金流等，并进行计划、组织、协调与控制等。"

SCM 是指对整个供应链系统进行计划、协调、操作、控制和优化的各种活动和过程，其目标是将顾客所需的正确的产品(right product)能够在正确的时间(right time)、按照正确的数量(right quantity)、正确的质量(right quality)和正确的状态(right status)送到正确的地点(right place)，即 6R，并使总成本最小。

从上面的分析可以看出，SCM 实质上就是有效地协调和管理复杂的、动态的、交叉的供应链的思想的体现。SCM 是一种集成的管理思想和方法，它执行供应链中从供应商到最终用户的物流的计划和控制等职能。SCM 是通过前馈的信息流和反馈的物流以及信息流，将供应商、制造商、分销商、零售商、直到最终用户链成一个整体的管理模式。

实际上，SCM 不是简单的供应商的管理，而是一种新的管理策略，它把不同企业集成起来，以便增加整个供应链的效率，注重企业之间的合作和协调。

最早人们把 SCM 的重点放在管理库存上，作为平衡有限的生产能力和适应用户需求变化的缓冲手段，它通过各种协调手段，寻求把产品迅速、可靠地送到用户手中所需要的费用和生产、库存管理费用之间的平衡点，从而确定最佳的库存投资额。这时候的主要任务是管理库存和运输。现在，SCM 强调供应链上的各个企业是一个不可分割的整体，强调应该使供应链上的每一个成员企业分担采购、生产、分销、销售等职能，从而使得供应链成为一个有机的整体。

通过上面的分析，可以看出，SCM 主要涉及 4 个领域：供应领域、生产计划领域、物流领域和需求领域。

在 SCM 中，强调以同步化、集成化的生产计划为指导，以各种技术为支持，以 Internet/Intranet/Extranet 为依托，围绕着供应、生产作业、物流或制造过程、分销和销售或满足需求来实施。SCM 主要包括计划、协作、控制，从供应商到最终用户的物料、零部件、成品和信息。

SCM 的目标是提高对用户的服务水平以及降低总的交易成本，并且寻求这两个目标之间的最佳平衡位置。在供应、生产计划、物流、需求 4 个领域的基础上，还可以把 SCM 的职能细分为职能领域和辅助领域。职能领域主要包括产品工程、产品技术保证、采购、生产控制、库存控制、仓储管理、分销管理等。辅助领域主要包括客户服务、加工制造、设计工程、会计核算、人力资源、市场营销等。

SCM 的内容不仅仅是物料实体在供应链中的流动，还包括下面一些内容：

- 战略性供应商和用户合作伙伴关系的管理；
- 供应链产品需求预测和计划；
- 供应链的设计，包括全球节点企业、资源、设备等的评价、选择和定位；
- 企业内部和企业之间物料供应和需求管理；
- 基于 SCM 的产品设计和制造管理、生产集成计划、跟踪和控制；
- 基于供应链的用户服务和物流管理，包括包装、库存、运输等管理；
- 企业之间资金流的管理，包括成本、汇率等管理；
- 基于 Internet/Intranet/Extranet 的交互信息管理等。

8.2.3 SCM 的运作机制

从表面上看，供应链运作是物流、信息流和资金流。但是，从实质上看，供应链包括两个方面的含义：第一，通过产品、技术或服务的扩展机制来满足社会的需求；第二，通过市场竞争机制来发展和壮大企业的实力。

因此，SCM 实际上是一种基于"竞争——合作——协调"机制的、以分布企业集成的和分布作业协调为保证的新的企业运作模式。具体地说，供应链的运行机制包括合作机制、决策机制、激励机制和自律机制。

供应链的合作机制体现了战略伙伴关系和企业内外资源的集成与优化利用。基于这种企业环境的产品制造过程，从产品的研究开发到投放市场，周期大大缩短，而且顾客定制化程度更高，模块化、简单化、标准化组件使得企业在多边的市场中的灵活性和敏捷性显著增强，虚拟制造和动态联盟提高了业务外包策略的利用程度。企业集成的范围扩展了，从原来的中低层次的内部业务流程重组到企业之间的协作，这是一种更高级别的企业集成模式。在这种企业关系中，市场竞争的策略最明显的变化就是基于时间的竞争和基于价值链的 SCM。

由于供应链企业决策信息的来源不再局限于一个企业内部，而是在开放的信息网络环境下不断地进行信息交换和共享，达到供应链企业同步化、集成化计划与控制的目的，而且随着 Internet/Intranet/Extranet 网络发展成为新的企业决策支持系统，企业的决策模式将会发生很大的变化，因此处于供应链中的任何企业的决策模式都应该是基于 Internet/Intranet/Extranet 网络的群决策模式。

与任何的其他管理思想一样，SCM 也是要使企业在激烈的市场竞争中在 TQCS 方面有显著的表现。T 表示时间，含义是指反应快，例如可以缩短提前期、缩短交货周期等。Q 表示质量，指控制产品和服务的质量。C 指成本，也就是说，企业应该以最低的成本获取最大的利润。S 表示服务，企业应该不断地提高服务水平，提高用户的满意度。为了掌握和应用 SCM 技术，必须建立、健全 SCM 业绩评价和激励机制，以便准确地了解 SCM 思想在哪些方面、多大程度上给予企业改进和提高，以推动企业管理工作不断地完善和提高，使得 SCM 沿着正确的轨道发展。

自律机制要求供应链企业向行业的领头企业或最具有竞争力的竞争对手看齐，不断对产品、服务和供应链业绩进行评价，不断地改进，以使企业能够保持自己的竞争力和持续发展。自律机制主要包括企业内部的自律、对比竞争对手的自律、对比同行企业的自律和比较领头企业的自律。企业通过推行自律机制，可降低成本，增加利润和销售量，更好地了解竞争对手，提高客户满意度，增加信誉，使得企业内部部门之间的业绩差距得到缩小，提高企业的整体竞争力。

8.3 集成化 SCM 概念和阶段

集成化 SCM 是实施 SCM 的战略目标。本节首先讨论集成化 SCM 的概念和意义，然后分析集成化 SCM 的发展阶段和特点。

8.3.1 集成化 SCM 的概念和意义

传统的管理模式是一种面向职能的管理方式，由于职能部门之间信息分散、利益冲突等原因，造成各自为政现象，很难实现整体目标的最优。SCM 是一种面向流程的集成化管理模式，该模式以业务流程为基础，物料流、信息流、资金流贯穿于供应链的全过程。通过业务流程再造，该模式实现供应链组织的集成与优化；通过供应链上核心企业及其他成员企业先进管理思想的交流融合、移植和扩散，该模式实现了管理思想的集成与优化；通过采用企业资源计划、物料资源计划、准时制、敏捷反应、客户关系管理、全面质量管理等管理技术和方法的综合应用，该模式实现了 SCM 技术和方法的集成；通过采用现代信息技术手段例如 Internet/Intranet/Extranet 的广泛运用，该模式实现了 SCM 手段的集成与优化。

集成化 SCM 是指供应链上的节点企业以先进的集成管理思想为指导，通过信息技术把所有供应链成员的计划、采购、生产、销售、财务等业务整合，将企业内部的供应链与企业外部的供应链有机地集成起来进行管理，达到全局动态最优目标，以适应在新的竞争环境下市场对生产和管理过程提出的高质量、高柔性和低成本的要求。实际上，集成化 SCM 是一种基于核心能力集成的竞争手段，各个供应链成员都可以从整体的竞争中共担风险、共享供应链收益。

需要指出的是，企业要实施集成化 SCM，就必须面对和解决许多有关供应链的问题。这些问题主要包括：

- 供应链的成本过高(大约占销售额的 5%～20%)；
- 库存水平过高(库存水平经常需要保持在 3～5 个月)；
- 部门之间的冲突；
- 目标重构；
- 产品生命周期缩短；
- 外部竞争加剧；

- 经济发展的不确定性增加；
- 价格和汇率的变化和影响；
- 用户需求的多样化等。

为了解决上述问题，真正地实施集成化 SCM，企业应该进行下列一些转变：

- 企业应该从供应链的整体出发，考虑企业内部的结构优化问题；
- 企业要转变思维模式，从纵向的一维模式向纵向和横向的多维空间思维方式转变；
- 企业必须放弃小而全或大而全的封闭式经营思想，与供应链中的节点企业建立战略伙伴关系，优势互补、协调合作；
- 企业要建立分布的、有限开放的信息集成系统，保持信息沟通渠道的畅通和透明度；
- 企业中的所有员工和部门应该对共同任务、协调合作有共同的认识和理解，消除员工之间和部门之间的障碍，实行协调工作和并行化经营；
- 企业应该认识到，供应链中的节点企业风险共担、利益共享。

8.3.2 集成化 SCM 的发展阶段和特点

企业从传统的管理模式达到集成化 SCM 管理模式，不可能是一蹴而就的，而是一个循序渐进的过程。一般地，企业从传统的管理模式转向集成化 SCM 模式转变，需要经过 5 个阶段。这 5 个阶段分别是：

- 第一阶段：基础建设；
- 第二阶段：职能集成；
- 第三阶段：内部供应链集成；
- 第四阶段：外部供应链集成；
- 第五阶段：集成化供应链动态联盟。

1. 第一阶段：基础建设

基础建设阶段是在原有企业供应链的基础上分析、总结企业的经营现状。在这个阶段中，着重分析企业内部影响 SCM 的阻力和有力之处，同时分析外部市场环境，对市场的特征和不确定性作出分析和评价，最后相应地完善供应链。

在传统的供应链中，企业职能部门分散、独立地控制供应链中不同的业务。企业组织结构比较松散。在基础建设阶段，SCM 的主要特征如下：

(1) 企业的核心注重于产品质量。由于过于注重生产、包装、交货等质量，可能导致成本过高，所以企业的目标在于以尽可能低的生产成本生产高质量的产品，解决成本效益障碍。

(2) 企业的销售、制造、计划、物料、采购等控制系统与过程相互独立，由于经常性的部门合作和集成业务失败导致多级库存等问题。

(3) 企业的部门之间界限分明，单独操作，往往导致相互之间的扯皮和冲突。例如，采购部门可能只控制物料来源和原材料库存，制造和生产部门通过各种工艺过程实现原材料到成品的转换，销售和分销部门可能处理外部的供应链和库存等。

处于该基础建设阶段的企业主要采用短期计划，出现困难时需要一个一个地解决。虽然许多企业强调办公自动化等，但是这种环境往往导致整个供应链的效率低下，同时也降低了企业供应和需求变化的敏感度。

2. 第二阶段：职能集成

职能集成阶段集中于处理企业内部的物流。这时，企业围绕核心职能对物流实施集成化管理，对整个企业进行业务流程重组，实现智能部门的优化集成，提高职能部门之间的合作，克服这一阶段存在的不能很好地满足用户订单的问题。

职能集成阶段强调满足用户的需求。这是因为用户需求已经成为驱动企业生产的主要动力，而降低成本则降为次要地位。当然，这样做的结果会导致生产、库存、运输等成本的增加。职能集成阶段中 SCM 的主要特征如下：

(1) 把分销管理和运输管理等职能集成到物流管理中来，制造和采购职能集成到生产职能中来；

(2) 强调降低成本；

(3) 积极为用户提供各种服务，满足用户的需求；

(4) 职能部门结构严谨，均有库存作为缓冲；

(5) 具有比较完善的内部协定，例如采购折扣、库存投资水平、批量等；

(6) 主要以订单完成情况及其准确性作为评价 SCM 的标准。

在职能集成阶段，一般采用 MRP 系统进行计划和控制。对于分销网络，不能准确地预测和控制需求，分销的基础设施与制造没有有效的连接。正是由于用户的需求不能得到确切的理解，从而导致计划不准确和业务失误。因此，在职能集成阶段，应该采用有效的预测技术和工具对用户的需求作出较为准确的预测、计划和控制。

但是，该阶段并没有完全解决各项技术之间、各个业务流程之间、技术和业务流程之间的集成问题，库存和浪费等问题依然困扰着企业。

3. 第三阶段：内部供应链集成

内部供应链集成阶段的目标是：实现企业直接控制的领域的集成，实现企业内部供应链和外部供应链中供应商和用户管理部分的集成，形成企业内部集成化的供应链。内容供应链集成的输出是集成化的计划和控制系统。

为了支持企业内部集成化供应链的管理，主要采用供应链计划系统和 ERP 系统来实施集成化计划和控制。有效的供应链计划系统集成了企业所有的计划和决策业务，这些计划和业务包括：需求预测、库存计划、资源配置、设备管理、优化路径、基于能力约束的生产计划和作业计划、物流和能力计划、采购计划等。ERP 系统集成了企业业务流程中主要的执行职能，这些职能包括：订单管理、财务管理、库存管理、生产制造管理、采购管理等。供应链计划和 ERP 通过基于事件的技术集成起来。

在内部供应链集成阶段，企业管理的核心是内部集成化 SCM 的效率问题，主要考虑在优化资源、能力的基础上，以最低的成本和最快的速度生产最好的产品，快捷地满足用户的需求，提高企业的反应能力和工作效率。

在内部供应链集成阶段，企业还可以采用分销资源计划系统、MRP Ⅱ 系统管理物料，运用JIT等技术支持物料计划的执行。JIT的应用可以使企业缩短市场和反应时间、降低库存水平和减少浪费。

在内部供应链集成阶段，企业可以考虑并行化的需求管理，将用户的需求与制造计划和供应商的物料流并行化，减少不增值的业务。同时，企业应该通过Internet网络收集信息和获取利润。

在内部供应链集成阶段中，主要特征是：

(1) 强调战术问题而不是战略问题；

(2) 制定中期计划，实施集成化的计划和控制系统；

(3) 强调效率而非有效性；

(4) 从采购到分销的完整系统具有可见性；

(5) 信息技术的广泛应用，这些信息技术包括Internet、EDI、MRP Ⅱ、ERP等；

(6) 与用户建立良好的关系而不仅仅是管理用户的档案。

4. 第四阶段：外部供应链集成

实现集成化SCM的关键是外部供应链集成阶段。在外部供应链集成阶段，将企业内部供应链与外部的供应商集成起来，形成一个集成化的供应网络。在该阶段特别强调，应该与供应商和用户建立良好的合作伙伴关系，即建立供应链合作伙伴关系。

在外部供应链集成阶段要注重战略伙伴关系的管理。战略伙伴关系的管理焦点是以面向供应商和用户取代面向产品，增加与主要供应商和用户的联系，增进相互之间的全面了解(内容包括产品、工艺、组织、企业文化等)，相互之间保持一定的一致性，实现信息共享等。供应商管理库存系统、共同预测和库存补充系统的应用就是企业建立良好的合作伙伴关系的典型例子。通过建立良好的合作伙伴关系，企业就可以很好地与用户、供应商和服务提供商实现集成和合作，共同在预测、产品设计、生产、运输计划和竞争策略等方面设计和控制整个供应链的运作。对于主要用户，企业一般建立以用户为核心的小组。这种小组具有不同职能领域的功能，从而可以更好地为主要用户提供有针对性的服务。

在外部供应链集成阶段，企业的生产系统必须具有更高的柔性，提高企业对用户需求的反应能力和速度。企业必须能够根据不同用户的需求，既能按订单生产(make to order, MTO)、按订单组装(assemble to order, ATO)，又能按备货方式生产(make to stock, MTS)。这种根据用户的不同需求对资源进行不同的优化配置的策略称为动态用户约束点策略。使用延迟技术可以实现上面的策略。延迟技术强调企业产品生产加工到一定阶段后，等待收到用户订单以后，根据用户的不同要求完成产品的最后加工、组装，这样就可以提高企业供应链生产的柔性。

为了实现与外部供应链的集成，企业必须采用适当的信息技术为企业内部的信息系统提供与外部供应链节点企业的很好的接口，达到信息共享和信息交互。与外部供应链的集成离不开Internet/Intranet/Extranet环境的支持。

5. 第五阶段：集成化供应链动态联盟

在完成了上面4个阶段的集成之后，企业已经成为了一个网链化的企业结构。这时的网链化的企业称为供应链共同体。供应链共同体的战略核心目标是占据市场的有利地位。随着市场竞争的加剧，为了实现占据市场的有利地位的目标，供应链共同体必须成为一个动态的网链结构，以适应市场的变化、柔性、速度、革新、知识等需要，不能适应供应链要求的企业将从供应链共同体中淘汰。这时，供应链共同体成为了一个能够快速重构的动态组织结构，即集成化供应链动态联盟。企业通过网络等技术集成在一起以满足用户的需求，一旦用户的需求消失，它也将随之解体。当另一个需求出现时，这样的一个组织结构又由新的企业动态地重新组成。在这样的一个环境中求生存，企业如何成为一个能及时、快速地满足用户需求的供应商，是企业生存发展的关键。

集成化供应链动态联盟是基于一定的市场需求、根据共同的目标组成的，是通过实时信息的共享来完成的。集成化供应链动态联盟的环境是 Internet/Intranet/Extranet。从理论和实践两方面来看，这是 SCM 发展的必然趋势。

8.4　供应链的设计和实现

要实现 SCM，必须进行供应链设计、选择供应链合作伙伴以及采取 SCM 环境下的生产计划与控制、库存控制、物流管理等。下面详细讨论供应链的设计和实现。

8.4.1　供应链的设计原则和步骤

设计供应链必须遵循一些基本原则和采取合适的设计策略。下面介绍供应链设计的基本原则和供应链设计的步骤。

1. 供应链的设计原则

供应链设计原则是确保供应链的设计满足 SCM 思想实施的重要保障和约束。下面介绍 8 个供应链设计的基本原则。

(1) 自顶向下和自底向上相结合的设计原则

在系统建模设计方法中存在两种设计思想，即自顶向下和自底向上的方法。自顶向下方法是从全局开始逐步走向局部的方法，是系统分解的过程。自底向上是从局部开始设计直至完成全局设计为止，是系统集成的过程。在设计供应链系统时，首先由高层管理者依据市场需求和企业发展规划而提出战略规划和决策，然后由下层部门逐步实施。因此，供应链的设计应该遵循自顶向下和自底向上相结合的设计原则。

(2) 简洁性原则

简洁性原则是供应链设计的一个重要原则。为了使供应链具有灵活、快速响应市场的能力，供应链的每个节点都应该是精确的、简洁的、具有活力的、能够实现业务流程的快速组合。例如，供应商的选择原则应该是少而精，生产系统的设计更应该采取精益思想。

(3) 互补性原则

供应链的各个节点企业的选择应该遵循强强联合的原则，达到实现资源充分利用的目的。每一个企业集中精力致力于各自核心的业务过程，就像一个独立的制造单元一样。这种特殊的制造单元企业具有自我组织、自我优化、面向目标、动态运行和充满活力的特点，这些企业可以充分地取长补短，实现供应链业务的快速组合。

(4) 协调性原则

供应链业绩的好坏取决于供应链合作伙伴的关系是否和谐，因此，建立战略伙伴关系的合作企业关系模型是实现供应链最佳效能的保证。和谐是描述系统是否形成了充分发挥系统成员和子系统的能动性、创造性、系统与环境的总体协调性。

(5) 不确定性原则

由于供应链中的不确定因素的存在，因而导致需求信息的失真。因此，要预见各种不确定因素对供应链运作的影响，减少信息传递过程中的信息延迟和失真。增加供应链节点企业需求的透明度、减少不必要的中间环节、提高预测的精度和时效性，对降低不确定性的影响是极其重要的。

(6) 创新性原则

创新设计是系统设计的重要原则之一。没有创新性思维，就不可能有创新的管理模式。要设计一个创新的系统，就要敢于打破各种陈旧的思维，用新的角度对原有的体制模式重新分析，进行大胆的创新设计。创新设计时应该注意：第一，创新必须在企业总体目标和战略的指导下进行。第二，从市场需求的角度出发，综合运用企业的能力和优势。第三，发挥企业各类人员的创造性，集思广益，并与其他节点企业共同协作，发挥供应链的整体优势。第四，建立科学的供应链评价体系。

(7) 战略性原则

无论是供应链的建模，还是供应链发展的长远规划，供应链的设计都应该具有战略性观点，与企业战略规划保持一致，并在企业战略指导下进行。

(8) 信息化网络化原则

供应链的最终实现，是以 Internet/Intranet/Extranet 为环境基础的、以各类信息系统为支撑作为基础的。因此，在设计供应链时必须依据当前信息技术、特别是网络的发展现状。

2. 供应链的设计步骤

一般地，基于产品的供应链的设计包括 8 个步骤，其内容如下：

(1) 分析市场竞争环境，目的在于找到针对哪些产品市场开发供应链才有效。

(2) 总结、分析企业的供应链管理现状，着重研究供应链开发的方向，分析、总结企业存在的问题以及可能的影响供应链设计的阻力因素。

(3) 针对现有的问题，提出供应链设计项目，着重分析供应链设计的必要性。

(4) 提出供应链设计的战略目标。这些目标主要包括：提高服务水平、降低库存投资、降低产品成本、开发新的分销渠道等。

(5) 分析供应链的组成，提出供应链的构成框架。供应链的组成包括供应商、制造商、分销商、零售商、用户等，并且确定选择与评价的标准。

(6) 结合企业的实际情况，分析和评价供应链设计技术的可能性。如果认为方案可行，就可以进行设计。如果不行，则需要重新设计。

(7) 设计供应链，具体包括下面的内容：

① 供应链的成员组成；

② 原材料的来源；

③ 生产设计；

④ 分销任务能力设计；

⑤ 管理信息系统设计；

⑥ 物流管理系统设计。

(8) 检验供应链。供应链设计完成之后，应该通过一定的方法和技术进行测试或试运行。如果通过了测试或试运行，则可以实施 SCM。

8.4.2 选择供应链合作伙伴

合作伙伴的评价选择是供应链合作关系运行的基础。有多种选择合作伙伴的方法，综合评判法是一种比较流行的方法。选择合作伙伴的综合评判法具体包括下面一些步骤。

(1) 成立评价小组。企业必须建立一个评价小组开展合作伙伴选择和评价的工作。小组成员应该来自采购、质量、生产、工程以及其他与供应链合作关系密切的部门为主，小组成员必须有团队合作精神并具有一定的专业技能。评价小组的成立和工作必须始终得到企业高层领导的支持。

(2) 分析市场竞争环境。市场需求是企业一切活动的动力。为了建立基于信任、合作、开放性交流的供应链长期合作关系，必须分析当前市场的竞争环境。找到现在的产品需求是什么？产品的类型和特征是什么？确认用户的真正需求。

(3) 确立合作伙伴选择目标。评价小组必须确定合作伙伴评价程序如何实施、信息流程如何运作，而且必须建立实质性、实际的目标。合作伙伴评价和选择不仅是一个简单的评价和选择过程，而且还是企业本身、企业和企业之间的一次业务流程重组的过程。

(4) 制定合作伙伴评价标准。合作伙伴综合评价的指标体系是企业对合作伙伴尽心综合评价的依据和标准，是反映企业本身和环境所构成的复杂系统不同属性的指标。应该根据系统全面性、科学性、可比性、可操作性等原则，建立一套适合集成化 SCM 环境下合作伙伴的综合评价指标体系。

(5) 合作伙伴参与。如果企业决定进行合作伙伴评价，评价小组必须与初步选定的合作伙伴取得联系，以确认他们是否愿意与企业建立供应链合作关系，是否有获得更高业绩水平的愿望。企业应该让合作伙伴尽可能早地参与到评价的设计过程中。

(6) 评价合作伙伴。评价合作伙伴的主要工作是调查、收集有关合作伙伴的生产运作等全方位的信息。在收集合作伙伴信息的基础上，就可以利用一定的工具和技术方法进行合作伙伴的评价。可以使用的评价方法和工具包括直观判断法、招标法、协商选择法、采购成本比较法、ABC 成本法、层次分析法、神经网络法等。如果评价成功，则开始实施供应链合作关系，否则，重新开始评价选择。

(7) 实施供应链合作关系。在实施供应链合作关系的过程中，由于市场需求的不断变化，可以根据实际情况的需要及时修改合作伙伴的评价标准，或重新开始新的合作伙伴的评价选择。

8.4.3 生产计划和控制

SCM 环境下的生产计划和控制与传统的生产计划和控制有显著的不同，这是因为与企业具有战略伙伴关系的企业的资源通过物流、信息流和资金流的密切合作而成为了企业制造资源的拓展。下面分析 SCM 环境下生产计划和控制的特点。

1. SCM 环境下的生产计划

在制定生产计划过程中，主要面临柔性约束、生产进度和生产能力 3 个方面的问题。下面介绍这些内容。

柔性实际上是对承诺的一种完善。承诺是企业对合作伙伴的保证，只有在此基础上企业之间才能具有基本的信任，合作伙伴也因此获得了相对稳定的需求信息。然而，由于承诺的下达在时间上超前于承诺本身付诸实施的时间，因此，一般承诺方会尽力使承诺与未来的情况接近，但是误差是难以避免的。柔性的提出为承诺方缓解了这一矛盾，使承诺方有可能修正原有的承诺。柔性和承诺是供应链中供需合同的关键要素。

生产进度信息是企业检查生产计划执行状况的重要依据，也是滚动制定生产计划过程中用于修正原有计划和制定新计划的重要信息。在 SCM 环境下，生产进度计划属于可以共享的信息。

在供应链中，编制生产计划时应该尽可能地借助外部资源，应该考虑如何利用上游企业的生产能力。任何企业在现有的技术水平和组织条件下都具有一个最大的生产能力，但是最大的生产能力并不等于最优生产负荷。在上下游企业之间稳定的供需关系形成之后，上游企业从自身利益出发，希望所有与其相关的下游企业在同一时期的总需求与自身的生产能力相匹配。上游企业的这种对生产负荷量的期望可以通过合同、协议等形式反映出来，即上游企业提供给每一个相关下游企业一定的生产能力，并允许一定程度上的浮动。因此，在下游企业编制生产计划时必须考虑上游企业的生产能力的约束。

2. SCM 环境下的生产控制

SCM 环境下的企业生产控制与传统的企业生产控制模式不同。在 SCM 环境下，企业的生产控制需要更多的协调机制，这些协调体现在生产进度控制、供应链的生产节奏控制、提前期管理、库存控制和在制品管理等特点。

生产进度控制的目的在于依据生产作业计划，检查零部件的投入和出产数量、出产时间和配套性，保证产品能够准时出厂。在 SCM 环境中，许多产品是协作生产和转包业务，因此需要建立供应链企业之间的信息跟踪机制和快速反应机制。

供应链的同步化计划需要解决供应链企业之间的生产同步化问题，只有各个供应链企业之间以及企业内部之间保持步调一致时，供应链的同步化才能实现。供应链形成的准时生产系统要求上游企业准时为下游企业提供必需的零部件。

基于时间的竞争，具体到企业的运作层，主要体现为提前期的管理。缩小提前期、提高交货期的准时性是保证供应链获得柔性和敏捷性的关键。

库存有两个方面的作用，应付需求不确定的积极作用和资源浪费的消极作用。在 SCM

模式下，实施多级、多点、多方管理库存的策略，对于提高 SCM 环境下的库存管理水平、降低制造成本有着重要的意义。

8.4.4 库存管理

为了适应 SCM 环境的要求，可以使用的库存管理方法包括供应商管理库存（vendor management inventory，VMI）系统、多级库存优化与控制等方式。

1. VMI

传统上，库存是由库存所有者管理的。由于无法确切指导用户需求与供应的匹配状态，所以需要库存，库存设置和管理是由同一企业完成的。但是，这种库存管理模式并不总是最优的。VMI 库存管理系统能够突破条块分割的库存管理模式，以系统的、集成的管理思想进行库存管理，使整个供应链系统达到最优化运行。

一般地认为，VMI 是一种在用户和供应商之间的合作性策略，对双方来说都是最低的成本优化产品的可获性，在一个相互统一的目标框架下由供应商管理库存，这样的目标框架被经常性地监督和修正，以便产生一种连续改进的环境。

VMI 的原则包括体现合作精神的合作原则、使双方成本最小的互惠原则、责任义务明确的目标一致性原则、共享利益和消除浪费的连续改进原则。

VMI 的主要思想是供应商在用户的允许下设立库存、确定库存水平和补给策略、拥有库存控制权。

2. 多级库存的优化与控制

多级库存的优化与控制是供应链上资源的全局优化方式。多级库存的优化与控制是在单级库存的基础上形成的。多级库存系统根据不同的配置方式，有串行系统、并行系统、纯组装系统、树形系统、无回路系统和一般系统。

多级库存的控制方式有两种，即分布式策略和集中式策略。分布式策略是各个库存点独立地采取各自的库存策略，这种策略的管理比较简单，但是不能保证供应链上资源的全局优化。这种策略需要实现更多的信息共享。

集中式策略是指库存点的控制参数是同时决定的，考虑各个库存点的相互关系，通过协调的方法获得库存的优化。但是，集中式策略在管理上协调的难度比较大，特别是供应链的层次比较多时，协调控制的难度更大。

8.4.5 物流管理

SCM 环境下的物流管理和传统企业的物流管理的意义和方法不同。由于企业的经营思想的转变，为保证供应链节点企业之间运作的同步化、并行化，实现快速响应市场的能力，物流系统管理面临的主要问题如下：

- 实现快速准时交货的措施问题；
- 低成本准时的物质采购供应策略问题；
- 物流信息的准确输送、信息反馈和共享问题；

• 物流系统的敏捷性和灵活性问题；

• 供应协调实现无缝连接问题。

在供应链环境下的物流系统中，包括了需求信息、供应信息和共享信息。其中，共享信息的存在对于 SCM 有着极其重要的意义。

由于可以共享信息，供应链上的任何节点企业都可以及时掌握市场的需求信息和整个供应链的运行情况，每个环节的物流信息都能透明地与其他环节进行交流与共享，避免了需求信息的失真现象。

在供应链环境下，作业流程的快速重组能力极大地提高了物流系统的敏捷性。通过消除不增值的过程和时间，使供应链的物流系统进一步降低了成本，为实现供应链的敏捷性、精细化运作提供了基础性保障。

在供应链环境下，灵活多变的物流服务提高了用户的满意度。通过制造商和运输部门的实时信息交换，及时地把用户关于运输、包装和装卸方面的要求反映给相关部门，提高了 SCM 系统对用户个性化响应的能力。

第三方物流系统是一种实现物流供应链集成的有效方法和策略。在第三方物流系统中，通过协调企业之间的物流运输和提供后勤服务，把企业的物流业务外包给专门的物流管理部门来承担，特别是一些特殊的物流运输业务。通过外包给第三方物流承包者，企业能够把时间和精力放在自己核心的业务上，提高了 SCM 和运作的效率。

8.4.6 供应协作模式

确定合适的供应协作模式是对供应链实施有效管理的前提和基础，针对现行供应模式的局限性，为了适应复杂多变的市场需求以及企业联盟化的趋势，根据实体之间供应协作的紧密程度不同和需求项目特征的差异，可以把 SCM 中的供应协作模式分为 4 种基本类型，即连续补给型、紧密协作型、协作型、一般型。

在供应协作模式中，合约、合同或订单是体现供应协作关系的主要媒体，为了简单起见，将这些媒体统一称为订单。SCM 中的订单可以分成两种类型，即确定型订单和预测型订单。

确定型订单是指传统意义上的具有确定的需求项目、数量、价格、交货地点及日期、付款方式、双方责任及义务等内容的订单。确定型订单在需求相对稳定的环境中，由于调整订单内容的可能性比较少或没有，订单执行的效率较高。但是，在需求变化的动态环境中，订单在执行过程中的调整是客观存在的，确定型订单不利于供应链对市场作出快速反应。确定型订单适用于生命周期短的供应过程。

预测型订单是指具有明确交货地点、日期、责任及义务和不确定的需求项目、数量、价格、付款方式的订单，不确定性通过概率的形式来表示，价格、付款方式或双方的利益分配方式与需求的项目、数量及相应的概率相关。预测型订单一般具有较长的生命周期，需求项目及数量的概率可以在不同的时段进行不同程度的调整。预测型订单实质上是供应双方之间的责任、义务、承诺的一种表达形式，也可以将其看作是一个长期协议，反映了双方利益共享、风险共担的协作性质，确定型订单只是预测型订单的一个特例。

在连续补给型模式中，需方只负责销售或消费，需求项目归供方所有。供方管理需方的需求项目库存，并为其设置安全库存，对库存进行定期检测，当需求项目低于安全库存时，供方及时补充。在连续补给型模式中，需方的收益只与需求量有关。

在紧密协作型模式中，供应双方之间事先确定一种预测型订单。在这种预测型订单中，明确需求项目名称、型号、规格；还有不同时间区间内的需求数量、相应的概率及修改的比例或范围以及利益分配方式、付款方式、交货地点、日期、责任及义务、订单的有效期等。需方管理需求项目的库存，需求项目归供方所有。需求项目的补充可以根据预测型订单中的约定方式进行，也可以由需方根据预测型订单的有关约束和实际需求向供方发出确定型订单的方式进行。对于紧密协作型模式中，需方的收益与实际需求量、预测概率、预测需求量、平均库存量相关。

在协作型模式中，供应双方之间事先确定一种预测型订单，订单的内容类似于紧密协作型模式订单，不同之处在于需求项目归需方所有(已购买)，双方采用适当的付款方式进行结算。在协作型模式中，需方的收益通过价格来体现，价格与预测概率、预测需求量和实际需求量相关。

在一般型模式中，供应双方通过确定型订单进行协作。在这种情况下，供应双方不存在长期的协作关系，具有一定的随机性。

8.5 供应链管理系统 SCMS

支持供应链管理的信息系统称为供应链管理系统。一般认为，供应链管理系统(supply chain management system，SCMS)是指采用系统工程的理论、技术和方法，借助于计算机技术、信息技术等建立的用于支持供应链管理的信息系统。下面分别讲述供应链中的信息、SCMS 的功能架构以及典型的 SCMS 产品。

8.5.1 供应链中的信息

供应链上的信息不仅包括企业内部的信息，而且包括大量企业间的信息。一般地，按照信息的作用方式，可以把供应链中的信息分成 6 种类型，即供应源信息、生产信息、计划和协同信息、物流配送和零售信息、需求信息、售后服务信息。

供应源信息是指涉及供应商、原材料、产成品、采购管理等方面的信息，主要内容包括供应商信息、原材料基本信息、产成品规格信息、合同和采购信息、电子采购信息等。供应源信息是供应链各环节开展经营活动的起点。

生产信息主要是指企业内部组织生产活动所涉及的信息，具体内容包括生产什么、生产多少、在哪里生产、需要多长时间、成本是多少等。这里提到的生产信息主要是企业内部为了配合供应链活动而开展生产活动所需要的信息。

计划和协同信息主要是计划和协调整个供应链活动而必不可少的信息，主要内容包括需求计划信息、供应链计划信息、协同信息等，其目的是为协调整个供应链活动提供基础数据和信息。

物流配送和零售信息是指将货物从供应源送到目的地涉及的各种信息，其主要内容包括库存信息、配送信息、运输信息、订单管理等。

需求信息是指有关客户和所购买商品的信息，包括客户信息、需求预测、需求分布等内容。需求信息是支持供应链各环节企业开展经营活动的动力和目标。

售后服务信息是指为了满足客户需求而开展的各项活动，具体内容包括服务合同管理、电子服务、电话服务、现场服务等相关信息。

供应链是一种网络化组织，供应链管理环境下的信息流跨越了组织的界限，并且随着市场的变化而变化。这种信息流具有分布性、协同性和动态性等特征。

供应链环境下的企业从地理上看是分布在全球各地的，信息流是通过网络连接在一起，参与供应链活动的企业可以根据自己的情况对信息流实行控制。因此，从整体上来看，供应链中的信息流具有分布式特征。

供应链环境下的企业的决策过程是一种群体协同过程，企业在制定生产计划时不仅要考虑企业自身的能力和利益，而且要考虑合作企业的需求和利益，因此在控制信息流时，必须进行协同。这是供应链中的信息流的协同性特征。

供应链是一个动态的企业联盟，该联盟随着市场需求的变化而变化，供应链中的企业具有敏捷性和柔性，供应链中的核心企业可以随时调整合作伙伴以及信息流的内容和方向，因此可以说供应链中的信息流具有动态性特征。

8.5.2 SCMS 的功能架构

一般地，SCMS 由决策层和运作管理层两部分组成，决策层采用系统仿真的方法辅助经营决策，运作管理层包括制定订单计划、执行订单计划等功能，并且采用电话、传真、E-mail、门户网站、Web 服务等不同方式与供应链环节中的商店、代理商、供应商、制造厂、运输商等结盟企业的信息系统进行不同程度的动态集成。SCMS 的这种系统架构示意图如图 8-3 所示。

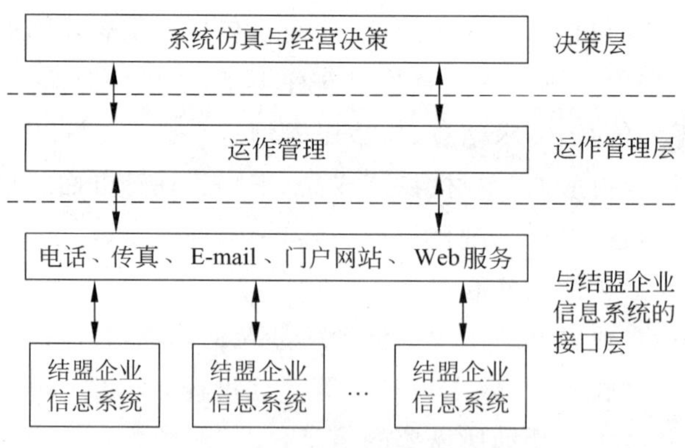

图 8-3　SCMS 的系统架构示意图

系统仿真与经营决策分系统包括供应链建模、系统仿真、结果分析与辅助决策三部分功能，这些功能是在用户界面模型和系统模型及仿真过程数据管理模型的支持下进行的。系统仿真与经营决策分系统的功能架构示意图如图 8-4 所示。供应链建模完成各类单元模型、实体模型的建立、维护等功能，并且根据具体需求构建系统模型。系统仿真针对各种具体问题运行模型，模拟系统的运作过程。系统仿真的具体功能包括产生仿真方案、仿真过程、仿真控制、事件处理、仿真状态刷新、输出仿真结果等。结果分析与辅助决策进行 What-If 分析，依据仿真结果进行位置或布局决策、各实体相互关系以及利益分配方式决策、各库存点安全库存及订货点决策、系统物流以及信息流仿真和性能分析，为制定有关业务规则和管理规程提供依据。具体分析方法包括瓶颈分析、成本分析、灵敏度分析等。

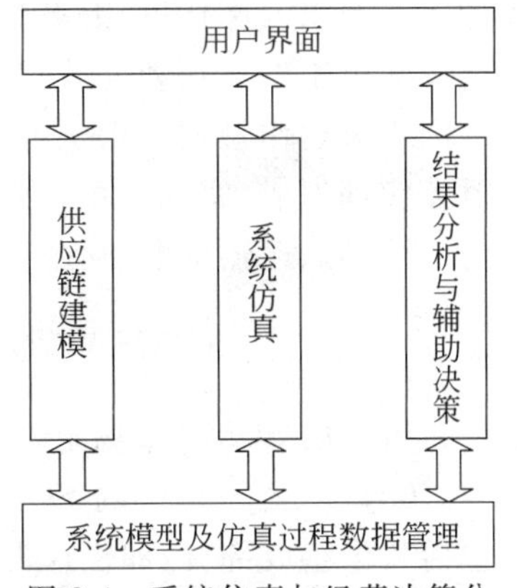

图 8-4　系统仿真与经营决策分系统的功能架构示意图

运作管理分系统的功能架构示意图如图 8-5 所示。该分系统是在 Internet/Intranet/Extranet 网络环境下，浏览器/Web 服务器/数据库服务器、客户机/服务器、客户机/协调服务器/数据库服务等结构并存的复合结构。

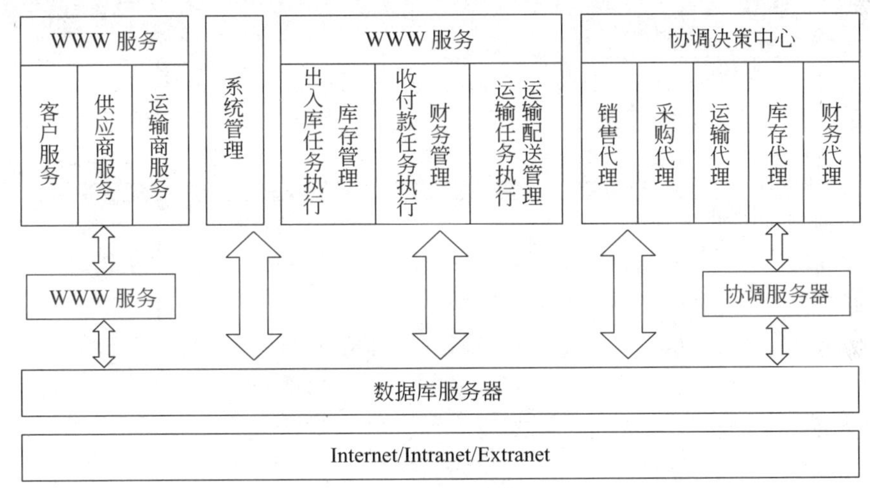

图 8-5　供应链运作管理分系统的功能架构示意图

供应链运作管理分系统的 WWW 服务是典型的浏览器/Web 服务器/数据库服务器结构，可以分为客户服务、供应商服务和运输商服务 3 个模块，允许用户、供应商、运输商通过 Internet 访问 SCMS，具体访问内容包括注册、订单生成、订单执行情况查询、预测信息维护、能力信息维护等。

供应链运作管理分系统的系统管理用于维护系统用户和密码、设置系统工作流程、设置系统的资源管理、销售预测和采购预测参数，并且维护整个供应链系统中各个代理、服务、任务执行公用的基础数据，包括客户、供应商、运输商、合作项目、雇员、仓库、地点编码、地点之间的距离等。大多数情况下，系统管理子系统采用客户机/服务器结构。

供应链运作管理分系统中的任务执行和相关的管理包括出入库任务执行和库存管理、

收付款任务执行和财务管理、运输任务执行/运输配送管理等模块。这些模块用于执行库存代理下达的出入库任务、财务代理下达的收付款任务、运输代理下达的运输任务等，任务的执行情况由工作流自动反馈到订单中。

供应链运作管理分系统中的协调决策中心由销售代理、采购代理、运输代理、库存代理和财务代理组成，实现订单（销售订单、采购订单、运输订单）的生成和基于有限资源（库存资源、供货资源、运输资源、财务资源）的订单计划、协调、调度和下达。

8.5.3 典型的 SCMS 产品

在当今的 SCMS 市场上，SAP 公司和 Oracle 公司的 SCMS 产品依然占据着市场主导地位。Oracle 公司提供的 SCMS 产品的功能参考模型如图 8-6 所示。该产品的 SCMS 功能包括 7 个组成部分，即供应源部分、生产部分、计划部分、配送部分和反馈部分，以及供应链智能和管理控制协同计划。

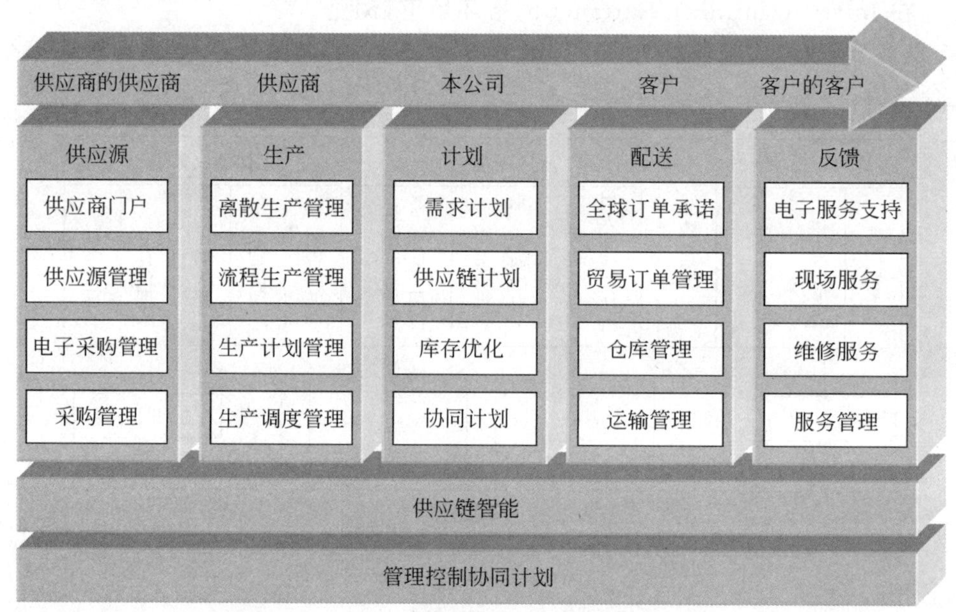

图 8-6 Oracle 公司 SCMS 的功能参考模型

下面主要分析一下 Oracle 公司 SCMS 中的计划功能。SCMS 的计划功能覆盖了采购、生产、服务、市场营销、物流等整个企业范围，可以帮助供应链各环节企业降低库存和生产成本、快速响应客户反应。SCMS 的计划功能主要包括需求计划、库存优化、供应链计划、生产计划管理、生产调度管理、全球订单承诺、协同计划、供应链智能等内容。

通过采集来自市场、销售、制造、客户、供应商等信息，借助于对产品、渠道、地理位置、时间等多维分析技术等手段，需求计划可以支持企业级的销售和运作计划。

在充分考虑客户需求、供应状况、提前期等因素的基础上，根据事先确定的服务水平等级，库存优化功能可以提供有效的库存补货策略。

供应链计划通过提供的历史计划数据，可以缩短供应链计划的周期，协同功能可以帮助企业更好地理解客户和供应商的预测、生产安排、资源约束等状况。

通过综合考虑可用的原材料状况、制造能力、供应商的状况、运输能力等，企业可以更加准确地给出订单承诺。

生产调度管理通过提供复杂的生产调度算法和交互方式，帮助企业提高现有资产的利用效率，从而可以提高企业的作业效率。

协同计划实现了与客户、制造商、供应商提供协同的能力，可以在多个企业范围内实时共享预测和订单执行状况等信息，并且支持一系列的分析能力。

供应链智能可以帮助决策者持续提高决策效果，可以定义一系列企业关注的参数指标，例如可以对比计划数据和指标数据之间的差别、可以为决策者实时提供异常信息等。

本章案例　沃尔玛的供应链管理

沃尔玛公司由美国零售业的传奇人物山姆·沃尔顿先生于1962年在阿肯色州成立。经过多年的发展，沃尔玛公司已经成为美国最大的私人雇主和世界上最大的连锁零售商，连续多年荣登《财富》杂志世界500强企业排行榜。截止到2005年底，沃尔玛有1600多家分店，这些分店分布在美国、墨西哥、加拿大、阿根廷、巴西、中国、韩国、德国、英国等。沃尔玛在供应链管理方面采取许多积极有效的措施。

CPFR(collaborative planning，forecasting and replenishment，协同计划、预测与补货)系统是体现供应商与零售商之间协调与合作关系的供应链模型，对建立信任、合作、协调、共赢的工商关系以及供应商/零售商关系，有着重要的指导意义；对合理共享和利用消费者需求信息、优化社会资源，并提高我国流通产业的竞争能力，将产生深远影响。

沃尔玛和萨拉利公司的案例是沃尔玛与供应商共同成功的主要案例之一，与供货商进行信息交换使双方获得成功，是在其他方面所得不到的效果。

建立CPFR流程。两家公司应用CPFR主要有3个步骤，制定销售预测、识别有关销售预测的例外情况、销售预测例外情况的协作/解决问题。两家公司按照行业模型所表示的商务流程和技术格式，确认了全部步骤的有效性。两家公司没有正式的形式，通过共同商务计划的讨论，确认技术和商业方面的一些要求。

为了实验，选定了23款女性内衣品牌商品。其中，有5款是新产品，在小规模类型的门店配货；剩下的款式在全部2400家连锁店和除了小规模门店以外的门店配货。这种协作架构从1998年7月开始，直到现在还在积极地执行。协作目标的重点是制定销售预测、识别例外情况和解决问题(销售预测按照原来的制定过程，制定销售预测的方法没有因为引入CPFR而改变)。适应信息交换和识别例外情况/解决问题，更新了销售预测并继续完善。在协作架构讨论过程中，对有关成员的职位，如门店补货的主管、销售部长、销售分析师、预测主管、销售系统和物流主管等进行了调整。

两家公司在案例中采用了以下评价标准：库存满足率、门店的库存天数、预测的精度、销售的机会损失等。开始实施24周之后，两家公司目标对象项目的销售额提高了32%。随着门店库存周转率提高17%，门店的库存满足率提高了2%，门店的库存减少了14%。

本章案例思考题

1. 沃尔玛公司成功的主要原因是什么?
2. CPFR 系统的作用是什么?
3. 沃尔玛公司是如何实施 CPFR 系统的?

本 章 小 结

本章对 SCM 和 SCMS 进行了全面的研究。首先,分析了 SCM 产生的历史背景。然后,探究了 SCM 的概念、特点和类型。接下来,讨论了有关集成化 SCM 的思想和发展阶段。之后,介绍了供应链的设计和实现问题,具体内容包括供应链的设计原则、合作伙伴的选择方法、生产计划和控制、库存管理、物流管理、供需协作模式等。最后,详细分析了 SCM 中的信息类型、功能架构以及典型的 SCMS 产品的特点。

思考和练习题

1. 供应链产生的历史背景是什么?
2. 什么是供应链?
3. SCM 的概念和特点是什么?
4. SCM 模式与传统的管理模式的异同点是什么?
5. 如何理解供应链管理的运行机制?
6. 如何实现集成化 SCM? 集成化 SCM 可以分为哪些阶段,这些阶段的特点是什么?
7. 在设计供应链时,需要遵循的基本原则是什么?
8. 如何选择供应链中的合作伙伴?
9. 试述 SCM 环境下计划、控制、库存、物流的特点。
10. SCM 环境下,有哪些供需协作模式? 其特点是什么?
11. 供应链中包括哪些信息?
12. SCMS 在整个企业中处于什么样的作用?
13. 如何理解 SCMS 的体系结构?
14. SCMS 的主要功能模块是什么?
15. 收集有关 SCMS 产品的资料,分组讨论 SCMS 产品的功能现状和发展趋势。

第9章　客户关系管理系统

【场景】 我们应该为客户提供什么样的服务？

已经是晚上10点多了，卡尔巴氏公司的会议室依然是灯火通明，争论激烈。有人说："我们应该为客户提供全面、周到、热情的服务，体现我们公司以客户为中心的战略思想。"

有人不同意，说："不对，我们应该区别对待我们的客户，对不同的客户采取不同的服务方式。"

有人反驳说："客户是上帝，上帝是没有差别的，不能区别对待。"

"客户是有差别的，买一辆汽车的客户与买五辆汽车的客户，是完全不同的客户。"

"谁能为咱们公司带来更多的利益，谁就是咱们公司的好客户，咱们就应该多为他提供良好的服务。"

"客户是有差别的，这种差别是自然的。咱们公司可以把客户分成不同的类型，实际上，客户自己也会无意识地把自己分成不同的类型。买一辆汽车的客户与买五辆汽车的客户，他们对咱们公司服务的期望水平往往是不一样的，因此应该区别对待。"

"我们应该遵循这样的原则，为客户提供服务的方式可以是有差别的，但是为客户提供满意服务的思想是没有差别的。"

"说的比唱的好听，说了等于没说。"

"就事论事，不要进行人身攻击。"

"谁知道，信息系统是如何对待客户的？"

"听说客户关系管理系统可以解决咱们争论的这些问题。"

"是吗？我不相信。"

大家七嘴八舌，议论纷纷。

"李主任来了吗？"有人问。

"李主任来了。"有人答。

"咱们听听李主任的高见吧。"很多人这样说。

"20世纪是产品的世纪，21世纪是服务的世纪"，"吸引一个新顾客的成本，是留住一个老顾客的成本的10倍"，这些论断正在成为许多企业的经营准则。当前市场竞争日趋激烈，产品同质现象已经非常普遍，仅仅依靠产品的质量取胜已经很难留住客户。这时，必须为客户提供全方位的服务，才能在激烈的竞争商务环境中处于有利地位。因此，服务已经成为克敌制胜、提高竞争力的强有力的手段。对企业来讲，针对每个客户的不同需求，提供个性化的服务已经成为当务之急。无论是哪一个行业，以顾客为中心的经营理念被越来越多的企业所接受。客户关系管理(customer relationship management，CRM)就是企业利用各种信息技术，通过对客户进行跟踪、管理和服务，留住老顾客、吸引新顾客的思想、方法和手段。

客户关系管理系统(customer relationship management system,CRMS)就是实现和支撑CRM思想的信息系统。本章全面研究客户关系管理的原理和应用。

本章目标:

- 理解客户关系管理的核心思想的特点;
- 理解和掌握客户和客户关系的概念和特点;
- 理解客户关系管理的概念;
- 理解客户关系管理的内容和组成;
- 了解客户关系管理与其他信息系统之间的差别;
- 理解客户关系管理和客户服务之间的不同;
- 了解国内外客户关系管理系统的应用概况;
- 理解和掌握客户关系管理系统的主要功能;
- 了解当前主流客户关系管理系统的特点。

9.1 概　　述

客户关系管理的核心思想是建立以客户为中心的经营管理理念,以客户为中心的社会经济环境推动了客户关系管理思想的完善和发展。从当前来看,企业的经营管理理念经历了以产品为中心、以销售为中心、以降低成本为中心、以客户为中心的时代。

以产品为中心的时代是市场环境不发达、产品不丰富的情况下形成的。这个时代的主要特征是,市场上的产品种类和数量不能满足用户的需要,企业在产品销售方面基本上没有竞争,市场是典型的卖方市场,无论是怎么样的产品,只要能够生产出来,就能顺利地销售出去。这是最早的企业经营管理理念。在这种经营理念指导下,企业的目标是生产出更多的产品,其工作重点是尽力解决困扰企业生产顺利进行的技术难题和工艺瓶颈。

随着企业生产技术水平的快速提高和发展,市场上的产品种类和数量越来越多,企业生产出来的产品有可能卖不出去,企业也就无法顺利实现资本循环和价值增值。这时,为了追求更多的利润,企业一方面不断提高自己的产品质量,另一方面千方百计地采取各种促销手段,想方设法将自己生产出来的产品销售出去。这种经营管理理念通常称为以销售为中心的观点。在这种经营理念指导下,企业的目标是销售出更多的产品,其工作重点是争取更多、更大的订单。

随着市场竞争的日趋激烈和信息技术的发展,许多企业开始意识到,单纯依靠提高销售额来增大企业的利润是远远不够的。对许多企业来说,当销售额达到一定的水平之后,如果再继续追求更多的销售后,那么销售费用、生产成本等都会大幅度地增加,企业的利润会随着销售额的增加而下降。这时,企业认识到采用先进的管理手段提高管理水平,可以大幅度地降低企业内部的经营管理成本。这时的经营理念是以降低企业经营管理成本为中心。在这种经营理念指导下,企业的重点目标是采用信息技术等手段提高管理水平和效率,工作重点放在了企业内部的信息化建设上。

但是,企业的经营管理成本是企业经营过程中消耗的各种资源的综合表现形式,是企业开展正常的经营管理活动必不可少的支出,因此经营管理成本的降低总是有限度的,不可能无休止地降低下去。节流和开源必须双管齐下,才能从根本上解决企业的经营管理困惑。这时,企业的关注重点从内部转向了外部客户,如何把握客户的需求、如何发现客户的需求、如何争取更多的客户、如何留住更多的客户、如何满足客户各种不同的需求,成为了企业的战略目标。这是典型的以客户为中心的经营理念。在这种理念指导下,企业的目标是吸引更多的客户,工作重点放在了对客户进行更多的研究、为客户提供更多的满意的服务等方面。实际上,以客户为中心的思想也是客户关系管理的核心思想。

从当前的经营管理实践来看,许多企业的销售人员仍然需要独自人工跟踪他们的销售路线,通过网络、电话、电子邮件、传真等形式与客户进行联系,并且将相关信息记录在各自的计算机中,然后定期向上级汇报,得到审批后形成销售合同。同样,这种交流过程也是通过网络、电子邮件、电话、传真等方式来完成的。这种手工操作过程的后果是:销售人员无法跟踪众多复杂的销售路线,销售周期长;大量重复性的工作和许多错误;信息的零散性和非集成性,容易造成信息的丢失;信息传输速度低,不仅浪费了大量的时间,而且延误了产品的提交期,甚至丧失了商机;由于销售人员的离职,企业丢失了重要的客户信息和销售信息,等等。这些想象还仅仅是在销售环节上存在的问题,而在市场、技术支持特别是客户服务等环节上,这种手工的、非集成的、低速的业务处理方式都造成了大量的不良后果,客户流失现象极端严重。

如何在瞬息万变的市场中留住老客户、争取新客户,如何在经济全球化、服务一体化的市场竞争的大潮中取胜,客户资源越来越成为最重要的市场竞争资源。这是因为由于激烈的市场竞争,许多商品的品质差别越来越小,产品的同质化趋势越来越强,例如电视机、空调器等。这种结果使得商品品质不再是消费者选择的主要标准,越来越多的顾客看重的是商家能为其提供各种满意的服务。

据美国和欧洲的权威机构调查,在全球500强企业中,5年内大约流失了50%的客户。企业争取一个新客户的成本是保留一个老客户的7~10倍。因此,留住5%的老客户,就有可能为企业带来100%的利润。

尽管客户关系管理的思想由来已久,但是直到近年来借助于信息技术,这种思想的真正实现才有了大的进展。一般认为,客户关系管理的目的在于建立一个完整的信息系统,使企业在销售、客户服务、市场竞争以及技术支持等方面形成彼此协调的全新的关系实体,为企业带来长久的竞争优势。

需要指出的是,客户关系管理的整体解决方案不仅包括软件,而且还包括硬件、专业服务和培训。通过为企业员工提供全面的、及时的数据,让他们清晰地了解每位客户的需求和购买历史,让他们更好地理解客户并且为客户提供更好的服务。使用客户关系管理软件,企业可以获得有关每次与客户交流、每次销售活动、客户支持问题和每次产品升级的详细信息,并且利用这些信息逐步改进业务,最终使客户成为一个对公司忠诚的、且有利可图的终生客户。

9.2 客户和客户关系

在深入研究客户关系管理系统之前,应该对客户和客户关系等基本概念进行分析,这些概念有助于对客户关系管理思想的认识和理解。

9.2.1 客户和客户资源

毋庸置疑,客户是企业开展经营管理活动、实现经营管理目标不可缺少的战略资源。如果没有客户,那么企业的经营管理活动将无法顺利进行。那么,谁是企业的客户呢?

一般认为,企业的客户是指市场中对企业的产品或服务有不同需求的个体或群体消费者。但是,在客户关系管理领域中,往往把客户分成两种类型,即外延客户和内涵客户。通常意义上的客户称为外延客户,内涵客户是指企业的各种供应商、分销商以及企业内部不同的职能部门、分支公司、分支机构等。从这个意义上来看,客户是指经营管理活动中发出对企业产品或服务请求的一方,响应请求的一方则是服务方。

在客户关系管理领域中,企业应该正确理解和界定客户的概念。为了正确理解客户的概念,企业需要做好这样几方面的工作:第一,避免出现客户泛化现象;第二,为客户提供更多的让渡价值;第三,认识到客户是企业价值链的重要环节;第四,开发和优化客户资源。

客户泛化现象是指企业将所有对自己产品或服务需求的个人或群体都作为自己的客户。虽然这种泛化方式可以使企业拥有更多的客户,但是企业在为这些需求差别非常显著的客户提供产品或服务时就会显得力不从心、经营管理成本大幅度上升的局面,结果最终不能很好地满足客户的需求,企业经营管理活动经常处于被动的状态。因此,企业必须根据自己的实际情况正确地界定自己的客户。

为客户提供更好的、更满意的服务,是以客户为中心的经营理念的具体体现。那么,如何从根本上让客户满意呢?解决这个问题的关键,就是实现客户让渡价值的增值。客户让渡价值是指客户购买企业的产品或服务之后获得的总价值与客户购买这种产品或服务时支付的总成本之间的差额。客户购买时获得的总价值包括产品的价值、服务的价值、消费活动的价值以及潜在的价值等。客户购买时支付的总成本是指客户为了这次交易而消耗的货币、时间、精力、体力等成本之和。在交易过程中,如果客户购买时获得的总价值大于客户购买时支付的总成本,那么这次交易活动实现了客户让渡价值的增值,客户才会真正的满意。实际上,客户让渡价值是客户关系管理的思想基础。

战略管理专家迈克尔·波特在分析企业的竞争优势中引入了价值链的概念。他认为,价值链是由企业一系列战略活动组成的链条,企业是通过更好地开展自己的价值链活动而取得竞争优势的。企业为客户创造的价值体现在两个方面,即增加客户的收益和降低客户的成本。只有实现了双赢、多赢的价值链运行机制,才能真正地实现企业和客户的价值增值。从价值链的角度来看,企业价值链和客户价值链之间应该尽可能地实现信息充分沟通,并且双方共同参与改进对方的价值链。

为了开发和优化客户资源,企业应该建立整合客户互动关系的价值链。例如,企业可以让客户参与到创造产品或服务的过程中,企业根据客户的个性化需求安排自己的业务流程,借助 IT 技术把营销、销售、客户服务整合起来,对供应商等内涵客户进行协调管理,真正实现开发客户资源和优化客户资源的配置。

9.2.2 客户关系

客户关系是指企业与客户之间发生的各种联系、交流方式。按照企业和客户之间的关系特点，可以把客户关系分成多种不同的类型。下面详细分析客户关系的内容形式和类型。

一般地，对于外延客户来说，有 7 种直接的客户关系形式和 3 种间接的客户关系形式。7 种直接的客户关系形式包括接触、联络、交流、反馈、合作、评估和调整，3 种间接的客户关系形式是测量统计、需求挖潜、联动客户。接触是企业与客户建立关系的开始，包括直接接触和间接接触。需求挖潜是指不仅要满足客户现有的需求，而且应该努力发现和满足客户的潜在需求。联动客户是实现客户关系持续的重要手段。理解客户关系形式的意义在于企业应该通过各种方式满足客户的个性化需求和维护客户关系，而不是仅仅进行产品或服务的销售。

市场营销学专家菲利普·科特勒在对大量的客户关系研究的基础上，基于客户关系的程度和水平，提出了 5 种类型的客户关系，即基本型、被动型、负责型、能动型和伙伴型。每一种客户关系类型都有自己的特征。

基本型的客户关系的主要特征是，销售人员把产品销售出去之后就不再与客户接触了。这是最传统的客户关系类型，也是客户关系程度最低的类型。如果企业的客户数量极其庞大，且所提供的产品或服务的边际利润水平很低，那么企业应当采用这种基本型的客户关系，降低自己的经营管理成本。

被动型的客户关系的主要特征是，销售人员把产品销售出去之后，同意或鼓励客户在遇到问题或有意见时向企业及时反馈和联系。如果客户不与企业进行联系，那么企业几乎不与客户再发生什么关系了。实际上，这是当前许多企业采取的客户关系类型。

如果企业将产品或服务销售了出去，并且及时联系客户，了解和询问客户交易结束之后的感受，例如，产品或服务能否满足客户的需求？这些产品或服务有什么不足或缺陷？客户对这些产品或服务有什么意见或建议？这种联系和了解的目的是帮助企业不断改进自己的产品或服务。这是典型的负责型的客户关系。与被动型的客户关系相比，负责型的客户关系对自己的产品或服务有足够的信心、对自己的客户有更多的关心和耐心。当然，企业维持这种客户关系的成本也更高了。从企业成本和客户感受的角度来看，这种客户关系类型应该成为大多数企业建立客户关系的主流。

能动型的客户关系的主要特征是，企业的产品或服务销售出去之后，企业应该采取多种形式与客户不断地联系，使得客户提供更多、更有价值的改进产品或服务的建议和信息。这种类型的客户关系强调了客户的能动性。

最后一种客户关系类型是伙伴型。在这种客户关系中，企业和客户联合起来，企业的目的是帮助客户解决实际问题，支持客户取得最大的收益和成功，实现双赢。当然，对于企业来说，这是成本最高的客户关系，适应于那些客户数量极少、产品或服务的边际利润水平高的客户。

具体到一个企业，应该如何确定客户关系类型呢？菲利普·科特勒认为可以根据客户数量和边际利润水平按照图 9-1 的排列方式来选择合适的客户关系类型。例如，当客户数量非常少、利润水平比较大时，企业应该选用伙伴型的客户关系。当然，这种选择方式只是一个基础，不同的企业应

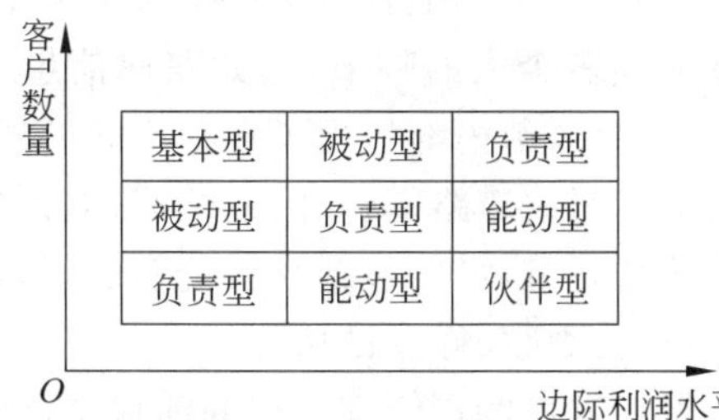

图 9-1　菲利普·科特勒的客户关系类型

该根据自己的实际状况建立符合自身的选择标准。

需要注意的是，企业的客户关系类型是动态的，在不同的时间、不同的经营环境下，企业应该采用不同的客户关系类型。因此，在实际执行过程中，企业主要从客户购买产品或服务的次数、频率、购买量来划分和选择客户关系类型。

9.2.3 客户细分

所谓客户细分是按照一定的标准将企业的现有客户划分为不同的客户群。正确的客户细分能够有效地降低企业的经营成本，同时获得更多、更有利的市场渗透。企业可以对不同的客户群采取不同的经营策略。

在进行客户细分时，可以按照下面两个原则进行：80/20 原则和价值原则。80/20 原则是指 20％的客户往往能为企业带来 80％的收益。价值原则是指按照客户为企业带来的价值对客户进行划分。那些可以为企业带来最大价值的客户称为最具价值客户（maximize value customer，MVC），这些 MVC 是企业需要重点关怀的客户。那些为企业带来的价值仅次于 MVC 的客户称为最具成长性客户（maximize growth customer，MGC），这些客户有可能发展成为 MVC。MVC 和 MGC 都能为企业带来更多的收益。那些边际成本高于边际收益的客户称为低于零点客户（below zero customer，BZC）。例如，招商银行把客户资产大于 50 万元的客户命名为 VIP 客户，把客户资产低于 1 万元的客户按照普通客户对待，并且对于普通客户收取每卡每月 1 元的费用。这些管理方式体现了客户细分的思想。

对于那些 MVC 客户，企业应该对他们进行一对一的客户关系，争取他们参与到企业产品或服务的开发和设计中，满足这些客户的个性化需求。对于那些 MGC 客户，应该采取促使他们向 MVC 客户发展的措施。客户定位是指快速准确地发现客户的有效需求，并且致力于解决这些客户的需求。

9.2.4 客户触点管理

开展客户关系管理的起点是与客户的接触。客户触点就是企业与客户的接触点，客户触点管理就是建立和维护客户触点的工作总和。

客户触点是企业发现客户需求、反映客户建议、促进客户关系牢固的基点，是企业开展客户定位、客户细分、客户关系管理工作的起点，是企业展示自身形象、树立品牌、吸引客户的重要环节，也是客户满意、客户流失的起源。从实际来看，客户触点的形式是多样化的、内容是复杂的，因此客户触点管理工作是艰巨的。

一般地，可以把客户从产生对某个企业产品或服务的需求到购买后的售后服务整个过程分解成多个大的环节，例如获取信息环节、产品认知环节、产品选购环节、签订订单环节等，每一个环节中都包含了多种不同形式的触点。例如，在获取信息环节，可以包括电视广告、报纸广告、道路广告、网上浏览、电话查询、朋友同事介绍、道听途说等多种触点形式；在产品认知环节，可以包括收集更多的资料、征求有经历者建议、同类产品或服务比较、产品展示会、样品观察、样品试用等。

做好客户触点管理工作的前提是，做好客户触点企业信息的共享和动态维护、企业意识到通过客户触点与客户建立良好关系的保证、培养站在客户立场上的合作团队等。

9.2.5 客户满意度和忠诚度

由于技术的不断成熟和市场竞争的日趋激烈，许多企业提供的产品或服务在品质上的差别越来越小，同质化趋势显著，品质不再是客户购买时的主要依据，客户越来越重视企业能否满足其个性化需求，能否为他们提供更加优质和及时的服务。这时，客户满意度和忠诚度成为了能否吸引客户的有效指标。

客户满意度是指客户消费之后对企业产品或服务的综合评价指标。客户满意度的研究也是以客户为中心的经营理念时代的重要组成部分。企业开展客户满意度研究的动机是改善客户关系、影响客户的消费行为向自己企业的产品或服务倾斜。客户忠诚度是衡量客户满意度的一项重要指标，是客户持续购买某一种产品或服务的度量方式。高的客户忠诚度可以为企业带来诸多的好处：客户可以购买更多的产品或服务、企业可以大大降低市场营销成本、交易成本也可以大大降低、由于交易风险而产生的担保等交易失败成本也可以降低，并且可以吸引更多的客户。

常用的衡量企业客户忠诚度的考核指标包括客户重复购买率、客户需求满足率、客户对品牌的关注程度、客户购买行为的选择时间、客户对价格的敏感程度、客户对产品质量的承受力、客户对产品的认同度等。客户重复购买率是指客户对某种产品或服务重复购买的次数越多，则表示客户的忠诚度越高。客户需求满足率是指一定时间内客户购买某种产品或服务的数量占其对该类产品或服务全部需求的比例。客户对品牌的关注程度主要是从客户通过购买或非购买形式对企业的产品或服务关注的次数来描述客户忠诚度。客户购买行为的选择时间表示客户在选购产品时花费的时间，时间越短，则忠诚度越高。客户对价格的敏感程度是指产品或服务的价格变化引起的客户购买的变化，敏感度低，则忠诚度高。客户对产品质量的承受力是指客户对产品或服务质量事故的宽容程度。客户对产品的认同度则从客户对产品或服务的推荐、评估等角度表现出来的忠诚度。

客户满意度和忠诚度是一个很大的话题，也是当前客户关系管理领域中的一个研究和实践的热点。

9.3 客户关系管理

虽然客户关系管理(customer relationship management，CRM)的思想已经开始深入人心，但是至今为止并没有一个被绝大多数人接受的权威概念。下面首先讨论一下有关CRM概念的典型观点，然后给出一个CRM概念。

IT行业巨头IBM公司认为，CRM包括企业识别、挑选、获取、发展和保持客户的整个商业过程。该公司把CRM分为3种类型，即关系管理、流程管理和接入管理，并且认为CRM的概念包括两个层面的内容：

(1) 企业实施CRM的目的就是通过一系列的技术手段了解客户目前的需求和潜在客户的需求，适时地为客户提供产品和服务，实现企业的商业目标。

(2) 企业需要整合各方面的信息，使得企业所掌握的每一位客户的信息是完整一致的。企业对于分布于不同部门的、存在于客户所有接触点的信息进行分析和挖掘，分析客户的所有行为，预测客户下一步对产品和服务的需求。分析的结果反馈给企业内的相关部门和人员，这些部门和人员根据客户的需求进行一对一的个性化服务。

除此之外，还有一些其他典型的观点。这些有关 CRM 概念的典型观点如下。

CRM 就是为企业提供全方位的管理视角，赋予企业更加完善的客户交流能力，最大化客户的收益率。

CRM 是通过赢得、发展、保持有价值的客户，增加企业的收入，优化盈利性，提高客户满意度的企业战略。通过获得更多的客户线索、更广泛的共享客户信息、协同工作、增加效益，为客户提供更高的价值，实现企业和客户的双赢。

CRM 是一种旨在健全和改善企业与客户之间关系的新型管理系统。也就是说，企业利用信息技术，通过有意义的交流了解并影响客户的行为，以提高客户的招徕率、客户保持率、客户忠诚度和客户收益率。CRM 是一种把客户信息转换成良好的客户关系的可重复性过程。企业利用激励因素来刺激客户进一步消费，并激发其感激心理，对企业保持长期的销售和提高客户保持率十分重要。

CRM 是建立在信息技术平台上，分析并影响客户消费行为的管理技术。这种管理技术的特征是：确定客户满意度、对客户构成进行分析、深度分析利润构成、分析的连续性、巩固和提高现有客户的忠诚度。

归纳起来，CRM 的概念可以从 3 个方面来描述：

(1) 客户关系管理是一种现代经营管理理念。作为一种管理理念，CRM 起源于市场营销理论。市场营销作为一门独立的管理学科至今已有近百年的历史，市场营销的理论和方法深刻地影响着企业的经营观念和人们的工作、生活方式。近年来，随着信息技术的发展，市场营销管理理念得到了更加广泛的普及，并且为市场营销管理理念的应用开辟了更加广阔的发展空间。以客户为中心、视客户为资源、通过客户关怀提高客户满意度和忠诚度等都是这些理念的核心所在。

(2) CRM 是一整套管理解决方案，或者说 CRM 是一种商务模式。作为一种解决方案，CRM 集成了当前最新的信息技术。这些信息技术包括 Internet 和电子商务、多媒体技术、数据仓库和数据挖掘、专家系统和人工智能、呼叫中心以及相应的硬件环境。作为一种管理解决方案，CRM 又是一种商务模式，它应用于与客户相关的各种领域，这些领域包括市场营销、销售、服务、技术支持等，它通过对业务流程的全面整合来优化配置各种资源、降低成本，通过为客户提供优质服务来吸引和保持更多的客户、增加市场份额。

(3) CRM 意味着是一套信息系统软件。作为一个信息系统应用软件，CRM 的主要功能包含了市场营销、销售管理、客户关怀、服务和支持等功能模块。作为一种信息系统，CRM 提供了包括下面 7p 的客户关系管理方面的基本思想：

① 客户概况分析(profiling)，对客户的职业、阶层、收入、风险、爱好、习惯等基本概况进行分析。

② 客户忠诚度分析(persistency)，对客户对特定产品或服务、或特定企业或组织的支持程度、忠实程度、忍耐程度等方面进行分析。

③ 客户利润分析(profitability)，是指对不同客户的消费产品或服务的边际利润、净利润、总利润等方面的分析。

④ 客户性能分析(performance),是指不同客户所消费的产品或服务按照种类、管道、销售点等纬度划分的销售额的分析。

⑤ 客户未来分析(prospecting),是指对包括客户数量、类别等情况的未来发展趋势、争取客户的手段等方面的分析。

⑥ 客户产品分析(product),是指对客户提供的产品或服务的设计、关联性、供应链等方面的分析。

⑦ 客户促销分析(promotion),是指对包括广告、宣传等促销活动的管理和分析。

这里需要特别指出的是,传统的客户服务体系与先进的 CRM 之间既有区别,又有联系。CRM 的出现源于客户服务,但是又高于客户服务,CRM 是借助信息技术特别是 Internet 技术对传统的客户服务体系的重新设计和再造。因此,客户服务和 CRM 在内容和形式上都存在着较大的差别。

首先,从主动性来看,传统的客户服务是被动的,如果客户没有问题,就不会产生客户服务动作,最多逢年过节寄张贺卡。但是,CRM 则是主动的,不但要解决客户关于产品的种种疑难问题,而且还要主动与客户联络,促使客户再度登门,欢迎客户问东问西,这对以客户持续上门为生存之本的服务业极度重要,对于需要相当技术背景、需要引导客户熟悉通信、电子、计算机软硬件、网络业等有着生死存亡的差别。

从对待客户的态度来看,在传统的客户服务中,无论是客户打电话来问事情,还是给客户打电话,都被看作是一种麻烦事,引起成本的增加。因为客户来电话,多半是抱怨产品有问题,要求解决;给客户打电话,不是催还账款,就是主动说明某些事情。但是,在 CRM 观念中,客户不联络、不响应,是疏离的表现,比抱怨还可怕。因为抱怨表示客户还对企业存有希望,还想继续使用企业的产品或服务,因此企业还有弥补的机会。但是,疏离,则表示客户生命周期的结束,企业甚至不知道错在什么地方就失去了客户。CRM 不但要在抱怨阶段就试图化解客户的不满与失望,更要在不断联络的过程中,创造客户对新产品或服务的期望。

传统的客户服务与营销是分不开的。营销有赖于具有说服技巧的业务人员,客户服务多依赖维修工程师或总机。但是,CRM 则将营销和客户服务整合为一体,将客户服务视为另外一种营销渠道,把新产品推荐给老客户、按照老客户的特定需求创造新产品,都可以通过以 CRM 为理念建立的客户服务中心来处理。这种客户服务中心,通过 Internet、电话、数据挖掘等低成本操作,不仅可以完成客户关系管理的内容,而且还成为了公司的市场调研中心、新产品开发中心、试卖点等,与前端营销和客户形成了无缝合作的三角回路。

9.4 客户关系管理系统 CRMS

本节从两个方面研究客户关系管理系统,首先从客户关系管理系统的功能架构方面研究该系统的组成结构,然后结合一个具体的客户关系管理系统产品研究其主要功能模块的特点。

9.4.1 客户关系管理系统的功能架构

客户关系管理系统(customer relationship management system,CRMS)是一种基于CRM思想建立的信息系统。图9-2是CRMS的功能架构示意图。

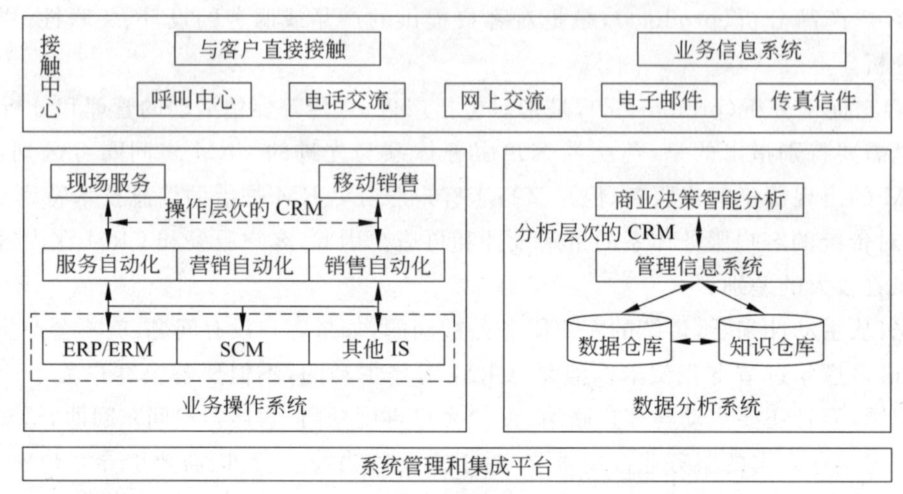

图9-2 CRMS功能架构示意图

通过图9-2可以看到,CRMS的功能可以归纳为4个方面,即接触中心、业务操作系统、数据分析系统、系统管理和集成平台。

接触中心主要完成与客户沟通和合作的功能,这些功能包括呼叫中心、电话交流、网上交流、电子邮件、传真信件、与客户直接解决以及相应的与客户直接关联的业务信息系统。

业务操作系统主要是对销售、营销和客户服务三部分业务流程的自动化和信息化。注意的是,图9-2中业务操作系统区域中的虚线部分表示企业的后台系统,虚线外面则是CRM的前台系统。

数据分析系统主要是对接触中心和业务操作系统两部分功能所积累下来的信息进行深入地加工、挖掘、分析,产生客户智能,为企业战略决策提供支持。

系统管理和集成平台主要是确保CRMS正常运行所必需的技术、设备、软件、工具等方面的管理和维护。

与其他管理信息系统相比,CRMS的创新之处主要表现在下面几个方面:

- CRMS把公司内部各个部门过去孤立和分散的客户数据综合起来,从而使得公司对每一位客户都能有一个比较全面的、完整的看法;
- 实施CRMS之后,无论客户通过哪一种渠道与公司打交道、与哪一个部门打交道,这都没有关系。因为现在公司留给客户自始至终的都是一个统一的形象,而不会出现过去那种不同的部门对客户的服务水平的不同,不同的部门对客户提出的问题可能作出不同的解释等现象;
- 不论公司通过何种渠道与客户交往,与客户的每一次接触都是个性化的,且每一次交往都有详细的记录;

- 公司通过与客户的每一次交往，加强了对客户的了解、对市场的了解、对各方面的了解，根据这些了解作出改进，提高公司的整体服务水平。

9.4.2　CRMS 的主要功能

CRMS 的作用体现在外部和内部两个方面。从外部来看，实施 CRMS 能够及时有效地解决来自外部客户抱怨的问题，为客户提供超出其期望值的产品或服务，达到提高客户满意度的目标。从企业内部来看，实施 CRMS 可以改善企业内部工作人员，包括销售人员、市场人员，以及服务支持人员的工作环境，减少了重复性的工作，增加了具有增值性和创造性的工作，提高了知识工作者的劳动生产率。

CRMS 的基本功能包括客户管理、联系人管理、时间管理、潜在客户管理、销售管理、电话销售、营销管理、电话营销、客户服务等。许多公司推出的客户关系管理系统还包括呼叫中心、合作伙伴关系管理、商业智能、知识管理、电子商务等。表 9-1 列出了 Oracle 公司的 CRMS 产品的主要功能。

表 9-1　Oracle 公司的 CRMS 的主要功能

模块	目　标	功　能　描　述
销售模块	提高销售过程的自动化和销售效果	销售。是销售模块的基础，用来帮助决策者管理销售业务，主要功能是额度管理、销售力量管理和地域管理
		现场销售管理。为现场销售人员设计，主要功能包括联系人和客户管理、机会管理、日程管理、佣金管理、报价、报告、分析
		现场销售/掌上工具。该模块的功能与现场销售管理类似，但是其特点是使用掌上计算机设备
		电话销售。可以进行报价生成、订单创建、联系人和客户管理等工作。还包括电话商务的功能，例如呼入电话屏幕显示、潜在客户管理、回应管理等
		销售佣金。允许销售经理创建和管理销售队伍的奖励及佣金计划，并且帮助销售代表形象地了解各自的销售业绩
营销模块	对直接市场营销活动进行计划、执行、监视和分析	营销。使得营销部门实时地跟踪活动的效果，执行和管理多样的、多渠道的营销活动
		针对电信行业的营销构件。在营销功能的基础上，针对电信行业的 BtoC 增加了附加的功能
		其他功能。例如，可以帮助营销部门管理其营销资料、列表生成与管理、授权和许可、预算、回应管理等
客户服务和支持模块	提高那些与客户支持、现场服务和仓库修理相关的业务流程的自动化并且加以优化	服务。可以完成现场服务分配、现有客户管理、客户产品全生命周期管理、服务技术人员档案、地域管理等。通过与 ERP 的集成，可以进行集中式的雇员定义、订单管理、后勤、部件管理、采购、质量管理、成本跟踪、发票、会计等
		合同。主要用于创建和管理客户服务合同，从而保证客户获得的服务的水平和质量与其所花费的钱相当。它可以使得企业跟踪保修单和合同的续订日期，利用事件功能表安排预防性的维护活动
		客户关怀。该模块是客户与供应商联系的通路。该模块允许客户记录并自己解决问题，例如联系人管理、客户动态档案、任务管理、基于规则解决重要问题等
		移动现场服务。这是一个无线式移动功能模块，它可以使得服务工程师实时获得关于鼓舞、产品和客户的信息。同时，还可以使用该模块与派遣部门联系

续表

模块	目标	功能描述
呼叫中心管理模块	利用电话促进销售、营销和服务	电话管理员。主要包括呼入、呼出电话处理、互联网回呼、呼叫中心运营管理、图形用户界面软件电话、电话转移、路由选择等
		开放连接服务。支持绝大多数的自动排队机，例如 Lucent、Nortel、Aspect、Rockwell、Alcatel、Erisson 等
		语音集成服务。支持大多数的交互式语音应答系统
		报表统计分析。提供了许多图形化分析报表，可以进行呼叫时长分析、等候时长分析、呼入呼叫汇总分析、坐席负载率分析、呼叫损失率费、呼叫传送率分析、坐席绩效对比分析等
		管理分析工具。进行实时的性能指数和趋势分析，将呼叫中心和坐席的实际表现与设定的目标相比较，确定需要改进的区域
		代理执行服务。支持传真、打印机、电话、电子邮件等，自动将客户所需的信息和资料发送给客户。可选用不同的配置使得发送给客户的资料有针对性
		自动拨号服务。管理所有的预拨电话，仅接通的电话才转到坐席人员那里，节省了拨号时间
		市场活动支持服务。管理电话营销、电话销售、电话服务等
		呼入呼出调度管理。根据来电的数量和坐席的服务水平为坐席分配不同的呼入呼出电话，提高了客户服务水平和坐席人员的生产率
		多渠道接入服务。提供了与 Internet 和其他渠道的连接服务，充分利用话务员的工作间隙，收看 E-mail、回信等
电子商务模块	全面实现电子商务功能、为企业与客户之间的交互提供方便	电子商店。该构件使得企业能够建立和维护基于 Internet 的店面，从而在网络上销售产品和服务
		电子营销。与电子商店相联合，电子营销允许企业能够创建个性化的促销和产品建议，并且通过 Web 向客户发出
		电子支付。这是 Oracle 电子商务的业务处理模块，它可以使得企业配置自己的支付处理方法
		电子货币与支付。利用这个模块，客户可以在网上浏览和支付账单
		电子支持。允许客户提出和浏览服务请求、查询常见问题、检查订单状态。电子支持功能与呼叫中心集成在一起，具有电话回拨功能

9.4.3 销售模块的功能特点

销售力量自动化(sales force automation，SFA)主要是提高专业销售人员的大部分活动的自动化程度。它包括一系列的功能，提高销售过程的自动化程度，并且为销售人员提供工具，提高其工作效率。SFA 的主要功能是日历和日程安排、联系和客户管理、佣金管理、商业机会和传递渠道管理、销售预测、建议的产生和管理、定价、区域划分、费用报告等。

客户管理的主要功能包括：客户基本信息的收集；与此客户相关的基本活动和活动历时；联系人的选择；订单的输入和跟踪；建议书和销售合同的生成等。

联系人管理的主要功能包括：联系人概况的记录、存储和检索；跟踪同客户的联系，例如时间、类型、简单的描述、任务等，并且可以把相关的文件作为附件；客户的内部机构的设置概况。

时间管理的主要功能包括：日历；设计约会、活动计划，有冲突时，系统会提示；进行事件安排，例如约会、会议、电话、电子邮件、传真；备忘录；进行团队事件安排；查看团队中其他人的安排，以免发生冲突；把事件的安排通知相关的人员；任务表；预告、提示；记事本；电子邮件；传真等。

潜在客户管理的主要功能包括：业务线索的记录、升级和分配；销售机会的升级和分配；潜在客户的跟踪等。

销售管理的主要功能包括：组织和浏览销售信息，例如客户、业务描述、联系人、时间、销售阶段、业务额、可能结束时间等；产生各种销售业务的阶段报告，并且给出业务所处阶段、还需要的时间、成功的可能性、历史销售状况评价等信息；对销售业务给出战术、战略上的支持；对地域进行维护，地域信息包括国家、省市、邮编、地区、行业、相关客户、联系人等；把销售人员归于某一地域并且授权；地域的重新设置；根据利润、领域、优先级、时间、状态等标准，用户可定制关于将要进行的活动、业务、客户、联系人、约会等方面的报告；提供类似BBS的功能，用户可以把销售秘诀贴在系统上，还可以进行某一方面销售技能的查询；销售费用管理；销售佣金管理等。

电话营销和电话销售的主要功能包括：电话本；生成电话列表，并且把这些电话与客户、联系人和业务建立关联；把电话号码分配到销售人员；记录电话细节，并且安排回电；电话营销内容草稿；电话录音，同时给出书写器，用户可以随时作记录；电话统计和报告；自动拨号。

9.4.4 营销模块的功能特点

营销模块是对SFA的补充和完善。营销模块与SFA的不同之处在于，营销模块不仅提高销售人员活动的自动化程度，其目标是为营销及其相关活动的设计、执行和评估提供详细的框架。

营销模块的主要功能包括：

- 产品和价格配置器；
- 在进行营销活动（例如广告、邮件、研讨会、网站、展览会等）时，能获得预先定制的信息支持；
- 把营销活动与业务、客户、联系人建立关联；
- 显示任务的完成进度；
- 提供类似BBS的功能，可张贴、查找和更新营销资料，从而实现营销文件、分析报告的共享；
- 跟踪特定事件；
- 安排新事件，如研讨会、会议等，并且加入合同、客户、销售代表等信息；
- 信函书写、批量邮件，并且与合同、客户、联系人、业务建立关联；
- 生成标签和信封。

9.4.5 客户服务和支持模块的功能特点

客户保持和提高客户利润贡献依赖于为客户提供优质的服务。在客户关系管理系统中,主要是通过呼叫中心和 Internet 实现。

客户服务和支持模块的主要功能包括:

- 客户关怀;
- 纠纷、次货、订单跟踪;
- 现场服务;
- 问题及其解决方法的数据库;
- 维修行为安排和调度;
- 服务协议和合同;
- 服务请求管理等。

9.4.6 呼叫中心管理模块的功能特点

企业有许多与客户沟通的渠道,例如面对面的接触、电话、呼叫中心、电子邮件、Internet、通过合作伙伴的间接联系等。客户关系管理系统必须为各种渠道的客户沟通提供一致的数据和客户信息。

呼叫中心是企业对客户的统一的联系窗口,是让客户感受到价值的中心,是企业收集市场情报和客户资料的中心,可以更好地维护客户忠诚度。

呼叫中心模块的主要功能包括:

- 呼入呼出电话处理;
- 互联网回呼;
- 呼叫中心运行管理;
- 电话转移;
- 路由选择;
- 报表统计分析;
- 管理分析工具;
- 通过传真、电话、电子邮件、打印机等自动进行资料发送;
- 呼入呼出调度管理等。

9.4.7 电子商务模块的功能特点

电子商务模块的主要功能包括:

- 个性化界面、定制服务;
- 店面管理;
- 订单和业务处理;
- 销售空间拓展;
- 客户自助服务;
- 网站运行情况的分析和报告。

除了上面的基本功能之外,在电子商务环境下,企业还需要注意下面一些工作:

- 合作伙伴关系管理;
- 知识管理;

• 利用数据挖掘工具提取决策支持信息的商业智能功能。

本章案例　联邦快递公司的客户关系管理

联邦快递公司是美国一家从事物流和配送业的企业，成立于1971年，其业务主要包括快递业务、企业物流合作等。联邦快递公司非常重视高科技的应用和创新，将高科技作为联邦快递业务发展和成功的关键、为客户提供优质服务、建立良好客户关系的重要手段。

1979年，中央电子计算机系统（COSMOS）与全公司的其他资讯系统串通，有效地管理车队、员工、包裹、递送线路及天气状况，串联了人工处理和每个货件的相关信息，包括从客户要求取件至送达的全过程。

1980年开始实行数字辅助调配系统（DADS），形成了全国性的电子分派网络，可实现一件不漏的包裹追踪，为客户提供及时的回应。利用该系统，能够通过货运车上的计算机和运务人员联络，将运务人员的回答迅速传回给调派人员，供他们进行有效和准确的时间与路线安排。

1981年实施包裹扫描系统（COSMOSIIA），以显示运送中包裹之所在。

1986年联邦快递在美国国内全面应用掌上条码扫描系统（super tracker），即超级跟踪器，它实际上是一台手持微型计算机，通过对运单上独特的密码带进行扫描，使货件的位置能通过卫星传给各地成千上万台计算机终端，以随时查询包裹、文件的位置，打印航空运单，自动计算运费，储存信息和提供运输管理报告。

1987年提供自动托运系统（powership2），这套软件设在客户的计算机里，供客户使用。它可向客户提供自动化账单，查询他们的包裹信息，现已向客户提供10万台计算机，联邦快递三分之一的业务都是经过这套软件处理的。

1991年开发应用自动化的标签系统（ASTRA），可更准确、及时地提供包裹送货的信息。

1993年为顾客提供电子追踪系统软件（FedEX tracding），顾客可以在自己的计算机上追踪其托运的货件。

1993年成功开发应用电子通关系统，通过使用电子数据交换及影像科技，使海关人员在货件尚未到达之前即已取得报关信息，以提早阅读和审查，加速快件的通关手续。

1994年推出联邦快递万维网页，顾客可在万维网址上进入联邦快递的主页，在规定的屏幕上输入空运单号码，即可追踪到所托运货件的信息。

1995年联邦快递在主页上进一步允许顾客选择下载FedExship软件，以取得最新信息和查询美国国内托运的服务。

1996年又使顾客可在主页特定规格的屏幕上填报文件，以任何激光打印机打印空运单，通过电子邮件要求联邦快递速递员取件。

1997年，他们推出了FedEX internetship2.0版本，使在美国和加拿大的客户只要拥有连接Internet的个人电子计算机及激光打印机，即可将货物托运至全球160多个国家。

除了在技术上不断创新之外，联邦快递公司实施客户关系管理的核心是强调全体员工树立客户至上的理念，认识到员工在客户关系中扮演的重要角色，认识到良好的客户关系不是单靠技术就能实现的，强调调动员工的工作能动性。

本章案例思考题

1. 联邦快递公司的客户关系管理的理念是什么？
2. 联邦快递公司在客户服务方面提供了哪些手段和工具？
3. 联邦快递公司为什么认为员工在客户关系中起着非常重要的作用？

本 章 小 结

本章详细研究了 CRM 的内容。首先，对 CRM 产生的历史背景进行了分析。然后，对客户、客户关系等基本概念的特点和内容进行了研究。接下来，对 CRM 管理的概念、思想、内容进行了分析，并且讨论了 CRM 与客户服务之间的异同点。接下来，研究了 CRMS 的功能架构和典型产品的功能特点，重点介绍了 Oracle 公司的 CRMS 产品的特点。

思考和练习题

1. CRM 兴起的历史背景是什么？
2. 菲利普·科特勒为什么要对客户关系进行分类？这种分类的意义是什么？
3. 如何理解客户满意度和忠诚度之间的关系？
4. 如何理解 CRM 的概念和特点？
5. CRM 是否就是 CRMS 客户关系管理系统？
6. CRMS 与信息系统之间的联系和差别是什么？
7. 试述 CRM 和客户服务之间的关系。
8. 分组收集资料，讨论当前国内外 CRMS 的应用状况。
9. 客户关系管理系统的主要功能是什么？
10. 你知道哪些 CRMS 产品？这些产品的特点是什么？
11. 收集使用了 CRMS 产品的企业情况，分析使用 CRMS 前后企业的变化。

第10章　办公自动化系统

【场景】 办公自动化系统与其他信息系统之间的关系是什么?

OAS厂商走了之后,张总把李主任留了下来。张总问:“刚才这位老兄把OAS吹了个天花乱坠,你认为OAS真有这样强大的功能吗?”

李主任想了想,说:“一个企业往往有许多不同的业务领域,不同的业务领域往往有不同的信息系统,不同业务领域中的信息系统有集成的趋势。”

“怎样理解你的话呢?我越听越糊涂了。”张总不解地问道。

“在咱们卡尔巴氏公司,有库存业务,有采购业务,有设备管理业务,有销售业务,有财务业务,等等,这些都是不同的业务领域。”李主任解释道。

“不错,继续说。”

“最初,信息系统应用在库存业务领域,应用在采购业务领域,应用在销售业务领域,等等,这样就出现了库存管理信息系统、采购管理信息系统、销售管理信息系统,是这样吧。”李主任不紧不慢地说。

“继续说。”

“当这些业务领域的信息系统集成在一起时,便成了一个称为ERP系统的集成系统。但是,仍有些业务没有集成进来。”

“哪些业务呢?”张总关切地问。

“例如,企业中有许多公文,如何有效地管理这些公文呢?企业中有许多会议,如何有效地管理这些会议呢?企业中有许多文档,这些文档可能需要归档,也可能不需要归档,如何方便地管理这些文档和有效地利用这些文档呢?这些业务没有包括在ERP系统中,只能包括在称为OAS的系统中。”

“OAS和ERP以后会集成起来吗?”张总问道。

“这是一个难题。现在许多专家都正在思考这个问题。我也不知道如何回答这个问题。”李主任一脸无奈地说。

管理信息系统在管理领域的应用和发展不断扩大和深入,使得管理信息系统的内容和形式更加丰富和多样化,许多组织中的管理人员每天必须借助这些管理信息系统来处理自己的各种工作。ERP系统以计划为核心对企业的各种资源进行优化配置,CRMS以面向客户的思想对客户资源进行全面的管理和配置,SCMS以物流为核心对供应链上的资源进行全面的优化和协同。但是,这些典型的管理信息系统并没有将组织中的所有工作都包含在内,例如,对于如何管理和处理诸如信息发布、公文流转、会议管理、文档管理等日常琐碎的行政办公工作,前面讲述的管理信息系统都无能为力。办公自动化系统正是解决这些问题有效的信息系统。从实践来看,办公自动化系统从20世纪70年代中后期就已经出现了,也是信息技术在管理领域的最早应用之一。本章将对办公自动化系统的基本概念、理论、方法和功能进行全面的研究。

本章目标：

- 了解办公自动化的概念和特点；
- 理解和掌握办公自动化系统的概念和特点；
- 理解办公自动化的演变过程和各个阶段的主要特点；
- 理解办公自动化系统的发展趋势和特征；
- 理解办公自动化系统的基本功能架构的特征；
- 理解和掌握办公自动化系统的基本业务功能的内容和特征；
- 理解和掌握办公自动化系统的信息知识功能的内容和特征；
- 理解办公自动化系统与其他信息系统之间的关系。

10.1 概　　述

在深入讲解办公自动化系统之前，需要先了解办公自动化的特点和演变过程。本节将讲述3个方面的内容：简单讲述办公自动化的基本概念和特点；分析办公自动化系统的概念和特点；探讨办公自动化的演变过程。

一般认为，办公自动化(office automation，OA)是信息技术在组织办公领域中扩展和应用的结果。OA是一种最早起源于20世纪70年代西方发达国家的综合性的跨学科技术，它以计算机软硬件技术、通信网络技术、管理科学、行为科学、系统科学为基础，将不同技术领域中的办公设备通过计算机网络连接起来，可以帮助组织的工作人员自动化、高效率地完成日常行政工作。

办公自动化系统(office automation system，OAS)是在OA技术的基础上发展形成的可以对日常行政工作的各种数据、音频、视频、图形图像、文档等各种媒体数据进行处理的信息系统，该系统可以对组织中各层次的管理人员的日常沟通、工作协同、行为控制、信息和知识共享提供支持。OAS的目标是提高组织的管理效率和水平。

根据当前OAS的发展现状，一般认为，OAS经历了3个显著的阶段，即文档型OAS阶段、流程型OAS阶段、知识型OAS阶段。下面详细研究这些阶段的主要特点。

文档型OAS阶段是OAS的早期阶段。20世纪90年代初之前的OAS基本上都属于这种阶段的类型。从技术上来看，这个阶段是由传统的计算机、传真机、复印机等单机应用通过局域网络连接起来进入到办公设备综合运用的阶段，也是计算机技术进入日常办公领域的开始，这时大量的业务工作开始通过计算机完成。这时，许多非结构化的文档开始电子化，许多业务数据开始存储在计算机中。从管理上来看，管理人员的思维模式和工作方式开始发生了变化，通过局域网连接的计算机开始成为了管理人员的工作手段。这时，许多人认为办公自动化的目的是实现无纸化办公。这时，信息系统处于应用和发展的初期，许多领域中的信息系统开始与OAS分离。该阶段的重点关注内容是组织员工的个体工作行为，主要是提供电子化的各种文档，通过共享这些文档实现员工的信息共享、日常沟通和工作协同。

从20世纪90年代初开始，信息技术出现了迅猛发展的势头，以Internet为核心的网络技术推动了社会的发展，也极大地影响着信息系统在组织办公领域中的应用。这时，OAS的发展进入了流程型OAS阶段。一般地，流程型OAS阶段的时间范围是20世纪90年代初至21世纪初。从技术方面来看，工作流引擎是整个OAS的基础，Internet、多媒体技术、大型协同软件平台在OAS领域中得到了比较广泛的应用。从传递的信息方面来看，OAS处理的信息已经从单纯的业务数据、文档数据向音频、视频、图形、图像等多媒体数据发展。从管理方面来看，OAS关注的目标已经从个体向组织转变，OAS提供的功能已经从简单的文档电子化、文档共享向公文流转、流程审批、文档管理、会议管理、制度管理、新闻发布等功能转变。从信息系统角度来看，许多管理领域中的信息系统已经成熟，领域信息系统与OAS之间的分离和集成成为了一个新的关注热点。从本质上来看，流程型OAS阶段关注的是OAS功能和应用，更加注重涉及的管理范围，解决的是OAS在行政办公领域的广度问题和信息问题。但是，有关OAS在行政办公领域中应用的深度和质量问题并没有得到更多的关注，特别是组织的知识没有得到应有的重视。

随着信息技术的发展和Internet的逐渐完善以及组织积累的数据日渐增多，在OAS领域，人们的关注焦点从功能数量方面向功能质量方面变化。这时进入到了知识型OAS阶段。在这一阶段，OAS以知识管理为指导思想、以协同工作为工作方式、以门户为技术手段，整合组织内的信息和资源，支持员工的创造性工作。从技术层次来看，该阶段重视以信息技术、Internet网络技术为基础的门户技术、协同技术、知识管理技术和数据挖掘技术在管理领域的深入应用。从管理层次来看，该阶段更加注重组织的学习功能，更加关注解决诸如如何向专家学习、如何积累和获取更多的知识、如何变得更加聪明等问题。如果说文档型OAS阶段解决的是组织中个体工作的自动化问题，流程型OAS阶段解决的是组织整体工作的自动化问题，那么知识型OAS阶段解决的是个体和组织工作自动化的质量问题。从本质上来看，只有到了流程型OAS阶段，组织中管理人员的日常沟通、工作协同、行为控制、信息和知识共享等工作才能得到真正的实现，组织中员工也才可以从工作中不断学习和提高，组织的整体素质、创新能力和竞争能力才能有效地实现。

从当前的研究和实践来看，OAS应该向知识化、门户化、文化化方向发展。具体地说，OAS的发展趋势呈现出下列5个特征：

(1) 具有知识管理的特征。传统上的许多信息系统关注的是组织的人、财、物等有形资产的信息管理，忽视了组织中各种知识资产的管理。如何在OAS中对组织内外的显性知识和隐性知识进行有效的获取、分类、积累、交流、共享和应用，使得组织从how to型向know how型转变，提高组织员工的业务素质、知识水平和操作技能，是OAS面临的重要课题，也是OAS发展的主要方向。

(2) 具有协同管理的特征。OAS是一种组织中应用最为广泛、涉及的工作人员最多、对企业的日常工作影响最大的信息系统。如何提供能够满足组织重组需要的灵活的工作流引擎，如何让处于组织的高层、中层、低层人员都可以方便地使用OAS，如何有效地协同组织中的上下级之间、部门之间、员工之间的工作，是OAS需要达到的目标，也是其显著的特征。

(3) 具有信息门户特征。当前，许多组织或多或少地使用了信息系统，这些信息系统在组织中的部分领域已经发挥了重要作用。但是,这些信息系统之间大多数存在着操作隔离、风格隔离、信息隔离等信息系统孤岛现象。如何切实地、快速地解决这种问题,是一个信息战略和信息系统规划的问题。一种有效的切合实际的方法是将 OAS 作为组织中所有信息系统的门户,也就是说,无论组织中有多少个不同的信息系统,都可以通过 OAS 进行访问。

(4) 具有个性化特征。为了满足不同管理层次、不同岗位、不同业务领域、不同性格和喜好、不同操作时间的操作人员的需要,OAS 应该千方百计地避免功能单一、风格单一,应该在功能和风格方面实现更大的灵活,可以通过灵活地快速组合满足组织内外各种人员的使用,真正实现 OAS 的人性化和个性化特征。

(5) 具有文化管理的特征。OAS 是一个开放的、面向组织全体工作人员的工作平台。OAS 不仅是工作人员工作的平台和手段,而且是工作人员认识组织、了解组织、评价组织的平台。借助于 OAS,通过各种协同手段,人与人之间通过沟通、交流,建立起相互理解、协同工作的思想感情;通过组织发布的电子公告、通知、刊物以及各种业务信息,工作人员体会到组织的运作和状况;通过各种沟通和业务操作,组织中的员工可以展示自己的形象。因此可以说,OAS 是一个人与人之间进行直接沟通、感情交流、展示形象的文化平台。

10.2 OAS 的基本功能架构和功能特点

从当前研究和实践来看,OAS 的功能没有一个统一的、规范的定义。许多专家和厂商发表了一系列有关 OAS 功能的说法,但是迄今为止还没有一种说法得到业界一致的认可。由此可见,OAS 是一种非常复杂的信息系统,也是一种正在发展、不断完善但是还没有成熟的信息系统。基于 OAS 思想的基本理论和业界普遍认同的观点,再加上作者的研究和实践,本节提出一种 OAS 的功能架构和功能特点的观点。

10.2.1 OAS 基本功能架构

OAS 基本功能架构是描述 OAS 的最基本、最核心的功能和功能之间关系的方式。为了更好地描述 OAS 基本功能架构,理顺 OAS 各功能之间的关系,在讲述 OAS 基本功能架构之前,需要理解两个基本关系,即办公和业务之间的关系、自动化工作和手工工作之间的关系。

首先讲述办公和业务之间的关系,该关系是理解 OAS 功能范围或广度的基础。一般认为,业务是指个人或某个组织的专业工作,办公是指处理业务,业务是办公的对象,办公是业务的行为。业务又可以分为主导业务和辅助业务。与组织中的主要行为直接相关的业务工作经常称为主导业务,例如制造企业的销售业务、银行中的贷款业务等都是主导业务。与组织中的主要行为非直接相关的行为称为非主导的辅助业务,例如制造企业、银行中的办公用品采购都是非主导业务。从广义的角度来看,OAS 中的办公对象包括主导业务和非主导业务。但是,主导业务领域往往有专门的业务信息系统,例如制造企业的 ERP 系统几乎囊括了制造企业的所有主导业务,广义的 OAS 处理的对象与 ERP 系统的功能对象有更多的重叠。从狭义的角度来看,OAS 中的办公对象仅仅指非主导的辅助业务,例如个人日常工作安排、各种文档管理等。当然,不同规模的组织,OAS 中的办公对象也不会相同。从这个意义上来讲，OAS 功能范围应包括那些主导业务领域中的信息系统没有涉及的内容。

自动化工作和手工工作之间的关系是理解 OAS 功能深度的基础。虽然 OAS 强调的是使用计算机等手段自动化完成日常工作，但是 OAS 并没有要求所有的日常工作都使用计算机自动化完成。业务流程比较规范、重复频率比较高、工作方式比较固定的工作应该尽可能地通过自动化的方式来完成，但是个性化比较强、不经常遇到的工作或者自动化成本比较高的工作不适合采用自动化的方式。例如，公文流转、信息发布适合采用自动化的方式实现。在组织中，哪些工作适合自动化实现、哪些工作依然适合手工方式，一定要结合组织的具体情况、工作的性质和自动化的成本来综合考虑。

根据 OAS 的业务性质，可以把 OAS 的基本功能分成 3 大类型，即日常业务功能、信息知识功能和辅助功能。其中，日常业务功能主要是支持组织中的员工直接完成日常的业务工作，具体功能包括个人办公、电邮管理、办公助手、公文流转、会议管理、信息系统门户等。信息知识功能主要是提供和保存组织中各个领域中的知识和共享企业的通用信息，其具体功能如文档管理、信息发布和管理、电子刊物、知识中心、电子论坛、学习园地、下载中心、目录管理等。辅助功能主要是辅助员工更好地开展业务工作，其具体功能包括常用语管理、个性化设置、热点链接以及其他功能。OAS 的这种基本功能架构如图 10-1 所示。

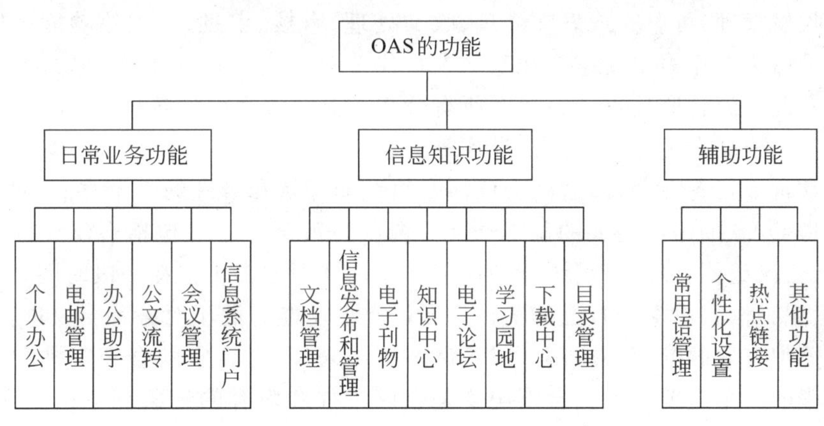

图 10-1　OAS 的基本功能架构

10.2.2　日常业务功能

日常业务功能是指组织中非主导的辅助业务，但也是组织中每天不可缺少的业务。从现在的研究来看，可以把日常业务功能继续分为 6 大类，即个人办公、电邮管理、办公助手、公文流转、会议管理和信息系统门户。

个人办公包括待办事宜、在办事宜、拟办事宜、已办事宜、转发事宜以及办公事宜分类等事项，甚至还可以包括个人去向管理等功能，这是 OAS 最基本的业务功能，是支持个人工作的基础手段之一。待办事宜是指由工作流引擎或他人传送过来的审核等任务，一般包括待办事项的名称、截止日期和时间等。待办事宜开始之后，则进入到在办事宜。在办事宜是指已经开始但是没有完成的事项。拟办事宜是指由自己启动和完成的工作事项。已办事宜往往是工作人员自己已经完成的工作清单，一般按照日期排序，便于浏览和查询。转发事宜是指由他人启动、自己转发给其他人或部门去完成的工作。当然，办公事宜分类功能有助于工作人员对个人办公事项进行合理、高效的分类。

电邮管理是指收发邮件的管理，这也是OAS必不可少的最基本的核心功能，也是支持个人开展工作的基础手段之一。一般地，电邮管理至少应该具备写邮件功能、收邮件功能、转发邮件功能、发件箱、垃圾箱、已删除邮件、地址管理等功能。

办公助手是指支持个人有效开展工作的小工具。一般情况下，办公助手应该包括名片管理、通讯录管理、个人日程安排、部门日程安排、组织日程安排等功能。名片管理是指由工作人员个人管理的组织内外的联系人的联系信息。组织或部门或其他工作人员不能处理他人名下的名片信息。通讯录管理的对象是整个组织公开的组织内外人员的联系名单，名单中的信息既可以由个人维护，也可以由组织维护。日程安排可以分为组织、部门、个人不同的层次，但是不同层次上的活动之间不能有冲突，并且具备提醒功能。

公文流转是指组织中明确定义的需要经过工作流引擎完成的各种公文的审核审批工作，也是OAS的基本工作之一，是属于组织级的工作。一般地，公文流转包括流程管理、收文管理、发文管理、委托管理、流转监控、督办管理等功能。流程管理可以完成公文流转必需的流程定义、属性设置、流程维护的功能，一般由工作流引擎来实现。收文管理和发文管理是指公文的收发管理，可以完成发文处理、收文处理、审核、审批、分类等功能。如果流程中某个审核人员由于工作需要希望委托其他人员代替自己完成审核工作，那么可以通过委托管理功能来实现。流转监控可以完成对所有公文在流转过程中的各种状况信息。督办管理可以对流转中的公文发出提醒、警告、批评等信息。

组织中常常举行各种会议，这些会议涉及组织的经营和管理的各个方面，对会议相关事项的管理也是OAS的一项重要的基本功能。会议管理至少应该包括会议计划、会议类型、会议室管理、会议纪要管理、会议统计和评估。会议计划主要用于在一段时间之内的会议安排，以便于组织工作人员安排自己的工作。会议类型功能有助于对各种会议进行分类，以便对会议进行更加有效的管理和应用。对于许多组织来说，会议室的合理安排和有效利用是提高会议效率的一个重要因素。会议纪要是会议过程和内容的记载和总结。毫无疑义，会议纪要是组织中的一项重要的信息和知识资源。如何改进和提高会议质量，促进组织更好地发展，会议统计和评估是会议管理中不可缺少的功能。

OAS应该包括财务管理功能吗？ERP系统应该包括OAS功能吗？OAS能否提供对人力资源进行管理？在OAS的实践过程中，许多人常常会遇到诸如此类的问题。虽然我们认为OAS功能范围只是包括那些主导业务领域中的信息系统没有涉及的内容，那么OAS是否应该与主导业务领域中的信息系统完全分开呢？从当前的发展趋势来看，OAS不能与主导业务领域中的信息系统完全分开，应该成为这些信息系统的门户，各个部门的工作人员都可以通过OAS访问各自需要访问的信息系统。提供访问其他信息系统的入口和手段，是OAS不可缺少的功能。

10.2.3 信息知识功能

OAS中的信息知识功能体现出了组织的学习特征、知识特征和文化特征，是对组织中的信息和知识资源进行全面管理的手段，也是体现组织核心能力的一个重要因素。一般地，信息知识功能包括文档管理、信息发布和管理、电子刊物、知识中心、电子论坛、学习园地、下载中心、服务管理等。

文档管理主要是满足组织对各种文档管理和使用的需要。从文档的形态来看，可以把文档分为电子文档和非电子文档。从文档的归档属性来看，可以把文档分为归档档案和非归档档案。对于归档档案的管理需求，还应该满足国家、行业、地方政府、主管机构以及其他有关组织和部门对档案提出的要求和规范。对于没有列入归档档案类型中但是对组织的正常运转不可缺少的文档也应该进行合理的管理。如何对文档进行分类？如何对文档进行版本管理？如何保持电子文档和非电子文档的一致性？如何提供各种文档模板(例如，市场调查报告模板、合同模板、工作总结模板、会议纪要模板等)，以便提高文档的管理效率？这些都是OAS文档管理必须解决的问题。需要指出的是，对于大型组织来说，档案管理正在逐步演化成组织中的一项独立的主导性业务，其具体工作由档案管理信息系统来完成。

毫无疑问，信息发布和管理是OAS中不可缺少的又是一项最基本的功能之一。信息发布和管理功能用于完成组织对内对外进行信息发布、公告、通知等工作。信息发布和管理又可以继续分为新闻管理、公告管理、通知管理、短信管理、便笺管理、工作简报管理等功能。

新闻管理用于满足组织内外新闻发布和管理的需求。从形式上来看，新闻可以包括文字新闻、图像新闻、音频新闻、视频新闻以及实时视频新闻等。从内容上来看，新闻可以包括与组织直接相关的新闻和间接相关的新闻。例如，北京卡尔巴氏公司上市一种新型绿色环保汽车的新闻则是与北京卡尔巴氏公司直接相关的新闻，但是对于其他汽车制造商来说则是间接相关的新闻。

一般地，组织对组织外部发布的用于说明和解释组织重大行为的事件由公告管理功能来完成。对组织中的所有或特定部门和工作人员发布的信息则称为通知，通知管理可以完成这部分的工作。如何希望对特定人员发布通知或消息，一般可以通过短信管理功能来实现。如果仅仅是向特定人员提供额外说明或补充说明，只强调沟通，不强调正式，那么可以通过便笺管理功能来完成。

工作简报是由组织正式定期出版或发布的、面向组织内部相关部门或人员、对一个阶段的工作进行汇报或总结的沟通方式，也是组织中信息和知识的积累和表现。工作简报往往是相关人员系统地、方便地了解组织状况的方式。当前，许多OAS提供了工作简报的管理功能。但是，如何使得工作简报与业务信息系统集成和关联，实现组织信息和知识的内容和形式的统一，是OAS今后需要解决的一个问题。

OAS中的电子刊物与工作简报不同。工作简报强调的是对组织主导业务工作的正式的总结，电子刊物强调的是组织文化、思想、感情的交流。电子刊物可以是文艺刊物，也可以是科技刊物。OAS中的电子刊物应该包括刊物设计、在线投稿、刊物发布等功能。

知识是一个很大的概念。知识可以分为显性知识和隐性知识。OAS中的知识中心的功能主要包括规章制度、法律法规、业务情报、大事记、员工经验交流、他山之石、快速搜索等功能。规章制度主要提供组织的各项管理规章制度，是组织开展各项业务工作的依据和约束。法律法规主要是提供与本组织相关联的国家、行业、地方的各项法律、法规、条例、规定等，是组织开展各项活动时必须遵循的条文。业务情报主要是用于管理通过各种方式收集到的与组织密切相关的信息、竞争对手的情报、最新的科技发展等。大事记是记录组织中发生的重大事件和组织外部发生的与组织密切相关的事件的方式，是研究组织演变和发展的重要基础数据。员工经验交流是记录和交流组织工作人员实际工作中的心得、体会、经验、教训等手段，是收集、展示、传播、积累组织隐性知识的一个重要渠道，是提高组织工作人员业务素质的一条路径。他山之石主要是收集和记录组织外部相关的业务经验和知识。快速搜索是实现信息和知识快速、准确地搜索的功能。

如何充分发挥组织中每一位工作人员的智慧？如何为组织中的每一位工作人员提供一个表达自己观点的平台？如何及时地实现组织的领导者和组织的工作人员进行沟通？电子论坛提供了一个非常有效的发表意见、在线交流的平台。一般地，OAS 中的电子论坛至少包括论坛、博客管理、员工建议箱、在线交流等功能。图 10-2 示意了一个可以开展博客工作的博客网首页。

图 10-2　博客网首页

学习型组织的一个显著特征是为工作人员提供方便的学习平台，组织中的工作人员可以在工作过程中不断地学习业务技能和知识，不断地提高自己的业务素质。OAS 中的学习园地功能可以为组织中的工作人员提供接受培训和教育的服务。一般地，学习园地至少包括在线培训、远程教育、业务常识、业务知识等功能。在线培训主要是为工作人员提供业务技能方面的学习机会。远程教育的目的是提高工作人员的学历水平和知识水平。业务常识和业务知识可以为工作人员持续不断地提供有助于提高员工素质的基本常识和知识。

下载中心也是 OAS 中不可缺少的基本功能之一。下载中心主要是为组织中的工作人员提供方便的下载相关资料的功能。从下载的资料形式来看，可以包括文档、图像、图形、音频、视频等各种形式。从下载的资料内容来看，可以包括与业务工作直接相关的资料和不相关的资料。例如，下载的业务表格则是与业务工作直接相关的资料，下载的音乐则是与业务工作没有直接关系的资料。

大多数情况下，组织会向社会、公众提供各种产品或服务。这些产品或服务经常以目录的形式出现在OAS中。目录管理是组织用来建立、维护、查询产品或服务的功能。目录也是组织内外了解组织目标的一个主要工具。目录管理的重点是目录内容的更新、目录内容与相关领域信息系统的集成。

10.2.4 辅助功能

辅助功能主要是指辅助组织中的工作人员更好地使用OAS和更好地工作的功能，这些功能主要包括常用语管理、个性化设置、热点链接以及其他功能。

常用语管理主要是提供OAS使用过程中需要的常用语的添加、分类、查询、删除等功能。例如，“同意，请照此意见办理”、“明天上午9点在小会议室开会”、“公司的本月生产计划已下发，详见附件，请各部门按照计划开展工作”等，都可以事先定义好，以便提高使用的效率。一般地，常用语管理包括个人常用语管理、公用常用语管理、常用语库管理等功能。

OAS应该能够体现出个性化，个性化设置就是满足这种需求的工具。个性化设置包括两个方面的内容，即功能个性化设置和版面个性化设置。功能个性化设置主要是基于工作人员的权限和需要进行功能设置，版面个性化设置主要是允许工作人员基于自己的爱好自行设置OAS版面的位置、颜色、样式、字体、排列方式等。甚至，OAS的个性化设置应该允许用户设置希望设置的任何样式。

热点链接是指OAS提供的可以满足组织工作人员快速链接到OAS的其他部分或其他站点需求的功能。OAS的热点链接至少应该具备三方面的功能：从任何页面都可以快速地链接到常用的页面；从OAS中可以快速地链接到OAS外面的其他站点；这些热点链接可以基于OAS用户的实际使用状况实现动态的更新。当前，由于安全上的原因，许多OAS在热点链接上受到一些限制。因此，不同组织的热点链接在实现方式和功能上应该有所不同。

其他功能是指那些没有包含在前面功能中但是对组织的行政管理又是必需的功能。例如，有些组织使用的OAS包括车辆管理、图书管理、办公用品管理、考勤管理、考核管理等功能。其他功能具体包括哪些内容是不确定的，一定要根据组织的环境和状况来确定。

10.3 OAS与其他信息系统之间的关系

OAS是一个典型的信息系统，具有信息系统的所有基本特征。OAS总是处于一个动态的急剧变化的过程中，其功能范围随着组织的环境和经营管理状况的不同而变化。从当前的研究和实践现状来看，在OAS与其他信息系统之间的关系上有两大观点，即OAS集成观点和OAS门户观点。

OAS集成观点认为，OAS涉及组织中的所有业务领域，这些业务领域中的各种信息系统应该与OAS完全集成，或者说这些领域信息系统的总称就是OAS。这种观点强调组织中所有领域信息系统在功能方面的一致性和在数据方面的一致性，一致性的成果就是OAS。这种观点隐藏着一个前提：“办公”包括了所有领域中的“业务”。从信息系统规划视角来看，这种观点无疑是正确的。但是，从技术和实践上来看，把所有的信息系统高度集成为一个称为 OAS 的信息系统是非常困难的。例如，在北京卡尔巴氏公司中应用了包括 ERP、SCMS、CRMS 等诸多的领域信息系统，但是要把这些领域信息系统高度集成为一个 OAS 系统，有相当大的困难。

OAS 门户观点认为，作为一种信息系统，OAS 自有自己的特点，也能快速地通过门户方式链接到其他领域信息系统中。与其他领域信息系统相比，OAS 只是起到了一个门户的作用，不能代替这些领域信息系统，也不对这些领域信息系统的开发和使用产生过大的影响。这种观点强调集成只是在操作层面上的集成，不深入涉及系统的功能和数据。例如，北京卡尔巴氏公司使用了包括 OAS、ERP、SCMS、CRMS 等诸多的领域信息系统，并且可以通过 OAS 访问其他的领域信息系统。这种观点的最大缺点是如何保证不同信息系统之间业务数据的一致性，避免数据孤岛现象。

本章案例　李宁公司的办公自动化系统

李宁体育用品有限公司是国内著名的体育运动服装及运动器材制造商，在同行业中拥有较高的知名度，从 1990 年开始，公司在经营上已取得了不俗的业绩。为了求得更快的发展并保持公司的良好销售势头，李宁公司在企业信息化建设方面进行了不懈的探索。在这种背景下，李宁公司启动了办公自动化系统建设来带动企业的信息化建设，提高企业的整体竞争优势。该项目的目标是在李宁公司内部搭建起适合公司需要的电子邮件系统并逐步建立起满足公司业务需求的办公自动化应用系统。

在建设系统的过程中，李宁公司认为办公系统已经不再是简单的将办公流程电子化，而是逐步渗入企业的发展变革过程中，更加贴近企业发展过程中各阶段的实际需求。办公自动化已经演变为以知识管理、人力资源管理、流程管理、电子协作等为主要核心内容的企业信息化系统。为了充分利用好已经搭建好的应用系统平台，尽可能发挥其应有的作用，使 OA 系统真正能够融入李宁公司的企业文化和管理理念中去，李宁公司与某 OA 公司在项目中展开了深入的合作，主要目的是建立起李宁公司具有自身特色的应用系统，使这个系统真正成为李宁公司的 OA。

建设过程按照总体规划、分步实施的方案有序地进行。在系统平台方面，首先实现了将办公平台延伸到李宁公司的外地分公司的目标，并将李宁公司的邮件系统与 Internet 邮件系统连通，使这个系统真正成为李宁公司内外部沟通的重要通道。为了增强员工的活力，建立良性的员工激励考评体系，针对李宁公司的绩效考评制度和规定，开发和实施了李宁公司绩效考核系统，并完成了从公司领导到基层员工的考核理念宣贯和操作培训。

项目的建设分为两个阶段。为了尽快体现出办公自动化系统在企业中的实施效果，一期的建设具有一个明显的特点：想得大、入手小、发展快。也就是在系统设计中全面考虑，整体规划，注重系统设计的前瞻性和可靠性，而对应用则采取选择通用性强的小型应用，经过客户化的简单修改后快速实施。整个系统的基本架构以李宁公司硬件系统平台为基础，应用系统平台选用了 Lotus 的电子协作系统平台产品 Domino/Notes R5，以此为基础建设李宁公司的电子邮件系统及办公自动化系统。OA的第一阶段的建设目标是：李宁公司的整体邮件系统的规划和实施；办公自动化应用，包括会议室预订、论坛、名片申请、长途电话申请、电子邮件申请、发文管理、工作日历等。

通过办公自动化系统一期的实施，李宁公司建立起了员工内部沟通的邮件系统和初步的办公自动化系统，在公司内形成了部分办公业务无纸化的新的模式，同时还通过系统提供的沟通平台和论坛等进行了企业文化的宣传和讨论，以一种全新的方式增强了企业的凝聚力，融合了员工与企业的感情。一期的系统从规划到设计考虑了系统的扩展性，打下了良好的系统基础，同时，一期的OA系统实施过程中对员工进行了有效的培训。

第二阶段李宁公司的目标为：连通北京总部和外地分公司的邮件系统，建立李宁公司统一的邮件系统；连通李宁公司与Internet邮件系统，建立与客户、合作伙伴的沟通通道；建立李宁公司的知识管理系统，建立公司的知识管理体系；建立公司员工绩效考核系统，提供员工考核系统的实施服务。绩效考核系统的主要目标是在一定期间内科学、动态地衡量员工工作状况和效果的考核方式，通过制定有效、客观的考评标准，对员工进行评定，旨在进一步激发员工的工作积极性和创造性，提高员工工作效率和基本素质。绩效考评使各级管理者明确了解下属的工作状况，通过对下属的工作绩效评估，管理者能充分了解本部门的人力资源状况，有利于提高本部门管理的工作效率。

本章案例思考题

1. 李宁公司为什么要上办公自动化系统？
2. 李宁公司的办公自动化系统的功能是什么？
3. 你认为李宁公司的办公自动化系统有无改进的地方？

本章小结

办公自动化系统是一种典型的信息系统，本章对此进行了分析和研究。首先，本章探讨了办公自动化系统的基本概念，然后研究了办公自动化系统的演变过程和发展趋势。接下来，详细讲述了办公自动化系统的基本功能架构，并且对日常业务功能、信息知识功能和辅助功能的内容和特点进行了研究。最后，分析了办公自动化系统与其他信息系统之间的关系，讨论了OAS集成观点和OAS门户观点。

思考和练习题

1. 什么是办公自动化系统？
2. 办公自动化和办公自动化系统是否相同？为什么？
3. 办公自动化系统的主要类型是什么？
4. 分析办公自动化系统的发展趋势。

5. 分析办公自动化系统的基本功能架构的特点。

6. 收集资料,分组讨论,讨论题目是：办公自动化系统应该包括哪些功能？为什么？

7. 收集资料,分组讨论,讨论题目是：当前市场上有哪些办公自动化系统产品？

8. 收集资料,分组讨论,讨论题目是：办公自动化系统与其他信息系统之间的关系？谁认为 OAS 集成观点合理？谁赞成 OAS 门户观点？有无其他不同的观点？

第11章　产品数据管理系统

【场景】　BOM是技术数据，还是管理数据？

李主任走进张总办公室，看到研发部的几个人已经在办公室了。张总看到李主任进来，热情地说："今天咱们好好研究研究这个问题。"说到这里，张总看着吴主任。

"我这里有一个问题，大家看看如何解决。我们研发部一直在使用CAD/CAE/CAPP等系统，生产部一直在使用ERP系统。"吴主任说，"产品的BOM数据是我们提出的，ERP系统也使用这些数据。但是，如何解决BOM数据的共享问题呢？"

李主任听了，说："研发部门使用的系统是独立采购和使用的，管理部门使用的系统也是独立采购和使用的，这些产品确实没有提供有效解决这种共享BOM数据问题的功能。"

"现在如何实际解决这种问题呢？"张总问。

"现在，生产计划部门是自己输入BOM数据，因为咱们的ERP系统不能自动地从CAD中读取BOM数据。"李主任回答。

"李主任，你说过，同一种业务数据不能多次采集，否则会出现数据不一致的现象。"

"是的，我说过。"李主任老老实实地回答。

"现在如何解决同一种业务数据，BOM数据，两次采集问题呢？"

"在信息系统的实践和发展过程中，确实出现了各种各样的新问题。共享BOM数据就是其中之一。BOM数据是一个很特殊的数据，它既是技术领域中的关键数据，也是管理领域中的重要数据，是连通技术领域和管理领域的桥梁。现在，有些专家提出采用产品数据管理系统来解决这种问题。"李主任说。

"什么是产品数据管理系统呢？"张总问。

随着信息技术的飞速发展和CAX(CAD/CAM/CAE/CAPP)系统的广泛应用，企业的生产效率得到了大幅度的提高。在这种情况下，企业中的各种产品信息呈现爆炸性增长的高速发展趋势。这种发展趋势带来了一些问题。第一，企业中的各个部门都在用不同的CAX系统产生着产品信息，这些产品信息之间缺乏很好、方便的互换性，使得各个部门之间无法高效地利用这些重要的信息。第二，根据有关统计，产品设计人员花费将近80%的时间用于查找数据，而用于新产品设计的时间还不到30%。第三，由于数据量庞大，导致跟踪设计的项目和版本非常困难，如果使用了不当的数据，那么就会在设计和生产中产生副作用。产品数据管理(product data management，PDM)就是一种有效解决这些问题的思想，产品数据管理系统(product data management system，PDMS)是一种实现PDM思想的信息系统。本章将研究PDMS的思想和产品的特点。

本章目标：

- 理解PDM的基本特点和作用；

- 了解 PDM 产品的主要分类；
- 了解 PDM 产品的主要功能；
- 了解文档管理功能的特点；
- 了解电子仓库功能的特点；
- 了解产品结构和配置管理功能的特点；
- 了解工作流程管理功能的特点；
- 了解 PDM 系统与其他系统之间的关系；
- 了解 SmarTeam 产品的功能特点。

11.1 概 述

PDM 技术最早出现于 20 世纪 80 年代初期，其目的是为了解决大量工程图样、技术文档以及 CAD 文件的计算机管理问题，后来逐渐扩展到产品开发中的 3 个主要应用领域：设计图样和电子文档的管理、物料清单（bill of material，BOM）的管理和与工程文档的集成、工程变更请求和指令的跟踪与管理。最早的这类软件功能单一，名称也不同。随着硬件技术、网络技术、数据库技术的发展，客户机/服务器、浏览器/服务器与面向对象技术的广泛应用，PDM 也得到了迅速的发展，人们从不同的角度给出了 PDM 的定义。

CIMData 公司的 EdMiller 给出的 PDM 定义是：PDM 是一门用来管理所有与产品相关的信息和所有与产品相关的过程的技术。与产品相关的所有信息就是描述产品的各种信息，包括零部件信息、配置、文档、CAD 文件、结构、权限等信息。与产品相关的过程，实际上就是产品过程的定义和管理，包括信息的审批和发放。

Gartner 公司的 Burdick 针对 PDM 给出了自己的定义，即 PDM 是在企业范围内为设计和生产构筑一个并行化产品协作环境的关键使能技术。这个协作环境是由供应、工程设计、制造、采购、市场、销售、客户构成的。一个理想的 PDM 产品能够使得所有参与创建、交流、维护设计思想的人在整个产品信息生命周期中自由共享和传递与产品相关的所有数据，包括图样与数字化文档、CAD 文件和产品结构等。

狭义的理解，PDM 产品仅仅管理与工程设计相关的领域内的信息。从广义的角度来看，PDM 产品可以覆盖整个企业中从产品的市场需求、研究开发、产品设计、工程制造、销售、维护等生命周期中的信息。

从技术的角度来看，PDM 是一种管理技术，是一种管理与所有产品相关的信息和过程的技术。

从管理信息系统的角度来看，PDM 是一种典型的管理信息系统，是一种帮助工程技术人员和管理人员管理产品资料和开发步骤的一种计算机软件系统，它提供了数据、文件、文档的更改管理、版本管理、产品结构管理和工作流程管理等管理功能。

从工具的角度来看，PDM 是基于数据库技术的一种技术，是一种介于数据库系统和管理信息系统之间的软件开发平台，可以集成和封装多种开发环境和工具。

甚至可以这样说，PDM 是集成企业整体数据的理想平台，是支持企业进行过程重组、实施并行工程和 CIMS 工程的使能技术，是一个可以集成产品生命周期内的全部信息的面向对象的电子资料室。

按照管理对象，可以把 PDM 产品分为电子文档管理和面向产品管理两大类。电子文档管理是面向文档的管理，是一种把过去资料室手工管理文档的方式转变为用计算机管理电子文档的方式。面向产品管理是面向产品的数据管理，它管理的范围是整个产品生命周期内的全部数据。

按照管理的范围来看，PDM 系统管理了产品整个生命周期内的全部数据。这时，可以把 PDM 分为部门级 PDM 产品、企业级 PDM 产品和分布式 PDM 产品。部门级 PDM 产品的特点是管理 CAD/CAM 系统产生的文档，应用于设计部门。企业级 PDM 产品重点应用于设计和工艺部门，还涉及物资采购和供应、生产计划、市场营销、财务核算等部门。大型企业、跨国集团在产品设计、生产、销售、服务等方面可以使用具有跨地区管理功能的分布式 PDM 产品。

11.2　PDM 系统的主要功能

PDM 系统包括了多项功能。从面向应用于系统支持的功能来看，PDM 系统一般包括电子仓库(也可以称为电子资料室、电子保险箱、电子数据存储)；面向应用的使用功能，包括文档控制、变更控制、配置管理、设计检索、零件库管理、项目管理等；实用化支持功能，包括通信与通知、数据传输与转换、图像服务、系统管理等。

从实践的角度来看，PDM 系统主要包括下面一些功能：

- 文档管理；
- 电子仓库；
- 产品结构管理和配置管理；
- 工作流程管理；
- 分类与检索管理；
- 项目管理；
- 集成接口；
- 用户化工具。

下面主要研究 PDM 系统的文档管理、电子仓库、产品结构管理和配置管理、工作流程管理等主要功能。

11.2.1　文档管理

企业中的各种信息是以文档形式存在的，PDM 系统的文档管理功能就是把这些文档的内容作为管理的对象。

从文档的内容来看，企业中的文档主要包括一般性说明文字、设计数据和规范数据。具体内容如下。

- 一般性说明文字：这些文字主要来自于市场调查报告、市场分析数据和报告、生产调度指令、生产计划、产品设计说明书、各种报告单、审批单、通知单、过程记录等。
- 设计数据：这些数据用于描述产品模型的几何信息、拓扑信息、特征信息、映射变换信息以及产品的技术要求等。产品的技术要求主要来自于设计图样、工艺图样、描述产品加工信息的NC代码和加工规则等。

- 规范数据：这些数据主要来自于各种标准、设计规范、工艺规程等。

从文档的格式来看，PDM系统管理的文档包括文本文件、图形文件、数据文件、程序文件、多媒体文件等。具体内容如下。

- 文本文件是由文字处理软件生成的，存储了一般性的说明文字。
- 图形文件存储了产品模型的设计信息和基本属性，这些文件主要来自于CAD系统，具体内容包括机器、零件、部件、组件的三维模型、二维零件视图、装配视图、几何尺寸、视图比例、产品材料、重量和数量、技术要求、设计物料清单等。
- 数据文件存储了所有在图形文件中没有描述的产品数据。某些数据即使在图形文件中描述过了，也可以出现在这些文件中。数据文件的主要内容包括：物料清单；产品原材料的各种性能指标、产地、价格、供应厂商；在设计和制造过程中进行分析、模拟、检测和验收所产生和制定的数据；各种标准、设计规范、工艺规程等；生产统计、库存数量、各种报表等。
- 程序文件包括各种加工程序、管理程序和其他应用程序。
- 多媒体文件存储了使用多媒体手段制作的产品信息，包括图形、图像、视频、声音、动画等。

PDM系统一般采用虚拟文件夹的方式对文件进行组织。虚拟文件夹是一个对象，其中的属性存放某个管理对象与此文件夹的关联信息。这种管理对象在计算机中也是一个对象。该对象可能是一个文件夹，也可能代表一个零件。如果是代表一个零件，则它的属性存放描述这个零件的文件和与此零件对象关联的信息。描述这个零件的文件包括这个零件的图形文件、对此零件的说明文件、审批文件等。它们与这个零件直接相关，并且是实际存在的文件。这些文件也可以用对象来代表。在这些对象的属性中存放着指向这些文件实际存放位置的指针。

11.2.2 电子仓库

在PDM系统中，所管理的对象是产品数据，这些数据都是由企业的各个部门的人员根据各自的工作任务、利用各种应用程序产生的并且存储在各种文件之中的。由于这些文件具有不同的格式，最初存储于各个人员自己的文件夹中。

PDM系统要确保这些数据的一致性、完整性和安全性，就是要把这些文件统一存储起来，并且置于PDM系统的控制之下。这项任务就是由PDM系统的电子仓库完成的。

电子仓库是由管理程序、数据库管理系统和专用存储区组成的，它的主要作用是：把各种文件存放在专用存储区中或从专用存储区中取出文件，并且在存取过程中由这些管理程序产生这些文件的元数据。

元数据就是管理数据的数据，用于资料的整理、查找、存取、集成、转换和传送。这些元数据的具体内容包括：

- 指向文件实际存放地址的指针；
- 文件的操作状态和版本状态；

• 文件的分类信息；
• 文件的使用权限信息；
• 其他控制和管理信息。

电子仓库的工作原理是：当把文件存入时，首先在数据库中产生一条记录，用于记录这个文件的各种信息，例如文件名称、作者、存入日期、文件状态标志等。然后，把这个文件存入到专用存储区中，再把该文件的地址指针存入记录中。当把文件取出时，PDM 系统首先到数据库中找到这个文件的记录，然后根据记录中的地址指针找到这个文件，复制这个文件交给操作者，并且更改这个文件的状态标志。每当执行这些操作时，PDM 系统都要对操作者的操作权限进行检验。

总之，PDM 系统根据操作者的操作权限和被操作文件的状态对文件进行管理。一般地，可以把文件的状态分为登入状态和修改状态，对文件存取的操作方式可以是注册、登入和登出。

11.2.3 产品结构管理和配置管理

产品结构用来反映一个产品是由哪些零部件构成的，以及这些零部件之间的构成关系。产品装配图中的物料清单反映了产品的具体结构。同一个产品的所有物料清单构成了该产品的完整产品结构。

产品结构管理功能主要是按照产品结构组织产品数据，使用户能够定义产品结构，按照产品结构的层次把产品、部件和零件关联起来，把它们与描述它们的数据资料关联起来，以此支持对产品数据的查询，支持自动创建物料清单。

定义产品结构树是根据企业的管理模式和产品零部件之间的层次关系构造产品结构树。可以把一个系列产品定义为一棵树，也可以把一个产品定义为一棵树。产品零部件之间的装配深度不同，产品结构树的层次也不同，少则二三层，多则可以达到七八层。

构成产品的零部件在其生命周期内一定会经历多次修改，有些零部件还会有许多版本。为了满足不同的客户需求，同一类产品会有不同的零部件结构。有的即使使用了同一个零部件，也可能用到不同的版本。利用事先建立的完整产品结构，按照满足用户所需功能的要求设计或选择零部件，把这些零部件按照它们的功能、某种组合规则、某种条件进行编组，形成一个具体产品的过程称为产品结构配置，简称产品配置。

产品配置管理是一件复杂的事情。例如，某一个产品由 5 个零件装配而成，每一个零件都有 3 种颜色，那么可以组成 162 种不同的产品。如果该产品中一个或多个零件有多个不同的版本，那么就会装配出数量巨大的不同的产品。如果使用手工管理这种产品结构，那么工作量是非常巨大的，工作效率会很低。对产品的结构随时间的变化情况进行跟踪管理是 PDM 系统主要功能之一。也就是说，使用 PDM 系统可以对产品配置信息进行有效的管理。

产品配置管理通过产品结构配置规则进行产品结构配置。产品结构配置规则是在进行产品结构配置时选择零部件的准则。产品结构配置规则包括变量配置规则、有效性配置规则和发放状态配置规则。

变量配置规则就是说，把产品的属性作为变量，根据这些变量的取值决定哪个零部件入选具体的产品结构。

有效性配置规则包括结构有效性、时间有效性、价格有效性和地域有效性。结构有效性就是指零部件在某个具体的装配关系中的数量，时间有效性是指使用零部件各版本的有效时间段来确定哪个版本的零部件入选。

发放状态可以分为设计发放状态和制造发放状态。发放状态是指通过审核和批准的资料。与发放状态相对应的是工作状态。按照资料版本所处的不同状态进行产品结构配置的规则称为发放状态配置规则。

11.2.4 工作流程管理

PDM系统不仅可以管理产品数据本身，而且可以管理产品数据的产生过程。工作流程管理，就是指PDM系统根据企业制定的管理规则，对产生、修改和使用产品数据的过程进行协调和控制。具体来说，工作流程管理包括：

- 流程定义；
- 审批流程管理；
- 变更流程管理；
- 流程监控。

下面详细介绍工作流程管理的主要功能特点。

1. 流程定义

工作流程是由一组活动或者工作步骤组成的。定义工作流程就是设定流程中的各个步骤，表示它们之间的关系，指明各个工作步骤的启动和终止条件、所要完成的工作任务、完成任务的人员以及完成任务的期限等。工作流程的内容定义可大可小，某个工作流程中的某项步骤也可以通过另外一个工作流程来完成。

一般地，可以使用流程图来形象地表示一个工作流程的定义。流程图是由若干个节点和它们之间的连线构成的。每一个节点代表了一个工作步骤，它们之间的连线表明完成任务的顺序关系。对于节点，需要设定一些属性，用以描述这个节点的特性。一般来说，节点属性包括用户、意见、期限、启动条件和通过条件。

定义工作流程就是建立在对企业中各种业务流程的分析结果上的。一般地，企业在其生产经营过程中都有许多各种有效完成工作的业务流程和工作步骤。利用PDM系统的流程定义功能，可以把企业中的各种工作定义成工作流程。

2. 审批流程管理

在PDM系统中，审批流程管理的步骤如下。

首先，按照企业制定的各种审批规则、审批权限和审批顺序，定义相应的审批流程。

在产品信息等内容制作完成之后，由设计人员启动已经定义好的审批流程。设计人员需要把送审的设计资料、审查申请以及说明拖到审批流程的文件夹中。

审批流程启动之后，PDM系统自动地依次把这些文件送到各个审批人员之处，提醒他们已经送到送审材料。同时，PDM系统把设计资料标记为提交状态，使得所有能够访问这些设计资料的人员都只能对其浏览，不能对其修改。当某一个流程节点需要多个审批者会签时，PDM系统会把送审资料复制到每一个审批者的工作文件夹中，使得多个审批者可以并行地工作，同时对该份资料进行审核，以便提高审批和管理效率。

追踪产品信息的核准权限，是PDM系统通过权限管理完成的。凡是使用者在PDM系统中要做信息的核准动作时，PDM系统都会自动去核查该使用者的权限。

PDM系统还应该具有浏览功能模块和圈阅功能模块。浏览功能模块使得审批者能够在PDM系统中直接浏览各种应用程序产生的图形文件，例如BMP、JPEG、DOC、XLS等。圈阅功能模块可以使得审批者能够在不改变原图形文件的条件下，对其加注圈阅记号、批注等内容。

3. 变更流程管理

在产品的整个生命周期内，设计变更总是会发生的。设计变更是指设计资料已经处于发放状态时，对其进行的修改。产生这些变更的原因是多方面的。

一般地，对一个产品的修改会涉及许多部门。例如，设计部门可能修改产品结构，工艺部门可能修改该产品的加工工艺、工艺规程和工装设备的设计等，由此会引起一连串的采购、制造、财务、销售等各个部门的修改。

通常的设计变更的业务流程是：

(1) 首先，由变更发起者提出变更请求。在提交变更请求时，要提交请求变更的理由、需要变更的资料，以及变更的内容。

(2) 然后，由上级主管部门对变更请求进行审批。如果上级部门没有批准，那么则通知变更发起人，变更过程至此停止。如果上级部门批准了变更请求，则下达变更任务单，并且通知有关人员，暂且不要引用需要变更的资料。

(3) 具体执行人员在接到变更任务单后，必须按照变更说明，执行变更操作，对资料进行修改。

(4) 经过对这些资料修改，结果产生新版本的资料。对这些新版本的资料还应该进行审批。

(5) 审批通过之后，这些资料处于发放状态。

(6) 最后，向本资料所涉及的各个部门发放变更通知。

PDM系统可以用流程管理来完成企业的设计变更工作。

4. 流程监控

流程监控是一项管理功能，是为管理人员准备的工具。流程监控包括监控流程进展情况和模拟流程运行。

PDM系统实现流程监控的方式是：当需要查看某个流程时，在屏幕上显示出该流程的流程图。PDM系统根据各个节点的任务完成情况，就使用不同的颜色来表示。例如，已经完成任务的节点表示成绿色，正在工作的节点表示成白色，已经到期但是还没有完成的任务表示成红色。

在监控流程的过程中，单击某个节点，可以查看该流程的有关属性，包括流程公文、节点任务、任务执行人、任务开始时间和期限等。通过这些属性可以使得管理人员及时了解流程和任务的详细执行情况。

可以把流程监控功能设计成按照一定时间间隔自动检测各种状态，该时间间隔可以由用户自行设定。流程模拟的作用是为了使设计人员可以构造模拟的流程环境，对流程进行检测。这样，就可以预先或者及时发现流程的问题所在、流程的可行性如何，以及怎样使得流程更加合理化，使得企业避免由于流程不合理而造成的各种损失等。

11.3 PDMS与其他系统之间的关系

PDMS是PDM的信息系统形式。从技术方面来看，PDM系统与CAD/CAPP/CAM/CAE有着紧密的联系。从管理角度来看，PDM与ERP系统也是紧密关联。本节将研究PDM系统与这些系统之间的关系。

11.3.1 PDMS与CAD/CAPP/CAM/CAE系统之间的关系

首先，研究PDMS与CAD系统之间的关系。PDMS管理来自于CAD系统的产品设计信息，这些信息包括图形文件和属性信息。这些图形文件既可以是零部件的三维模型，也可以是二维工程视图，例如产品的二维设计图样、三维模型（零件模型和装配模型）、产品数据版本和状态等。属性信息是指零部件的基本属性和装配关系、产品明细、使用材料等。CAD系统也需要从PDMS的相关数据库中获取包括设计任务书、技术参数、原有零部件资料以及更改要求等产品设计方面的信息。CAD系统与PDMS之间的信息流如图11-1所示。

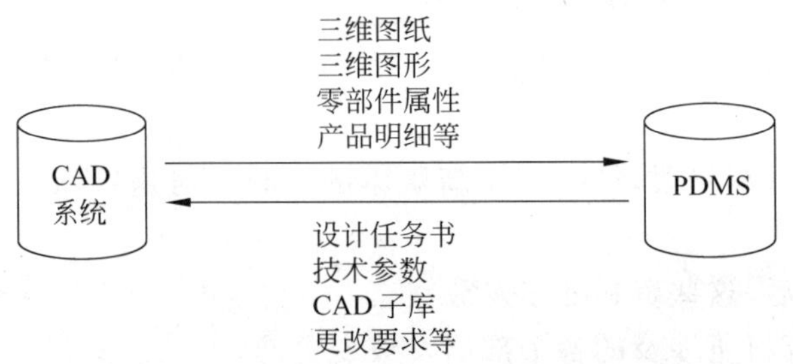

图11-1　CAD系统与PDMS之间的信息流示意图

计算机辅助工艺计划（computer aided process planning，CAPP）是应用计算机辅助手段制定产品加工制造过程中的工艺规划。CAPP系统的主要功能包括：选择标准工艺文件、选择加工方法、安排加工路线、选择机床、刀具、夹具，选择切削参数、加工时间、加工成本等，确定工序尺寸和公差、选择毛坯、绘制工序图、编制工艺文件等。由于PDMS中已经建立了企业的基本信息库，例如材料库、刀具库、典型工艺库、工艺规则库等与产品有关的基础数据。因此，在PDMS环境下，CAPP系统无须直接从CAD系统中获取产品的模型信息、原材料信息、设备资源信息等，而是从PDM系统的相关库存文档中获取正确的模型信息和加工信息。根据零部件的相似性，从标准工艺库中获取相近的标准工艺，快速生成该零部件的工艺文件，从而实现CAD系统与CAPP系统的集成。同样，CAPP系统产生的工艺信息，例如对工艺路线、工序、工装夹具的要求和对设计的修改意见等，也要送回给PDMS中的相关文件进行管理。CAPP系统与PDMS之间的信息流示意图如图11-2所示。

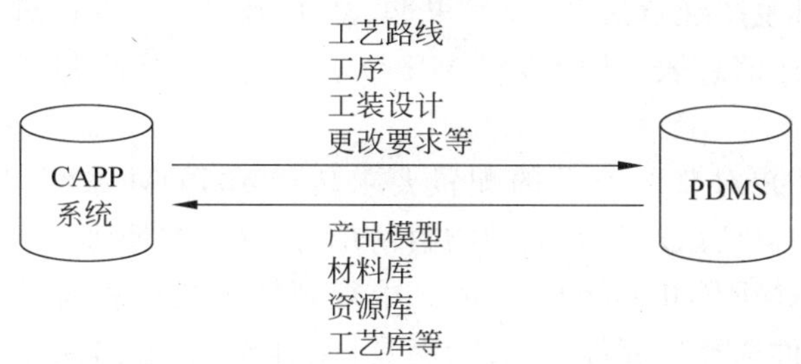

图11-2 CAPP系统与PDMS之间的信息流示意图

CAM系统是在数控机床和NC自动编程技术的基础上发展起来的，CAM系统提供基于计算机的数控自动编程和仿真功能。CAM系统可以通过PDMS从相关文档和数据库中及时、准确地获得需要加工产品及零部件的模型信息、加工工艺要求和相应的加工属性。CAM系统则将产生的刀具轨迹和NC代码存储于PDMS中。CAM系统和PDMS之间的信息流示意图如图11-3所示。一般地，CAM系统和PDMS之间的集成方式是封装模式，即从PDMS中可以调用CAM系统来处理CAM数据。

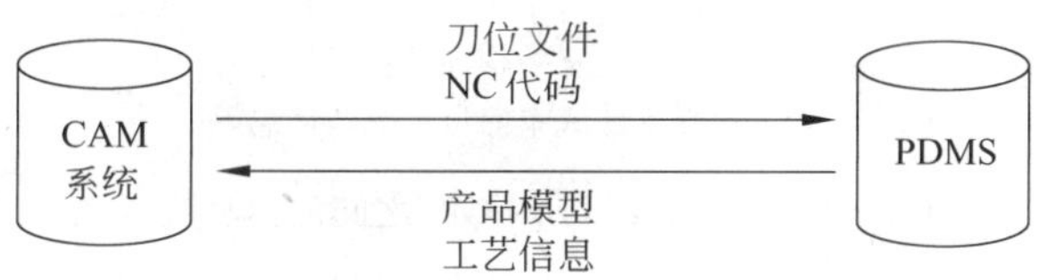

图11-3 CAM系统与PDMS之间的信息流示意图

CAE是计算机辅助工程(computer aided engineering)的简称，是利用计算机对CAD系统的设计结果，例如三维模型等进行结构强度分析、性能指标分析等。一般来说，CAE系统与CAPP和CAMS没有直接的关联，而是通过CAD系统与PDMS发生关联。因此，PDMS和CAE系统的集成主要采用封装模式。也就是说，通过采用封装模式，在PDMS中能够随时激活CAE应用程序，并且识别应用程序产生的文件类型，从而对文件进行各种管理。

11.3.2 PDMS与ERP之间的关系

ERP系统的核心是MRP Ⅱ系统。为了研究PDMS与ERP系统之间的关系，首先研究PDMS与MRP Ⅱ系统之间的关系。

在本书第6章中已经讲过了MRP Ⅱ系统的基本过程。MRP Ⅱ系统是一个经营管理系统，负责企业内部的人、财、物、产、供、销信息的管理，是企业经营管理信息的集成系统。PDMS管理所有与产品相关的信息和所有与产品相关的过程，管理对象主要是企业的设计部门、工艺部门的产品数据和与其相关的过程。PDM系统与MRP Ⅱ系统的集成是实现设计、工艺与计划、生产、质检、销售等经营管理数据的重要途径，是企业内部实现全局信息集成的基本方式。

MRP Ⅱ系统最需要的是物料清单和工艺信息，因为只有根据某个产品的物料清单和工艺信息，才可以安排生产经营活动，例如采购、加工、装配、成本核算等。PDMS存储了产品的物料清单表和工艺信息表。因此，PDMS与MRP Ⅱ系统的共同信息是物料清单和工艺信息。

MRP Ⅱ系统将用户对某个产品的配置要求传递给PDM系统，PDMS根据用户的要求，从配置管理模块中得到该产品完整的物料清单(产品材料明细表)，供MRP Ⅱ系统安排生产经营计划。同样，MRP Ⅱ系统从PDMS中得到的工艺汇总表也反映了在工艺过程中如何按照用户配置条件选择零部件的工装、夹具、原材料、工序、工步、工时等数据。

从PDMS来看，CAD系统的设计人员也需要MRP Ⅱ系统中的库存管理模块提供的原材料信息，以便利用企业现有的资源改进设计，提高标准化程度，从而降低成本。

PDMS和MRP Ⅱ系统之间的信息流示意图如图11-4所示。

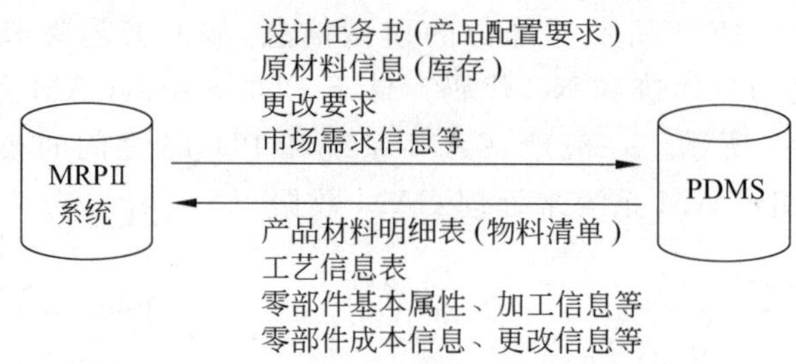

图11-4　MRP Ⅱ系统与PDMS之间的信息流示意图

现在再谈ERP系统与PDMS之间的关系。这两种系统都是帮助企业提高生产效率的工程软件，两者在基本功能、出发点、采用的底层技术、系统结构等方面具有不同的特点，同时也有一些交叉和重叠。

从基本功能来看，ERP系统具有主生产计划、物料需求计划、原材料采购计划、订单处理、车间作业计划、人力资源管理、工装设备管理、成本管理、供需链管理等功能。PDMS侧重于数据存储和管理、工作流程管理、变更控制管理、产品结构和配置管理、标准件管理、图像管理、项目管理等。

从应用范围来看，ERP系统主要应用于产品周期中计划、采购、生产制造、销售、财务等阶段。PDMS首先源于产品设计工艺部门，然后扩展到产品开发全过程，最后延伸到生产与支持管理阶段。

从目标上来看，PDMS的首要目标是控制产品配置，使用更改控制和产品生命周期来管理产品定义数据的开发、维护和并行使用。ERP系统的主要目标是控制生产计划过程、平衡产品销售和为了制造这些产品所需消耗资源之间的关系。

随着PDMS和ERP系统的发展，从功能上来看，这两个系统有许多重叠部分。确实，物料清单、零件分类、部件信息、配置管理、工作流程管理都可以在这两个系统中找到，其中产品结构和配置管理是ERP系统和PDMS最重要的结合点。

产品结构是ERP系统的核心，是按照计划视图或装配视图的方式定义零部件和这些零部件在车间里是如何配置和装配的，该产品结构主要面向物料和生产过程。产品结构也是PDMS的核心，是由设计人员按照设计视图在CAD/CAM中定义的，这时的产品结构主要是围绕产品的原材料和产品配置。

从目前来看，PDMS和ERP系统没有谁取代谁的问题。PDMS就是PDMS，ERP系统就是ERP系统。这两个系统集成的最大难点在于企业组织机构的冲突和数据的管理权限问题。

11.4 PDM产品功能的特点

目前，市场上有许多PDM产品，其中SmarTeam公司的产品在市场上有比较大的影响。下面主要介绍SmarTeam公司的PDM产品的特点。SmarTeam公司成立于1995年，是产品数据管理和工作流程管理解决方案的供应商，其产品主要应用于工程设计、产品制造、办公自动化、电力过程控制等领域。SmarTeam公司专注于PDM市场，为企业提供了从工作组到企业级的各种不同的解决方案。下面分别介绍SmarTeam公司的企业级PDM产品和工作组级的PDM产品。

11.4.1 企业级PDM产品

SmarTeam企业级的产品数据管理解决方案从CAD紧密集成的概念设计一直到生产制造阶段的ERP同步，在整个过程中，使得企业能够同供应商、用户和远程的工作人员进行实时的协同工作。SmarTeam产品已经翻译成了法文、意大利文、德文、韩文、希伯莱文、中文等。SmarTeam企业级的产品如下。

- SmarTeam：PDM核心；
- SmartVault：电子仓库服务器；
- SmartView：高级圈红批阅浏览器；
- SmartFlow：工作流程管理系统；
- SmartWeb：基于Web的产品数据管理系统；
- SmartERP：SmarTeam到ERP系统的连接。

下面分析研究这些产品的主要功能。

1. SmarTeam：PDM核心

SmarTeam的旗舰产品是SmarTeam。SmarTeam是整个PDM的核心，为企业提供了完整的PDM功能。SmarTeam为工程师提供了建立文档、编辑文档、浏览文档、控制文档等功能。

SmarTeam提供了多个视图，可以提高设计人员的工作效率。SmarTeam提供了不同行业的企业模板，这些模板包括机械工程、流程控制、办公自动化等行业。这些模板是确保SmarTeam快速实施和成功实施的关键。

SmarTeam提供了500多个用户化的API函数，企业可以根据自己的需要进行用户化的二次开发。

SmarTeam 通过检入和检出的生命周期管理功能，具有完整的安全管理机制。

SmarTeam 系列产品是完全面向对象的，而且是完全为 Windows 环境和 Java 平台设计的。SmarTeam 充分利用了基于 Windows 和 Internet 的先进技术，例如 COM、DCOM、OLE、ActiveX、ODMA 等，并且对这些技术进行了扩充。

SmarTeam 支持 JavaBeans、HTML、HTTP，可以支持分布式企业。SmarTeam 的 C/S 架构支持各种流行的关系型数据库，例如 Oracle 和 Microsoft SQL Server。

2. SmartVault：电子仓库服务器

SmartVault 电子仓库服务器为 SmarTeam 管理的所有文档提供了安全保护和控制机制。作为 SmarTeam 软件的重要组成部分，SmartVault 采用 Windows 技术为用户提供高性能的数据安全性和授权访问功能。

SmartVault 是数据控制管理更深一个层次的安全电子仓库，目的是为了保持产品生命周期管理过程的数据一致性，防止误删除和非授权的修改。电子仓库的功能是确保只有经过授权的用户才可以访问电子仓库中的对象，而且在同一个时间内不能有一个以上的用户对同一个对象进行修改。

SmartVault 分为不同的安全等级，目的是为了在产品开发的不同阶段存储不同的对象。

3. SmartView：高级圈红批阅浏览器

SmartView 是随着 SmarTeam 和 CAD 插件一起提供的功能强大的浏览器，它提供了内嵌的高级圈红批阅功能。

目前，在动态工作环境中，基于桌面系统的 PDM 解决方案越来越普遍。这就要求在 PDM 解决方案中，必须支持大量的矢量文件、光栅文件、办公自动化文件等，以满足用户在屏幕上方便浏览和操作的需求。例如，机械工程师在使用 CAD 软件的同时，还要访问与其相关的记录测试和分析数据的文档文件、表格文件等。对有些用户来说，安装这些应用软件没有任何意义，因为用户只是想看一看文档，而不是想启动这些应用软件。SmartView 就是这样一个功能强大的附加模块，它能够浏览 CAD 文档和 Office 文档。

SmartView 还可以浏览多种光栅文件、矢量文件和办公自动化文件，而不必真正启动这些应用软件，并且在这些文档上附加的所有注释不会影响文件本身。例如，如果在 CAD 工程图上添加了一个标注或说明，那么只要这张工程图不被修改，这些注释将会永远保留。

4. SmartFlow：工作流程管理系统

SmartFlow 是企业内部从新产品设计到工程更改的工作流程和工程管理软件。SmartFlow 能够在员工之间、部门之间以及企业内部自动地实现工作的流动、任务的流动以及文档的流动。SmartFlow 在提供强大的管理和跟踪能力的同时，加快了审批过程和更改过程。

SmartFlow 的具体功能如下：

- 初始化工作流程；

- 完成任务并且转发文档；
- 跟踪流程中的文档；
- 流程的用户化定义；
- 设计流程框图；
- 建立规则驱动的事件触发器；
- 分配任务；
- 分配用户。

5. SmartWeb：基于 Web 的产品数据管理系统

SmartWeb 是为出差在外的员工、公司的分支机构、产品供需链合作伙伴提供的 PDM 解决方案。他们需要通过 Internet，从 SmarTeam 数据库中取得与产品相关的信息。利用 SmartWeb 软件，用户可以进行搜索查询、快速浏览相关文档，而不必实际打开文档。无论使用者在何处，设计小组的成员都可以访问到相关的信息，介入到产品设计过程中，并且不断地评估整个设计过程。实际上，SmartWeb 将企业的人、信息和过程控制集成在一起。

SmartWeb 的主要功能如下：

- 查询和检索；
- 跟踪产品生命周期管理的版本；
- 多平台访问；
- SmarTeam 环境的延伸；
- 浏览。

6. SmartERP：SmarTeam 到 ERP 系统的连接

SmartERP 是将 PDM 和 ERP 连接到一起的桥梁，SmartERP 与 SmarTeam 软件的各个功能模块密切集成。从整个供需链到 ERP 软件的最终用户，提供全面的版本管理、更改控制管理和协同工作管理。SmartERP 是专门为从产品设计的最初阶段到整个生产制造过程的数据集成而设计的软件产品，它可以使得工程设计部门和生产制造部门之间实现双向的、实时的数据传输，加快了企业内部工作流程的速度，避免了数据的重复录入，改善了部门之间的通信。

SmartERP 的主要功能如下：

- 实现物料清单和项目的同步；
- 更改过程的同步；
- 可扩展的体系结构；
- 可裁减的用户化。

11.4.2 工作组级 PDM 产品

SmarTeam 公司开发的 CAD 插件式的工作组级的 PDM 产品是设计工作组理想的 PDM 解决方案，能够实现方便、直观地进行产品数据管理。每一种与特定的 CAD 软件配套的工作组级的 PDM 使得设计小组能够马上使用，而不必进行另外的培训。

实际上，这些工作组级的 PDM 产品直接集成在各自的 CAD 软件环境中，设计人员可以在前台设计的同时，后台的 PDM 软件就可以在设计过程中管理相关的数据。

工作组级的 PDM 产品主要包括：

- SmartDesk；
- SmartEdge；
- SmartExpress；
- SmartInventor。

1. SmartDesk：SmarTeam for AutoCAD & MDT

SmartDesk 是专门为 AutoCAD 和 MDT 的用户提供的完全集成的、使用方便的工程文档管理工具。SmartDesk 为使用 AutoCAD 和 MDT 的设计小组提供了完整的解决方案。用户可以使用 SmartDesk 产品创建、编辑、观察、控制、注解 AutoCAD 文档、MDT 文档、Office 文档等。

2. SmartEdge：SmarTeam for SolidEdge

SmartEdge 是专门为 SolidEdge 用户提供的完全集成的、使用方便的工程文档管理工具。SmartEdge 为 SolidEdge 的用户节省大量寻找文档的时间，提高协同工作性，减少了由于数据重复录入而造成的人为错误。

3. SmartExpress：SmarTeam for SolidWorks

SmartExpress 是专门为 SolidWorks 的用户提供的完全集成的、使用方便的工程文档管理工具，为 SolidWorks 环境的设计小组提供了完整的解决方案。使用 SmartExpress 可以管理装配结构、管理零件、装配体和工程图，存储以前的设计等。

4. SmartInventor：SmarTeam for Inventor

Inventor 是由 AutoDesk 公司开发的三维机械设计软件。SmartInventor 是 SmarTeam 公司专门为 Inventor 用户开发的产品数据管理解决方案。用户可以使用 SmartInventor 工具创建、编辑、观察、控制和注解 Inventor 文档和 Office 文档。

本章案例　金陵船厂的 PDM 系统

金陵船厂是中国长江航运集团所属修造船大型骨干企业之一，创建于 1952 年，坐落在南京长江大桥东南侧，厂区占地面积 30 多万平方米，全厂职工近 2000 人。金陵船厂目前在国内造船业位居十强之列，在国际造船业综合排名在 30 多位。

金陵船厂传统的产品设计过程一般是，根据工厂的设计任务转接单接受设计任务，公司联合或联络船东、船级社、有关的设计院等，进行设计方案的确定。上述方案完成的图纸作为公司施工设计中的参考图，经理室或单船主管将设计任务分解到各个专业室的专业主管或室主任，再分配给具体的技术人员，技术人员完成图纸设计后，由其他技术人员进行校对，专业主管审核，单船主管审核，工艺会签、标准化审查、审定，最后由总经理/单船主管批准，这样图纸可以下发工厂的施工单位。如果某个环节出现问题，先对图纸进行修改设计，再根据情况进行相应的图档管理流程操作。当交船后，图纸进行归档，将本项目下所有的CAD图档和技术文件，按纸介质和电子格式分别进行整理，并将电子文件刻录到光盘上备份保存。

在实施PDM之前，图文档的格式有AutoCAD的DWG、PLT、DXF，MS Office的Word、Excel，以及text文本格式文件。设计人员在本机完成图纸和技术文档后，再复制到服务器上指定的目录中，电算室的技术人员定期维护。在图纸校对、审核、批准等流程中分别打印出图纸。由于图档较多，而且在设计过程中大多是改型设计，目前缺乏有效的版本管理和查询手段，容易造成设计失误，浪费了设计人员对图文档维护的精力，难以提高设计效率。

金陵公司的PDM项目从2001年10月立项，2003年7月正式运行。建成后的PDM系统的主要功能包括项目管理、图档管理、权限管理、打印管理、人员管理、版本管理、信息交流、系统管理、日志管理等。

项目管理方面，根据船厂设计部门对设计项目任务具体的管理模式，在实现产品设计过程中项目的创建、查询、删除、修改等操作。图档管理方面，根据船厂对新旧图纸、外来的CAD图纸(全部是电子格式的)、技术文档具体的管理模式，实现AutoCAD 2000、RootShip格式的图纸及Office格式的技术文档的创建、借用、参考、查询、删除、红线批注(AutoCAD文件格式)等操作，并结合工作流程，实现设计过程的控制，如设计、校对、标准化、审核、归档等。权限管理方面，实现人员角色的分配、权限的动态分配与维护，通过权限将具体的任务与具体的人员关联，实现产品设计流程的控制。打印管理方面，实现CAD图纸的打印管理(RootShip软件应支持打印时输出到文件的功能)，产生实际的打印记录等，个人可以查询本人打印信息等。人员管理方面，在PDM软件中提供部门、人员的管理和维护功能。版本管理方面，通过对CAD图纸和技术文档版本管理的具体模式，实现图文档版本的创建、替换、删除等控制。信息交流方面，在设计过程中提供信息流的生成、发布、维护等，实现任务提示、信息交流、协同设计等，同时可将公共信息通过Web方式进行发布。系统管理方面，提供开放式的系统维护和管理功能，如CAD文件模板定制，CAD软件及其图纸格式的挂接，设计流程模板的定义、维护和使用等。日志管理方面，实现人员操作时主要或特殊操作信息要有记录、可查询等。

本章案例思考题

1. 金陵船厂为什么要建设PDM系统?
2. 金陵船厂的PDM系统的主要功能是什么?
3. 你认为金陵船厂的PDM系统建设有无需要继续改进和提高?

本 章 小 结

本章讲述了产品数据管理的基本原理和应用。首先，介绍了PDM的基本概念。接下来，研究了PDM的主要功能模块。在PDMS中，包括了多项功能，本章对最经常使用的功能进行了详细的描述，这些主要功能包括文档管理功能、电子仓库功能、产品结构和产品配置管理功能、工作流程管理等。之后，详细描述了 PDMS 与 CAD/CAM/CAPP/CAE、PDMS 与 ERP 系统之间的关系。最后，以 SmarTeam 产品为例介绍了 PDMS 的功能特点。

思考和练习题

1. PDM 的基本作用是什么？

2. 一般情况下，PDMS 系统应该包括哪些功能模块？

3. 文档管理功能的主要特点是什么？

4. 电子仓库的作用是什么？电子仓库与数据仓库之间的异同点是什么？

5. 产品结构管理与产品配置管理之间的关系是什么？

6. 工作流程管理与企业动态建模的区别和联系是什么？

7. PDMS 与 CAD/CAM/CAPP/CAE 系统之间的数据流向是什么？

8. PDMS 与 ERP 系统的区别和联系是什么？讨论这个问题：能否说 PDMS 将完全取代 ERP 系统，或者 ERP 系统也可以取代 PDM 系统？

9. SmarTeam 产品的主要功能是什么？

10. 收集资料，分组讨论，除了 SmarTeam 产品，再举出 5 个 PDM 产品的示例。

第12章 战略信息系统

【场景】 什么是战略信息系统?

在卡尔巴氏公司的会议室里,大家在激烈地讨论一个话题,什么是战略信息系统?

在卡尔巴氏公司,这种思想交流的气氛非常浓厚。没有上下级之间的森严压力,没有一言九鼎的权威气势,只有无忧无虑、畅所欲言的自由空间。

有人很有把握地说:"我认为,战略信息系统是制定企业战略的信息系统,其输出目标是企业战略。"

"不对,"有人反对,"战略信息系统就是决策支持系统,是企业高层领导使用的一种信息系统。"

"你们两人都不对,"坐在会议桌对面的人说,"战略信息系统不是决策支持系统,战略信息系统是主管信息系统或经理信息系统。"

"ERP 系统是战略信息系统吗?"有人问。

"不是,ERP 系统不可能是战略信息系统。"有人回答。

"是,ERP 系统有可能是战略信息系统。"又有人回答。

"是,ERP 系统一定是战略信息系统。"有人补充。

"战略信息系统是功能最齐全的信息系统吗?"有人怯生生地问。

"这还用问吗? 菜鸟。"

"不要攻击别人。"

大家争论非常激烈。

"从功能上来讲,战略信息系统是一种不能确定的信息系统。无论是 TPS 系统,还是 DSS 系统,不管是 ERP 系统,还是 CRM 系统,如果这种系统能给企业带来战略优势,那么这种信息系统就是战略信息系统。"有一个声音说。

"谁在说话?"许多声音问。

随着信息技术的飞速发展和在企业内的广泛应用,企业的商务环境发生了深刻的变化,市场竞争日趋激烈,Internet 网络迅猛蔓延,不对称信息现象日趋消失,这些变化为企业的经营管理带来了严峻的挑战。信息技术在企业内的推广和应用不仅能提高企业的工作效率和经济效益,更为重要的是信息技术在企业中的应用改变了企业产品或服务的性质,改变了企业参与竞争的方式,为企业提供了新的参与市场竞争的手段,从而大大增强了企业的核心竞争能力,使自己相对于竞争对手而言有了更高的地位和更加强大的实力。在这种情况下,人们提出了战略信息系统(strategic information system,SIS)。本章将详细研究战略信息系统的原理和应用。

本章目标:

- 了解战略的基本概念;

- 理解企业战略的概念和特征；
- 了解企业战略的构成要素和层次结构；
- 了解企业战略管理的概念和特点；
- 理解企业战略管理的过程特点；
- 掌握企业战略管理的基本理论；
- 了解信息战略的概念和意义；
- 理解战略信息资源的特点和作用；
- 了解战略信息管理理论的基本特点；
- 掌握基于企业信息化的战略信息管理理论的意义；
- 理解战略信息系统的概念和功能特点。

12.1 概　　述

对战略信息系统的研究始于20世纪80年代初。1985年,美国的战略信息系统专家Wiseman提出了战略信息系统的概念。他认为,战略信息系统是指运用信息技术来支持或体现企业竞争战略和企业计划,使企业获得或维持竞争优势,或削弱对手的竞争优势。这种进攻和反进攻表现在各种竞争力量的较量之中。信息技术的应用可以影响这种竞争力量的平衡。Wiseman开创了战略信息系统研究领域。

战略信息系统思想首先建立在对信息技术的创造性认识的基础上,是从战略角度考察和运用信息系统的直接产物。战略信息系统是能够影响和塑造企业战略和计划的信息技术,是能够使企业获得竞争优势、摆脱竞争劣势的有效武器。

战略信息系统研究最为关注的领域包括：

(1) 如何使IS/IT在商业环境中作为获取竞争优势的工具?

(2) 如何将IS/IT与一个组织整合起来以提高一般的业务绩效?

(3) 如何合理地运用IS/IT发展新的产品或服务?

(4) 如何合理地运用IS/IT改进业务组织与顾客和供应商的关系?

总之,战略信息系统更加关心的是发现创造性地开展业务活动和增加利润的方法。

12.2 企业战略管理的概念、特征和作用

在深入研究战略信息系统之前,首先应该理解什么是战略。本节主要研究企业战略管理的主要内容,这些内容包括战略的概念、企业战略的特征、要素和层次、企业战略管理的过程和基于的理论。

12.2.1 战略

战略是一个军事术语,由“战”和“略”组成。“战”是指战斗和战争,“略”是指策略、谋略、计划等。战略的英文一词是Strategy,来源于古希腊语的Strategia,其含义是军事指挥官克敌制胜的科学和艺术。

辞海中对战略的定义是：军事名词。对战争全局的筹划和指挥。它是依据敌对双方的军事、政治、经济、地理等因素，照顾战争全局的各个方面，规定军事力量的准备和运行。

中国大百科全书对战略的定义是：战略是指导战争全局的方略，即战争指导者为达到战争的政治目的，依据战争规律所制定和采取的准备和实施战争的方针、政策和方法。

随着社会的进步和人类社会的发展，作为军事术语的战略一词广泛应用于军事以外的领域，这些领域包括政治、经济、科技、社会发展等。

现在，战略的含义是：泛指重大的、带全局性的或决定全局的谋划。本章研究的战略主要是从企业的角度出发，如何使用各种信息技术和信息资源，使企业在激烈的竞争环境中处于有利的位置。

12.2.2 企业战略和其特征

什么是企业战略呢？这个问题可以从 3 个方面描述，即狭义的概念、广义的概念和整合的概念。

1. 狭义的概念

战略咨询专家 Ansoff 认为，企业战略是贯穿于企业经营与产品和市场之间的一条共同经营主线，其决定着企业目前所从事的或者计划要从事的经营业务的基本性质。这条经营主线由 4 个要素组成。

(1) 产品与市场范围：指企业所生产的产品和竞争所在的市场；

(2) 增长向量：指企业计划对其产品以及市场范围进行变动的方向；

(3) 竞争优势：指那些可以使企业处于强有力竞争地位的产品和市场的特征；

(4) 协同作用：指企业内部联合协作可以达到的效果，即 1+1 大于 2 的效果。

战略顾问 Hofer 和 Schendel 认为，企业在制定战略时应该考虑企业资源配置与外部环境的相互作用。他们认为，战略是企业目前的和计划的资源配置与环境相互作用的基本模式，该模式表明企业将如何实现自己的目标。

2. 广义的概念

战略和决策专家 Andrews 认为，战略是一种决策模式，这种模式决定和揭示企业的目的与目标，以及达到这些目标的重大方针和计划。从而界定企业正在从事的或者应该从事的经营业务，以及界定企业所属的或应该属于的经营类型。

战略顾问 Quinn 认为，战略是一种模式或计划，它将一个组织的主要目的、政策或活动按照一定的顺序结合成一个紧密整体。有效的正式战略包括 3 个基本因素：

(1) 可以达到的最主要的目的和目标；

(2) 指导或约束经营活动的重要政策；

(3) 可以在一定条件下实现预定目标的重要活动程序或项目。

在 Quinn 定义中，确立一个组织的目标是战略制定过程中的一个不可分割的部分。

3. 整合的概念

整合观点认为企业战略是一个复杂的管理范畴，不能从一个方面简单下一个定义，企业战略需要从多个方面而不是一个方面进行定义。

战略管理专家 Henry Mintzberg 的 5 个观点最具代表性。

(1) 战略是一种计划。战略是一种统一的、综合的、一体化的计划，用来实现企业的基本目标。战略必须在企业经营活动之前制定，以便人们使用。另外，战略还是有意识、有目的的开发和使用。

(2) 战略是一种计谋。这是指在特定的环境下，企业将战略作为威胁和战胜竞争对手的一种具体手段。例如，一个企业在得知竞争对手想要扩大生产能力占领更多的市场时，便提出自己的战略是增加研发费用、推出更新的产品，迫使对手企业放弃扩大生产能力的设想。

(3) 战略是一种模式。战略是企业为了实现战略目标进行竞争而进行的重要决策、采取的途径和行动以及为实现目标对企业主要资源进行分配的一种模式。这种定义强调战略通过一系列的行为体现出来。

(4) 战略是一种定位。战略是一个企业在自身环境中所处位置或所在市场中的位置。这里的战略实际上成为了企业与环境之间的一种中间力量，使得企业的内部条件与外部环境更加融洽。

(5) 战略是一种观念。这种定义强调战略是一种概念的内涵，即所有的战略都是一种抽象的概念，它存在于需要战略的人们的头脑中，体现了人们对客观世界的认识方式。

4. 企业战略的特征

无论人们怎么认识企业战略的概念，但是对于企业战略的特征基本是一致的。企业战略具有下面 8 个特征：

(1) 企业战略具有总体性。也就是说，企业战略就是企业发展的宏伟蓝图，制约着企业经营管理等一切具体的活动。

(2) 企业战略具有长远性。企业战略考虑的是企业未来相当长一段时期内的总体发展问题。这段时期通常是 3 年到 5 年，甚至更长。

(3) 企业战略具有指导性。企业战略规定了企业在一定时期内基本的发展目标，以及实现这一目标的基本途径，指导和激励着企业员工努力工作。

(4) 企业战略具有现实性。企业战略是建立在现有的主观因素和客观条件基础上的，一切从现有起点出发。

(5) 企业战略具有竞争性。同军事战略一样，企业战略的目的也是克敌制胜、赢得市场竞争的胜利。

(6) 企业战略具有风险性。企业战略是对未来发展的规划。由于环境总是处于不确定的、变化莫测的趋势中，因此任何企业战略都与风险同在。

(7) 企业战略具有创新性。企业战略的创新性源于企业内外环境的发展变化，因循守旧的企业战略是无法适应时代发展的。

(8) 企业战略具有稳定性。企业战略制定之后，在比较长的时期内要保持稳定，有利于企业内部各部门贯彻执行。

12.2.3 企业战略的要素和层次

企业战略的要素是构成企业战略的组成部分，研究企业战略的要素有利于寻求企业的获利途径。企业的管理体制是一种阶梯式的金字塔结构，处于不同层次的管理人员需要不同的企业战略。下面介绍企业战略的要素和层次。

1. 企业战略的要素

一般地，把企业战略的要素分成4个，即产品的市场范围、增长向量、竞争优势和协同作用。

产品的市场范围要素说明了企业属于什么特定的行业和领域，许多企业将自己的经营范围定得过宽，造成经营方向模糊。为了清楚地表达企业的经营方向和范围，产品的市场范围常常需要分行业来描述。

增长向量要素又称为成长方向，它说明企业从现有产品的市场范围向未来产品的市场范围移动的方向，即企业的经营方向。常见的增长向量包括市场渗透、市场开发、产品开发、多种经营等：

- 市场渗透是通过目前的产品与市场的市场份额增大达到企业增长的目的；
- 市场开发是企业产品寻找新的消费群，以此作为企业成长的方向；
- 产品开发是创造新的产品，替代现有产品，从而保持企业增长；
- 多种经营的产品和市场都是新的，即企业进入一个新的经营领域。

竞争优势表明企业的某一产品的市场组合与众不同的特殊属性，凭此可给企业带来强有力的竞争地位。

协同作用指明了一种联合作用的效果。协同作用可以划分成使用共同销售渠道的销售协同作用、分摊费用的运行协同作用、共享管理经验和专门技术的管理协同作用等。协同作用常常描述为1+1>2的效果。

2. 企业战略的层次

一般地，大企业的战略层次可以分为三层，即公司战略、事业部战略和职能战略。这三层战略之间的关系如图12-1所示。

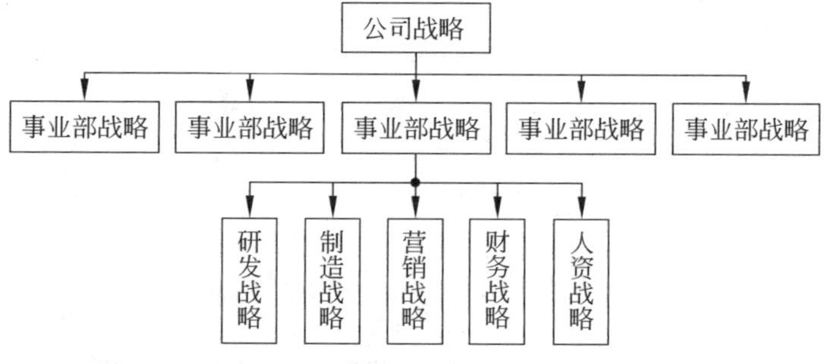

图12-1 企业战略层次结构示意图

公司战略一般是以公司整体为研究对象，研究整个公司生存和发展中的一些基本问题，它是企业总体的最高层次的战略，是整个企业发展的总纲，是企业最高管理层指导和控制企业的一切行为的最高行动纲领。公司战略主要回答下面两个问题：

（1）从公司全局出发，根据外部环境变化和企业的内部条件，选择企业所从事的经营范围和领域，即需要决定：我们的业务是什么？我们应该从事什么业务？

（2）在确定所从事的业务之后，怎样去发展这些业务，以实现公司整体的战略意图。

公司战略制定的职责属于最高管理层。

事业部战略也称为竞争战略。它是在总体性的公司战略指导下，经营某一特定经营单位所制定的战略计划，是公司战略的子战略。这种战略主要解决一个事业部在其所处的行业中或某一特定的市场——产品领域内如何与对手竞争的问题。也就是说，就是在什么基础上与对手竞争，建立某种优势地位。事业部战略的制定者是企业的事业部领导。

职能战略是为贯彻、实施和支持公司战略和事业部战略而在特定的职能领域内所制定的实施战略，包括生产战略、市场营销战略、财务战略、人事战略、研发战略等。职能战略主要解决资源利用的效率问题，使企业资源利用效率最大化。制定职能战略是各个职能部门经理们的事情。

公司战略、事业部战略和职能战略之间相互联系、相互作用，构成了一个完整体系。如果企业想要经营成功，就必须把三者有机地统一起来，相互配合，密切协作。这 3 种战略之间的互动关系如图 12-2 所示。

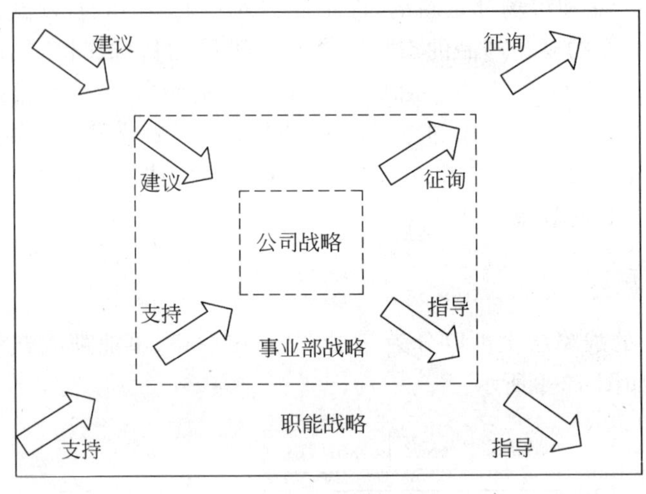

图 12-2　企业战略层次的互动示意图

12.2.4　企业战略管理的特点和作用

战略管理是一种不同于职能管理的新的管理思想和模式。这种管理方式的基本内容是：指导企业全部活动的是企业战略，全部管理活动的重点是制定战略和实施战略。

制定战略和实施战略的关键是对企业内外部环境条件进行分析评估，并在此基础上确定企业战略目标，并使三者之间形成动态平衡。所以说，企业战略管理的任务就在于通过企业战略的制定与实施，在保持动态平衡下，实现企业的战略目标和企业使命。

1. 战略管理的特点

与传统的职能管理相比，战略管理具有以下特点。

(1) 具有总体性。企业战略管理是以企业总体为对象的，它所管理的是企业的总体活动，所追求的是企业的总体效果。战略管理不是强调企业的某一事业部或某一职能部门的重要性，而是通过制定企业的使命、目标和战略来协调企业各部门的活动，实现企业的整体最优。

(2) 从时间来看，具有长远性。战略管理中的战略是对企业未来较长时间内，就企业如何生存和发展等问题进行统筹规划。这一规划的实现，不仅需要从现有的资源条件出发，而且还要在未来的实现活动中不断地积累资源、学习新知识、锻炼新能力。无论从战略制定，还是从战略实施上看，战略管理都具有时间上的长远性。

(3) 战略管理的主体是企业的高层管理人员。由于战略涉及企业的各个方面和各个部门，虽然它需要企业中下层管理人员和全体员工的参与和支持，但是最需要的还是企业高层管理人员的介入和决策。这不仅是由于他们能够统观全局，了解企业的总体情况，更重要的是他们对企业总体发展战略决策与执行所需的资源条件具有分配权力。

(4) 战略管理对企业发展来说，重在改进效能，而职能管理重在改进效率。所谓的效能是指企业实际产出达到期望产出的程度，而效率则是指企业实际产出与实际投入的比率。一般地，企业职能部门管理考虑的是把事情做好，提高效率。但是，战略管理部门，即企业高层管理则是考虑企业向什么方向发展、如何适应环境、做哪些正确的事情，重在改进效果。二者结合统一，才能整体地改进企业的效益。

2. 战略管理的作用

战略管理作为一种企业管理方式或思想之所以受到人们的青睐，是因为它具有以下几个方面的作用：

(1) 由于战略管理将企业的成长和发展纳入了变化的环境中，管理工作要以未来的环境变化趋势作为决策基础，这就使企业管理者们重视对经营环境的研究，正确地确定公司发展的方向，选择适合的经营领域或产品——市场领域，从而能更好地把握外部环境所提供的机会，增强企业经营活动与外部环境的适应性，从而使二者达到最佳的组合。

(2) 由于战略管理不只是停留在战略分析和战略制定上，而是将战略的实施作为其管理的一部分，这就使企业的战略在日常生产经营活动中充分发挥其纲领性作用。特别是，由于在战略实施过程中，根据环境的变化对战略不断地评价和修改，使企业战略得到不断的完善，也使战略管理本身得到不断的完善。

(3) 由于战略管理把规划出的战略付诸实施，而战略的实施又同日常的经营计划执行与控制结合在一起，这就把近期目标或作业性目标与长远目标或战略性目标结合了起来，把总体战略目标同局部的战术目标统一了起来，从而可以调动各级管理人员参与战略管理的积极性，有利于充分利用企业的各种资源并提高协同效果。

(4) 由于战略管理不只是计划如何执行，而且也计划如何淘汰过时的东西，以“计划是否继续有效”为指导，重视战略的评价和更新，这就使企业管理人员能不断地在新的起点上对外界环境和企业战略进行连续性探索，增强创新意识。

12.2.5 企业战略管理的过程

企业战略管理过程一般包括战略环境条件分析、战略制定与选择、战略实施与控制 3 个环节。下面分别介绍这 3 个过程。

1. 战略环境条件分析

战略环境条件分析就是企业内外环境条件的战略分析，它包括两个方面的内容，即企业所处的外部环境分析和企业内部条件分析。

企业外部环境的战略分析主要是了解企业所处的外部环境（一般宏观环境和行业环境）正在发生或将要发生哪些变化，这些变化将会给企业带来何种影响。具体地说，就是这些变化将会给企业带来哪些有利的影响和机会，或带来哪些不利的影响和威胁。这些机会或威胁将对企业制定战略起到限制或约束作用。

宏观环境分析的主要因素包括政治法律因素、经济环境因素、科技因素和社会文化因素。这些因素的内容如表 12-1 所示。

表 12-1 宏观环境分析的因素

政治法律因素	经济环境因素	科技因素	社会文化因素
政局稳定程度	经济发展阶段	科技水平	社会公共的价值观
政治经济体制	经济总量水平	科技政策	信仰
路线方针政策	国民收入水平	科技转化	习惯
法律	物价水平和通货膨胀	科技发展动向	教育水平
法规	经济基础设施		人口统计特征
国际政治法律因素	国际经济因素		

企业内部条件的战略分析主要是要了解企业拥有哪些资源和具备哪些能力，这些资源和能力使企业在所经营的行业中处于何种地位，与同行竞争对手相比，有哪些优势和弱点，这些内部条件正是企业决定采用选择战略的基础。

另外，对企业内部条件分析，还需要了解与企业有关的个人、团体的价值观和期望是什么，对企业的要求和愿望是什么，了解这些对企业战略的选择与实施具有重要影响。

2. 战略的制定与选择

战略分析之后，就需要制定战略。战略的制定是一个复杂的决策过程。在制定战略时，管理人员应该尽可能多列可供选择的方案，不要只考虑那些比较明显的方案。

提出多个战略方案以后，管理人员应该根据一定的标准对这些方案进行评估，以确定哪种方案最有助于实现企业的目标。确切地说，首先要明确哪些方案能支持和加强企业的实力，并且能够克服企业的弱点，哪些方案能完全利用外部环境变化所带来的机会，而同时又使企业面临的威胁最小或者完全消除。

战略评估过程不仅要保证所选战略的适用性，而且需要具有可行性和可接受性。前者意味着组织的资源和能力能够满足战略的要求，同时外界环境的干扰和阻碍是在可接受的限度内，后者意味着所选择的战略不致伤害相关者的利益。

3. 战略实施与控制

战略实施就是将战略转化为行动。一般地，可以从 3 个方面推进一个战略的实施。

第一，制定和协调职能战略，例如生产战略、研发战略、市场营销战略、财务战略等。在这些职能战略中要能体现出战略推进步骤、采取的措施、项目的安排等。

第二，根据战略实施的要求对企业的组织机构进行改造，构造出能够适应所采取的战略的组织机构来，为战略的实施提供组织保障。

第三，调整企业的领导班子与企业文化，使其与所执行的战略相匹配。

在战略的具体化和实施过程中，为了使实施中的战略达到预期的目的，实现既定的战略目标，必须对战略实施进行控制。

12.2.6 企业战略管理的理论

纵观企业战略管理理论的产生与发展，可以把这种理论分成 3 个阶段，即以环境为基础的经典战略管理理论、以产业（市场）结构分析基础的竞争战略理论、以资源和知识为基础的核心竞争力理论。

1. 以环境为基础的经典战略管理理论

以环境为基础的经典战略管理理论的观点主要是：

（1）企业战略的基点是适应环境。企业所处的环境往往是企业自身难以左右的，因而企业制定战略必须充分考虑环境的变化，只有适应环境的变化，企业才能生存和发展。

（2）企业战略的目标在于提高市场占有率。企业战略适应环境变化旨在满足市场需求，获取理想的市场占有率，这样有利于企业的生存和发展。可以说，企业如何获取理想的市场占有率是经典战略管理的核心内容。

（3）企业战略的实施要求组织结构变化与其相适应。经典战略管理实质上是一个组织对其环境的适应过程以及由此带来的组织内部结构变化的过程。

但是，以环境基础的经典战略管理理论也存在着以下不足：

（1）该理论缺少对企业将投入竞争的一个或几个产业进行分析与选择，它从现存的产业市场出发，要求企业所适应的环境实质上是已经结构化的产业市场环境。

（2）该理论缺乏对企业内在环境得考虑，它只是从企业的外部环境来考察企业战略问题。

2. 以产业（市场）结构分析基础的竞争战略理论

以产业（市场）结构分析基础的竞争战略理论的代表者是 Porter。Porter 认为，企业盈利能力取决于其选择何种竞争战略，竞争战略的选择应该基于下面两个因素：

（1）选择有吸引力的、高潜在利润的产品。

（2）在已选择的产业中确定自己优势的竞争地位。

竞争战略专家 Porter 提出了一种竞争力模型。在这种竞争力模型中，涉及 5 种力量，即新进入市场者、替代产品或服务、供应商、顾客、传统的竞争者。这种竞争力模型如图 12-3 所示。他认为产业的吸引力、潜在利润是源于这 5 种力量的压力所产生的相互作用。企业可以通过其战略对这 5 种竞争力量发生影响，并影响产业（市场）结构，甚至改变某些竞争规则，从而赢得竞争优势，提高自己的盈利能力。

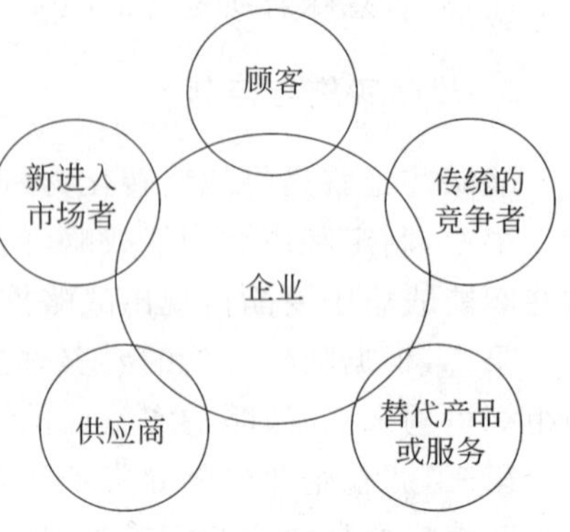

图 12-3 Porter 竞争力模型示意图

3. 以资源和知识为基础的核心竞争力理论

信息技术的迅猛发展使竞争环境更加恶劣，使得企业不得不把眼光从关注其外部产品市场环境转向其内在环境，注重对自身独特的资源和知识的积累，形成特有的竞争力，即核心竞争力。战略信息系统就是企业核心竞争力的体现。

该理论的假设，企业具有不同资源，形成了独特的能力，这些资源不能在企业之间自由流动，对属于某企业特有的资源，其他企业无法得到或复制，企业利用这些资源的独特方式是企业形成竞争优势、实现战略管理的基础。

该理论认为，企业经营战略的关键在于培养和发展企业的核心竞争力。所谓核心竞争力是组织中积累性学识，特别是关于如何协调不同的生产技能和有机结合多种技术的学识。因此，核心竞争力的形成要经历企业内部资源、知识、技术等的积累、整合而成。正是通过这一系列的有效积累和整合，形成持续的竞争优势之后，才能为获取超额利润提供保证。该理论强调，企业内部条件对于保持竞争优势以及获取超额利润具有决定性的作用。这表明，在战略管理实践上，要求企业从自身资源和能力出发，在自己拥有一定优势的产业及其关联产业进行多元化经营，从而避免受产业吸引力诱导而盲目地进入不相关产业进行经营。

该理论还认为，并不是企业所有的资源、知识和能力都能形成持续的竞争优势，只有当资源、知识和能力同时符合下面标准时，才能成为企业持续的竞争优势：

- 珍贵：能增加企业外部环境中的机会或减少威胁的资源、知识和能力才是珍贵的；
- 异质：企业独一无二，没有被当前和潜在的竞争对手所拥有；
- 不可模仿：其他企业无法获得；
- 难以替代：没有战略性的等价物。

因此，要培养和发展核心竞争力，企业应该首先分析自身的资源、知识和能力的状况，选择其中的一个或几个方面，充分发展这些优势。在选择那些可能成为核心竞争力的因素的同时，还应该关注未来新的核心竞争力的培养。实施战略信息技术就是企业培养和发展核心竞争力的关键。

12.3 信息战略和战略信息管理

信息战略是企业战略的有机组成部分，是关于信息功能的目标和实现的谋划。本节将要全面研究企业的信息战略和战略信息管理的内容。

12.3.1 信息战略

前面讲过，信息战略是企业战略的有机组成部分，是关于信息功能的目标和实现的谋划。企业信息战略有时也可以理解为信息管理战略和信息战略。

从功能上来看，信息战略是一类独立的战略。但是，从信息功能实现的角度来看，信息战略又必须与各种业务战略整合。因为无论信息是多么重要，它都是处于从属地位，是为了实现业务功能而实现的。

信息战略专家 Der Poel 提出了信息战略的定义，他认为，信息战略是一组模糊的或清晰的目的、远景、方针和计划的综合体，该综合体与企业的信息需求和供应有关，且被企业高层管理者认可，目的是支持企业的长远目标并使之适应环境的变化。该定义的要素如下：

(1) 目的、远景、方针、计划是信息战略重要的实质内容；

(2) 识别信息供应和需求表明对信息需求（信息系统）和各种资源（信息技术）的关注；

(3) 注重作为信息战略的支持和激励者的管理角色；

(4) 信息战略被认为是清晰的或模糊的目标的综合体；

(5) 信息战略与企业整体战略密切相关，或者充当引导作用，或者扮演推进角色。

信息战略是企业的职能战略之一，是企业信息功能要实现的任务、目标以及实现这些任务和目标的方法、策略、措施的总称。

信息战略本身还可以划分为信息技术战略、信息资源战略、电子商务战略、信息组织战略等功能战略。

12.3.2 战略信息资源

战略信息资源是与企业战略相关或是企业战略管理过程中所需要以及所产生的信息资源的总和，是那些决定企业命运的、为企业决策所必需的、关系到企业发展全局和远期规划的信息资源。具体地说，企业战略信息资源主要涉及以下 5 个方面。

1. 与企业任务陈述和目标相关的信息资源

任务陈述和目标是企业战略形成的基础和指导思想，是区别一个企业与其他类似企业的持久性的目的的陈述。这种陈述确定了企业经营的产品种类和市场范围，描述了企业的价值观和业务重点，并且指出了企业的未来发展方向。

企业目标是完成企业基本任务所要得到的具体结果，它确定了企业的发展方向，揭示了业务重点，是企业任务陈述的具体化，而企业战略则是实现企业长期目标的方法。

2. 与企业战略及其管理过程相关的信息资源

战略信息资源首先是指与战略相关的信息资源。企业战略一般分为公司战略、事业部战略和职能战略 3 个层次。但是，在具体的实现中，这些战略通常包括前向一体化战略、后向一体化战略、横向一体化战略、市场渗透战略、市场开发战略、产品开发战略、集中多元化竞争战略、混合式多元化竞争战略、横向多元化竞争战略、收缩战略等。

这些战略都有特定的适用范围，并且需要根据实施环境加以变化。也就是说，企业战略管理过程既是指导企业开展有效竞争的过程,同时又是利用这个过程所产生的战略信息资源来统一和协调企业各部门及其管理者、雇员以便形成强大的协同作用的结果。

3. 与企业战略决策相关的信息资源

战略决策是战略管理过程的核心部分,是指决策采用何种战略以及如何实施和调控所选战略的方法的过程。管理问题实质上是决策问题,信息联系在决策过程中起着非常重要的作用。信息联系是一个双向过程,既包括从企业的决策中心向企业的各个部分的传递,又包括从企业的各个部分向企业的决策中心的传递。

对于决策者而言,重要的不是获取信息,而是在于对信息进行加工和分析,使信息对决策有用。决策者需要的是对决策有意义的信息。决策者的注意力也是一种宝贵的资源,不能无谓地消耗在大量无关的信息上。所以,信息的提供应当有一定的条件限制,不符合这些条件的信息不应该传送给决策者。

4. 与企业战略部门和战略人员相关的或者说他们所需要的资源

要明确什么是战略信息资源,还必须明确战略信息资源是为谁服务的,具体地说,就是要识别企业的战略部门和战略人员。

根据企业的章程来判断,企业的董事会、监事会、战略规划部门、研发部门、营销部门等都属于战略部门,这些部门的人员和经理都属于广义的战略人员。从狭义的观点来看,企业最高层和企业核心部门的决策人员才是战略人员。

5. 与企业竞争优势相关的信息资源

前面讲过的任务、目标、战略、战略管理过程、战略决策、战略人员等分别是从战略形成、战略实施和战略执行者的角度来界定战略资源的,而竞争优势则是从战略管理结果的角度来识别战略信息资源的。

竞争优势的取得,可以通过下面 3 个方面:

(1) 竞争优势最终来源于顾客。如何满足顾客的需求是企业赢得竞争优势的根本,与此相关的信息资源属于战略信息资源。例如,使用客户关系管理系统的目的是为了更好地满足顾客的需求,客户关系管理系统所管理的顾客信息都是战略信息资源。

(2) 企业竞争优势不外是通过低成本和差别化两种形式获取的,与这两种战略相关的信息资源都是战略信息资源。

(3) 竞争优势来源于企业价值链的某个环节或某几个环节,而不是来源于整个价值链。也就是说,一个企业不可能什么都比竞争对手做得好,能够比竞争对手更廉价、更出色地开展活动的环节就是企业的战略环节。这些环节担负着获取竞争优势的重任,因此,与这些环节相关的信息资源都属于战略信息资源。

12.3.3 战略信息管理理论

根据现有研究,有 4 种比较流行的战略信息管理理论。这 4 种战略信息管理理论分别是:

- 基于信息资源的战略信息管理理论；
- 基于信息战略的战略信息管理理论；
- 基于信息集成的战略信息管理理论；
- 基于企业信息化的战略信息管理理论。

下面详细介绍这些代表性的战略信息管理理论。

1. 基于信息资源的战略信息管理理论

咨询专家 McGee 和 Prusak 从战略管理角度出发，设计了基于信息资源的战略管理理论。他们认为，战略竞争过程由 3 个有序的部分组成，即战略设计、战略实施、战略设计和战略实施的匹配。

信息在整个战略竞争过程中起着重要的作用，信息是战略设计的素材和最重要的资源，信息处理和信息基础所支撑的信息行为是确保战略实施成功的前提条件，信息为战略设计与战略实施的匹配提供了中枢神经。

该理论认为，由 3 个有序部分组成的战略竞争过程是在充满各种现实信息和潜在信息的环境中进行的，其示意图如图 12-4 所示。

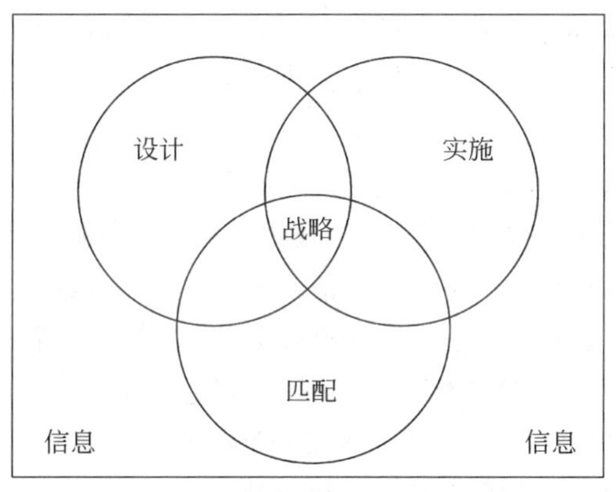

图 12-4　基于信息资源的战略竞争

该理论主要研究信息与战略设计、信息战略实施、连接设计与实施。

信息与战略设计首先从信息的角度分析了作为整体的公司战略，指出信息技术的优势易于模仿而不能持久，只有持续地改进信息管理才能与竞争对手拉开距离。其次，信息与战略设计论述了信息怎样促进传统战略的设计以及怎样为新的战略创造机会。另外，还研究了电子商务领域中的竞争与合作问题。

信息战略实施着重探讨了企业内部的信息管理怎样影响战略实施的问题，包括信息管理的过程、信息基础结构以及信息政治经济学模型。

连接设计与实施着重讨论了信息在连接设计与实施方面的中心作用，具体内容包括信息与管理过程、信息与组织学习等。

2. 基于信息战略的战略信息管理理论

战略顾问 Der Poel 提出了基于信息战略的战略信息管理理论。该理论认为,信息战略从属于战略管理和企业信息管理两个领域,并且是连接这两个领域的纽带。这种战略信息管理框架示意图如图 12-5 所示。

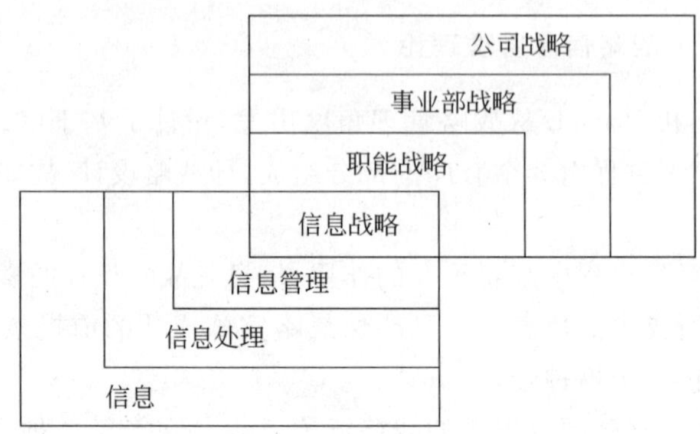

图 12-5 战略信息管理框架示意图

在如图 12-5 所示的战略信息管理框架中,从上到下看,信息战略是企业战略的一个子集,企业战略是信息管理的指导思想。自下向上看,信息战略是企业信息管理 4 层结构的顶点,信息是支撑企业战略的基础。

对于信息、信息处理、信息管理和信息战略 4 层结构来说,信息是指信息的具体内容,或者称为信息资源。信息处理系统则是由信息技术、程序、数据、人员等组成的复杂系统,其目的是为决策而采集、处理、存储、传输信息。信息管理的任务包括一般的数据管理、数据处理管理、数据处理咨询等。信息战略是一种战略规划活动,是信息管理的组成部分。

Der Poel 提出了一种信息战略模型。该模型中包含了环境、过程、形式和内容、结果 4 个元素,其示意图如图 12-6 所示。这些元素之间的关系如下:信息战略的环境影响信息战略过程,信息战略过程孕育信息战略的内容和形式,信息战略的内容产生信息战略的结果,而信息战略的结果又进而改变环境并引发新的信息战略管理活动。

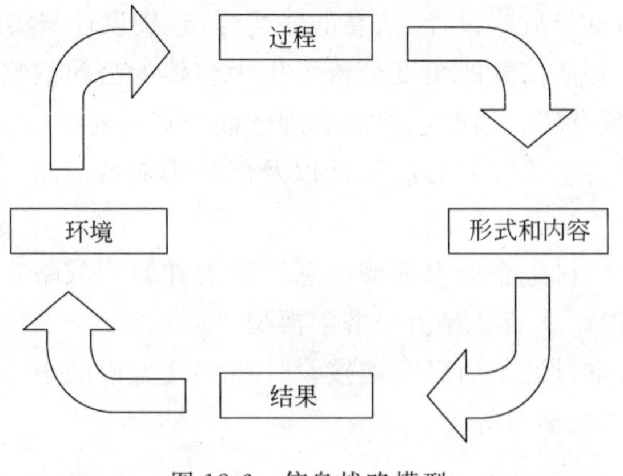

图 12-6 信息战略模型

3. 基于信息集成的战略信息管理理论

基于信息集成的战略信息管理理论认为在企业的信息功能领域,战略信息管理是沿着两个方向成长的,一个是信息技术方向,另一个是信息资源方向。

沿着信息技术方向,则经由数据处理——管理信息系统——战略信息系统——IT 战略管理,最终实现与业务战略的整合,形成了战略信息管理。

沿着信息资源的方向,则经由文献管理——科技情报管理——竞争情报分析——战略规划,最终依托战略信息系统,开创战略信息管理新领域。

当企业信息功能领域的两大主流沿着不同的方向到达战略信息管理的高度时,信息技术与信息资源成为一体,需要做的事情就是通过信息体制使得这种自成一体的新的功能体制度化和组织化。基于信息集成的战略信息管理理论的信息集成过程示意图如图 12-7 所示。

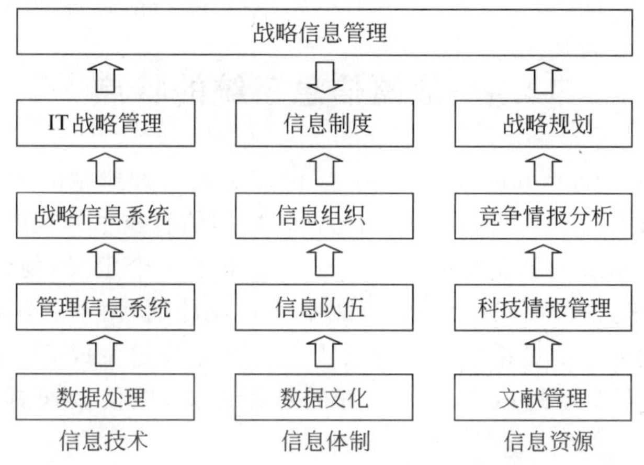

图 12-7　战略信息管理理论的信息集成过程示意图

4. 基于企业信息化的战略信息管理理论

基于企业信息化的战略信息管理理论关注的重点是如何实现信息技术与企业业务的集成、如何完善企业的信息组织结构、如何实现企业战略信息管理的结果。这种基于企业信息化的战略信息管理理论的框架结构示意图如图 12-8 所示。

在如图 12-8 所示的基于企业信息化的战略信息管理框架结构示意图中,SCMS、ERP、CRMS 从左至右把供应商、企业和客户连接成了一个整体,构成了所谓的 BtoB 或 BtoC 的价值链。

信息技术平台、信息资源流、电子商务活动自下向上构成了立体的企业战略信息资源管理构架,其中由硬件、软件和通信技术所构成的信息技术平台是与企业的业务流程相对应的,是战略信息资源管理的技术支撑。商业智能既包括生产和承载智能的各类企业人员,也包括智能产品,即各种应用软件。商业智能是企业信息资源管理的核心,是维系信息技术平台和电子商务的中介。电子商务是信息技术平台、信息资源管理与企业业务活动相结合的

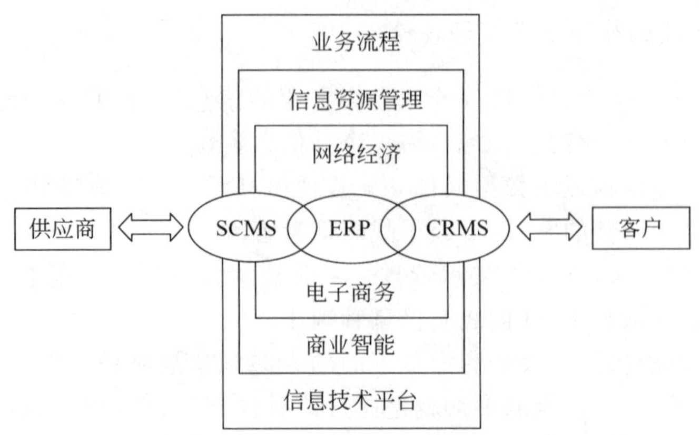

图 12-8　基于企业信息化的战略信息管理框架结构示意图

产物，是与网络经济相对应的，是网络经济的承载体，是战略信息管理的归宿。

12.4　战略信息系统的特点

战略信息系统(strategic information system，SIS)是一种典型的管理信息系统，是企业实现战略管理的有效手段和依托，是企业创造性地应用信息技术并且取得竞争优势的工具。

战略管理专家查尔斯·惠兹曼给战略信息系统下了一个定义，他认为一个成功的 SIS 是指，运用信息技术来支持或体现企业竞争战略和企业计划，使企业获得或维持竞争优势，或削弱对手的竞争优势。信息系统专家劳顿认为，SIS 是通过生成新产品和服务，改变与客户和供应商的关系，或者通过改变公司内部的运作方式，以使公司具有竞争优势的信息系统。

一般认为，SIS 至少具备 3 个特点：第一，该系统连接多个实体，能给这些实体带来直接效益，并促进竞争。“连接多个实体”的特征将 SIS 限定为特定的分布式信息系统，如企业间信息系统；第二，该系统能带来明显的效益，虽然这种效益不一定是战略性的，但是一定是显著的；第三，该系统能影响企业间的竞争，并且可能会给行业以及产业结构带来一定程度的影响。

SIS 能提高企业决策者信息的处理与把握能力，提高决策的科学性，在把握和预测未来政策、市场的发展趋势，把握新的市场机会等各个方面有着非常重要的意义。SIS 就是专门为企业决策层量身定做的操控企业的完整工具，以便提供给决策者持续有效的信息，达到决策的持续化、体系化和科学化，让企业战略实现体系化、科学化，从而提高企业的核心竞争力，提升企业的整体价值。

SIS 能够支持公司的经营决策。SIS 是信息技术的战略应用，它不同于过去人们应用信息技术的简单模式，如提高效率、减轻人的劳动、辅助决策等，而是将信息技术与公司的经营战略结合在一起，直接辅助经营战略的实现，或者为经营战略的实施提供新的解决方案。例如，20 世纪 80 年代，美国城市银行(CITIBANK)为实施其“改善客户服务、降低业务成本”的经营战略，率先在纽约建立起包括 800 多台自动提款机(ATM)的网络系统，自动提款机

24 小时全天候工作，为客户提供了更加及时和快捷的服务，使客户在任何需要的时间都能提取现金。同时，大量自动提款机的应用大大减少了银行分支机构和出纳员的数量，降低了业务成本。显然，这一以自动提款机网络应用为代表的 SIS，为城市银行经营战略的实施提供了全新的解决方案，有力地促进了其战略目标的实现。

SIS 能极大地改变企业的管理和运作方式，并为企业带来竞争优势，或削弱竞争对手的优势。许多 SIS 的实施，例如 TPS、MIS、OAS 以及 ERP、SCMS、CRMS 等，往往会引起企业业务流程的再造、人员的精简及组织机构的重组，同时也对企业管理人员的工作方式与决策手段产生深刻的变革。业务流程的优化、机构的重组以及管理手段的变革，能大大提高企业运作的效率，降低经营成本，缩短生产周期，减少库存数量，并极大地改善服务质量，使企业的综合竞争实力显著增强，获得明显的竞争优势。

SIS 往往能给企业所在行业的产品、服务、企业经营过程、企业的组织管理以及行业结构带来实质性的影响。当行业中的某个企业出于战略目的而建立和应用某一信息系统并取得巨大成功时，其示范效应会影响整个行业，从而改变行业的生产、服务、经营、管理的过程和行业结构。例如，美国航空公司的自动订票系统、美国城市银行的自动提款机、联邦快递公司的包裹投递及跟踪管理系统等，这些信息系统由于在当初为各自所属的企业赢得了竞争优势、并为企业带来了巨大经济效益，起到了良好的示范作用，同时迫于竞争的压力，行业内的其他企业会尽可能地模仿和应用类似的信息系统，从而对整个行业带来影响，并促进行业的发展。从这个角度来看，SIS 往往是信息技术在某个行业中的创造性应用。

从 SIS 的上述特点可以看出，并非任何用于管理的信息系统都能称得上是 SIS，只有当信息系统能直接支持或影响企业的经营战略，并帮助企业获得竞争优势，或削弱了竞争对手的优势时，才能认为该信息系统是 SIS。例如，当一个企业决定实施低成本的竞争战略，同时库存成本在企业的成本结构中占有较大的比重时，企业建立了一套类似库存管理及控制系统之类的信息系统。如果这套信息系统的应用大大降低了库存成本，则该系统有力地支持了企业的经营战略，并为企业赢得了低成本的竞争优势，可以认为该系统是一个 SIS。但是，如果该信息系统的应用没能有效地降低企业的库存成本，尽管该系统的建立是与企业的经营战略紧密联系在一起的，也不能说该系统是 SIS。同样，若这套库存管理及控制系统能够有效地降低了企业的库存成本，为企业带来了低成本的竞争优势，但如果企业并不实施低成本的竞争战略，同时也并不打算因该信息系统的成功而转向采用低成本的战略，则也不能认为该信息系统是 SIS。

从上面的分析可以看出，SIS 是一种特殊类型的管理信息系统。一方面，SIS 具有管理信息系统的基本特征，另一方面，SIS 具有与一般管理信息系统不同的特点，即 SIS 是面向战略的、支持决策的、影响显著的。SIS 具有动态性，同样的管理信息系统，在不同的时代、不同的应用环境有可能从 SIS 变成普通的信息系统。

本章案例　戴尔公司的成功之路

戴尔公司于 1984 年由迈克尔 · 戴尔创立，总部设在美国的德克萨斯州奥斯汀，其业务包括帮助客户建立自己的信息技术及互联网基础架构。戴尔公司目前在全球共有 53 000

多名员工。2005 年，戴尔公司的销售收入达到 560 亿美元，同比增长了 14%；全年的净利润达到 36 亿美元，比 2004 年增长了 20%。

戴尔公司的经营理念是：按照客户要求制造计算机，并向客户直接发货，有效地了解客户需求，继而迅速作出回应。这种直接的商业模式消除了中间商，减少了不必要的成本和时间。

戴尔公司应用互联网进一步推广其直线订购模式，不断增强和扩大其竞争优势。戴尔公司在 1994 年推出了 www.dell.com 网站，并在 1996 年加入了电子商务功能，把互联网作为自己重要的战略手段。1997 年，戴尔公司成为第一个在线销售额超过 100 万美元的公司。戴尔 PowerEdge 服务器运作的 www.dell.com 网址覆盖 81 个国家的站点，提供 28 种语言、26 种不同的货币报价。据戴尔公司统计，目前每月有超过 6 亿人次浏览戴尔公司的网站。

戴尔公司认识到互联网的战略作用贯穿于整个业务之中，包括获取信息、客户支持和客户关系的管理。在 www.dell.com 网站上，用户可以对戴尔公司的全系列产品进行评比、配置，并获知相应的报价。用户也可以在线订购，并且随时监测产品制造及送货过程。

在 valuechain.dell.com 网站上，戴尔公司和供应商共享包括库存清单、产品质量在内的一整套信息。

本章案例思考题

1. 戴尔公司的战略信息系统是什么？
2. 戴尔公司为什么会成功？
3. 通过戴尔公司成功的案例，你认为战略信息系统的最主要的特点是什么？

本 章 小 结

本章研究了战略信息系统的内容。首先，概述了为什么要研究战略信息系统。然后，详细了解了企业战略管理的概念、特点和内容。接下来，对信息战略的问题进行深入细致的研究，这些问题包括信息战略的概念、战略信息资源、战略信息管理理论等。最后，对战略信息系统的功能进行了研究。

思考和练习题

1. 企业战略的概念和特征是什么？
2. 怎样理解企业战略的构成要素？
3. 了解企业战略的层次结构的意义是什么？
4. 什么是企业战略管理？
5. 叙述企业战略管理的基本理论。
6. 信息战略和企业战略的关系是什么？

7. 什么是战略信息资源？

8. 什么是战略信息系统？

9. 战略信息系统与管理信息系统的区别和联系是什么？

10. 如何理解战略信息系统的特点？

11. 收集资料，分组讨论：哪些信息系统是战略信息系统？哪些信息系统不是战略信息系统？

第13章　全球信息系统

【场景】 这台笔记本电脑是哪一个国家生产的?

李主任提着一台崭新的笔记本电脑,进入张总办公室。张总坐在办公桌后面,闭着眼睛,正在沉思,连李主任的到来似乎都没有察觉到。

李主任轻声地说:“张总,这是咱们公司新买的笔记本电脑,这台是您的。”

张总从沉思中醒了过来,说:“李主任,请坐。这个笔记本电脑很漂亮。”

李主任连忙回答:“是的,这是市场上性能最高、外观最漂亮的笔记本电脑。”

张总打开笔记本电脑,随口问道:“这台笔记本电脑是哪一个国家生产的?”

“哪一个国家?”李主任好像被问倒了,“不太好说。”

张总抬头看了一下李主任,笑着说:“这有什么不好说的。这个小问题还能把你李大主任难住吗?”

李主任想了一下,说:“该笔记本电脑的 CPU 是由美国英特尔公司设计和制造的。DRAM,也就是动态随机访问内存,虽然是由美国人设计的,但是,是由马来西亚一家公司生产的。监视器是由日本的索尼公司使用美国的专利技术设计和制造的,键盘是由中国台湾的宏基公司生产的,整个笔记本电脑的装配是在深圳进行的。”

张总边听,边仔细察看了该笔记本电脑背面的铭牌。看了一会儿,张总不由地点了点头,说:“真不简单!”

李主任继续说:“这台笔记本电脑的整个管理是在美国加利福尼亚进行的,但是制造、装配等生产活动几乎完全分散到多个不同的国家和地区。”

张总抬头看了看李主任,若有所思地问道:“这种笔记本电脑的生产和管理过程涉及这么多的国家和地区,他们之间是如何快速进行沟通和交流的?”

李主任肯定地说:“他们肯定采用了跨国的国际信息系统,许多人把这种信息系统称为全球信息系统。”

张总听了,瞥了一眼挂在墙上的世界地图,自言自语道:“咱们公司什么时候使用全球信息系统呢?”

信息技术的快速发展和信息系统的广泛和深入地应用,对社会和经济带来了巨大的冲击和影响。这些影响表现在两个方面:第一,信息技术和信息系统的发展和应用使得传统的工业经济向信息经济和知识经济转变;第二,信息技术和信息系统的强大功能和广泛实践极大地推动了经济全球化的发展。从信息技术和信息系统视角来看,经济全球化的最大障碍是如何提高信息的处理效率和降低信息沟通的成本,基于网络的,特别是 Internet 网络,信息系统为解决这种难题带来了发展机遇,全球信息系统是这种问题的有效解决方案。如何建立全球信息系统?如何解决全球信息系统应用过程中存在的技术的、管理的、社会的等诸多问题？这些都是信息系统领域研究和解决的对象。本章将对全球信息系统进行全面的研究。

本章目标：

- 了解全球信息系统产生的历史背景和发展趋势；
- 理解和掌握全球信息系统的基本概念和类型；
- 理解和掌握全球信息系统的战略因素；
- 理解和掌握全球信息系统配置战略和商业战略之间的关系；
- 理解和掌握电子商务和电子商务系统的概念和功能特点；
- 理解和掌握电子数据交换的概念和工作原理；
- 理解全球信息系统面临的挑战和问题。

13.1 概　　述

随着 Internet 技术的发展，许多信息系统的使用范围已经远远超出了一个区域或地区，达到了跨国界的全球范围。随着跨国组织、经济全球化的发展，客观上要求在全球范围内对信息进行采集、存储、处理、传输和使用。全球信息系统(global information system，GIS)正是这样一种应运而生的信息系统。下面详细讨论 GIS 的基本概念和使用战略。

GIS 是一种支持在全球范围内采集、存储、处理、传输、使用信息的信息系统，它可以支持跨国组织开展经营管理活动，也可以支持在全球范围内开展市场营销活动。电子商务系统、电子数据交换等都是典型的 GIS。这里需要说明的是，地理信息系统(geographic information system)也经常简称 GIS，注意这两个术语之间的差别。

在开展和使用 GIS 时，从战略视角来看，需要考虑多个方面的因素。这些因素包括理解组织的经营环境、建立合理的组织结构、设计有效的管理流程和采用有效的技术平台。

理解组织的经营环境是开展 GIS 的首要活动。理解组织的经营环境就是要理解推动组织采用 GIS 的商业方面的驱动力。商业驱动力是组织环境中存在的一种必须响应的力量，这种驱动力影响组织的经营和管理方向。一般地，可以把商业驱动力划分成两种类型，即一般的文化因素和特殊的商业因素。一般的文化因素包括：全球通信技术，例如电话、电视、无线电、Internet 网络等；全球运输技术，例如把物质和服务从地理位置不同的地方移动到另外一个地方；全球文化，例如通过电视、电影允许不同文化背景的人对某些事情的看法有相同的正确、错误的看法；全球化的知识库，例如许多国家和地区正在全力发展教育、科学、技能，促进了全球知识的发展和进步。这些文化因素影响着许多组织开展全球化的商业活动，这些商业因素包括全球化的市场、全球化的产品、全球化的经营管理、全球化的工作协同、全球化的劳动力、全球化的经济规模等。在开始规划 GIS 之前，必须认真分析组织的经营环境，考虑各个方面的因素，对 GIS 有一个整体的全局规划。

如果制定了开展 GIS 的战略，那么下一步要考虑如何构建合理的组织结构。构建合理的组织结构主要内容是选择全球化的组织战略和确定 GIS 将要管理的职能领域。目前，有 4 种主要的全球化战略，即出口型战略、多国经营型战略、特许经营型战略和跨国经营型战略。在特定的商业职能领域，每一种战略都需要一种商业组织结构。一般地，可以有 3 种不同的商业组织结构，即由总部严格控制的集中式结构、由各个分部独立经营的分散式结构以及由各个分部平等协商的协商式结构。全球化组织的商业战略和组织结构之间的关系如表 13-1 所示。

表 13-1 全球化组织的商业战略和组织结构之间的关系

商 业 职 能	出口型战略	多国经营型战略	特许经营型战略	跨国经营型战略
生产职能	集中式结构	分散式结构	协商式结构	协商式结构
财务/成本核算职能	集中式结构	集中式结构	集中式结构	协商式结构
销售/营销职能	混合式结构	分散式结构	协商式结构	协商式结构
人力资源职能	集中式结构	集中式结构	协商式结构	协商式结构
战略管理职能	集中式结构	集中式结构	集中式结构	协商式结构

不同的组织战略和结构需要采用不同的 GIS 方式。一般地,可以考虑 4 种不同的 GIS 配置战略,即集中式 GIS、复制式 GIS、分散式 GIS 和网络式 GIS。集中式 GIS 表示整个 GIS 的开发、使用、控制都由总部负责,各个分部仅仅是使用。复制式 GIS 表示整个 GIS 的开发由总部负责,但是运行和维护由各个分部使用总部提供的系统来进行。分散式 GIS 表示每一个分部都可以开发和单独地运行。网络式 GIS 则表示整个系统的开发和运行是按照统一的集成方式进行的。GIS 配置战略和组织战略之间的关系如图 13-1 所示。

GIS 配置战略	出口型战略	多国经营型战略	特许经营型战略	跨国经营型战略
集中式 GIS	不适合	适合	适合	适合
复制式 GIS	适合	适合	不适合	适合
分散式 GIS	不适合	不适合	不适合	适合
网络式 GIS	适合	不适合	适合	不适合

图 13-1 GIS 配置战略和组织战略之间的关系

组织战略和组织结构确定之后,必须考虑如何实现这些组织战略和结构。这时需要考虑的主要因素是设计组织的管理流程。在设计有效的管理流程时,必须要考虑和解决这些问题:如何发现和管理用户的需求?如何指导本地的改变适合国际上的需求?如何协商 GIS 的开发过程和进度?等等。

最后一个问题就是考虑技术平台。技术平台是指 GIS 赖以运行的计算机硬件技术、软件技术以及通信技术。这些技术推动了 GIS 的形成和发展,但是也有一些必须解决的问题。对于硬件技术来说,面对如此众多的国家和地区、商业职能,如何标准化组织的计算机硬件平台,是一项艰巨的任务和挑战。如何使用一个界面友好、大家都能接受的功能和风格的应用程序,是计算机软件技术方面需要解决的问题。怎样快速、有效地解决位于不同国家和地区的组织之间的信息沟通,则涉及通信方面的问题。

13.2 电子商务和电子商务系统

电子商务最早产生于 20 世纪 60 年代,发展于 20 世纪 90 年代。起源于 20 世纪 60 年代的电子数据交换(electronic data interchange,EDI)是现代企业电子商务系统的雏形。早在 20 世纪 70 年代，EDI 和电子资金传送（electronic funds transfer，EFT）已作为商业企业间信息传递的重要渠道和方式。与 EDI 系统有所不同，电子商务不是简单地运用网络技术进行商业活动，而是把企业所有活动转化到数字化网络上进行的商务模式。

13.2.1 电子商务和电子商务系统的概念

有关电子商务的概念，国际上还没有统一的标准。从总体上来说，人们对于电子商务的认识和定义大致有广义和狭义之分。狭义的电子商务（e-commerce）指运用互联网开展的交易或与交易直接相关的活动，它仅仅将基于 Internet 进行的交易活动归属于电子商务。这只是电子商务的一部分，或者说是电子商务的交易模式。广义的电子商务（e-business）指利用整个 IT 技术对整个商务活动实现电子化，将利用 Internet、Extranet 和 Intranet 等各种不同形式网络在内的一切计算机网络以及其他信息技术进行的所有的企业活动都归属于电子商务。相比 e-commerce，e-business 的范围更宽，因为 e-commerce 仅指简单的商务交易应用，即单指在网络上做买卖。而 e-business 是存在于企业与企业之间、企业与客户之间、企业内部的一种联系网络，它贯穿于企业行为的全过程。e-business 是在 Internet 与传统信息技术相结合的背景下应运而生的一种相互关联的动态商务活动，是一种通过电子方式进行的商务活动。它是一种系统的、完整的企业的电子化运作，包括方案的提出、设计、实施以及商务应用等企业经营活动的各个方面。

电子商务系统（electronic commerce system，ECS）将传统的商务过程转移到新的电子商务环境下，完成电子商务所有的功能。它是参与电子商务活动的各方，包括生产企业或商家、消费者、银行或金融机构、政府等，利用计算机网络来实现商务活动的信息系统。从系统的角度来看，ECS 是一个集成的信息系统，由支持电子商务活动的各种计算机技术手段和相应的管理手段集合而成。从应用角度来看，ECS 是一个复杂的应用系统，它集成了数据管理、事务处理、业务流程重组、系统安全管理等技术。ECS 电子商务系统是互联网时代信息系统的主流应用，面向用户提供各种商业经营和管理服务，直接实现电子商务的多种功能。其目标是利用计算机网络技术全面实现在线交易的全过程，满足企业生产、销售、服务等生产和管理的需要，为企业提供商业智能。有关 ECS 的概念，目前仍没有统一的论述，每个电子商务系统都是针对不同的应用领域而使用的。但是，企业的 ECS 往往涵盖企业商务活动的各方面，包括供应商、客户、银行或金融机构等，并以客户为中心，基于供应链管理，组成虚拟企业，以网络为平台，实现企业 ECS 和企业电子商务市场及外部电子商务市场的信息连接。ECS 平台是企业用于实现向电子商务转型的完整 IT 基础架构，它为用户提供一个整合的环境，包括硬件、软件以及服务等组成部分，通过全面的系统管理，支持用户的多种应用。企业的每一项核心业务如 SCM、ERP、CRM、商业智能、电子交易等，都可借助于电子商务基础设施的支持获得最佳效果。

通过上面的分析可以看出，从事电子商务活动是计算机技术发展到一定程度后的必然需求，ECS 是实现电子商务活动的主要手段和方式，是信息系统在电子商务领域中应用的具体表现形式。

13.2.2 电子商务系统的体系结构

ECS的体系结构描述了ECS的组成部分和这些组成部分之间的关系。ECS的体系结构不仅描述了ECS中需要的技术基础设施，而且还包括了所需要的应用功能和公共环境。当前，有关ECS的体系结构也有许多不同的观点，每一种观点都有自己的特点。但是，目前还没有哪一种体系结构能够得到大家的公认。

这里介绍一种四平台式ECS体系结构，该体系结构示意图如图13-2所示。在该ECS体系结构中，自下而上分别为基础设施平台、应用开发支持平台、商务服务支持平台、电子商务应用平台4个平台。除此之外，该体系结构还包括描述公共政策、法律、隐私等问题的社会公共环境和描述技术标准的技术环境。

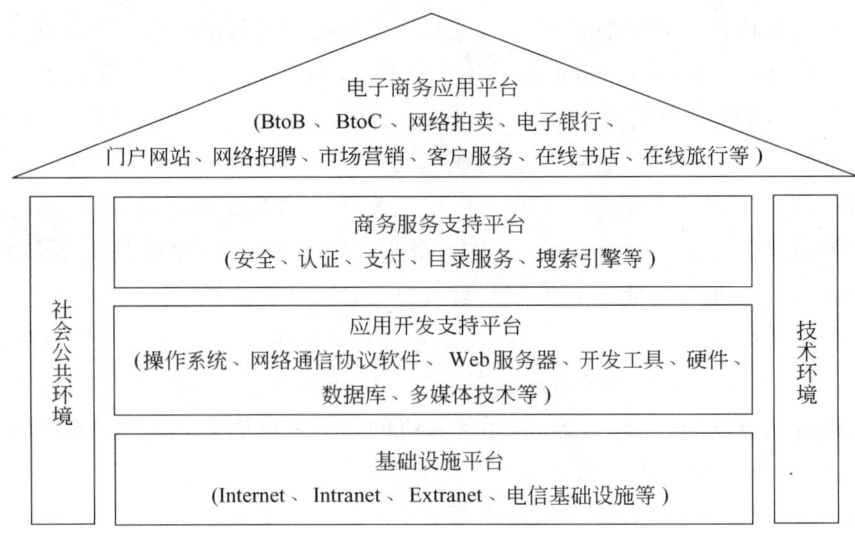

图13-2　四平台式ECS体系结构示意图

1. 基础设施平台

该平台主要是ECS的硬件基础设施，也是实现ECS的最底层的基本设施。该基础设施主要是信息传输系统，它包括远程通信网、有线电视网、无线通信网和因特网。远程通信网包括公用交换电话网、公用数据网、综合业务数据网等，无线通信网包括移动通信系统、微波通信系统和卫星通信系统。但是，目前大部分的ECS都建筑在因特网上，其主要硬件有包括电话设备、调制解调器、集线器、路由器、程控交换机、有线电视等。在基于Internet的ECS中，基础设施平台的服务功能一般由因特网接入服务商(Internet services provider, ISP)承担。随着电子商务的发展，近年来也出现了应用服务提供商(application services provider, ASP)提供从网络空间、信息交流到业务管理等不同层次的电子商务服务平台。

2. 应用开发支持平台

应用开发支持平台主要包含支持电子商务应用系统运行的硬件、软件及开发环境。硬件由计算机主机和外部设备构成。软件及开发环境包括网络系统、安全系统、数据库系统、开发工具、Web 服务器、应用服务器以及数据和交易服务器等支撑软件和系统。

3. 商务服务支持平台

该平台主要是实现标准的网上商务活动服务，为方便交易所提供的通用的业务服务，是所有企业、个人在网上进行贸易时都会用到的服务。这些内容主要包括保证商业信息安全传输的方法、买卖双方合法性的认证、电子支付工具与商品目录服务等。目前的做法是采用信息加密技术(非对称密钥加密、对称密钥加密等)、安全认证技术(数字签名、数字证书、CA 认证等)和安全交易协议(SET、SSL 等)来提供端到端的安全保障。

4. 电子商务应用平台

电子商务应用是企业利用电子手段开展商务活动的核心，也是电子商务系统的核心组成部分。在电子商务的实际应用过程中，不同性质、不同规模的企业，其电子商务实现要求是不一样的，如有的电子商务服务是面向其供应商或销售商的，有的企业是面向消费者的，有的则两种都需要。在商务活动上，有的需要电子采购，有的需要在线客户服务等。

5. 社会公共环境

社会公共环境主要包括公共政策、法律、隐私。公共政策包括围绕电子商务的税收制度、信息的定价、信息访问的收费、信息传输成本、隐私问题等，需要政府制定政策。电子商务和传统商务一样，是一种严肃的社会行为，为了从法律上保证买卖双方的权益，电子商务双方必须以真实的身份进入市场，提供真实的信息。这就是电子商务的真实性。没有法律的保护，其他有关电子商务安全认证系统只能是空头支票。在电子商务交易过程中，企业的隐私一般为商品价格的隐私、货物进出渠道的隐私、商品促销手段的隐私等，对于个人的隐私一般为个人的姓名隐私、肖像隐私、性别隐私、身份隐私等。

6. 技术环境

技术环境主要包括技术标准。技术标准是信息发布和传递的基础，是网络上信息一致性的保证。技术标准定义了用户接口、传输协议、信息发布标准、安全协议等技术细节。就整个网络环境来说，标准对于保证兼容性和通用性是十分重要的。这就像不同的国家使用不同的电压传输电流，用不同的制式传输视频信号，限制了许多产品在世界范围的使用。目前在电子商务活动中也遇到了类似的问题，例如 EDI 标准，电子商务数据交换标准 ebXML，一些像维萨、万事达这样的国际信用卡组织已经同各界合作制定出用于电子商务安全支付的 SET 协议等。

一般地，电子商务应用平台是大多数 ECS 考虑的重点内容，这是因为其他平台和环境的选择和确定往往不是实施 ECS 的组织或企业自己完全能够确定，但是电子商务应用平台本身的结构和内容往往与实施 ECS 的企业自己独立确定。因此，下面主要研究电子商务应用平台的类型结构和内容。

电子商务应用平台的分类也有多种观点。如果依据参与商务活动双方的特点，可以把电子商务分为 BtoC(企业与顾客)、BtoB(企业与企业)、CtoC(顾客与顾客)等类型。如果依据 ECS 完成的商务活动的功能,可以把电子商务分为门户网站、网络拍卖、电子银行、搜索引擎、在线招聘、在线旅行、远程教育等。

13.3 电子数据交换

电子商务的最早应用是从 EDI 电子商务系统开始的,EDI 是 ECS 的早期形式。EDI 作为最早用于商务应用的数据通信平台,它的发展应用推动了信息技术早期在商务应用的推广,为 Internet 电子商务系统的发展打下了坚实的商务应用基础。目前,EDI 技术与 Internet 的融合焕发了 EDI 电子商务系统更大的作用和更广泛的使用领域。

13.3.1 电子数据交换的特点

EDI 就是模拟传统的商务单据流转过程,对整个贸易过程通过采用计算机处理等方式进行了简化的技术手段。EDI 并不是新的技术,如果追溯其历史,可以早到 20 世纪的 70 年代,如企业内部信息的传递以及后来出现的行业商业数据的传输等。EDI 的发展已经至少经历了 20 多年,其发展和演变的过程已经充分显示了商业领域对其重视的程度。人们将 EDI 称为"无纸贸易"(paperless trade),将 EFT(电子转账)称为"无纸付款"(paperless payment),已经足以看出 EDI 对商业运作的影响。由于实施 EDI 的最基本目的就是用通过第三方(即网络服务提供商)的增值服务,用电子数据交换代替商业纸单证的交换,而纸面单证的电子交换是建立标准化信息基础上的,因此,EDI 的历史实际上就是商业数据的标准化和网络增值服务商的发展过程。

EDI 应用计算机代替人工处理交易信息,大大提高了数据的处理速度和准确性。EDI 在应用级上面自动地完成格式化商业数据的交换,这些商业数据可以包括销售订单和发票等,这种交换发生在一个制造商和其原料供应商、其客户、银行,以及其他相关的贸易伙伴之间。在人工处理纸张业务文件的过程中,主要的工作包括输入和重复输入大量的数据和文字,收发大量的传真、普通信件和快递信件,内部批准流程,以及其他的一些费时、费钱的处理工作。而 EDI 却解决了这些问题,它缩短了所有相关的事务处理周期,简化了工作流程和环节,减少了出错的机会,降低了运作成本。

EDI 作为一个国际标准,已经在世界上一些发达国家得到比较多的应用。自从 20 世纪 80 年代以来,EDI 在零售行业、制衣行业、交通运输行业等方面得到较多的应用。今天,EDI 已经发展到几乎每一个需要事务处理的行业。

13.3.2 EDI 的工作方式

EDI 的工作方式如图 13-3 所示。用户在计算机信息系统上进行信息的编辑处理,然后通过 EDI 的翻译软件将原始单据格式转换为中间文件,再通过翻译软件翻译成 EDI 标准格式文件。最后,在文件外层加上通信交换信封,通过通信软件发送到增值网或直接发送给对方用户。对方用户进行相反的处理过程,进行收阅处理。

从图 13-3 可以看出,EDI 包括硬件与软件两部分。硬件主要指计算机和网络,软件主

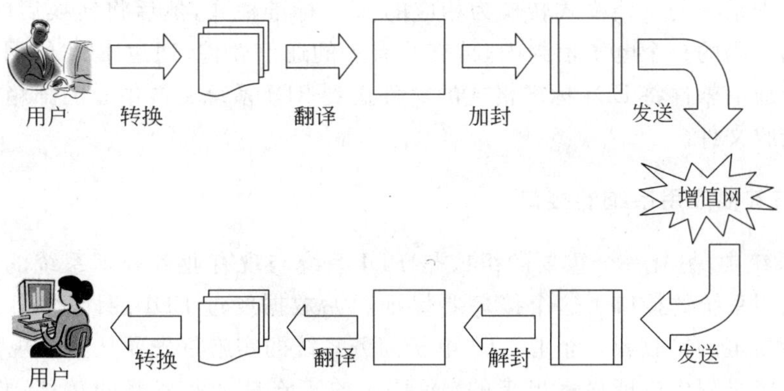

图 13-3　EDI 的工作方式示意图

要包含 EDI 标准、EDI 软件以及与其他系统的接口。

1. 硬件

20 世纪 90 年代之前，EDI 系统主要是通过增值网络 VAN(value- added networks)实现的。这些专用的增值服务网络有 Advantis、GEIS、Sterling Software 等，它们通过一个中央电子清算中心，承担传送、控制、记录、保存所有的 EDI 报文信息的责任。有些公司却采取让贸易伙伴直接连接上它们自己的内部网络系统，而不需要使用第三方的增值服务网络。这种连接方式使用 EDI 服务代表了当今发展最快的一种形式，因为这种方式让贸易伙伴避免了增值服务网络的传送费用和每月的维护费用。但是，这种直接连接方式的市场增长却受到限制，原因是这种直接连接技术还不能够保证可靠性、完整性，以及报文跟踪等，而这些正是增值服务网络可以保证的。EDI 对技术、设备、人员有较高的要求，并且使用价格极为昂贵。受这些因素的制约，因此 EDI 电子商务仅局限在先进国家和地区以及大型的企业范围内应用，大多数的中小企业难以应用 EDI 开展电子商务活动。20 世纪 90 年代之后，由于 Internet 的普及及低成本，基于 Internet 的 EDI 系统成为趋势。

2. EDI 标准

EDI 标准规定了进行电子事务处理的格式和数据内容，定义了一个在不同部门、不同公司、不同行业，以及不同国家之间进行信息传送的通用方法。标准的 EDI 事务处理允许在不同的机构和组织之间交换各种各样的格式化事务处理数据，而不管原始的数据格式是怎样的。现有的 EDI 标准已经达到可以满足全球业务数据交换的阶段，EDI 用户可以在全球的范围内进行有关的事务处理数据的交换。另外，有些公司在其内部的业务运作中也采用 EDI 标准，在不同的部门和分支机构之间进行业务数据交换。

3. EDI 软件

为了实施 EDI，用户必须具备相关的软件，将 EDI 与它们现有的业务处理系统进行连接，并确定进行数据传送的通信结构。EDI 软件包括转换软件、翻译软件、通信软件。转换软件的功能是将计算机系统的文件转换成翻译软件能够理解的平面文件。翻译软件的功能包括将业务处理系统的文档格式转换为相应的 EDI 标准格式，然后将转换后的数据封装在具有唯一识别代码的一个电子信封内，再交给有关的通信软件，通过 EDI 的网络，传送给指定的接收者。通信软件将 EDI 标准格式的文件送到 EDI 系统交换中心的邮箱，或从 EDI 系统交换中心接收文件。

4. EDI 与其他应用系统的接口

在 EDI 系统中，另外一个重要的组成是 EDI 系统与现有业务处理系统的有机集成，即 EDI 与其他应用系统的接口。这个接口要保证原始数据经过 EDI 翻译之后可以顺利地通过网络传送给指定的接收者。企业 EDI 电子商务系统的实施首先要从战略规划着手。EDI 的效益是在实施过程中逐渐显示出来的，而 EDI 的实施是企业战略的转移，要涉及业务流程和企业与贸易伙伴之间的长期商业关系的维系。因此，EDI 的实施首先要得到高级管理层的支持，并在企业管理人员中达到共识。

13.4　全球信息系统的挑战

虽然说 Web 技术的发展对跨国组织的全球信息系统的建立奠定了物质基础，但是无论是 BtoB 还是 BtoC，GIS 也带来了一系列技术、管理、文化、政治、经济等诸多问题和挑战。下面详细研究这些问题和挑战。

技术方面的障碍主要表现在信息系统的基础设施方面。GIS 在实际应用过程中，包括了众多的音频、视频、图形、图像等媒体信息，这些信息是业务沟通过程中的重要内容。如果基于 Web 的应用程序不能快速地显示这些信息，那么这种 GIS 的应用就可能受到使用者的抵触。另外，许多基于 Web 的信息系统提供了用户交互功能，这些功能也要求信息系统能够快速的有效处理。GIS 能否满足显示多媒体信息和用户交互操作的需求，很大程度上依赖于信息系统的基础设施，例如网络带宽是否能满足需求。从现在来看，并不是所有的国家都有满足 GIS 的基础设施。这种技术障碍严重妨碍了组织之间进行业务沟通的需求。

支付机制上的差异也是阻碍 GIS 发展的一个瓶颈。特别是在 EC 领域，快速、安全支付是保证业务顺利进行的前提条件。目前，支付机制方面的问题表现在 3 个方面：第一，信用卡或借记卡应该成为网上支付的主流手段，但是虽然美国、日本、英国等许多发达国家大量使用信用卡或借记卡，还有许多其他发展中国家和地区在信用卡或借记卡的使用方面还很少；第二，信用卡或借记卡方面的安全保障依然存在许多问题；第三，许多国家或地区在使用信用卡或借记卡方面的限制和约束不完全相同。

毫无疑问，语言上的差异也是影响 GIS 的一个重要因素，甚至是一个决定性的因素。例如，在如图 13-4 所示的网站上，可以看到英文、日文、韩文等不同语言的特点。语言是人们交流的工具，语言不通是跨国组织开展业务工作的直接障碍。从信息系统的角度来看，语言差异对 GIS 的影响主要表现在两个方面：第一，基于什么样的语言进行数据的存储和使用；第二，使用什么样的语言表现 Web 页面。许多跨国组织在语言方面，偏向于采取本地化的策略，建立本地化的站点。但是，即使是这样，也会存在问题，例如中文网站中会出现简体汉字和繁体汉字的差异。同样，西班牙人使用的西班牙语与拉美国家使用的西班牙语就有很大的差别。

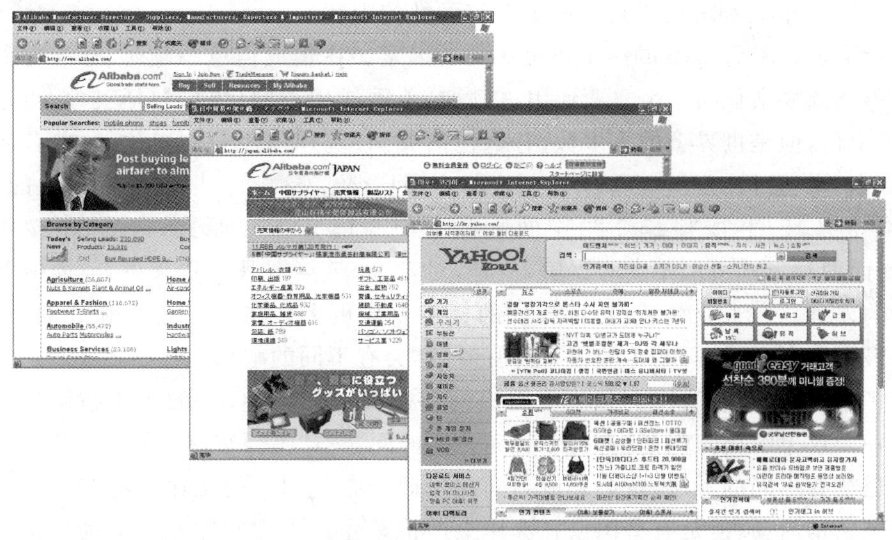

图 13-4　不同语言的网站

文化上的差异也是 GIS 不能忽视的问题。文化差异可以表现在多个方面，例如来自不同国家和地区的人在味觉、手势、喜爱的颜色、对待男性或女性的态度、对待儿童或老人的态度、对待工作的态度、对于道德问题的看法等都会有很大的差异。作为一种跨越全球的信息系统，GIS 在把一个国家或地区的文化强加给另外一个国家或地区的人们身上时，冲突就会产生了。例如，有些人喜欢红色，但是有些人偏爱白色，另外一些人喜欢蓝色。在食物方面，有些人偏爱咸味，有些人钟情甜味。法国政府禁止在正式法文公函中使用外来语，但是日语中的假名、汉字、英文则比比皆是。美国的 Lycos 公司在自己的搜索引擎上使用了一个金黄色的检索宠物——狗，这个形象得到了美国人的喜欢。但是，韩国对于这个宠物的想法却与美国大相径庭：这是食物。欧洲人则根本不喜欢这种宠物。因此，在开发和使用 GIS 时，有些基本习惯一定要牢记：在欧洲、亚洲、拉美一些国家，黑色表示凶兆的含义；拉美人认为竖立大拇指是一个粗鲁的动作，阿拉伯国家认为挥手是不好的手势。

与国家经济、科技、安全利益方面的冲突也是阻碍 GIS 推广和使用的一个原因。企业的经营目的是追逐最大的利益，国家政府的其中一个目标是保护国内人民的经济、科技、安全等方面的利益。企业的目标和国家的目标经常会冲突，特别是在 GIS 环境下，冲突的几率会更高。例如，设计和制造武器的企业的图纸和技术规格对于企业来说无疑是一笔巨大的财富，但是对于国家来说，这些图纸和技术规则的扩展会影响到国家的安全利益。因此，很多政府，包括美国联邦政府，不允许这些武器公司把自己的武器图纸扩展到其他的国家。另外，许多国家对于商业机密、国家专利、版权等都有严格的管理和规定。这些政策和规定严重影响了 GIS 的推广和应用。

GIS 的发展和应用经常会受到政治方面的阻力。信息是一种权力，因此信息的传播和使用在许多国家都不是随意的。例如，在一些资源丰富的国家，这些资源的位置和数量等信息是不能随意传播的，目的是避免另外一些国家发现和控制他们的资源。有些国家认为，软件本身也是资源,软件的自由交易会影响到国家的经济和政治实力。因此,许多国家会从政治角度对 GIS 的推广和应用进行各种显性和隐性的限制。

缺乏标准也是阻碍 GIS 的一个不可忽视的因素。在集成信息系统时,标准方面的差异往往是使得问题复杂化的一个重要原因。例如,美国使用英制单位,包括英寸、英尺、英里、夸特、磅等单位,但是世界上的大多数国家(包括英国)现在使用公制单位,这些公制单位包括厘米、分米、米、公斤、公里等单位。在日期、时间、温度等方面,标准也有很大的差异,例如,2007 年 3 月 15 日,既有 15-3-2007 的形式,也有 3-15-2007 的形式。对于 2007 年 3 月 15 日来说,前面两种形式可能不会有误解,但是,对于 2007 年 3 月 5 日来说,前面的两种形式会有很大的差别。在工业领域,各种各样的标准差异更多。在 GIS 传输和处理信息时,标准差异的最大危害在于,同一个数据,不同的标准会有不同的解释。

还有一个问题,就是法律问题。前面提到的很多问题,在 GIS 的传播和使用过程中可以通过各种协议来解决。但是,有关道德和法律的问题,却是很难解决的。不同的国家和地区往往对道德有不同的看法,也会形成不同的法律。有些国家的法律许可企业使用隐私数据开展市场营销活动,但是有些国家在法律上严格禁止这种侵犯隐私的活动。道德和与道德相关的法律问题很难在跨国活动的协议中明确约定,但是这种不同的看法有可能在今后的商务活动中成为商务纠纷的原因。

本章案例　在 Web 上滚动的固特异公司

早在 1898 年,固特异公司就开始生产自行车轮胎了。后来,随着汽车的出现和发展,固特异开始生产汽车轮胎。现在,汽车轮胎是固特异公司的主要收益来源。现在,固特异公司是世界上最大的轮胎公司,有员工 10 多万名,2000 年的销售收入超过 140 亿美元。

在发展过程中,固特异公司始终追求技术和管理的创新。在全球供应链方面,固特异公司需要把成千上万个不同型号的轮胎从其仓库准确地运输到需要这些轮胎的经销商那里,并且达到最可能低的成本。位于美国的北美阿科龙公司是固特异最大的分公司,为了提高轮胎的运输效率和降低轮胎的成本,决定采用 Web 技术建立一个跨国的国际信息系统。

在 1997 年之前,固特异公司使用了各种各样的信息技术和信息系统。许多经销商花了很大的代价通过私有网络使用 IBM 公司的 DealerLink 系统与固特异公司联系。这些经销商使用的终端只是键盘和监视器,这些终端只能访问一个中央服务器,除此之外,别无他用。有时,经销商也使用传真和电话订购轮胎。但是,这些经销商根本不知道他们订购的轮胎在固特异公司的仓库中是否有现货,他们更无办法随时知道他们的订单所处于的状态。对于电话订单,往往要等待很长的时间才能到销售人员的手中。

1997 年,固特异公司开始在管理上创新,建立了一个 Xplor 外部网。该网络的服务器是由 IBM 公司的全球服务部维护的。Xplor 外部网的中心是一个 Web 站点,该站点提供了固特异公司的产品价格、可用状况等信息,这些信息可以由经销商访问。经销商还可以通过该网络跟踪自己的订单状况。对于像固特异公司这样一个有着百年历史的企业来说,采用 Web 方式改变自己的经营管理模式,无疑是对文化方面的巨大冲击。

在 Xplor 外部网的使用过程中，固特异公司的高层和 IBM 公司的主管都意识到，仅仅是把订单处理过程搬到 Web 上面是不够的。为了有效地管理自己的库存，经销商需要实时了解新产品的信息。过去，固特异公司把印有新产品信息的、20 厘米厚的产品目录通过邮寄的方式寄给经销商。但是，等到经销商收到了这些厚厚的产品目录时，产品目录上的大多数产品信息都已经落后了。后来，固特异公司决定把新产品信息通过 Web 方式发布出去。通过采用 Web 方式发布新产品信息，固特异降低了产品目录的邮寄成本，并且使得新产品信息比以前快一个月发布出去。

Xplor 外部网还改进了固特异公司的呼叫中心的服务方式。呼叫中心是一个负责接听经销商查询产品和可用性信息的部门。现在，呼叫中心不是供查阅产品和回答产品可用性的询问，而是变得主动了，可以呼叫那些最近没有订单的经销商。对于经销商来说，获得实时的产品信息和快速的订单回复，可以大大提高库存管理效率，不需要在仓库中保存过多的价格昂贵的汽车轮胎。

例如，如果某个顾客需要固特异的 Eagle 轮胎，经销商就可以登录到 Xplor 网络上，输入该产品的库存编码，在固特异公司仓库中检查 Eagle 轮胎的可用性。从某种意义上来说，经销商拥有了一个虚拟的仓库。通过检查固特异公司仓库中产品的可用性，经销商就可以在 1 天至 2 天内收到订购的产品。由于 Xplor 网络是一天 24 小时的不停运行，这些论坛经销商就可以根据自己的需要随时访问产品信息，而不是像先前的呼叫中心那样只能在工作时间了解产品信息。

使用 3 年以后，4000 多个几乎所有的轮胎经销商都可以使用这种 Xplor 网络。当然，要让所有的经销商都通过 Web 下达订单，可不是一件简单的事情。现在，大约有 20%的经销商通过 Web 下达订单，其余的 80%依然使用电话或传真下订单。固特异公司相信，越来越多的经销商会使用 Web 下订单。

本章案例思考题

1. 固特异公司为什么要建立全球信息系统？
2. Xplor 外部网的主要功能是什么？
3. 经销商和用户是如何评价固特异公司的？

本 章 小 结

本章详细讲述了全球信息系统的概念、特点、类型和面临的问题。首先，分析了全球信息系统的概念和特点，重点讲述了如何实施全球信息系统。接下来，研究了电子商务系统的概念和功能特点。之后，对电子数据交换进行了研究。最后，详细分析了全球信息系统面临的问题和挑战。

思考和练习题

1. 什么是全球信息系统？
2. 全球信息系统的战略因素是什么？
3. 收集资料，分组讨论：全球信息系统的配置战略和组织战略之间的关系。
4. 什么是电子商务？什么是电子商务系统？
5. 如何理解电子商务系统的功能架构？
6. 什么是 EDI？
7. EDI 的工作方式是什么？
8. 全球信息系统面临的困难和挑战是什么？
9. 收集资料，分组讨论：文化因素对全球信息系统的影响。

第 14 章　信息系统项目管理

【场景】 如何管好信息系统项目？

“李主任，你来得正好，先坐下。”张总看到李主任进来，打了一个招呼，然后继续对着电话说，“好的，就这样定了。”

“有一个事情想与你商量一下。”

“张总，您说。”

“咱们的 CRM 系统下个月就开始实施了。这个项目对咱们公司太关键了，说实话，我是赢的起，但是输不起啊。”张总说。

“我明白，我一定全力配合 CRM 厂商的实施工作。”李主任表示了自己的决心。

“我想问问，信息系统实施项目的关键是什么？”张总问。

“我认为，有 5 个关键。”

“请说。”

“第一，组建一个好的团队，这是组织上的保障。”

“第二呢？”

“合理确定项目的目标和范围，定义好项目的边界。”

“第三呢？”

“制定合理的进度计划，采取有力措施对进度计划进行严格监视和控制。”

“还有呢？”

“第四，做好员工的教育和培训，得到员工的大力支持，减少实施过程中的各种有形和无形的阻力。”

“最后呢？”

“希望得到您的全力支持。”李主任盯着张总，充满着期待。

“说得好，我一定全力支持。还有，我希望你亲自做项目经理，可以吗？”张总盯着李主任，也充满着期待。

随着信息技术和信息系统的发展和应用的深入，信息系统在组织中的作用越来越显著，许多组织的管理水平有了大幅度的提高。随着信息系统项目的日渐增多，信息系统项目管理成为了一个越来越重要的话题。无论是信息系统的新建项目，还是信息系统的实施或升级项目，都需要采取周密计划、规范管理，只有这样信息系统项目才能真正的成功。据统计，自 20 世纪 90 年代以来，从质量、进度、成本等角度来看，信息系统项目的成功率不到 20%。即使是完成的比较好的信息系统项目，也或多或少地存在一些问题，例如用户需求分析不全面、不准确，用户需求一变再变、项目进度一拖再拖等，这些现象无疑对信息系统的发展带来了极大的负面影响。做好信息系统项目管理工作，有助于提高信息系统的质量和成功率。

本章将对信息系统项目管理进行全面的研究。

本章目标：

- 理解和掌握项目管理的基本概念和知识领域的特点；
- 理解和掌握信息系统项目管理的概念和特点；
- 理解信息系统项目与一般工程项目之间的异同点；
- 理解信息系统项目监理的概念和作用；
- 理解和掌握信息系统项目范围管理的主要内容和特征；
- 理解和掌握信息系统项目进度管理的主要内容和特征；
- 理解和掌握信息系统项目成本管理的主要内容和特征；
- 理解和掌握信息系统项目质量管理的主要内容和特征；
- 理解和掌握信息系统项目合同管理的主要内容和特征；
- 了解信息系统项目风险管理的主要内容；
- 理解和掌握信息系统项目监理的概念和主要内容。

14.1 概 述

本节从3个方面对信息系统项目管理进行概述。首先,介绍项目管理和信息系统项目管理的基本概念,并且讨论信息系统项目的主要类型。其次,比较信息系统项目和一般的工程项目之间的异同点,目的是使得读者更加深入地理解信息系统项目的特点。第三,分析监理在信息系统项目中的作用和意义。

项目管理是指在项目活动中运用专门的知识、技能、工具和方法,使项目能够实现或超过项目关系人的需要和期望。按照美国项目管理协会的项目管理知识体系,项目管理可以分为综合管理、范围管理、进度管理、成本管理、质量管理、人力资源管理、沟通管理、风险管理、采购管理9个知识领域,经历项目启动、项目计划、项目执行、项目控制和项目收尾5个项目过程。项目管理的这种知识体系结构示意图如表14-1所示。

表14-1 项目管理知识体系结构示意图

项目过程 知识领域	项目启动	项目计划	项目执行	项目控制	项目收尾
综合管理		项目计划制定	项目计划执行	综合变更控制	
范围管理	启动	范围计划 范围定义		范围核实 范围变更控制	
进度管理		活动定义 活动排序 活动所需时间估算 进度计划编制		进度控制	
成本管理		资源计划编制 成本估算 成本预算		成本控制	

续表

知识领域 \ 项目过程	项目启动	项目计划	项目执行	项目控制	项目收尾
质量管理		质量计划	质量保证	质量控制	
人力资源管理		组织计划 人员招聘	班子建设		
沟通管理		沟通计划	信息分发	绩效报告	行政收尾
风险管理		风险计划 风险识别 风险定性分析评估 风险定量分析评估 风险应对计划		风险监测与控制	
采购管理		采购计划 询价计划	询价 供方选择 合同管理		合同收尾

信息系统项目管理是指按照项目管理知识体系的一般要求,对信息系统项目的整个过程进行管理和控制,目的是使得信息系统项目达到或超过信息系统项目关系人的需要和期望。

一般地,可以把信息系统项目分成3大类,即信息系统开发项目、信息系统实施项目和硬件网络集成项目。信息系统开发项目是指由承建方根据业主方需求开发的能够满足业务需要的信息系统。信息系统实施项目是指将开发的或选择的信息系统按照业主的需要进行安装、调试、培训的项目。硬件网络集成项目主要是指综合布线和网络系统集成。

与一般的民用住宅、办公楼、体育场馆、道路、桥梁等建设工程项目相比,信息系统项目有许多相同点和不同点。相同点主要是都具有项目管理知识体系规定的一般特征,不同点主要指信息系统项目具有需求不稳定、技术含量高、参与方比较多、评价困难等特点。下面对信息系统项目的这些不同点进行详细分析。

信息系统项目具有需求不稳定的特点。信息系统项目,尤其是信息系统开发项目,非常类似产品研发项目。在信息系统项目开发过程中,会受到许多因素的影响,也会有许多意想不到的情况出现,因此用户需求经常发生变化。另外,如果用户对信息系统技术和信息系统具有比较多的知识和能力,那么用户的需求容易明确。但是,如果用户对信息系统技术和信息系统了解甚少,那么用户的需求很难有一个清晰的表示。还有,信息系统项目的需求会随着用户对信息系统深入地了解而呈现出动态变化的趋势。

信息系统项目具有技术含量高的特点。信息系统项目具有更多的知识和智力成分,从技术的继承角度来看,信息系统项目中的创新多、知识含量高,开发工作量大。另外,信息系统项目涉及的行业领域比较多,从事信息系统项目开发和管理的人员不仅需要掌握信息技术和信息系统的基本技能,而且需要了解和掌握所在行业领域的领域知识。成功的信息系统项目往往是信息系统知识和领域知识的结晶。

信息系统项目具有参与方多的特点。信息系统项目特别是硬件网络集成项目,不仅涉及业务方、投资方、项目总包方、项目分包方,而且包括软件供应商、硬件供应商。信息系统项目是否能够取得成功,取决于这些参与方的共同努力和有效的沟通协调。如果这些参与方在信息系统项目过程中不能很好地解决各种冲突问题,那么该项目就会出现许多难以解决的问题,最终可能导致项目失败。

信息系统项目具有评价困难的特点。这种特点表现在以下两个方面：第一,信息系统项目评价标准或规范不完善。目前,对硬件网络集成项目来说,国家有相应的切实可行的标准和操作规范,例如建设部颁发的编号为GBT/T50312—2000的《建筑与建筑群综合布线系统工程施工和验收规范》。但是,在信息系统开发和实施项目方面,缺乏切实可行的统一的标准或规范,因此很难对信息系统项目的质量进行合理的评价。第二,信息系统项目的评价经常受到用户的偏好、知识水平、期望等主观因素的影响,对于系统稳定性、安全性、易用性、可维护性、可扩展性等方面的评价经常缺乏客观依据。

信息系统项目往往具有投资大、期限长、风险高的特点。在信息系统项目过程中,许多用户往往由于缺乏信息技术人才和控制信息系统项目的能力,使得业务和承建方在信息系统项目中存在严重的信息不对称,很难保证信息系统项目的安全、可靠和高效,因此业主对由专业的第三方监理单位对信息系统项目进行监理提出了迫切的需求。在信息系统项目中,实施监理之后,不仅可以确保信息系统项目质量,协调业主和承建方的关系,还能为业主提供有关信息系统的专业化知识和经验,从而可以保证信息系统项目的安全、可靠和高效。

14.2 信息系统项目管理内容

信息系统项目管理是确保信息系统按质、按量、按需求顺利完成的有效机制。下面主要介绍信息系统项目的范围管理、进度管理、成本管理、质量管理、合同管理、风险管理等方面的内容。

14.2.1 范围管理

信息系统项目范围管理是指保证信息系统项目中所有为顺利完成项目所需的全部工作,其目的是控制项目的全部活动都在需求范围之内,保证对项目资源的充分利用。

一般地,信息系统项目范围管理包括5个方面的内容,即项目启动、范围计划、范围定义、范围核实、范围变更控制。

项目启动是指信息系统项目已经被批准可以开始或允许信息系统项目进入下一个阶段,项目启动是信息系统项目管理的起点。

范围计划是指将完成信息系统项目所需进行的项目工作逐渐明细和形成项目章程的过程,是对信息系统项目进行全面描述和界定边界的过程。

项目范围定义是把主要的项目可交付成果分解成更小的容易管理的单元,其产生的输出是工作分解结构(work breakdown structure,WBS)。范围定义的目的是提高对于时间、成本以及所需人、财、物等资源估算的准确性,为绩效测量与控制定义一个基准计划,便于进行明确的职责分配。需要指出的是,准确地范围定义是信息系统项目成功的关键因素。大量的信息系统项目实践表明,当范围定义不明确时,由于业主需求的不确定性和不断变化会导致最终的信息系统项目的成本大大超过预算、进度大大延期,严重影响信息系统项目的工作人员的积极性和项目的最终评价。

范围核实是项目关系人特别是业主正式接受项目范围的过程。这是一个里程碑的工作。在范围核实过程中,需要认真审查可交付成果和工作结果等一系列文档以及系统原型。需要说明的是,范围核实与质量控制是两个不同的概念,前者强调的是由业主认可的工作成果的接受,后者更加注重承建方或业主对工作结果的正确性的控制。

在信息系统项目实施过程中,几乎没有不变的范围定义。但是,范围定义是不能随随便便更改的,必须经过严格的控制程序才可以进行。这就是范围变更控制的内容。一般地,范围变更的控制应该与进度控制、成本控制、质量控制等结合起来综合使用。也就是说,当业主提出范围变更时,相应的进度、成本甚至信息系统项目的质量也应该随之变化。

14.2.2 进度管理

信息系统项目的进度管理是指确保信息系统项目按时完成的所采取的一系列过程和活动。进度管理又可以分为活动定义、活动排序、活动所需时间估算、进度计划编制和进度控制 5 个方面的内容。

活动定义是对 WBS 中规定的可交付成果或半成品的所必须进行的具体活动进行明确的定义,并且形成相应的文档。这些文档描述的活动也是今后确认活动是否完成的法律依据。

活动排序是指根据活动的特点和先后关系,确定活动之间的逻辑关系,例如确定活动之间的完成-开始、完成-完成、开始-完成、开始-开始等关系。

活动所需时间估算是指根据项目范围、所需资源等信息以及经验,确定每一个活动所需时间或工期的过程。这种估算往往是一个逐渐细化的过程,并且经常与活动所需成本估算联合在一起。

进度计划编制是指确定每一个活动的开工日期和完工日期的过程。进度计划编制既可以是手工编制的,也可以是采用软件工具自动编制的。一般地,进度计划编制的基础数据是第一个活动的开工日期、所有活动的工期、活动之间的逻辑关系。进度计划编制也是一个反复循环的过程,需要对活动所需时间、成本进行不断的调整。

进度控制是指采用运筹学、网络计划等科学手段和先进的工具对项目进度进行监控、协调、调整,确保项目按照预定的时间进度完成的过程。需要注意的是,进度控制是对项目实施全过程的控制,不仅包括项目的实施阶段,而且包括项目前期准备阶段、项目招标阶段、设计阶段等。为了更好地控制项目进度,需要对影响项目进度的各种因素进行监控,这些因素包括业务人员数量不足、业务人员素质低下、资金缺乏或不能及时到位等。在信息系统项目的进度控制过程中,业主、承建方等参与方应该做好协调工作。

如果进度计划确实需要变更,应该及时地使这些变更得到认可,通过调整进度计划使得进度计划与实际情况相符。

14.2.3 成本管理

信息系统项目成本管理是指保证项目在预算范围内完成所需要的过程。在很多项目中,成本往往被看成是一个最敏感、最关键的因素。对于信息系统项目来说,项目成本不仅包括实施成本，而且包括立项阶段的成本和信息系统建成后运行时的维护成本，这些成本称为总拥有成本（total cost of ownership，TCO）。信息系统项目成本管理包括资源计划编制、成本估算、成本预算、成本控制 4 个内容。

资源是形成成本的主要因素，资源计划编制是确定完成信息系统项目中各个活动需要的各种资源（包括人、软硬件设备、材料等）和资源数量的过程。资源计划编制与成本估算是密切相关的。

成本估算是指计算出完成项目各活动所需各种资源成本的近似值。项目成本估算与项目合同定价是两个不同的概念。项目成本估算是承建方计算为了完成项目自己所需支出的近似费用，项目合同定价是承建方为了完成项目向业主索取的费用。在成本估算过程中，需要考虑各种成本方案以及这些方案的可行性。例如，在信息系统开发项目中，在系统设计阶段细化设计方案可以减少编码阶段的成本，成本估算时应该考虑由于设计工作量增加而带来的成本增加是否能够被编码阶段降低的成本所抵消。

成本预算是指把估算的项目总成本分配到单个活动或由若干个活动组成的工作包上，建立成本基准计划以便度量项目实际绩效的过程。成本预算是开展项目活动耗费成本支出的依据。一般地，成本预算包括项目支出费用、其他管理费用和不可预算费用。

成本控制是指对成本支出情况进行监督、找出偏差和分析偏差原因、采取有效确保在规定的成本目标中完成项目的过程。需要指出的是，成本控制必须与范围变更、进度控制、质量控制紧密配合起来才能有效进行。需要注意的是，成本控制是微观性投资控制，其着眼点不是信息系统项目的投资方向、投资结构、资金的筹资方式、筹资渠道，而是控制一个具体的信息系统项目的投资。

14.2.4 质量管理

信息系统项目的质量管理是指保证信息系统项目能够满足原先规定的各项要求所需要的过程，即总体管理功能中决定质量方针、目标和责任的所有活动，并且通过诸如质量计划、质量保证、质量控制、质量改进等手段在质量体系内加以实施。下面，从质量计划、质量保证、质量控制详细研究信息系统质量管理的内容。

质量计划是指用以实施质量管理的组织结构、责任、程序、过程和资源。在信息系统项目的质量计划阶段应该着重完成下面一些活动：

(1) 对信息系统项目质量活动作出计划安排；

(2) 定义信息系统项目质量的可测量目标及其优先级；

(3) 明确实现信息系统项目的质量目标的实现过程是可量化的和可管理的；

(4) 为了有效地管理信息系统项目质量需要配置的资源和资金；

(5) 对与信息系统项目质量管理相关人员进行培训；

(6) 对信息系统项目组成员进行软件质量管理方面的培训；

(7) 按照文档化的规程制定和维护信息系统项目的质量计划，并且将该计划作为质量管理活动的基础；

(8) 在信息系统项目生命期内，按照文档化的质量计划确定、监控、更新信息系统项目的质量目标。

质量保证是指为了使得信息系统项目最终能够满足相关质量标准而在质量系统内部实施的各项有计划的活动。这些质量保证活动贯穿于整个信息系统项目的始终。在质量保证活动中应该对信息系统的质量因素进行测量、分析，并且将结果与已经确定的质量标准或目标相比较，以便为质量改进提供机会。信息系统的质量因素主要包括正确性、安全性、健壮性、性能效率、可用性、可理解性、可测试性、可维修性、可移植性、可再用性等。

质量控制是指在整个信息系统项目过程中对项目质量进行监督、评估、验收等过程。需要指出的是，信息系统项目中的软件质量控制不单单是一个软件测试的问题，评审、调试、测试、审计等都是保证软件质量的手段。

14.2.5 合同管理

信息系统项目的合同管理是指对信息系统项目中的合同进行签订、履行的所有活动，是信息系统项目过程中各参与方的行为约束机制，是确保信息系统项目达到目标的重要手段。

合同确定了信息系统项目或子项目的价格、成本、工期、质量目标，明确规定了合同各参与方的责任、权利和义务。从某种意义上可以说，信息系统项目的进行过程就是项目各参与方履行项目合同所规定责任的过程。合同管理是信息系统项目管理的核心，是开展范围管理、进度管理、成本管理、质量管理等活动的指南。在一个信息系统项目中有可能有一个合同，也可能有几十个、几百个合同。业主和承建方是合同的主要参与方，除此之外，投资方、监理方、分包方、供应方等都有可能是合同的参与方。一个典型的信息系统项目合同体系如图 14-1 所示。

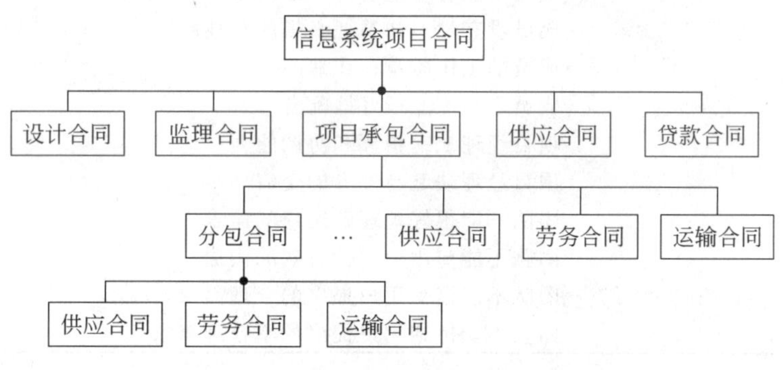

图 14-1 信息系统项目合同体系

合同管理贯穿于整个信息系统项目实施的全过程中。从管理的角度来看，合同管理包括项目管理中所有涉及合同的服务性工作，其目的是保证项目承包方全面、正确、有序、顺利地完成合同规定的任务。

14.2.6 风险管理

信息系统项目风险是一个不确定的事件或环境，包括对项目目标的威胁和改善项目目标的机会。信息系统项目风险管理是指信息系统项目管理组织对可能遇到的风险进行计划、识别、分析评估、跟踪控制的全过程，是以科学的管理方法实现信息系统项目最大安全保障的实践活动的总称。

风险计划是指项目风险管理的整体计划，包括定义信息系统项目组及成员风险管理的行动方案、选择合理的风险管理方法、确定风险判断的依据等。风险计划是整个项目风险管理的战略性的、全局性的、全生命期的行动指南。编制风险计划的主要方法是召开由相关人员参加的风险计划会议。

风险识别是指找到和分类项目风险的因素。具体地说，风险识别包括确定信息系统项目的风险来源、风险产生的条件、描述其风险特征、确定风险事件有可能影响到的项目内容。风险识别往往是一个反复的过程。信息系统项目风险因素可以包括业务类因素、管理类因素、人力资源类因素、技术类因素、供应商类因素等，例如常见的人力资源类风险因素清单如表 14-2 所示。

表 14-2 常见的人力资源类风险因素清单

序号	风险因素描述
1	团队成员频繁流动
2	一个关键成员离开了
3	新老成员之间的冲突没有解决
4	新的成员不能适应团队的工作
5	团队成员之间没有进行有效的沟通
6	团队成员在沟通方面花费了过多的时间和精力
7	成员缺乏领域知识
8	成员缺乏信息系统基本技能
9	成员不能有效地表达自己的看法
10	成员没有学习和掌握必需的新技能
11	成员的工作质量存在缺陷
12	成员之间不能很好地配合
13	项目经理缺乏指挥和协调能力
14	项目经理缺乏与外界的交流
15	团队不能很好地理解用户的需求
16	团队不能与用户进行有效的沟通
17	团队不能接受用户提出的合理需求
18	团队不能拒绝用户提出的不合理需求

风险分析评估是对风险因素发生的概率、产生的影响、造成的后果进行分析和评估的过程。有些风险因素即使发生，对项目产生的影响也不大，但是有些风险因素一旦发生，就可能对项目产生致命的影响。风险分析评估就是项目整体对风险因素进行深入分析和评估，为风险的应对和监控奠定基础。

风险跟踪控制是指对项目风险因素进行监视、检查、测量和分析，对发生的风险及时采取相应措施和行动的过程。一般地，可以采用多种风险策略解决发生的风险，这些策略包括减轻、预防、回避、自留和后备等。减轻风险是指降低风险发生的可能性或减少后果的不利影响。预防风险是指采取各种有效的手段，防止风险因素的出现、减少已发生的风险因素或隔离风险因素等。转移风险是指借助合同或协议，在风险事故一旦发生时将损失的一部分转移到项目外的第三方身上。回避风险是其主动放弃项目或改变项目目标与行动方案的策略。主动或被动接受风险的活动称为风险自留。后备是指预先制定风险预案，一旦风险发生就启动相应的风险预案。

14.3 信息系统项目监理

信息系统项目监理是指依法设立且具备相应资质的信息系统项目监理单位，受业主单位委托，依据国家有关法律法规、技术标准和信息系统项目监理合同，对信息系统项目实施监督管理的过程。

信息系统项目监理方服务于信息系统项目合同的业务方与承建方。当接受业主委托之后，监理方作为工程承包合同的洽商者，遵循的原则是使得工程承包合同成为一个平等条约；作为工程承包合同管理和工程款支付的签认者，其遵循的原则是等价交换。因此，监理方是为双方的利益服务的，不仅仅是为委托方服务的。

一般地，根据信息系统项目的复杂程度和项目监理的深入程度，可以把信息系统项目监理分为 3 种类型，即咨询式监理、里程碑式监理和全程式监理。不同的监理类型有不同的监理任务。

对于咨询式监理来说，只是解答用户就组织信息化建设或信息系统项目过程中提出的问题，其性质类似于业务咨询或方案咨询。在这种类型的监理中，监理方的责任最轻，但是获取的监理费用也最少。对于那些对自己组织的信息化建设有一定的了解、技术力量比较雄厚的用户来说，适合采用这种类型的监理方。

信息系统项目通常划分为若干个阶段，在每一个阶段结束时都设置一个里程碑活动。里程碑式监理就是在里程碑活动到来时，业主通知监理方进行审查或测试。在这种类型的监理中，监理方承担一定的责任，相应地可以获取更多的报酬。

全程式监理是一种复杂的监理类型。在这种监理方式中，业主方不但要求监理方对信息系统项目过程中的里程碑活动进行审查，还要求监理方派出相应的监理人员全程跟踪信息系统项目过程中的信息，不断评估承建方的开发过程质量和实际效果。在这种监理方式中，监理方承担的责任最大，当然获取的报酬也是最高的。对于那些大型信息系统项目，或者业主缺乏信息系统经验和技术人才时，全程式监理是一个很好的选择。

从信息系统项目监理的内容来看，可以简单地描述为“四控三管一协调”。四控是指质量控制、进度控制、投资控制和变更控制，三管是指合同管理、信息管理和安全管理，一协调是指组织协调。

作为监理方，主要是通过发挥监督、控制、协调和建议等方面的作用，确保信息系统项目实现质量、进度、投资以及变更等方面的控制目标。其中，质量控制包括采购进货、网络施工、软件开发和测试、信息系统验收等，进度控制包括施工工期和软件开发工期等方面的控制，投资控制包括硬件投资、软件投资、附属设备投资以及工程施工投资等方面的控制，变更控制包括变更程序和变更文档等方面的控制。

三管包括合同管理、信息管理和安全管理。合同管理包括软件开发、采购、施工、系统集成等合同管理。信息管理包括投资控制管理、设备控制管理、施工管理、软件开发管理。信息系统项目更加重视信息系统的安全性、完整性、保密性、机密性等，安全管理就是确保信息系统项目和信息系统安全的一系列活动的总称。

一协调是指采用现场和会议方式进行协调，实施业务方、承建方以及监理方参与的信息系统项目协调制度。

信息系统项目监理有助于控制信息系统项目的风险，可以确保信息系统项目的进度、投资、质量，可以保证项目过程中争议的合理解决和项目的顺利进行，可以为信息系统项目提供更加合理、更加专业、更加全面的保证。

本章案例　英兰钢铁公司的订单完成系统为什么成功

位于美国芝加哥的英兰钢铁公司是美国最大的钢铁公司之一，该公司在开发一个大型的信息系统过程中，成功地把投资控制在预算范围内，并在约定的期限之前顺利地完成了开发工作。

1992 年，英兰钢铁公司管理层决定开发一个新的订单完成系统(order fulfillment system，OFS)，该系统将要达到如下一些目标：减少处理订单的员工数量、改善客户服务质量、提高产品质量、可以访问更多有关制造和客户的信息。英兰公司从重新设计 18 个业务流程入手开始了信息系统的开发工作。新的 OFS 系统与业务流程更加紧密地集成，并且能为管理人员提供更加及时、准确的信息，以便执行市场预测、跟踪产品运输状况、处理更多的客户订单等。

英兰公司已经有一个正在使用的订单处理系统。这种原有的信息系统存在的一个主要的问题称为“自动化孤岛”。例如，制造部门可以按照优化的方式执行自己的操作，销售部门也按照一种优化的方式完成自己的工作，但是制造部门与销售部门之间没有任何的信息共享。这种隔离状态造成了订单信息在传递过程中出现了不一致的现象，并且经常延误。新开发的 OFS 系统将要解决这些问题。

但是，这种开发并不是英兰公司第一次尝试开发新的订单处理系统。好几次的尝试都失败了，主要原因是：高层管理人员采取放任的态度；工作过多地集中在了技术上而不是业务需求上；没有提供与系统规模相适应的投资。这一次，高层管理人员吸取了前几次的教训，全力以赴支持该项目的开发。

按照制定的信息系统项目开发计划，主管 IT 事务的副总裁威廉·霍华德开始了有条不紊的工作。首先，他邀请麦克尼希公司(一家著名的管理咨询公司)参加到 OFS 项目中，对整个项目的管理和组织提供咨询服务。一年以后，即 1993 年，霍华德又邀请安德森管理咨询公司参加到项目中。后来，另外一家有丰富经验的管理咨询公司也参加到了 OFS 项目中。

霍华德组建了一个特殊的团队，该团队的成员包括一些业务经理和 IT 经理，负责对整个项目的分析、设计、实施等所有阶段进行监控。通过认真研究，霍华德把整个工作分散在各个业务流程中，他计划的 3 个实施阶段分别是销售、运营计划、制造。这些工作的目的是通过分解任务、一个任务一个任务地逐步解决最小化可能的风险。他把整个团队的成员分散到各个业务流程中，让他们按照“计划、执行、检查、评估”的方法检查各个流程。他们定期地开会，汇报自己的工作成果和面临的问题。这种信息共享方式确保了业务部门和 IT 专家在规定的进度和成本下一致地工作。像订单处理时间这类分散的问题最终被测量了出来。

大型项目的最大挑战之一是“范围潜伸”。当初始的用户需求发生变化时，范围潜伸就悄悄地发生了，一直到原有的进度和投资预算再也不能满足变化的需求为止。事实上，英兰公司的业务部门至少提供了 500 次需求变化请求。但是，开发团队对这些需求变化进行了认真的研究，仅仅同意了其中二十几次变化请求。结果，这些数量比较少的需求变化请求都顺利地完成了。可想而知，如果所有的需求变化请求都被接受了，那么该项目也就必然失败了。最终，项目开发成功了，最初的资金预算和时间要求都满足了。

该新系统的开发工作是一项可怕的艰巨任务。1993 年全年都在做可行性研究和设计工作。从 1994 年元月到 1996 年 11 月，编写出了 700 万行代码，花费了 3700 万美元。整个项目团队的专家超过 200 人，全部工作量超过 400 个人年。系统开发人员创建了一个用来存储客户信息的数据仓库和 27 个集成在一起支持 18 个重组后的业务流程的应用程序。

OFS 的成果是显著的。处理客户订单的时间缩短了 84%，制造时间降低了 24%，生产记录的错误率减少了 7.1%，运输时间从平均的 3.9 天缩短到 1.2 天。

本章案例思考题

1. OFS 项目的成功因素是什么？并且详细解释为什么？
2. 回答项目的开发是并行进行，还是串行进行？解释你的回答。
3. 该系统的开发采用了结构化生命周期法，还是原型法？解释你的回答。

本 章 小 结

本章讲述了信息系统项目管理的基本概念和方法。首先，讲述了信息系统项目管理的基本概念、类型和意义。其次，详细分析了信息系统项目管理的主要知识领域，这些领域包括范围管理、进度管理、成本管理、质量管理、合同管理、风险管理等。最后，对信息系统项目监理的基本概念和作用进行了分析。

思考和练习题

1. 什么是信息系统项目管理？与其他工程项目相比，信息系统项目的特点是什么？
2. 信息系统项目的主要类型是什么？
3. 收集资料，分组讨论：信息系统项目管理的 9 大知识领域。
4. 信息系统项目管理和信息系统项目监理之间的关系是什么？
5. 信息系统项目范围管理的主要内容是什么？
6. 分析信息系统项目进度管理的特点。

7. 分析信息系统项目成本管理的特点。

8. 分析信息系统项目质量管理的特点。

9. 分析信息系统项目合同管理的特点。

10. 分析信息系统项目风险管理的特点。

11. 比较和分析信息系统项目监理类型的特点。

第15章 管理信息系统规划

【场景】 企业到底需要多少个信息系统？

李主任忐忑不安地进入张总办公室。

张总坐在办公桌后面打电话，看到李主任进来，用手示意李主任坐下，对着电话说："我现在要开会，明天上午10点你们准时到我公司来吧，好的，再见。"

张总脸上没有出现往常那样的笑容，表情严肃。他看到李主任坐下了，说："李主任，你知道我为什么让你过来吗？"

李主任定了定神，思考了一下，说："是不是关于昨天我交给你的报告？"

"不错，"张总瞥了一眼摆放在办公桌上的一叠厚厚的报告，说，"我昨天花了一个晚上的时间，仔细看了你给我的报告。看完后，我有一些困惑。"

听了张总这句话，李主任这下放心了。李主任知道，只要张总说他有困惑，那么就表示他对这件事非常关注。他没有立即接张总的话，他已经知道了张总接下来的问题。

张总接着说："我知道，对咱们公司来说，信息化建设非常重要。这几年，咱们公司在这方面的投资力度也比较大，这些情况你都参与了，我就不多说了。我现在的问题是，像咱们这样规模的企业，到底需要多少个信息系统？"说完，张总紧盯着李主任，好像答案写在李主任的脸上似的。

"企业到底需要多少个信息系统？这个问题没有标准答案，也可能只需要一个信息系统，也可能需要两个信息系统，也可能需要更多的信息系统。"李主任说了这句等于没说的话之后，故意停下来，好像在考虑是否继续说下去。

张总没有说话，只是轻轻地点了点头，示意说下去。

"这是一个战略问题，也是一个规划问题。"经过这几年的磨炼，李主任张口战略，闭口规划。"要想解决这个问题，必须研究和制定咱们自己的信息系统规划。"李主任喝了口水，清了清嗓子，做好了长篇大论的准备。

"什么是信息系统规划呢？"张总问。

据有关机构统计，当前全球固定资产投资的51%是IT/IS投资，IT/IS的成功和失败与组织的命运息息相关。随着IT的发展，许多组织希望通过IT/IS来降低自己的运营成本、提高工作效率和质量、增强核心竞争力。但是，在IT/IS的实践中，许多组织开发的信息系统并没有达到预期的效果。面临"信息孤岛"、"IT黑洞"、"IT花瓶"等尴尬现象，很多人逐渐意识到信息系统的建设是一件极其复杂的工作，它涉及企业的战略、组织、人力资源、流程、信息、技术、应用等诸多因素，会引起组织在战略、流程、人力资源等众多领域的剧烈变化。因此，在进行信息系统建设之前，必须进行系统的、全面的、深入的信息系统规划。本章将全面研究管理信息系统规划的内容。

本章目标：

- 理解信息系统规划的背景；
- 理解和掌握信息系统规划的概念、特点和策略；
- 理解和掌握信息系统规划的内容；
- 理解和掌握诺兰模型和米歇模型；
- 理解组织和业务流程变革方式的特点；
- 理解业务流程再造的概念和原则；
- 理解和掌握企业系统规划方法的思想和特点；
- 理解和掌握关键成功因素法的思想和特点；
- 理解和掌握价值链分析法的思想和特点；
- 理解和掌握组合规划法的思想和特点；
- 理解和掌握信息系统体系架构法的思想和特点。

15.1 概　　述

信息系统对组织的正常运转起着越来越重要的作用，信息系统建设是一项高收益、高投入、高风险的项目。做好管理信息系统规划工作是组织信息系统建设或信息化建设的最基础、最重要的指导性工作。

信息系统建设成功之后，可以极大地提高组织的管理水平、工作效率，规范化组织的各项业务工作，更好地共享组织的信息和知识，形成与时俱进的组织文化，增强组织的凝聚力和战斗力，打造组织的核心竞争力，从而为企业带来巨大的有形和无形的收益。如何做好信息系统建设是从事信息系统研究和实践人员的重要课题。但是，信息系统建设的成功，不是一朝一夕就能完成的艰巨工作，必须经过大量的脚踏实地的工作。信息系统规划是保证信息系统建设成功的重要手段和前提。

但是，信息系统建设也是一项高投入、高风险的工作，信息系统失败的概率比较高。从当前的信息系统建设实践来看，"信息孤岛"、"IT 黑洞"、"IT 花瓶"现象比较普遍。"信息孤岛"是指在组织内部各种信息系统林立、信息系统平台不一、组织内部各部门自成体系，不同信息系统之间不能有效地共享信息资源，造成重复投资、信息资源浪费、数据管理分散、信息系统整合难度大等后果。"IT 黑洞"是指许多组织对信息系统建设的复杂性、艰巨性、长期性认识不足，对信息系统建设的投资没有充足的预算，加上信息系统建设过程中没有有效地控制建设项目的方向、范围、进度、成本等，造成信息系统建设的投资大大超出预算范围，并且呈现出无休止的现象。"IT 花瓶"是指许多组织中的信息系统建设之后，由于种种主客观的原因，例如建设的信息系统不能适应组织和业务流程的变化、信息系统存在功能瑕疵、使用人员存在抵触情绪等，都可能造成花费了巨大投资的信息系统束之高阁。造成这些现象的最重要的一个原因就是缺乏合理的、有效的信息系统规划。由此可见，信息系统规划在信息系统建设中起着举足轻重的作用。

15.2 信息系统规划的概念、内容和策略

本节从3个方面讨论信息系统规划的内容。首先，讨论规划、业务规划和信息系统规划的基本概念、特点和作用。其次，研究信息系统规划的具体内容。最后，讲述信息系统规划的策略。

15.2.1 信息系统规划的概念

合理的规划可以明确组织的发展目标和监控组织为了达到这种目标而采取的措施和步骤。任何一种类型的业务规划都是从描述组织希望在今后的一段时间内发展的明确目标开始的，这段时间的长度往往是5年或者更长的时间。对于任何一个业务规划，组织的管理人员都必须非常明确下面3个问题：

(1) 组织在当前市场上处于什么样的地位？

(2) 组织在未来市场上将处于什么样的地位？

(3) 组织应该怎样做才能达到希望的市场地位？

为了更好地回答上述问题，业务规划中应该包括这些内容：定义组织的目标；确定实现这些目标需要的资源；创建控制这些资源的获取、分配、使用的政策。

管理信息系统规划是一种典型的业务规划，常常简称为信息系统规划。信息系统规划(information system planning，ISP)就是从全局角度出发、合理地确定信息系统的建设目标和设计达到这些目标的一系列措施、方法和步骤。也可以说，信息系统规划是组织预测将来信息系统在组织中的角色和应用目标的描述。

需要补充的是，信息系统规划只是描述组织将来的信息系统角色和使用状况或者说信息系统愿景的一种工具，它本身并不具备确保组织实现这些规划的能力。

信息系统规划是信息系统建设框架的描述，是面向组织高层管理人员、面向组织全局的信息系统需求，具有战略性、高层性、全局性、指导性、技术性、权威性等特点。

信息系统规划的战略性是指该规划与组织的战略密切相关，是组织战略的有机组成部分，是确保组织战略实现的保障机制。信息系统规划的高层性特点是指信息系统规划主要是由组织高层管理人员使用的长远规划，是整个信息系统建设的纲领性文件，是概括性描述信息系统的框架。全局性观点是指信息系统规划是站在组织高度对组织的整体业务进行规划，涉及组织的各个职能部门和业务流程。指导性观点是指信息系统规划是一个宏观规划，是有关组织信息系统建设目标、战略、原则、总体框架、资源分配计划的概括性描述，不涉及具体的业务问题，是开展具体业务时需要遵循的政策。技术性观点是指信息系统规划与信息技术的发展紧密结合，信息系统规划是在对信息技术发展方向预测的基础上建立的，不能脱离信息技术现实去空谈信息系统规划。权威性是指信息系统规划的编制过程和规划内容都是经过大量的专家和管理人员反复讨论和深思熟虑之后得到的成果，是集体智慧的结晶，不是个别领导通过拍脑袋得到的，是今后信息系统建设过程中的权威依据。

信息系统规划在整个信息系统建设过程中起着关键的作用，是组织战略的重要组成部分和实施环节，是开展组织和业务流程规划的依据，是信息系统开发和实施的前提条件，是

信息系统开发和实施的纲领和方向，是信息系统建设成功的管理保障，是评价和验收信息系统的标准和原则。

信息系统规划是组织战略的重要组成部分和实施环节。就像市场战略、人力资源战略一样，信息系统规划是一项职能战略，是组织战略的有机组成部分。组织战略的实施是通过各项业务规划体现出来的。组织战略在组织的信息系统建设方面的体现正是信息系统规划。

信息系统规划是开展组织和业务流程规划的依据。随着信息系统的建设和发展，组织的组织结构和业务流程会随着信息系统的深入应用而发生变化，这些变化包括组织结构扁平化和分散化、业务流程流水化及规范化和面向客户。但是，这些变化的变动开始、变动程度、变动方向等是由信息系统规划决定的。

信息系统规划是信息系统开发和实施的前提条件。信息系统开发和建设涉及组织的各个管理层次、众多的职能部门、大多数的业务流程、重要的职能岗位和人员，是一项艰巨的复杂系统工程，往往持续若干个月甚至若干年，组织需要投入大量的人力、财力、物力。如此庞大的工程项目，如果没有一个合理的规划和统筹安排，脱离组织实际情况，盲目地开展建设工作，那么注定要失败，造成人力、财力、物力的极大浪费，严重挫伤组织从事信息系统建设的信心。信息系统规划是在调查分析的基础上，结合组织的实际情况，对组织的整体信息系统建设工作的合理规划和统筹安排，是信息系统开发和实施的前期工作和基础。

信息系统规划是信息系统开发和实施的纲领和方向。信息系统规划描述了组织信息系统的建设目标、框架任务、建设方法、建设阶段、建设路径以及受到的约束和原则，是从信息系统框架的角度对信息系统的全局性和方向性的描述，是信息系统开发和实施的目标和内容，是确定信息系统开发详细工作需要遵循的纲领性文件。

信息系统规划是信息系统建设成功的管理保障。从管理视角来看，在信息系统规划编制过程中，充分考虑和研究了组织的内部和外部环境因素，详细分析了信息系统建设过程中遇到的各种风险因素并且制定了相关的预防措施，按照信息系统规划开展工作可以大大降低信息系统建设的风险，从而确保信息系统建设项目顺利进行。

信息系统规划评价和验收信息系统的标准和原则。信息系统建设是否取得成功的合理依据是组织是否按照信息系统规划实施了信息系统，并且达到了规划中明确的预期效果。不同的信息系统规划会带来不同应用效果的信息系统开发和实施。在对组织已经实施的信息系统进行评价时，必须坚持按照信息系统规划中确定的目标进行评价和验收，不能脱离这种规划去评价和验收。如果在实际过程中发现信息系统规划与实际情况背离甚远，那么应该按照严格的程序调整信息系统规划的内容，保持信息系统规划的权威性和指导性。

15.2.2 信息系统规划的内容

一般地，信息系统规划可以划分为 4 个阶段，即信息系统战略规划、组织和业务流程规划、信息系统体系架构规划和信息系统实施规划。这种 4 阶段信息系统规划框架示意图如图 15-1 所示。需要注意的是，第二阶段和第三阶段之间需要大量的信息交互和协调才能最终完成。

信息系统战略规划是信息系统规划的起点和核心，是组织战略的一个重要的组成部分，

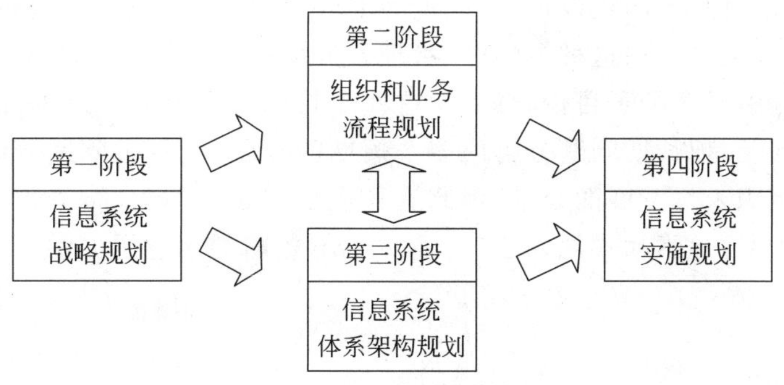

图 15-1　4 阶段信息系统规划框架示意图

是指导整个信息系统规划和建设的战略方向。信息系统战略规划应该在对组织当前经营状况和经营环境充分调研和分析的基础上明确定义信息系统的领导机构、建设目标、建设条件和建设阶段，这些目标和条件应该具有可测量性和可比较性，建设阶段应该给出中长期的规划阶段（例如 3～10 年）和短期的计划阶段（例如 2～3 年）。组建的领导机构应该具有权威性。从技术角度来看，信息系统战略规划应该指出信息技术、信息系统的发展趋势和将要采取的技术方向，为后面的信息系统规划和建设工作指明方向。从投资的角度来看，信息系统战略规划应该给出信息系统建设的投资规模。

组织和业务流程规划是指在信息系统战略规划的指导下，组织结构和业务流程将要采取的变化策略和变化程度，是从管理视角定义可以满足和支持信息系统战略规划的业务流程、部门设置、岗位设置、规章制度等，是确保信息系统战略规划顺利实施的组织保障。就像中长期规划一样，组织和业务流程规划应该给出组织和业务流程在今后的一段时期内的组织和业务流程调整规划和计划。组织和业务流程规划的制定需要与信息系统体系架构规划的制定进行反复的沟通和协调。

信息系统体系架构规划是指在信息系统战略规划的指导下，信息系统的各个组成部分和这些组成部分之间的关系。该规划至少包括 3 个方面的内容，即定义组织将要建设的信息系统的所有子系统及其这些子系统的规模和程度，定义这些子系统之间的业务关系和数据关系，定义这些信息系统与业务流程和部门之间的关系。就像组织和业务流程规划一样，信息系统体系架构规划也是一个反复的过程。

信息系统实施规划是在前面 3 个规划的基础上制定的时间规划、资源规划和项目规划。时间规划是指信息系统实施的高层时间安排，这时的时间安排可以细化到年、季或月。资源规划是对信息系统建设中将要用到的人力、物力、财力作出宏观性的安排。项目规划是指确定信息系统建设可以分解成哪些具体的、目标明确的、可管理的信息系统建设项目，是今后开展信息系统建设具体工作的基础。

15.2.3　信息系统规划策略

信息系统规划策略是指信息系统规划时的总体指导思想。有两种典型的信息系统规划策略，即 top-down（自顶向下）策略和 bottom-up（自底向上）策略。

如果组织的高层管理人员认为，当前组织中的所有业务和系统都是可以改进的，在这种思想指导下，设置信息系统的建设目标，制定和采取一系列达到这些目标的措施。这种策略通常称为 top-down 策略。在这种策略中，管理人员按照组织分工、部门设置、业务流程等把这些设置的目标分解成多个子目标，然后为这些子目标分配资源。这种方法实际上就是把大问题分解成小问题、把长期问题分解成多个短期的问题、把复杂问题分解成简单问题等。这种方法描述了组织未来发展的全景，因此这种规划方法也称为“全景规划法”。也有些专家把这种方法称为“目标驱动式规划法”。top-down 策略的示意图如图 15-2 所示。

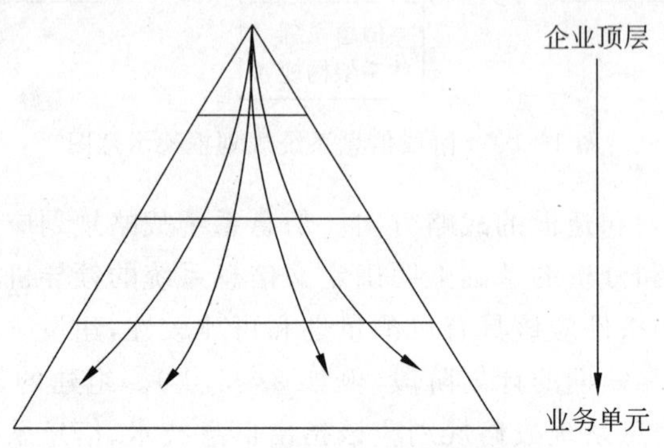

图 15-2　top-down 策略示意图

如果组织中的某个业务单元出现了问题，管理人员才采取解决这些问题的措施和项目，这种规划方法由于源自于组织底层的业务人员，因此把这种策略方法称为 bottom-up 策略。在这种策略中，经常是把若干个职能目标集成到一个目标中。与 top-down 策略相比，这种方法并不要求对组织的整体进行规划。这种规划往往是被动进行的，很少有主动性。这种方法通常是由中层管理人员或底层业务人员驱动的。bottom-up 策略示意图如图 15-3 所示。

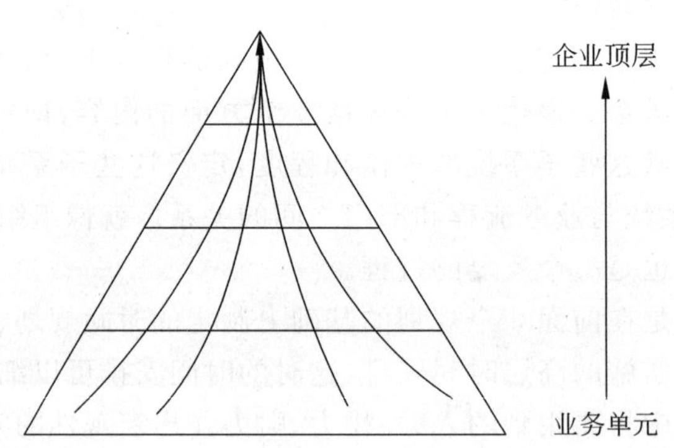

图 15-3　bottom-up 策略示意图

由于 top-down 开发策略要求很强的逻辑性，因而难度较大，但这是一种更重要的策略，是信息系统的发展走向集成和成熟的要求。bottom-up 规划法的优点是可以避免出现系统大规模运行不协调的风险，但缺点是不能像想象那样完全周密，由于缺乏从整个系统出发考虑问题，随着信息系统的发展，往往要作许多重大修改，甚至重新规划和设计。

15.3 信息系统发展阶段模型

信息系统的发展和演变过程有其内在的客观规律，人们只有发现和认识这些客观规律，才能进行有效的信息系统规划和提高信息系统的应用水平。信息系统发展阶段模型描述了信息系统发展的规律和特点，是信息系统规划需要遵循的基本原则。诺兰模型和米歇模型是业界公认的经典信息系统发展阶段模型。下面分别介绍诺兰模型和米歇模型。

15.3.1 诺兰模型

1973 年，哈佛商学院的理查德·诺兰教授在其发表的 Managing the Computer Resource：A Stage Hypothesis 一文中第一次提出了信息系统发展阶段的诺兰模型。当时，他认为信息系统发展阶段可以分为 4 个阶段，即起步阶段、蔓延阶段、控制阶段和集成阶段。到了 1979 年，诺兰教授又发表了题目为 Managing the Crises in Data Processing 论文，在该论文中，诺兰教授修正了诺兰模型。诺兰教授认为诺兰模型包括 6 个阶段，即起步阶段（Initiation Stage）、蔓延阶段（Contagion Stage）、控制阶段（Control Stage）、集成阶段（Integration Stage）、数据管理阶段（Data Administration Stage）和成熟阶段（Maturity Stage）。诺兰模型 6 个阶段示意图如图 15-4 所示。

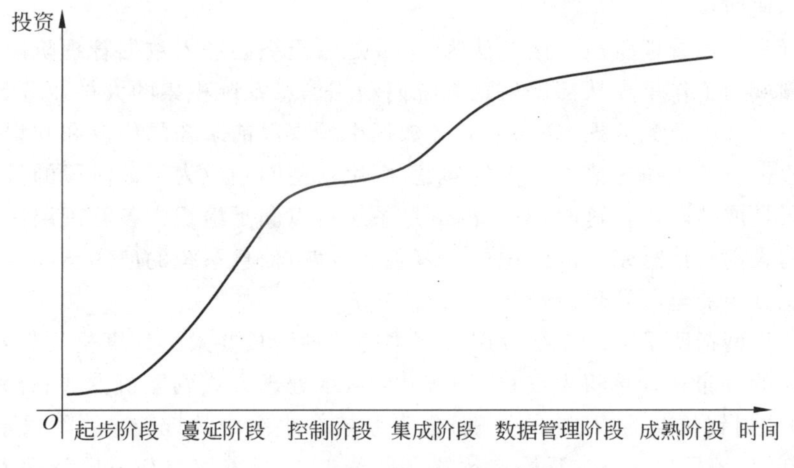

图 15-4　诺兰模型阶段示意图

第一阶段是起步阶段。从组织购买第一台计算机并开发和使用应用程序开始，该组织进入到第一阶段。第一阶段经常出现在组织的工资管理、账务管理等领域。这时，计算机在管理领域的作用被初步认识到，组织中的个别人或个别部门具有了使用计算机的能力。但是，组织对计算机的计划和控制是非常薄弱的，各应用系统之间、各部门之间基本上没有联系，整个组织缺乏信息系统规划。

第二阶段是蔓延阶段。随着个别部门或个别领域的计算机应用初见成效，信息系统从少数部门迅速扩散到其他部门，并且开发了大量的应用程序，组织的事务处理效率有了显著的提高。在该阶段中，数据处理能力虽然大幅度提高但是同时出现了许多急需解决的问题，例如不同的应用程序之间的数据冗余性、不一致性、不能有效共享等问题暴露了出来，组织在数据处理方面的投资急剧增长，对信息技术和信息系统人才的需要大幅度增加。在组织中，信息系统的应用一方面呈现出欣欣向荣的景象，另一方面潜伏的大量问题逐渐凸现出来，这是蔓延阶段的显著特点。

这时，组织开始进入了以控制为特征的第三阶段。在这一阶段，组织的管理者了解到计算机的数量迅速增长超出了控制，计算机方面的预算每年以30%或更高的比例增长，但是投资回收却不甚理想。同时，随着对信息系统的认识逐渐深入，经验逐渐丰富，大量的信息系统项目不断积累，客观上也要求组织加强对信息系统的规划、协调和控制。于是，信息系统规划成为了组织考虑的头等大事，出现了由组织高层和职能部门负责人参加的信息系统规划领导小组，对整个组织的信息系统建设进行统筹规划和严格控制，信息系统应用的无序发展和膨胀得到了遏制。这时，控制代替了蔓延，思考代替了盲目膨胀，规划代替了无序。诺兰教授认为，第三阶段将是组织实现从以计算机管理为主到以数据管理为主转换的关键，发展比较缓慢，相对来说投资比较平缓。

第四阶段是集成阶段。所谓集成，就是在控制的基础上，采用计算机网络技术、数据库技术以及其他信息技术对子系统中的硬件进行重新连接，建立和配置集中式的数据库系统，充分利用和管理各种信息系统。这时，重点需要解决"信息孤岛"、数据共享、系统集成等问题。从投资角度来看，由于需要重新装备大量的计算机设备和软件系统，因此该阶段的预算费用又一次迅速增长。

第五阶段是数据管理阶段。诺兰认为，集成之后组织会进入数据管理阶段。这时，组织在信息系统领域的工作重点从部署信息系统向利用信息系统积累的大量业务数据转变。如何充分地共享和利用业务数据，如何从业务数据中发现以前未知的信息和知识，如何利用这些业务数据改进业务工作等诸如此类的问题，解决这些问题成为了该阶段的显著特征。

第六阶段是成熟阶段。这时，成熟的信息系统可以满足组织中各管理层次(高层、中层、低层)的要求，人们对信息系统的认识更加客观和成熟，信息系统的应用已经普及，组织可以真正实现信息资源的全面管理。

诺兰阶段模型指明了信息系统发展过程中的6种增长要素。计算机硬软资源：从早期的磁带向最新的分布式计算机发展；应用方式：从批处理方式到联机方式；计划控制：从短期的、随机的计划到长期的、战略的计划；信息系统在组织中的地位：从附属于别的部门发展为独立的部门；领导模式：一开始技术领导是主要的，随着用户和高层管理人员越来越了解信息系统，高层管理者开始与信息系统部门共同决定信息系统战略和规划；用户意识：从作业管理级的业务用户到中、高层管理人员的管理、控制和决策方向发展。

诺兰阶段模型总结了西方发达国家信息系统发展的经验和规律。一般认为，诺兰模型中的各个阶段都是不能跨越的。因此，无论是确定开发信息系统的策略，还是制定信息系统规划，都应该首先明确本组织当前处于哪一阶段，进而根据该阶段的特征来科学地规划和指导整个组织的信息系统建设工作。

15.3.2 米歇模型

20世纪90年代，米歇对诺兰模型提出了补充意见，他认为，在诺兰模型中，作为前后两个阶段的集成与数据管理其实是不可分割的，集成阶段的实质和主要特征恰恰就是以数据集成为核心的数据管理。米歇认为，各阶段的特征不只在数据处理工作方面，还要涉及知识、哲理、信息技术的综合运用水平及其在组织的经营管理中的作用方面。因此，米歇模型认为信息化的一般路径是由起步、增长、成熟和更新这样 4 个阶段所构成。而每一个阶段在技术状况、代表性应用和集成程度、数据库及其存取能力、IT 文化、全员文化素质等方面都有即定内涵。这种米歇模型示意图如图 15-5 所示。

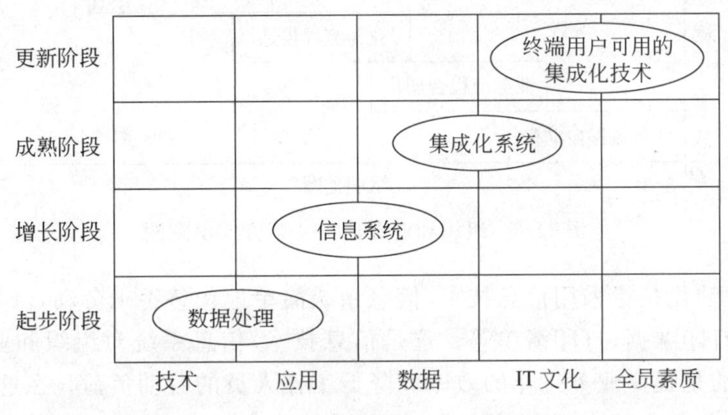

图 15-5　米歇模型示意图

根据米歇模型对诺兰模型的修正，集成阶段与数据管理阶段实为同一阶段的两个方面，米歇模型中的成熟阶段和诺兰模型中的集成阶段与数据管理阶段便统一了起来，两者说的其实是一件事情，即实现数据的集中和应用系统的整合。这是几十年来国内外信息化建设的实践所证明不可逾越的一个阶段。信息系统集成不仅包括计算机和网络环境的集成，还包括数据环境和人文环境的集成。

用米歇模型解释我国信息化的现实，可以得出这样的认识：我国组织的信息系统建设整体处于增长阶段，其典型特征就是组织内部信息系统林立、信息孤岛丛生、信息技术投资消耗过大，而技术标准与业务规范并不完全统一。随着信息系统建设实践的发展，人们深刻认识到：必须充分考虑在标准和规范基础上的数据集中管理和深度利用问题，也就是要向成熟阶段过渡。企业应用集成(enterprise application integration，EAI)是许多组织今后在信息系统领域发展的一个趋势。

15.4　组织和业务流程变革

信息系统规划和建设无疑会对组织结构和业务流程带来极大的冲击和影响。本节从 4 个方面研究组织业务流程的变革。首先，分析组织和业务流程变革的方式。然后，分析业务流程再造的概念。之后，分析业务流程再造的基本原则。最后，介绍业务流程再造的基本框架。

15.4.1　组织和业务流程变革方式

从组织和业务流程变革的激烈程度来看，可以把这些变革划分为 4 个不同的方式，即业务流程自动化、业务流程合理化、业务流程再造和业务流程异化。不同的变革方式有着不同的风险，对组织的影响范围也不完全相同。组织和业务流程变革方式示意图如图 15-6 所示。

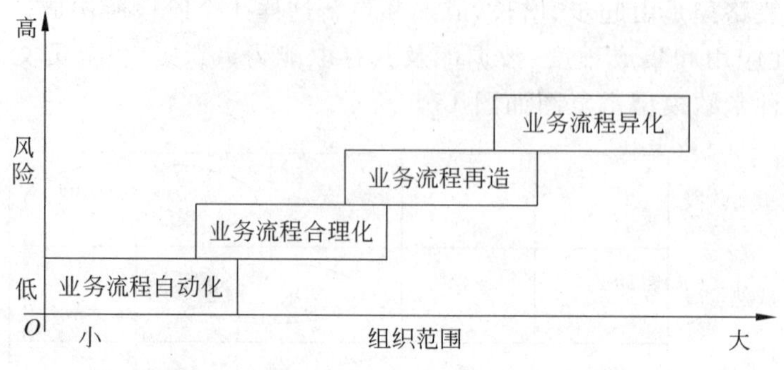

图 15-6　组织和业务流程变革方式示意图

业务流程自动化是指采用信息技术/信息系统简单地代替手工劳动，例如使用信息系统自动进行汇总、打印票据、打印清单等。这是信息技术/信息系统对组织和业务流程影响的基本特征，其目的是提高业务工作的效率和降低工作人员的劳动负荷。在这种变革方式下，不要求对组织和业务流程有任何的变化，只是采用信息技术/信息系统自动化手工劳动而已。这种变革方式关注的是业务流程中的工作环节，是针对点的改变。相对来说，这种变革对组织的影响最小，风险也最低。

业务流程合理化是指不仅仅使用信息技术/信息系统简单地代替手工劳动，而且要对传统的业务流程和工作方式的显著不当之处进行适当的调整，使得业务流程更加合理。这种方式关注的是单个流程的所有环节，通过对这些环节的调整，确保单个流程的通畅。从组织范围上来看，这种变革方式影响的是特定流程形成的线，风险相对来说比较低。

业务流程再造是指对整个组织的业务流程进行根本的思考和重新设计，是在现有组织使命和战略基础上对整个组织范围的变革。这也是信息技术/信息系统从点、线的应用和影响发展到面的应用和影响之后形成的必然结果。相对来说，这种变革方式对整个组织产生巨大的影响，并且面临更大的风险。

业务流程异化则是一种最为激烈的组织变革方式，它从组织的使命、战略视角进行重新思考，从业务流程的变化最终导致了组织性质的变化。例如，一家从事建筑工程施工的企业，从最初的采用项目管理工具绘制横道图到采用集成的项目管理系统对公司的所有业务进行管理，经历了业务流程的自动化、合理化和再造。最终，这家从事建筑施工的企业最后变成了提供建筑管理和监理服务以及项目管理系统制造商，完成了业务流程异化的变革。这种变革方式对组织的影响是全局性的，并且面临着最大的风险。

15.4.2　业务流程再造的概念

许多人认为，只要在企业中采用了信息技术，只要使用了计算机技术，那么企业中的所有问题都会迎刃而解，企业的生产成本就会大幅度下降，企业的生产效率就会自动地大幅度提高。实际上，这种想法是错误的，大量的企业实践证明了这一点。原因何在呢？美国信息系统咨询专家 Hammer 博士发现了其中的奥妙。1990 年，Hammer 博士首先提出了业务流程再造(business process reengineering，BPR)的概念。他认为："业务再造就是从根本上考虑和彻底设计企业的流程，使其在成本、质量、服务和速度等关键指标上取得显著的提高。"根本上考虑就是对企业现有的业务流程提出最根本的疑问，再造时必须抛弃传统的框框、约束和规则。彻底地设计就是要从零开始，创造性地使用一种全新的方法来完成满足客户需求的流程。显著的提高就是要取得经营业绩极大的飞跃。企业再造的对象是流程，而不是任务、人员、组织结构等。

之后，许多研究人员对业务流程再造进行了研究和实践。信息技术专家 Davenport 提出了业务流程创新(business process innovation，BPI)的概念。他认为流程创新是一种革命的新方法，这种方法通过使用信息技术和人力资源管理技术对企业的流程进行创新，可以极大地提高企业的成本、时间、质量等指标。管理专家 Morrow 等人提出了业务流程再设计(business process redesign，BPR)的概念。这种方法就是通过检查和简化企业关键流程中的活动和信息流，达到降低成本、提高质量和增大柔性的目的。决策专家 Kaplan 等人提出了核心流程再设计(core process redesign，CPR)的概念。CPR 方法就是对企业运营进行根本性的再思考，对其工作流程、决策、组织和信息系统同时以集成的方式进行再设计。组织专家 Loewenthal 提出了组织再造(organization reengineering，OR)的概念。他强调以组织核心竞争力为重点，对业务流程和组织结构进行根本性的再思考和再设计，以达到组织业绩的巨大提高。学者 Grover 等人提出了企业流程变化管理(business process change management，BPCM)的概念。BPCM 是一种战略驱动的组织变革，是对企业流程的改善和重新设计，通过改变管理、信息、技术、组织结构和人之间的关系达到企业在质量、响应速度、成本、柔性、客户满意度、股票价值以及其他重要的流程业绩方面取得竞争优势。

面向流程的思想是 BPR 的根本基础，其表现就是在再造过程中以流程为核心，采取面向流程的管理方式。面向流程的思想是 BPR 这种新型管理思想的最根本的基础，体现出了业务流程必须快捷地满足客户要求的本质特征，真正地表达了 BPR 思想的精髓，也是对传统的面向职能管理方式的异化。一般地，企业的管理方式可以这样描述：客户需求可以使用产品或服务来表示，产品或服务的完成需要企业的生产或服务流程，企业的生产或服务流程需要企业中的各种职能部门来保证。面向职能的管理方式就是从职能部门出发考虑客户需求，而面向流程的管理方式就是从提供产品和服务的各种业务流程出发来考虑客户的各种需求。面向流程比面向职能更加直接地面对客户需求，对客户的需求变化更加敏感和快捷，提高了产品或服务的质量和效率。从组织结构来看，面向职能的管理方式是一种递阶式的结构，人们关心的是部门的职能，而面向流程的管理方式是一种扁平化的结构，人们关心的焦点是流程。从运营机制方面来看，面向职能中的业务流程是被各种职能部门分割的不连续的流程，流程的优化由于条块分割只能达到局部最优，而面向流程中的各种业务流程则是简单、连续的流程，各种流程的性能指标例如成本、时间、质量等可以达到全局最优。从员工的角度来看，面向职能管理方式中员工的工作以个人为中心、按照职能安排工作、对客户只能进行有限地关注，而在面向流程管理方式中以工作团队为中心、按照流程来安排、关注的重点是客户需求。

BPR 的第二个思想基础是系统集成。其在 BPR 实践中的具体体现就是通过使用信息技术把流程中过细的分工有机地集成在一起，是对传统分工论的异化，它强调在企业流程中各活动之间应该尽可能地整合在一起，而不是把流程中的活动分解得越细越好。系统集成的思想包括了多种集成方法，例如理论集成、流程集成、组织集成、技术集成和企业集成等。理论集成表示在BPR的再造中要综合使用多种理论、方法和技术，例如系统工程理论、并行工程理论、流程管理理论、工业工程理论、信息技术等。理论集成就是指在这些理论的基础上，研究如何更加合理和更加有效地进行活动的集成。流程集成就是使用面向流程的思想取代面向职能的思想，以流程为中心，在流程的基础上组织工作团队和组织结构。企业中有多个流程，这些流程要放在一起综合考虑，以便从整体上提高企业的性能指标。组织集成就是针对流程管理的特点，组建跨职能工作团队、建立工作团队之间的协调机制、减少中间管理层、扁平化组织结构，提高组织对企业外界环境需求的响应速度，简化或取消企业内部的许多管理和控制。技术集成是指在BPR再造中信息技术的软件、硬件和人三者之间的集成。这些信息技术包括网络技术、数据库技术、应用技术等。技术集成不仅要求硬件软件的集成，而且强调技术与人的集成，使技术真正地为人服务，满足使用者的各种需求，以便技术真正地发挥作用。企业集成就是指包括供应商、订货商、竞争对手等多个企业通过网络和协议连接起来，组成虚拟企业。这种集成就是企业之间的集成，是对传统经济实体结构的一种模糊化和异化趋势。

15.4.3 业务流程再造的基本原则

规则是做一件事情必须遵守的规章制度或约定，是理论或思想的表现形式，再造规则是执行BPR再造应该遵守的规范，是BPR理论的表现形式，也是BPR再造成功的保障。根据作者对BPR理论和规则的研究和总结，指导BPR过程的规则有26个。可以把这些规则分成5类，即面向流程类规则、系统集成类规则、并行性类规则、可靠性类规则和组织再造类规则。

1. 面向流程类规则

面向流程在BPR中的体现就是面向客户、面向目标、面向具体的业务流程，其思想本质就是面向直接为客户提供服务的流程。面向流程类规则就是面向流程思想在BPR过程中的具体表现。

规则1，回归自然，像流水一样管理。

该规则是为了简化当前由于管理理论发展历史而造成的分工过细的复杂的管理方式和庞大的递阶式组织机构。由于信息技术的广泛应用，许多协调、组织、控制工作可以集中进行，不再需要人为地分解而造成复杂化。管理方式应该尽可能简化，回归到企业管理像流水一样的自然状态。这是面向客户、面向流程、面向目标的基本规则。

规则2，面向客户需求。

该规则要求企业的所有工作以客户需求为中心，以客户满意为目的。这个规则也是企业存在的最根本的原因之一。许多企业主管忽视了业务流程面向客户需求的这一最根本的原因，把工作精力放在了具体的任务、部门协调等方面，使得复杂的业务流程难于满足客户的经常变化的需求，常常使得企业经营不知不觉地陷入了困境。

规则 3，单点接触客户。

该规则是保证满足客户需求、提高服务质量的一种策略方式，是为了改变传统的多点接触客户但是实际上又无人负责的局面。BPR 再造后的流程和客户之间应该只有一个连接点。当流程比较简单时，只有一个普通工作人员与客户接触。当流程比较复杂或者过于分散时，由流程负责人与客户联系。

规则 4，面向流程管理模式。

该规则是相对于当前的面向职能管理模式而言。面向职能管理模式造成的条块分割阻碍了面向客户规则的应用，而面向流程管理模式则突出了面向客户规则在实际中的应用。面向流程管理模式规则是 BPR 再造的思想本质之一。

规则 5，流程多样化。

该规则就是指为客户提供产品或服务的流程可以有多种多样的形式，没有必要千篇一律。流程应该具有充分的柔性，可以随着时间和空间的变化而具有最大的环境适应性。

规则 6，面向目标。

该规则所指的目标是企业的成本、时间、质量、客户服务、环境保护等目标，不是指这些本质目标衍生的其他目标。该规则强调企业的业务流程应该把力量放在主要的目标上，而不要被一些衍生的目标耗费了自己的力量。

2. 系统集成类规则

系统集成类规则是指在企业流程的许多活动中广泛应用信息技术、自动化技术，减少活动的数量，缩短流程的客户响应时间。

规则 7，尽量使用信息技术使流程自动化和不用手处理。

该规则要求信息技术、自动化技术在业务流程中要广泛应用，这既是推动 BPR 再造的触发器，又是实施 BPR 再造的手段。

规则 8，使用信息技术协调分散和集中的矛盾。

对于业务流程中地理位置分散的活动，该规则要求灵活应用计算机网络技术和数据库技术把这些活动平滑地连接起来，实现信息、软件和其他资源的共享，加强流程中活动之间的合作与协调。

规则 9，把流程活动的串行结构变为并行结构，实现一个库原则。

该规则是系统集成和并行思想的综合体现。把由于信息孤立而建立的“抛过墙”式串行结构改变为共享数据库的并行结构。只有实现了信息共享，活动之间才可以不严重地相互依赖，才可能在流程中实行并行结构。

规则 10，把流程中活动的反馈结构变为基于 CSCW 方式的并行结构过程。

流程中的活动有 3 种结构，即串行结构、并行结构和反馈结构。反馈结构活动的集成应该使用计算机系统协同工作（computer support cooperation work，CSCW）方式进行协调，把反馈活动集成为并行活动。

规则 11，减少检查、校对和控制。

该规则要求应该尽可能地减少流程中的活动数量，对于检查、校对、控制等活动，能够使用协同工作方式解决就一定要使用协同工作方式来解决。必须进行控制时，一定要求控制产生的收益大于控制耗费的成本，否则就应取消控制活动或改变控制活动的方式。该规则还要求在 BPR 再造中提倡总量控制和延迟控制，集成检查、校对和控制的活动。

规则 12，横向集成活动——几个活动合并成一个活动。

该规则要求在 BPR 再造过程中，打破原有的职能界限和任务划分，尽可能将跨越不同职能部门由不同专业人员完成的工作任务集成起来，合并成一个可以由一个人或工作团队完成的整合活动。

规则 13，操作人员根据自己的知识、经验、专家系统工具或其他决策工具进行决策。

该规则一方面要求将决策权利下放到基层操作人员，另一方面要求信息技术广泛应用到操作人员中，将企业的最高层领导、基层操作人员、管理技术、信息技术集成到一起，缩短信息反馈和制定决策的周期，提高企业流程的响应速度。

3. 并行性类规则

规则 14，推行并行工程。

该规则要求在 BPR 再造之后的企业流程中广泛使用并行技术，降低流程的周期，减少流程由于串行操作中信息传递、反馈的时间。在使用并行工程时，一定要依靠网络技术实现信息共享和人员之间的相互协调。

4. 可靠性类规则

可靠性类规则就是描述流程完成规定任务的能力和概率。可靠性类规则是流程再造中简化流程的理论基础，是流程再造是否成功的一项关键指标。要保证流程再造之后的可靠性高于流程再造之前的可靠性，使得再造之后的流程简单和强壮。

规则 15，减少中间环节或串行变并行。

该规则是可靠性的基本要求，也是流程简化的理论依据，是提高流程可靠性的基本手段。

规则 16，变事后管理为事前管理，减少不必要的审核、检查、控制等活动。

该规则要求活动本身的完成应该尽可能地满足可靠性的要求，把各种可能发生的问题都放在完成活动本身时解决，减少不必要的为了保证活动或流程本身完成而不是流程目标所要求的活动。

规则 17，尽量删除流程中不增值的活动。

该规则所指的不增值活动包括 3 个方面：不提供或不接收信息的活动、产生超过现实需要的活动和由于流程断裂而产生的协调活动。该规则可以达到简化流程和提高流程可靠性的目的。

规则 18，删除冗余的处理和冗余的信息集。

该规则要求信息的来源和处理不能出现在多处，否则会造成信息之间不一致，使得流程中信息的可靠性降低。应该使信息来源或信息处理都在同一个位置。

规则 19，在活动合并中，用通路代替边。

该规则要求将中间过程尽可能地删除或集成，例如，$X\rightarrow T_{r_1}\rightarrow T_{r_2}\rightarrow\cdots\rightarrow T_{r_n}\rightarrow Y$ 可以简化为 $X\xrightarrow{T_r}Y$，其中，$T_r=T_{r_1}\rightarrow T_{r_2}\rightarrow\cdots\rightarrow T_{r_n}$。

5. 组织再造类规则

流程再造必然引起人力资源的重新配置和管理方式的随之改变，因此不可避免地引起组织再造。组织再造反过来促进流程再造的顺利进行。为了适应再造后流程的变化，企业组织管理必须依照一定的管理思想和理论，BPR 规则就是这些思想和理论的具体表现。

规则 20，基层工作单位不是个人而是自我管理的工作团队。

因为流程再造以后的活动比现在的活动在范围上、深度上均要广得多，已经超出了一个人的工作能力范围，所以必须有一个自我管理、分工协作的工作团队来完成这种再造后的集成活动。工作团队就是指一个具有共同目标的由不同专长的人组成的小组，这是一个高度自治、分工协作、相互职责可述的工作单元。

规则 21，企业组织结构趋于扁平化，减少中层管理人员。

扁平化的组织结构是相对于传统的层次状的组织结构而言的，是从管理跨度的角度来考虑的。层次状结构的管理层次较多而管理幅度较窄，扁平化结构组织管理层次较少而管理幅度较宽。随着社会的进步，人的素质大幅度提高了、组建了工作团队、信息技术的广泛应用，中层管理人员的存在逐步失去了合理性，因此应该尽可能地减少中层管理人员。

规则 22，员工工作内容丰富化、多元化。

该规则要求在再造后的组织中应该淡化不同类型工作之间的界限，拓宽员工的视野和丰富员工的工作内容，员工有更多的时间用在增值的工作上，可以从事流程中更大部分的工作，工作对员工素质要求更高。

规则 23，员工的工作目标由让上级满意到让客户满意。

在流程再造中，流程中员工的工作目标是为了满足客户的需要，关心的是流程的结果而不是让上级满意的流程中付出的工作量。这也是面向流程、面向客户规则在组织管理、绩效评估中的体现。

规则 24，衡量员工绩效标准由工作量到创造价值。

因为整个流程完成以后才会产生可度量的价值，而流程中每一个步骤的效率与绩效和整个流程的效率与绩效是不成比例的。因此，要衡量员工所创造的价值，而不是投入流程活动的工作量。

规则 25，由培训到教育。

在不断变化的环境中，不可能教会员工可能发生的每一种事情如何处理，只能教会他们如何洞察和理解新情况，如何判断和处理新问题。教育就是教人"为什么这样做"，提高员工的洞察力、理解力和判断力，把员工培养成智能型的复合人才，而不是简单地培训员工"如何做"。

规则 26，监督控制到指导协调。

再造后的流程，由于员工的素质大大提高、中间管理层减少、组成了工作团队、鼓励员工自主决策、流程更加简单更加可靠、管理者和操作者之间的界限趋于模糊，因此管理者的角色不是传统组织中监督控制角色，而是指导协调和处理非常事件的角色。

15.4.4 业务流程再造框架

许多 BPR 研究人员都提出了有价值的 BPR 框架。在这些 BPR 框架中,BPR 生命周期法是最有影响的 BPR 框架之一。下面详细研究 BPR 生命周期法。具有 6 个阶段的 BPR 生命周期法的示意图如图 15-7 所示。

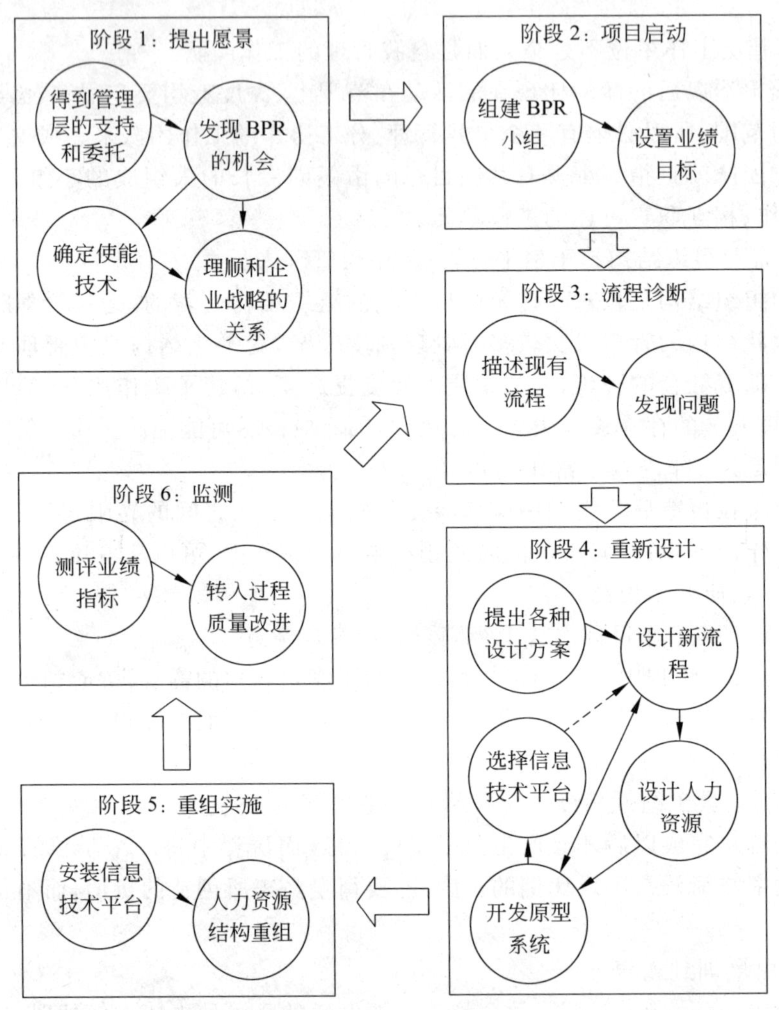

图 15-7　BPR 生命周期法

阶段 1,提出愿景。没有组织高层管理人员的支持,BPR 是不可能实施的。因此,BPR 项目的实施首先应该得到组织高层管理人员的支持。其次,确定组织中的关键业务流程、发现 BPR 的机会和明确 IT/IS 的使能作用。同时,BPR 的目标应该与组织战略目标保持一致。

(1) 得到高层管理人员的支持:组织的高层管理人员和所有的职能部门主管都必须认识 BPR 的重要性和必要性,认识自己在该项目中负有的责任和义务。这是一场非常艰巨的任务,要想让他们相信重新构造内部流程的必要性是一件极其困难的事情。可以采取的主要手段是，把 BPR 的潜在利益和成本摆在高级管理人员面前，让他们接受并且促成方案的成功。

(2) BPR 机会的确定：一个组织中往往有许多大小不等的业务流程。但是，值得进行 BPR 的流程应该是那些对组织战略有重要影响的关键和核心业务流程。一般情况下，一个组织往往有 3～5 个核心业务流程。组织应该根据自身的特点确定 BPR 的候选业务流程。

(3) 确定 IT 的使能作用：在 BPR 方案中，需要确定 IT/IS 对 BPR 的使能作用。

(4) 理顺和组织战略之间的关系：在发现了 BPR 的机会和确定了 IT 的使能作用以后，接下来应该把它们和组织的战略目标相比较，确保 BPR 的目标和组织的战略目标一致。

阶段 2，项目启动。项目启动阶段是组织将要进行 BPR 的必要准备。BPR 的进行必须有合适的人员，BPR 还必须有明确的目标。

(1) 组建 BPR 小组：组织高层管理人员应该首先制定一个 BPR 小组负责人。然后，由该负责人组建项目小组。BPR 小组成员一般来自业务流程所跨越的各个职能部门的主管、对现有的活动执行情况比较了解的业务人员，小组中还必须包括信息系统领域的各种专家。除此之外，BPR 小组还应该聘请组织外部有经验的咨询专家担任 BPR 顾问。

(2) 设置绩效目标：BPR 达到的结果是绩效的巨大飞跃，常见的目标包括降低成本、减少时间、缩短周期、提高质量、提高客户满意度等。

阶段 3，流程诊断。在重新设计新流程之前，必须详细了解现有的业务流程是如何运作的，分析现有流程中存在的各种问题。

(1) 描述现有流程：具体的描述内容包括对流程从头至尾的完整描述、区分流程中的组成元素、把一个大的流程分解成子流程、记录现有流程的绩效等。

(2) 发现问题：流程中存在的问题可以分类为不增值的活动、企业政策等。

阶段 4，重新设计。为了达到流程改进的目标，BPR 小组应该根据问题分析得到的结果，采用系统性的方法对流程进行重新设计。

(1) 提出各种设计方案：BPR 小组应该利用各种有效的方法对现有流程中的每一个活动、每一条政策提出质疑并且提出各种可能的解决方案，以及支持每一种可能的解决方案的信息系统的应用。

(2) 设计新流程：从各种方案中选择可以实现的、合理的新流程方案。

(3) 设计人力资源结构：为了有效地支持流程运行，组织的组织结构和人力资源配置必须作出相应的调整。

(4) 开发原型系统：在 BPR 中原型系统可以用来显示和证实新流程设计方案。

(5) 选择 IT 平台：根据新过程方案和人力资源结构设置，选择具体的可支持新流程运营的 IT 平台和方案。如果必要，可以返回去对流程进行重新设计。

阶段 5，重组实施。在该阶段，主要任务是开发和安装支持新流程的信息系统，以及支持新流程运行的组织机构。

(1) 安装 IT 平台：主要任务是根据新流程的需求开发信息系统。

(2) 人力资源重组：主要任务是使组织平稳地向新型组织过渡，具体内容包括工作单元重组、岗位调整、人员裁减、培训、授权员工等。

阶段 6，监测。检查和评估 BPR 后新流程的效果，如果有必要则进行必要的反馈，重新进行问题的诊断等。根据实际情况对流程进行不断的改进。

(1) 评估绩效指标：具体内容包括新过程的绩效、信息系统的绩效、组织的整体绩效等。需要注意的是，BPR 不能通过牺牲其他业务流程的效率来提高某个流程的效率。

(2) 转入过程质量改进。BPR 的目标与 TQM 质量管理活动所追求的目标是不同的，监测阶段为追求 BPR 的彻底改善和 TQM 的连续改进建立了联系。

15.5 信息系统体系架构规划

从信息系统体系架构视角来看，有许多不同的信息系统规划方法，常见的方法包括企业系统规划法、关键成功因素法、价值链分析法、组合规划法、信息系统框架法等。下面详细研究这些方法的思想和特点。

15.5.1 企业系统规划法

1975 年，IBM 公司发表了“Business systems planning：information systems planning guide”文章。在该文章中，IBM 公司对自己使用的信息系统规划方法进行了整合，提出了企业系统规划法的概念。后来，经过许多研究人员对这种方法继续完善和改进，成为了一种非常重要的信息系统规划方法。

IBM 公司认为，企业系统规划法(business systems planning，BSP)是一种基于信息系统支持企业业务流程运行的信息系统规划方法，它从描述企业战略目标开始，定义企业过程，然后定义支持企业过程的数据类，这些数据类可以用于开发信息系统的数据库，最后基于这些数据类设计和实现信息系统。从这个意义上来看，BSP 方法是一种综合了 top-down 策略和 bottom-up 策略的信息系统规划方法，其一般的步骤如图 15-8 所示。

在 BSP 方法中，定义业务过程是一个关键步骤。定义业务过程需要结合企业的战略目标、对信息系统的需求以及企业可用的资源等内容进行。定义业务过程包括给出业务过程名称和业务过程的详细描述。

对业务过程中产生、控制、使用的业务数据的分类和描述在定义数据类步骤中完成，这也是 BSP 方法中的关键步骤。该过程的输出是 U/C 矩阵，其中 C 是 create 的简称，表示某个过程产生的数据；U 是 use 的简称，表示某个过程使用该数据。

通过对 U/C 矩阵进行合理的分组、类聚，可以确定业务过程与信息系统子系统之间的关系，完成信息系统体系架构的定义。图 15-9 是某个制造企业按照 BSP 方法得到的信息系统体系架构图。

BSP 方法的优点是综合了 top-down 策略和 bottom-up 策略，是一种集成分析的方法。该方法有助于从整体方面理解企业规划和信息系统之间的关系。当然，BSP 方法也有其缺点。首先，该方法强调需要得到企业高层的许可才可以进行。其次，该方法对 BSP 团队成员的 IT 经验和业务经验要求比较高。第三，由于该方法是一个综合的方法，但是如何更高地综合 top-down 策略和 bottom-up 策略，需要在实践中研究解决。需要特别指出的是，由于 BSP 方法涉及整个企业过程，因此非常耗时和耗资，其规划的风险比较大。

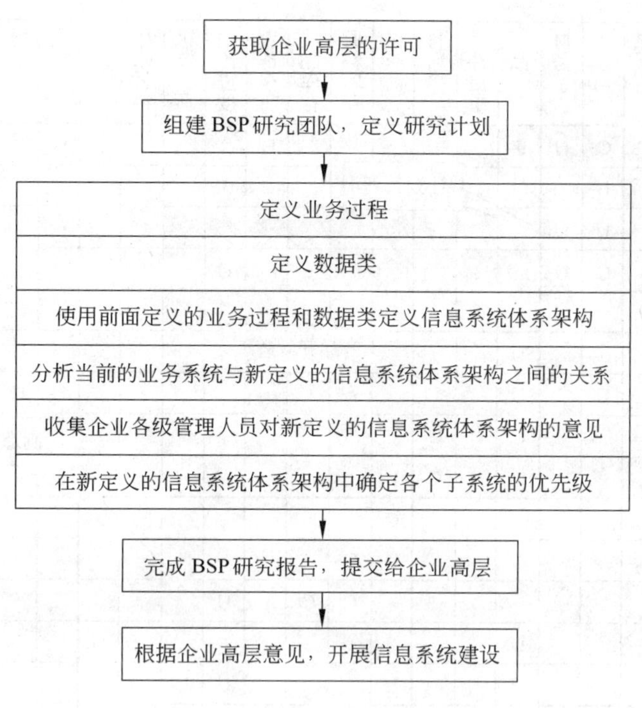

图 15-8　BSP 方法的一般步骤

15.5.2　关键成功因素法

1979 年，Rockart 教授在哈佛商业评论上发表了"Chief executives define their own information needs"论文，提出可以使用关键成功因素法进行信息系统规划。后来，经过许多研究人员的不断完善，关键成功因素方法成为了一种有效的信息系统规划方法。

Rockart 认为，关键成功因素法(critical success factors，CSF)可以通过根据组织的战略目标确定影响这些目标的关键成功因素，然后制定用于描述关键成功因素的关键性能指标，之后得到与这些关键性能指标相关的定量和定性数据，这样就可以得到信息系统基于的数据库。CSF 方法的核心思想是采用围绕关键成功因素的方式制定组织的信息系统规划。CSF 方法的基本过程如图 15-10 所示。

需要注意的是，不同的行业、不同的组织、不同的职能部门、不同的管理人员，甚至同一个企业的不同时期，对影响组织战略目标的关键成功因素的看法是不同的。例如，制造企业更加关注的是产品的成本和质量，服务企业关注的是客户满意度等。因此，采用 CSF 方法时一定要结合自己企业的具体情况制定信息系统规划。

CSF 方法有许多优点，例如为企业的管理人员提供了一种关注核心信息需求的信息系统规划方法，企业可以集中有限的资源进行信息系统规划。基于 CSF 方法制定的信息系统规划有助于提高企业的核心竞争力。与 BSP 方法相比，CSF 方法比较简便、可操作性强。

但是，CSF 方法也存在许多问题。由于在关键成功因素确定过程中，管理者的个人主观看法比较浓厚，因此得到的信息系统规划的主观色彩过多，随意性比较大。通过 CSF 方

企业过程＼数据类	计划	财务	产品	零件目录	材料单	供应商	原料库存	成品库存	设备	生产进度	机器负荷	待购材料	工艺	顾客	需求地区	订货单	价格	员工
企业计划	C	U	U						U					U			U	U
机构分析	U																	
考评和控制	U	U																
财务计划	C	U								U								U
资金筹集		C																
新品研发			U												U			
预测	U		U											U	U			
设计开发			C	C	U													
产品服务			U	C	C	U												
采购						C											U	
进货						U	U											
库存控制							C	C		U								
工序设计			U										U					
调度			U			U			U	C	U					U		
产量计划						U			U		C	U	U					
物料需求			U		U	U						C				U		
作业安排										U	U	U	C					
销售地区管理			U											C		U		
销售														U	C	U		
营销管理															U	U		
订货服务			U											U		C		
货物运输			U	.				U								U		
财务核算		U				U								U			U	U
定价管理						U										U	C	
财务预算	U	U									U						U	U
人事计划		U										C						
人才选拔																		U
人员培训		U																U

图 15-9　制造企业的信息系统体系架构图

计划管理
产品开发管理
生产制造管理
销售管理
财务管理
人力资源管理

法得到信息系统规划趋向于组织内部现有状况的管理和控制，创造性功能比较弱。与 BSP 方法相比，CSF 方法的信息系统规划的整体观点比较弱。

15.5.3　价值链分析法

1984 年，战略管理专家 Porter 教授出版了“Competitive advantage”著作，提出了分析

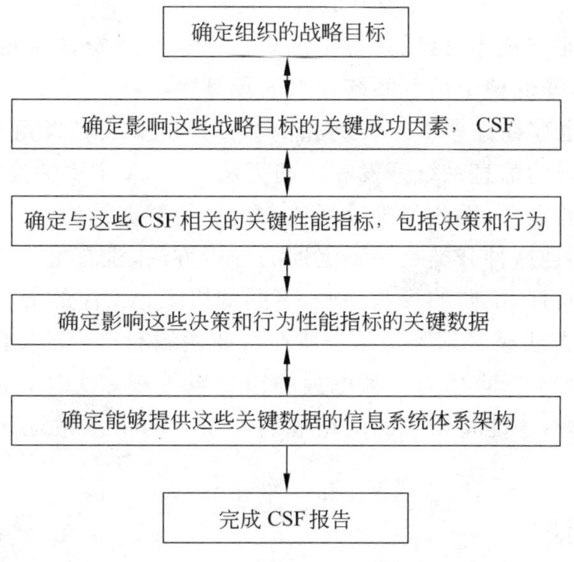

图 15-10　CSF 方法的一般过程

组织战略的价值链分析法。1985 年发表的"How information gives you competitive advantage"文章中，Porter 教授进一步分析了信息系统规划问题，指出价值链分析法也是一种信息系统规划方法。后来，许多研究人员和实践人员对价值链分析法进行了不断的实践和完善，使之成为了一种有效的信息系统规划方法。

为了理解价值链分析法，首先应该理解价值链的基本概念。Porter 认为，组织中的所有经营过程都可以看成是由一系列相互作用、相互关联的活动组成，这些活动可以分为基本价值活动和支持价值活动。在产品生产过程中，产品的价值随着链条不断增加。这个链条称为价值链(value chain，VC)，VC 结构示意图如图 15-11 所示。Porter 认为，VC 中的每一个活动都需要使用和处理信息，都与价值和信息技术有关。每一个组织都可能采用信息技术/信息系统来提高 VC 中战略活动的竞争优势。这种通过分析价值链中的战略活动，制定可以提高组织竞争优势的信息系统规划称为价值链分析法(value chain analysis，VCA)。

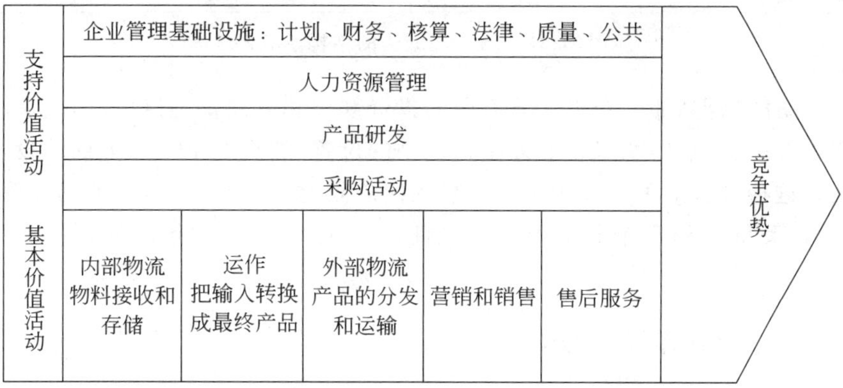

支持价值活动	企业管理基础设施：计划、财务、核算、法律、质量、公共					竞争优势
	人力资源管理					
	产品研发					
	采购活动					
基本价值活动	内部物流 物料接收和存储	运作 把输入转换成最终产品	外部物流 产品的分发和运输	营销和销售	售后服务	

图 15-11　VC 结构示意图

按照 VCA 方法，组织的高层管理人员可以发现组织中的关键部门和关键活动，可以确定信息系统建设的功能和顺序，可以使得组织集中信息系统资源于可以提高组织竞争优势的更加有价值的活动，降低整个信息系统建设的预算。

但是，VCA 方法也存在许多不足。例如，VCA 只是从战略视角关注信息系统建设，没有提供与其关联的微观的信息系统开发和实施方法。VCA 主要关注组织内部的运作，而不是侧重提供数据结构的定义，因此很难得到整个组织的数据结构。VCA 方法只是提供了价值活动的基本分类，并且这种分类是一种定性的分析方法，没有提供如何判断指定活动的战略价值的定量方法。而且，不同的行业领域、不同的组织，VCA 的分析结果都可能完全不一样。因此，采用 VCA 方法时必须紧密结合所在行业领域和组织的实际情况。

一般地，VCA 方法不适宜作为一种单独的信息系统规划方法，需要与其他规划方法综合起来使用。只有这样，才能将组织的战略规划和微观的信息系统开发、实施、数据结构定义关联起来。

15.5.4 组合规划法

1984 年，信息系统专家 McFarlan 发表了"Information technology changes the way you compete"论文，参照证券投资方式，基于 IT/IS 对企业的影响，提出了一种信息系统组合规划法。

McFarlan 认为，不同的企业可能需要不同的 IT/IS，甚至同一个企业在不同的时间也需要不同的 IT/IS，因此企业对 IT/IS 投资的规模和方向一定要依据企业的实际情况来进行。实际上，信息系统组合规划法就是指在信息技术/信息系统投资方面的规模和方向的组合。基于 IT/IS 的战略影响，McFarlan 把企业划分成 4 种类型，即战略型、转变型、工厂型和支持型，其结构示意图如图 15-12 所示。

战略型 （IT/IS 对企业未来的影响是非常关键的）	转变型 （IT/IS 对企业未来的影响可能是重要的）
工厂型 （IT/IS 对企业现有系统的支持是非常关键的）	支持型 （IT/IS 可以提高企业的管理水平和性能，但是影响不是特别重要的）

图 15-12　组合规划法的结构示意图

如果企业是战略型，那么在 IT/IS 方面的投资规模和方向都是巨大的，企业高层人员参与也是非常重要的。但是，如果企业处于知识型的位置，那么在 IT/IS 方面的投资应该受到严格的控制。这种方法的关键在于进行信息系统规划时，一定要结合企业的经营状况、经营环境、行业背景等特点确定企业的类型。在此基础上才能确定企业在 IT/IS 方面的投资规模。

15.5.5 信息系统体系架构法

1987 年，信息系统规划专家 Zachman 发表了"A framework for information systems architecture"论文，提出了信息系统体系架构的概念。Zachman 认为，以前的信息系统规划方法都是从某个角度来研究信息系统规划问题，都会存在许多缺陷和不足，应该从多个不同的视角来研究信息系统规划问题。后来，经过许多人的共同努力和完善，Zachman 提出的这种方法在实践中得到了广泛的应用。

Zachman 认为，应该从两个方向描述信息系统规划，一个方向是描述参与者，另一个方向是描述参与者关注的对象，这两个方向组成了一个矩阵。这些参与者包括企业的CEO或者制定企业战略的人员、参与企业经营的业务人员、按照某种方式描述业务的系统分析人员、采用特定技术解决业务问题的系统设计人员、系统本身等。另一个方向用于描述人们关注的对象，包括企业的业务职能、涉及的数据、业务发生的位置、业务涉及的人和部门、将要发生的事件、与业务行为关联的激发和约束等。由这两个方向组成的矩阵如图 15-13 所示，按照这种矩阵对企业进行信息系统规划的方法称为信息系统体系架构(information systems architecture，ISA)。有人也把这种方法称为 Zachman 架构。

	数据 (what)	职能 (how)	网络 (where)	人员 (people)	时间 (when)	激励 (why)
目标/范围	列出企业所有重要的事情	列出企业所有执行的过程	列出企业所有业务的位置	列出企业的所有单元	列出企业所有的业务事件/周期	列出企业所有的业务目标/战略
业务人员视角	实体关系图	业务流程模型(物理的数据流程图)	物流网络模型	组织结构图角色、技能安全问题	主要的业务计划、进度安排	业务规则
架构人员视角	数据模型满足范式要求的实体	主要的数据流图，应用程序体系架构	分布式的系统体系架构图	人员接口结构，角色、访问、安全等	业务流程之间的关联图	业务规则模型
设计人员视角	数据架构包括表、列	系统设计结构图表、伪代码	系统体系架构：硬件、软件等	用户接口、安全设计	控制流程图	业务规则设计
实施人员视角	数据设计、物理存储设计	详细程序设计	网络体系架构	接口、设计、谁能看到什么	时间表定义	程序中的业务规则
正在创建的功能系统	将要转换的数据	可执行程序	通信设施	经过培训的人员	业务事件	强制遵循的业务规则

图 15-13　ISA 方法结构示意图

在 ISA 方法中，Zachman 没有使用"阶段"或"步骤"等术语，取而代之的是"视角"或"看法"。ISA 矩阵中每一行表示某个参与者在整个规划过程中的看法。Zachman 认为，不同的人员在信息系统规划过程中的观点是不同的，范围视角是高层管理人员的规划内容，设计视角则是技术人员的规划方向。采用矩阵方式描述信息系统规划内容可以比其他方法包括更多的内容。但是，需要指出的是，ISA 方法远比其他规划方法复杂，涉及的人员和规划内容也更多，因此需要更多的知识和经验。

本章案例　安盛集团的全球运营规划

信息系统规划是一件极具挑战性的工作。为一个公司制定信息系统规划无疑是一项复杂的工作，但是，如果为几十个公司制定信息系统规划，想象一下这种工作的难度吧！克劳德·卡果就曾经做着这样的工作。

法国安盛集团(AXA)是全球最大的保险集团，也是全球第三大国际资产管理集团。安盛集团首家公司于1816年在法国成立，通过多项收购及合并活动，安盛已成为全球首屈一指的保险集团，业务网络覆盖全球五大洲逾50个国家及地区，全球职员及保险代理人约11万名。安盛的主要业务为保险及资产管理。从1989年开始，集团已积极在中国展开活动。

克劳德·卡果是AXA集团信息系统及电子商务部执行副总裁。许多互联网业界的行政管理人员都将他们的职业地位建立在对新技术的掌握基础上。而卡果则是一个多才多艺的人，他将商场上的作战智慧与广泛的专业技术结合在一起。他最喜欢的思想家不是商界先知，也不是技术领袖，而是17世纪的数学家、物理学家和宗教哲学家伯拉斯·帕斯卡。卡果领导着一家在全球来说都算得上大型的互联网公司，但他在空闲时间却喜欢收集一些古董。

卡果在法国接受记者采访时用英语说："我猜想，你可能会说我是个老古董。我是这样看的，我喜欢我所喜欢的东西，并且我要以我感觉最舒服的方式领导我的公司。"对于卡果来说，这就意味着，他的下属要不断地直接向他报告，并且要进行团队合作，他认为这种工作比技术有时更重要。他将自己看作一个教父，通过教育经营公司的人们来使公司的业务繁荣。这种领导哲学已经产生很多有利的结果。

自从卡果1991年起担任该公司CIO后，AXA集团已经并购了许多家公司，成为世界上最大的保险业集团，2000年资产总额已经达到737亿美元。卡果将这家集团的互联网部门从一家集中式管理的公司转变成了一家国际性机构，在60多个国家设有分公司。他现在领导着11 200个互联网职员，预算开支为190万美元。

卡果在AXA集团新并购的系统综合工作中度过了他早年的大部分时间。1998年，卡果抓住了合并的机会，开发了该集团第一项全球技术战略，同时还有一项五年执行计划。他建立了一些复杂且分散的互联网标准化委员会，制定了再投资政策。卡果的互联网公司的主要症结在于一个CEO和CIO管理小组。该小组由AXA集团运营公司的50名商业和技术领导人组成。该小组主要负责为该集团的互联网业的未来发展制定计划。这家集团还有一个互联网服务委员会，是一个次级管理组织，由AXA集团的10家最大运营公司的CIO和CEO组成，决定集团范围内的互联网投资业务。

本章案例思考题

1. 信息系统规划的最大挑战是什么？
2. AXA集团是如何进行信息系统规划的？
3. 你认为卡果的办事风格有助于其进行信息系统规划吗？

本 章 小 结

本章研究了管理信息系统规划的内容。首先，分析了管理信息系统规划的背景。接下来，研究了管理信息系统规划的概念、内容和策略。之后，介绍了信息系统发展阶段模型，这些模型有助于理解管理信息系统的发展历程。紧接着，研究了组织和业务流程规划问题。最后，介绍了几种常用的信息系统规划方法。

思考和练习题

1. 为什么要研究管理信息系统规划？
2. 什么是管理信息系统规划？管理信息系统规划的目标是什么？
3. 什么是管理信息系统规划策略？
4. 管理信息系统规划的一般过程是什么？
5. 诺兰模型的特点是什么？
6. 收集资料，分组讨论：诺兰模型的指导意义是什么？
7. 企业系统规划法的思路是什么？
8. 如何使用关键成功因素法进行信息系统规划？
9. 价值链分析法的优点和缺点是什么？
10. 如何理解信息系统的组合规划法？
11. 信息系统体系架构法中矩阵模型的特点是什么？
12. 收集资料，分组讨论：信息系统规划的作用是什么？

参考文献

[1] Laudon K C and Laudon J P. Management Information System：Managing the Digital Firm. Prentice Hall，9 edition，2005

[2] Effy Oz. Management Information Systems. Course Technology，5 edition，2006

[3] O'Brien J A and Marakas G. Management Information System. McGraw-Hill/Irwin，7 edition，2005

[4] Ward J and Peppard J. Strategic Planning for Information Systems. John Wiley & Sons，3 edition，2002

[5] Post G V. Management Information Systems. McGraw-Hill/Irwin，4 edition，2005

[6] Monk E and Wagner B. Concepts in Enterprise Resource Planning. Course Technology，2 edition，2005

[7] Olson D L and Olson D. Managerial Issues in Enterprise Resource Planning Systems. McGraw-Hill/Irwin，2003

[8] Buttle F. Customer Relationship Management. Butterworth-Heinemann，2003

[9] Galliers R D and Leidner D E. Strategic Information Management：Challenges and Strategies in Managing Information Systems. Third Edition. Butterworth-Heinemann，2003

[10] Whitten J L，Bentley L D and Dittman K C. System Analysis and Design Methods，5 edition. New York：McGraw-Hill Companies，2001

[11] Hammer M and Champy J. Reengineering the Corporation：A Manifesto for Business Revolution. New York：Harper Business，1993

[12] Lederer，Albert L and Sethi. The Implementation of Strategic Information Systems Planning Methodologies，MIS Quarterly，September，1988，12 (3)：445～460

[13] Martin and James. Strategic Information Planning Methodologies，Second Edition，Prentice Hall，1989

[14] McFarlan F W. Information Technology Changes the Way You Compete. Harvard Business Review，May-June 1984，98～105

[15] Porter M E. Competitive Advantage. Free Press，1984

[16] Porter M E and Millar V E. How Information Gives You Competitive Advantage. Harvard Business Review，July-August，1985

[17] Earl M J. Experiences in Strategic Information Planning，MIS Quarterly，1993，No. 3，1～24

[18] Ahmad R and Yusoff M B. A Viable System Approach to Tackle Complex Enterprise Situation for SISP. Malaysian Journal of Computer Science，2006，19(1)：87～103

[19] Zachman J A. A Framework for Information Systems Architecture. IBM Systems Journal，1987，16(3)：276～292

[20] Rockart J F. Chief Executives define Their Own Information Needs. Harvard Business Review，March-April 1979，215～229

[21] Pant S and Ravichandran T. A Framework for Information Systems Planning for e-business. Logistics Information Management，2001，14(1)：85～98

[22] Hevner R A，Berndt J D and Studnicki J. Strategic Information Systems Planning with Box Structures，Proceedings of the 33rd Hawaii Int'l conf. on System Sciences，2000，1～11

[23] IBM Corporation. Business Systems Planning: Information Systems Planning Guide, GE20-0527-4, 1975
[24] Nolan R L. Managing the computer resource: a stage hypothesis. Communications of the ACM 16: 339～405, 1973
[25] [美]Mcleod R and Mchell G F. 管理信息系统(第 9 版). 北京:北京大学出版社, 2006
[26] [美]威廉・希尔. 集成的信息系统体系结构经营过程建模. 北京:清华大学出版社, 2003
[27] [美]斯蒂芬・哈格, 梅芙・卡明斯, 唐纳德・麦卡布雷. 信息时代的管理信息系统(原书第 4 版). 严建援译. 北京:机械工业出版社, 2004
[28] [美]Ralph M. Stair, George W. Reynolds 著. 信息系统原理. 张靖、蒋传海等译. 北京:机械工业出版社, 2000
[29] 黄梯云. 管理信息系统(第 3 版). 北京:高等教育出版社, 2005
[30] 薛华成. 管理信息系统(第 4 版). 北京:清华大学出版社, 2003
[31] 陈京民. 管理信息系统. 北京:清华大学出版社, 2006
[32] 郭东强, 傅冬锦. 现代管理信息系统. 北京:清华大学出版社, 2006
[33] 王要武. 管理信息系统. 北京:电子工业出版社, 2006
[34] 刘鲁. 信息系统设计原理与应用. 北京:北京航空航天大学出版社, 1997
[35] 甘仞初, 颜志军. 信息系统原理与应用. 北京:高等教育出版社, 2004
[36] 罗超理, 李万红. 管理信息系统原理与应用. 北京:清华大学出版社, 2002
[37] 钱学森等著. 论系统工程(修订本). 长沙:湖南科学技术出版社, 1988
[38] 向挚, 岛田达巳. 企业系统分析设计. 张福德, 于长官翻译. 哈尔滨:哈尔滨工业大学出版社, 1987
[39] 孙雷, 周凌波. 信息技术人才:两种文化间的成长. 北京:清华大学出版社, 2006
[40] 查先进. 信息政策与法规. 北京:科学出版社, 2004
[41] 焦宝文. 政府 CIO 战略管理与技术实施. 北京:清华大学出版社, 2004
[42] 方勇, 刘嘉勇. 信息系统安全导论. 北京:电子工业出版社, 2006
[43] 肖明. 信息资源管理. 北京:电子工业出版社, 2002
[44] 马费成. 信息资源开发与管理. 北京:电子工业出版社, 2004
[45] 霍国庆等编. 企业战略信息管理. 北京:科学出版社, 2001
[46] 李国纲等编. 管理系统工程. 北京:中国人民大学出版社, 1993
[47] 仲伟俊等著. 战略信息系统——信息系统技术对企业竞争力的影响分析. 南京:东南大学出版社, 2001
[48] 蔡树堂. 企业战略管理. 北京:石油工业出版社, 2001
[49] 张毅. 制造资源计划 MRP Ⅱ及其应用. 北京:清华大学出版社, 1997
[50] 闪四清. ERP 系统原理和实施. 北京:清华大学出版社, 2006
[51] 罗鸿等. ERP 原理・设计・实施. 北京:电子工业出版社, 2002
[52] 程控, 革扬. MRP Ⅱ/ERP 原理与应用. 北京:清华大学出版社, 2002
[53] 张毅. 制造资源计划 MRP Ⅱ及其应用. 北京:清华大学出版社, 1997
[54] 周玉清, 刘伯莹. ERP 与企业管理——理论、方法、系统. 北京:清华大学出版社, 2005
[55] 余伟萍, 金卓君, 胡豪. 组织变革——战略性 ERP 价值实现的保障. 北京:清华大学出版社, 2004
[56] 姜浩. 办公自动化系统及其应用. 北京:清华大学出版社, 2005
[57] 苏新宁, 邓三鸿. 企业知识管理系统. 北京:科学出版社, 2004
[58] [美]Cliff Figallo, Nancy Rhine. 构建知识管理网络:有效沟通的实践、工具和技术. 祁延莉, 乔千,

董小英译. 北京：电子工业出版社，2005
[59] [德]Mertins K，Heisig P，Vorbeck J. 知识管理原理及最佳实践. 赵海涛，彭瑞梅译. 北京：清华大学出版社，2004
[60] 王广宇. 客户关系管理方法论. 北京：清华大学出版社，2004
[61] [美]格林伯格. 实时的客户关系管理. 王敏等译. 北京：机械工业出版社，2002
[62] [美]Berson A，Smith S and Thearling K. 构建面向 CRM 的数据挖掘应用. 贺奇等译. 北京：人民邮电出版社，2001
[63] 唐璎璋等. 一对一营销：客户关系管理的核心战略. 北京：中国经济出版社，2002
[64] 陈宗舜. 产品数字化和产品数据管理. 北京：清华大学出版社，2004
[65] 童秉枢. 产品数据管理(PDM)技术. 北京：清华大学出版社，2000
[66] 许超. 产品数据管理系统应用. 北京：科学出版社，2004
[67] 陈平. 信息系统项目管理师. 北京：清华大学出版社，2006
[68] 曹汉平. 信息系统开发与 IT 项目管理. 北京：清华大学出版社，2006
[69] 张友生，林晓飞，陈志风. 信息系统监理师辅导教程. 北京：电子工业出版社，2005
[70] 宋振辉，邓超. 信息系统工程监理知识体系. 北京：电子工业出版社，2004
[71] 卢有杰，卢家仪. 项目风险管理. 北京：清华大学出版社，1998
[72] 刘慧，陈虔. IT 执行力——IT 项目管理实践. 北京：电子工业出版社，2004
[73] 彭一. 信息化主管案头手册. 北京：机械工业出版社，2004
[74] 李清，陈禹. 企业信息化总体设计. 北京：清华大学出版社，2004
[75] 上海市信息化办公室. CIO 教程. 上海：上海科学技术出版社，2003
[76] 林自葵. 物流信息管理. 北京：清华大学出版社，2006
[77] 施先亮，李伊松. 供应链管理原理及应用. 北京：清华大学出版社，2006
[78] 汝宜红，朱煜，郑凯. 物流运作管理. 北京：清华大学出版社，2006
[79] 兰洪杰. 物流战略管理. 北京：清华大学出版社，2006
[80] http://www.sap.com
[81] http://www.oracle.com
[82] http://www.bokesoft.com
[83] http://www.turbocrm.com
[84] http://www.ccidnet.com
[85] http://www.yesky.com
[86] http://www.zdnet.com.cn
[87] http://www.chinacio.com
[88] http://www.erpkm.com
[89] http://www.amteam.org
[90] http://www.e-works.net.cn
[91] http://www.cims.edu.cn

读者意见反馈

亲爱的读者：

感谢您一直以来对清华版计算机教材的支持和爱护。为了今后为您提供更优秀的教材，请您抽出宝贵的时间来填写下面的意见反馈表，以便我们更好地对本教材做进一步改进。同时如果您在使用本教材的过程中遇到了什么问题，或者有什么好的建议，也请您来信告诉我们。

地址：北京市海淀区双清路学研大厦 A 座 602　　计算机与信息分社营销室 收
邮编：100084　　电子邮件：jsjjc@tup.tsinghua.edu.cn
电话：010-62770175-4608/4409　　邮购电话：010-62786544

教材名称：管理信息系统教程（第二版）

ISBN：978-7-302-14830-2

个人资料

姓名：________________ 年龄：_______ 所在院校/专业：____________________

文化程度：____________ 通信地址：______________________________

联系电话：____________ 电子信箱：______________________________

您使用本书是作为：□指定教材 □选用教材 □辅导教材 □自学教材

您对本书封面设计的满意度：

□很满意 □满意 □一般 □不满意　改进建议______________________________

您对本书印刷质量的满意度：

□很满意 □满意 □一般 □不满意　改进建议______________________________

您对本书的总体满意度：

从语言质量角度看 □很满意 □满意 □一般 □不满意

从科技含量角度看 □很满意 □满意 □一般 □不满意

本书最令您满意的是：

□指导明确 □内容充实 □讲解详尽 □实例丰富

您认为本书在哪些地方应进行修改？（可附页）

____

____

您希望本书在哪些方面进行改进？（可附页）

____

____

电子教案支持

敬爱的教师：

为了配合本课程的教学需要，本教材配有配套的电子教案（素材），有需求的教师可以与我们联系，我们将向使用本教材进行教学的教师免费赠送电子教案（素材），希望有助于教学活动的开展。相关信息请拨打电话 010-62776969 或发送电子邮件至 jsjjc@tup.tsinghua.edu.cn 咨询，也可以到清华大学出版社主页（http://www.tup.com.cn 或 http://www.tup.tsinghua.edu.cn）上查询。

高等院校信息管理与信息系统专业系列教材

书名	作者	定价
信息系统开发方法教程(第三版)	陈佳	24
信息系统开发方法教程(第三版)题解与实验指导	陈佳	19
计算机组成原理教程(第4版)	张基温	25
计算机组成原理教程习题解析	张基温、孙仲美	16
离散数学(第四版)	耿素云、屈婉玲	24
离散数学题解(第三版)(与《离散数学(第四版)》配套)	耿素云、屈婉玲	18
数据结构及应用算法教程	严蔚敏	29
数据库系统原理教程	王珊、陈红	18.5
电子商务概论(第3版)	方美琪	49
社会统计分析及SAS应用教程	蔡建瓴 等	26
信息系统开发与管理教程(第二版)	左美云	28
管理信息系统教程(第二版)	闪四清	29
电子商务基础教程(第二版)	兰宜生	32
信息资源管理教程	赖茂生	32
信息经济学教程	陈禹	17
数据仓库与数据挖掘教程	陈文伟	25
计算机网络教程(第二版)	黄叔武	29.8
计算机操作系统教程	张不同	27.5
信息系统分析与设计	杨选辉	29
信息系统安全教程	张基温	23
信息管理学教程(第3版)	杜栋	25
运筹学模型与方法教程	程理民	21
运筹学模型与方法教程例题分析与题解	刘满凤	22
决策支持系统教程	陈文伟	28
信息管理英语教程	李季方	26
Visual Basic 程序开发教程	张基温	26
Visual Basic 程序开发例题与题解	张基温	18
C++ 程序开发教程	张基温	26
C++ 程序开发例题与习题	张基温	26
Java 程序开发教程	张基温	24
Java 程序开发例题与习题	张基温	24